Wolfgang Funk, Lucia Krämer (Hg.)
Fiktionen von Wirklichkeit

Wolfgang Funk, Lucia Krämer (Hg.)

Fiktionen von Wirklichkeit

Authentizität zwischen Materialität und Konstruktion

[transcript]

Die Drucklegung dieses Buches wurde finanziell unterstützt vom Forschungsdekanat der Philosophischen Fakultät der Leibniz Universität Hannover.

Bibliografische Information der Deutschen Nationalbibliothek
Die Deutsche Nationalbibliothek verzeichnet diese Publikation in der Deutschen Nationalbibliografie; detaillierte bibliografische Daten sind im Internet über http://dnb.d-nb.de abrufbar.

Umschlaggestaltung: Kordula Röckenhaus, Bielefeld
Umschlagabbildung: Der Hautmann (© Gunther von Hagens, Institut für Plastination, Heidelberg, www.koerperwelten.de)
Lektorat & Satz: Wolfgang Funk, Lucia Krämer
Druck: Majuskel Medienproduktion GmbH, Wetzlar
ISBN 978-3-8376-1664-4

Gedruckt auf alterungsbeständigem Papier mit chlorfrei gebleichtem Zellstoff.
Besuchen Sie uns im Internet: *http://www.transcript-verlag.de*
Bitte fordern Sie unser Gesamtverzeichnis und andere Broschüren an unter: *info@transcript-verlag.de*

Inhalt

Fiktionen von Wirklichkeit – Authentizität zwischen Materialität und Konstruktion

WOLFGANG FUNK UND LUCIA KRÄMER

»Der Mensch hat den Trieb, gegen die Grenzen der Sprache anzurennen.«
(Ludwig Wittgenstein)

Im Jahr 2007 rief der kanadische Philosoph und Sozialtheoretiker Charles Taylor das ›Zeitalter der Authentizität‹ aus (»Let's call this the age of authenticity«, Taylor 2007: 437) und es scheint tatsächlich so, als habe dieser scheinbar so antiquierte Begriff das diskursive Potential, sich zu einem Schlüsselbegriff nach-postmodernen Denkens und Fühlens zu entwickeln. Im November 2010 sprang die Diskussion über die Sinnhaftigkeit des Begriffs (und Konzepts) ›Authentizität‹ sogar aus den eingefassten Mauern akademischer Elfenbeintürme auf ein breiteres Publikum über, als zuerst Tobias Haberl im Magazin der »Süddeutschen Zeitung« ›authentisch‹ als Unwort des Jahres 2010 vorschlägt und den »Echtheitsterror in den Medien« geißelt, der Authentizität (gerade bei Politikern)[1] einfordere, deren bewusste und kalkulierte Inszenierung aber ein Musterbeispiel für Künstlichkeit, Uneigentlichkeit und Manipulation darstelle. Das Magazin »Fokus« der darauf folgenden Woche dagegen huldigt genau einem ›Mut zum Ich!‹ (so der Aufmacher der Titelseite) und versucht, nachzuzeichnen, »Wie Authentizität erfolgreich macht« (wie der Untertitel verheißt). Unter dem Titel ›Die Rückkehr des Ichs‹ sieht Alexander Kissler im Heft selbst das Bedürfnis nach Authentizität gar als Vorbote eines neuen Menschenbildes. Nach den »Spiegelungen und Effekten und Masken« der Postmoderne habe nun das Echte wieder Konjunktur, müsse »das Ich als Chance und nicht ausschließlich als Problem betrachtet« werden. Dieses neue »Leitbild«, geprägt von der Renaissance des authentischen Subjekts,

1 Mit Nennung der männlichen Funktionsbezeichnung ist in diesem Band, sofern nicht anders gekennzeichnet, immer die weibliche Form mitgemeint.

werde zwangsläufig »ganz neue Erzählungen vom Menschen mit sich bringen« (Kissler 2010: 140).

Auch wenn dergestalte Heilsphantasien etwas hoch gegriffen scheinen mögen, bleibt dennoch zu konstatieren, dass wenn nicht ›das Echte‹, dann zumindest der Diskurs über Echtheit und Authentizität im Moment Konjunktur hat. Die Tragweite und Bedeutung dieses Diskurses lässt sich auch daraus ablesen, dass er nicht nur so unterschiedliche Personen wie Karl-Theodor zu Guttenberg, Lena Meyer-Landrut oder Jürgen Klopp zusammenführt, sondern auch als Qualitätskriterium für den Geschmack von Schokoladenwaffeln (*Loacker Choco & Noisette*), den Geruch von Parfüm (*Tom Tailor Ocean für Sie*) oder die Gefühlsechtheit von Kondomen (*Durex*) fungieren kann. Es wird auch eine der zentralen Fragestellungen dieses Bandes sein, zu ergründen, ob der Begriff der ›Authentizität‹ durch seine momentane Konjunktur nicht auch eine Deflation der Bedeutung erleidet.

Ein ästhetisches wie ontologisches Paradox steht gleich einem Kafka'schen Torwächter vor jeder theoretischen Auseinandersetzung mit dem Phänomen ›Authentizität‹. Dramatisch verkürzt könnte man dieses Paradox auf die Formel bringen, dass sich Authentizität als ästhetische, epistemologische und ethische Kategorie per definitionem jeglicher Form von eindeutiger Repräsentation notwendigerweise entzieht, oder anders ausgedrückt, dass sich ›echte‹ Authentizität sowohl einer Person wie eines Objekts oder Kunstwerks[2] nicht erklären, sondern höchstens (unzureichend) beschreiben, lässt. Diese Annahme begründet sich darin, dass als bestimmendes Merkmal der Authentizität – zumindest im zeitgenössischen Verständnis – der unmittelbare und unvermittelte Ausdruck eines wie auch immer gearteten, unveräußerlichen (im strikt wörtlichen Sinn) Wesensgehalt (einer Sache bzw. eines Menschen) angenommen wird, ein Kerninneres, das seine ästhetische wie ethische Überzeugungskraft eben daraus bezieht, dass es sich weder explizieren noch instrumentalisieren lässt.[3]

---

2 Obwohl es sich vermeintlich bei der Authentizität von Personen und Objekten um zwei unterschiedliche ontologische Kategorien handelt – Susanne Knaller spricht hier von ›Subjektauthentizität‹ und ›Objektauthentizität‹ (2006: 22) –, wird für diese theoretische Einführung anfänglich davon ausgegangen, dass beide in so weit kongruent sind als sie eine Form von ›Echtheit‹ zu postulieren scheinen, die sich auf Unverfälschtheit bzw. Selbstechtheit (im Falle der authentischen Person) und Originalität bzw. Herkunftsechtheit (im Falle des authentischen Objekts) gründet.

3 Jochen Mecke umreißt dieses Paradox prägnant mit den Worten, dass es unmöglich ist, »authentisch zu sein und gleichzeitig als solches zu erscheinen« (2006: 94). Vgl. hierzu auch die Beiträge von Schulze (27) und Funk (229) in diesem Band.

Eingedenk dieses grundlegenden Paradoxes versucht der vorliegende Band, den gegenwärtigen Diskurs über Authentizität als oszillierendes Phänomen, als Übergangsphänomen, darzustellen und seine Bewegungen zwischen den Polen Materialität und Konstruktion zu beschreiben. Um die theoretische Verankerung der nachfolgenden Beiträge zu gewährleisten, ohne von vorne herein schon in eine essentialistische Falle zu tappen, wird diese Einleitung sich dem Phänomen ›Authentizität‹ quasi *ex negativo* annähern, indem sie zuerst einige der ästhetischen, epistemologischen und ethischen Spannungsfelder umreißt, innerhalb derer die Auseinandersetzung mit dem Thema ›Authentizität‹ geführt wird, um dann vorsichtig die Frage zu stellen, inwiefern die unzweifelhafte Konjunktur des Begriffs möglicherweise als Ablehnung von und Auflehnung gegen bestimmte zeitgeistliche Entwicklungen und somit als Anzeichen für einen kulturgeschichtlichen Paradigmenwechsel verstanden werden kann.

Zwischen den Diskursen – Authentizität als Black Box

Es ist die strukturelle Unfassbarkeit des Konzepts ›Authentizität‹, von Charles Larmore als ›proteisch‹ (*protean*) bezeichnet (2004: 8), sein oszillierender und uneindeutiger Charakter, sein ›Zwischenstatus‹, den dieser Band erkunden und analytisch produktiv machen möchte. Daher sollen einführend einige wichtige konzeptuelle Spannungsfelder erläutert werden, mit Hilfe derer die nachfolgenden Analysen gefasst werden können. Diese werden – die unsachgemäße Verknappung einer solchen Darstellung wissentlich in Kauf nehmend – als Dichotomien binärer Begriffspaare eingeführt. Diese Strategie nimmt zum einen das vom Untertitel des Bandes vorgegebene Muster auf und differenziert es aus; sie erlaubt darüber hinaus jedoch auch, das Thema auf einer sekundären (Meta-)Ebene theoretisch fassbar zu machen, da sie nicht primär die Analyse des Begriffs ›Authentizität‹ in den Mittelpunkt des Interesses rückt. Vielmehr wird das Konzept als Schnittstelle von Diskursen verstanden, als Black Box im Sinne der Systemtheorie, als opakes System also, dessen interner Aufbau und Funktionsweise unentdeckt bleibt und bleiben muss und das seine Bedeutung aus der Betrachtung von Eingangsgröße und Ausgangsgröße (*input/output*) gewinnt. Der vorliegende Band versucht in diesem Sinne aufzuzeigen, wie die Auseinandersetzung mit und Diskussion um Authentizität die angeführten Dichotomien verändern, möglicherweise sogar auflösen oder ad absurdum führen kann.

Authentizität zwischen Essenz und Performanz

Spätestens seit Erving Goffmans Studie »Wir alle spielen Theater: Die Selbstdarstellung im Alltag« (2003; engl. Original: »The Presentation of Self in Everyday Life«, 1959) nehmen es die Sozialwissenschaften als gegeben an, dass auf der Bühne des Lebens keine unvermittelte Darstellung eines essentiell angelegten Kernselbst möglich ist. Jede Darstellung des Selbst ist notwendigerweise immer schon inszeniert und abhängig von Situation, Interaktionsteilnehmern, Kontext usw. Parallel dazu dekonstruieren Barthes (1968) und Foucault (1969) die Idee der Autorschaft jedes kulturellen Textes, und damit auch die Autorität der Autorinstanz über ihren Text. Mithin kann also auch diesen Texten (in ihren unterschiedlichsten Manifestationen) kein essentieller Sinn zugesprochen werden; ihre Interpretation ist kein hermeneutischer, sondern ein performativer Akt.

Ein weiteres Opfer dieses *performative turn* ist die Vorstellung von Authentizität als etwas Unhintergehbarem, dem Subjekt/Objekt Wesentlichem (im Sinne von ›das innerste Wesen dieses Subjekts/Objekts betreffend‹). Authentizität kann, sofern sie überhaupt noch eine Rolle spielt, nur mehr als Resultat spezieller Darbietungsformen des individuellen und künstlerischen Selbstverständnisses aufgefasst werden, oder in den Worten Erika Fischer-Lichtes: »Inszenierung wäre in diesem Sinne die unhintergehbare Voraussetzung der Wahrnehmung, Authentizität ihr Effekt» (2007: 32). Im Einklang mit den Theorien vom Tod des Autors, verschiebt sich die Authentifizierung einer Inszenierung auf die Seite des Rezipienten, der qua personalisierter Wahrnehmungsparameter die ihm dargebotene (Selbst-)Darstellung hinsichtlich ihrer Authentizität bewerten kann. Authentizität läge somit vollständig im Auge des Betrachters und verlöre jeden Anspruch auf normative Geltung.

Die fortdauernde Suche/Sehnsucht nach Authentizität ließe sich in diesem Zusammenhang als Versuch deuten, der Kontingenz performativer Akte der Selbstdarstellung und -herstellung in der Postmoderne eine Essenz abzugewinnen bzw. einzulesen, die Forderung nach einem Effekt der Effektlosigkeit quasi.[4] Jutta Schlich bringt diesen scheinbaren Widerspruch auf den Punkt, wenn sie Authentizität als Effekt beschreibt, »den es vor aller produktionsästhetischen Spekulation rezeptionsästhetisch einzuholen gilt« (2002: 14). In ähnlicher Weise versucht Christoph Zeller sich diesem Paradox zu nähern. In seiner Untersuchung »Ästhetik des Authenti-

4 Vgl. hierzu Adornos Anmerkung »Die Funktion der Kunst in der gänzlich funktionalen Welt ist ihre Funktionslosigkeit« (1970: 475).

schen: Literatur und Kunst um 1970«, führt er das Authentische[5] als »Gegenentwurf zu einer medial vermittelten Wirklichkeit« (2010: 1) ein, als »ästhetische Kategorie, die auf künstlerischen Operationen beruht und zugleich Utopien des Ursprünglichen, Reinen, Wahrhaftigen und Originalen nährt« (ebd. 20).[6] Zeller führt die Anziehungskraft der Idee ›Authentizität‹ in Leben und Kunst auf das ihr inhärente ästhetische und epistemologische Paradox der »vermittelte[n] Unmittelbarkeit« (ebd. 284) zurück. Für dieses Schweben der Authentizität zwischen Essenz (= Unmittelbarkeit) und Performanz (= Vermittlung), das »grundlegende Paradoxon des Authentischen, das Unmittelbarkeit postuliert, während es den Effekt der Unmittelbarkeit nur durch künstlerische Vermittlung zeigen kann« (ebd.), wird in dieser Einführung die Metapher der Black Box verwendet. Authentizität, so scheint es, kann also zugleich ein Effekt der strukturellen Unbegreifbarkeit des Phänomens selbst und dessen zugrunde liegende Ermöglichungsbedingung sein, sowohl Essenz wie performativer Effekt. Im Bezug auf Authentizität scheint hier die Dichotomie der Begrifflichkeiten ihre Signifikanz zu verlieren und angesichts der Unbestimmbarkeit des Verhältnisses von Signifikat und Signifikant, bestätigt sich, so Zeller, »in den Zeichen und Gebärden der aufrichtigen Aussage deren Vagheit« (ebd. 5).

AUTHENTIZITÄT ZWISCHEN WIRKLICHKEIT UND FIKTION/REPRÄSENTATION

Ausgehend vom Mimesis-Begriff des Aristoteles wurde und wird der Kunst-Diskurs geprägt von der (scheinbar) unüberwindbaren Kluft zwischen einem lebensweltlichen Erfahrungshorizont (vulgo Wirklichkeit) und dem Versuch, diesen mit künstlerischen Mitteln zu erfassen (Repräsentation). Beispielhaft für das daraus resultierende Spannungsverhältnis sind die Debatten um die Kategorie des Realismus, sowohl in seiner traditionellen Form in der Erzählliteratur des 19. Jahrhunderts als auch in zeitgenössischen Versionen wie der des Magischen Realismus oder des ›New Realism‹. Der entscheidende Impuls zu einer veränderten Betrachtungsweise von Wirk-

---

5 Zeller gibt bewusst dem Begriff des ›Authentischen‹ den Vorzug gegenüber ›Authentizität‹, da in der substantivierten Adjektiv-Form das performative Moment des Konzepts augenfälliger zum Ausdruck kommt. Im Gegensatz zu früheren Konzeptionen des Authentischen (z.B. als natürlich, empfindsam, transparent) fungiere es nicht mehr als Erklärungsmuster des Lebens, sondern als »sein existentieller Modus« (2010: 283).

6 Zeller zeigt sich dabei des ökonomischen Potentials dieser Utopie (bzw. deren Illusion) durchaus bewusst, wenn er Authentizität als »stets uneingelöstes Versprechen« bezeichnet, »das den Schein der Utopie aufrechterhält, mit dem sich die potentiellen Käufer gegen die unschöne Realität wappnen« (2010: 287).

lichkeit und Repräsentation, der das gesamte Denken und Fühlen im 20. Jahrhundert grundlegend verändern sollte, kam jedoch aus der Linguistik. Ferdinand de Saussures grundlegende Aufschlüsselung des sprachlichen Zeichens in einen tatsächlichen und einen komplementären abstrakten Bestandteil (*signifié* bzw. *signifiant*) führt zum einen vor Augen, dass es überhaupt nur möglich ist, sich einer außersprachlichen Realität (Referenzobjekt) mittels einer Fiktion (im etymologischen Sinne des Wortes als etwas von Menschen Geschaffenen), nämlich des arbiträren Konstrukts der Sprache anzunähern. Der Erfolg menschlicher Kommunikation wird infolgedessen zu einem Gradmesser dafür, wie stabil die konventionalisierten Bande zwischen Referenzobjekt und dessen Repräsentation sind, wie unmittelbar, in anderen Worten, die Verbindung von Wirklichkeit und Fiktion ist. Diese Erkenntnis wird im Poststrukturalismus von Derrida, Baudrillard, Lyotard, Jameson und anderen dahingehend weitergedacht und dekonstruiert, dass »*Il n'y a pas de hors-texte*« (Derrida 1976: 158) und somit die Frage einer außersprachlichen Wirklichkeit (des so genannten transzendentalen Signifikats) im wahrsten Sinne des Wortes unsinnig ist, da jede Art von Sinnstiftung ausschließlich in der Differenz zwischen einzelnen Sprachkonstrukten ent- und besteht. Realität ist laut Baudrillard immer schon Simulation und Repräsentation.

Dies bedeutet nicht weniger als den Verlust jeder Möglichkeit von Wahrheit, verstanden als vollständiges Ineinanderfallen von Realität und Repräsentation. Hier greift nun der Diskurs um Authentizität an. Ursula Amrein umschreibt das »Geltendmachen von Authentizität [als] ein Begehren nach Wahrheit, das auf die Erfahrung von Kontingenz reagiert« (2009: 9). Die gegenwärtige Suche nach Authentizität wird in dieser Lesart sowohl zu einem Resultat postmodernen Dekonstruierens wie zum Symbol für die Sehnsucht nach dessen Überwindung. ›Die Wahrheit ist tot; lang lebe die Wahrheit‹, scheint das Motto zu sein; Authentizität wird gleichsam mythisch aufgeladen als Gegenentwurf einer hyper-realen, hyperkapitalistischen Welt virtueller Freundschaften (*facebook*), virtueller Aktivitäten (*Nintendo Wii*), gar komplett virtueller Lebenswirklichkeiten (*Second Life*) im Sinne eines Adorno'schen richtigen (= wirklichen) Leben im Falschen, wobei die Unmöglichkeit, das Wesen der Authentizität zu fassen, dingfest zu machen, dessen Nichtrepräsentierbarkeit mithin, zur ästhetischen Grundbedingung wird.[7] Authentizität, verstanden eben als Essenz jenseits der Reprä-

7 Bezüglich des komplexen Verhältnisses von Realität und Virtualität wirft Victor Keegan in einem Artikel für den »Guardian Weekly«, der sich mit zeitgenössischer Geschenkkultur befasst, die interessante Frage auf, was denn ›realer‹ sei, ein potentiell ewig haltbarer virtueller Blumenstrauß (beispielsweise auf dem Desktop eines Mobiltelephons) oder eine wirkliche Ta-

sentation, ersetzt den Begriff der Wahrheit und stellt somit den Versuch einer kreativen Aufhebung der Opposition von Wirklichkeit und Fiktion dar.

Authentizität zwischen Originalität und Fälschung/Kopie

Im alltäglichen Sprachgebrauch werden ›Authentizität‹ und ›Originalität‹ häufig synonym gebraucht. So spricht man beispielsweise von der Authentifizierung eines Kunstwerks oder -gegenstands, wenn von Expertenseite die unzweifelhafte Zugehörigkeit desselben zum Oeuvre eines bestimmten Künstlers oder zu einer bestimmten Strömung oder Epoche nachgewiesen wird. Spätestens im Zuge des oben skizzierten ›Realitätsverlusts‹ in der Postmoderne verliert nun aber auch die kategoriale Unterscheidung in Original und Fälschung ihre Stichhaltigkeit. In einem der Schlüsseltexte zur modernen Authentizitätsdebatte weist Walter Benjamin diesen Paradigmenwechsel im Rahmen der bildenden Kunst sogar schon eher nach, wenn er den Verlust der ›Aura‹ eines Kunstwerks direkt als Ergebnis veränderter (Re-)Produktionsbedingungen analysiert und erklärt, der »gesamte Bereich der Echtheit entzieh[e] sich der technischen – und natürlich nicht nur der technischen – Reproduzierbarkeit« (1963: 14). Die Authentizität eines Kunstwerks liegt also laut Benjamin in seiner Einmaligkeit begründet, einer Einmaligkeit allerdings, deren Wahrnehmung sich durchaus, wie Benjamin hellsichtig konstatiert, an veränderte Produktionsbedingungen anpassen kann: »Die Entschälung des Gegenstandes aus seiner Hülle, die Zertrümmerung der Aura, ist die Signatur einer Wahrnehmung, deren Sinn für das Gleichartige in der Welt so gewachsen ist, dass sie es mittels der Reproduktion auch dem Einmaligen abgewinnt.« (Ebd. 19)

Authentizität kann also sowohl als essentialistisch (= auratisch) wie konstruiert (= abhängig von Produktionsbedingungen und Wahrnehmungsmuster) verstanden werden und dieses Paradox informiert bis heute das ästhetische Spannungsfeld zwischen Originalität und Fälschung. Gegenwärtig manifestiert sich diese Diskussion in besonderer Weise im Begriff des ›Fake‹, das nach Stefan Römer das »augenzwinkernde implizierte konspirative Wissen um einen geschickten, witzigen Akt der Täuschung« (2001: 14) kennzeichnet und dessen Programm es ist, gleichzeitig die Kategorien ›originales Kunstwerk‹ und ›Fälschung‹ abzudecken (vgl. ebd. 17). Römer setzt den ›Fake‹, den er als »Aneignung der Kunst durch die Kunst« definiert (ebd. 16), bewusst der Simulation im Sinne Baudrillards als

fel Schokolade, die zwar tatsächlich im Mund schmelze, aber danach unwiederbringlich verschwunden sei (vgl. Keegan 2010: 24).

›Kopie ohne Original‹ entgegen, da diesem noch eine (wie auch immer geartete) Beziehung zwischen Original und Kopie eigne (vgl. ebd. 271). Unter diesen Voraussetzungen kann dem ›Fake‹ im Sinne Römers durchaus seine eigene Form von Authentizität zuteil werden, die wiederum genau darin begründet liegt, dass sie den binären Gegensatz von Original und Fälschung und die darin implizierte Hierarchie außer Kraft setzt. In ähnlicher Weise argumentiert David Chidester im Kontext zeitgenössischer religiöser Praxis in den USA. In seinem treffend betitelten Buch »Authentic Fakes« bemerkt er, dass gerade aus den scheinbar absurdesten Praktiken (wie z.B. dem *Holy Order of the Cheeseburger*) eine Form von authentischem ›Fake‹ erwachse, der sich auszeichne durch »opaque discourses and practices that liberate the body [...] from oppressive disciplinary regimens of control« (2005: 209).

Während Römer und Chidester für eine dem ›Fake‹ inhärente »andere Form von Originalität« (Römer 2001: 276) und somit Authentizität plädieren, ist für Judith Mair und Silke Becker gerade der ›Fake‹ der ultimativen Beweis für die Wertlosigkeit jedes Authentizitätsglaubens, mehr noch sie sehen in ihm ein ästhetisches Mittel gegen die »Apologeten des Authentischen« (2005: 30). Der ›Fake‹ unterscheide sich von einer traditionellen Fälschung hauptsächlich darin, dass seine Aufdeckung notwendig mit zu seinem ästhetischen Programm gehöre (vgl. ebd. 241). Dabei diene diese ostentative Falschheitsprämisse nicht zur Authentisierung, sondern als »Waffe« gegen jene »Armada von Authentizitätsgläubigen voll damit zu Gange, das ins Straucheln geratene Image der Realität zu retten und an einem Comeback des Objektiven zu arbeiten« (ebd. 239). Indem es dem ›Fake‹ gelingt, sich für eine Zeit als real und echt, eben als authentisch, auszugeben, könne er gerade im Akt seiner Aufdeckung die Widersinnigkeit jedes Glaubens an Echtheit und Authentizität deutlich machen. Mair und Becker nehmen hiermit unter anderem einen Gedanken von Norbert Bolz auf, der in ähnlicher Weise wie Römer eine Umkehrung von Original und Kopie feststellt, dahingehend, dass es »gerade die Kopie [sei], die das Original erzeugt« (2004: 96), diese Erkenntnis aber dazu benutzt, die Authentizitätserwartungen, die durch die gegenwärtige Medienwirklichkeit beim Rezipienten erzeugt werde, als Konstrukt zu enttarnen. »Authentizität«, so folgert er, »ist ein Kult der Naivität« (ebd. 101), der versucht, die »Krise der Echtheit« (ebd.) publikumswirksam zu instrumentalisieren. Jörn Lamla stößt ins gleiche Horn, wenn er Anzeichen dafür sieht, »dass Authentizität selbst zu einem bevorzugten Konsumgut wird, welches erst durch die Sprache des Marktes artifiziell erzeugt wird« (2009: 323) und mehr noch die »Konstruktion von Authentizität [...] selbst zum lukrativen Markt geworden« ist (ebd. 324).

Wiederum soll und muss die Frage, ob eine der beiden Interpretationen von Authentizität, als spielerische Neufassung von künstlerischer Originalität auch im ›Fake‹ einerseits und als instrumentalisiertes Medienkonstrukt andererseits, ›richtiger‹ ist als die andere, keine Rolle spielen. Die Konkurrenz beider Lesarten unterstreicht vielmehr, dass auch die Kategorie Originalität vs. Fälschung/Kopie, wenn durch den Blickwinkel der Authentizität betrachtet, ihre Eindeutigkeit verliert; sowohl Original wie Kopie kann unter gegebenen Umständen Authentizität zugesprochen werden.

Authentizität zwischen Ethik und Ästhetik

Während sich die bisherigen Ausführungen weitgehend mit den ästhetischen und epistemologischen Dimensionen des Phänomens ›Authentizität‹ beschäftigt haben, soll im Folgenden noch ein Gesichtspunkt Erwähnung finden, der implizit wohl allen vorhergehenden Auseinandersetzungen innewohnt und unausgesprochen in ihnen mitschwingt. Es handelt sich dabei um den ethischen Aspekt von Authentizität, mithin um die Frage, ob die Suche nach Authentizität möglicherweise einen Gradmesser für die moralische Verfasstheit der sie hervorbringenden Gesellschaft darstellen kann. Stellvertretend sollen hier mit Alessandro Ferrara und Charles Taylor zwei Theoretiker zu Wort kommen, die nicht nur federführend für die momentane Konjunktur des Begriffs ›Authentizität‹ verantwortlich zeichnen, sondern die versucht haben, der Diskussion eine philosophische und somit über das Deskriptive hinaus deutende Ebene einzuziehen.

In »Modernity and Authenticity: A Study on the Social and Ethical Thought of Jean-Jacques Rousseau« (1993) bestreitet Ferrara, dass die Debatten über menschliche Selbstbestimmung, die er als fortwährendes Pendeln zwischen den Grundsätzen ›Authentizität‹ (beispielsweise bei Rousseau, Schiller, Nietzsche oder Heidegger) und ›Autonomie‹ (bei Kant, Hegel oder Rawls) beschreibt, eine primär ästhetische Fragestellung darstellen. Er identifiziert den zugrunde liegenden Gegenstand vielmehr als »the moral idea of the authenticity of the person – an idea which has slowly emerged during the last two hundred years but only recently has broken the boundaries of high culture« (Ferrara 1993: 24) und definiert diese Authentizität im Folgenden als »courage to stand by one's ethical intuitions even in the face of one's contingent inability to work them out in the language of abstract reflection« (ebd. 136). Wahre, moralisch haltbare Authentizität, so stellt er fest, entspringe notwendigerweise einer antithetischen, ethisch paradoxen Bewegung »against or despite the self« und habe ihren ontologischen Ursprung im Erhabenen (als sich der Repräsentation Entziehenden); sie sei deutlich abzugrenzen von der »inauthenticity of the all-round notion of a harmonious authenticity« (ebd. 25). In »Reflective Authenticity: Rethinking the Project of Modernity« (1998) führt er diesen Gedankengang weiter, indem er den zeitgenössischen Authentizitätsdiskurs in Heideggers Fundamentalontologie begründet. Nur im Hinblick und Hinleben auf den Tod, gleichzeitig Verneiner und Ermöglichungsprinzip jeder Existenz, sei für den in der Sprache verfangenen Menschen, ein ›eigentliches Dasein‹, eine authentische Existenz möglich (vgl. Ferrara 1998: 158ff.). Erst durch das Paradox des Todes wird nach Ferrara der Mensch ermächtigt, die individuelle Existenz zum normativen Grundsatz im Stile Luthers ›Hier stehe ich, ich kann nicht anders‹ zu erklären (ebd. 5). In »The Force of the Example: Explorations in the Paradigm of Judgment« (2008) schließlich bringt Ferrara seine Argumentation zu einem logischen Ende. Er führt Ästhetik und Ethik zusammen im Grundsatz der Beispielhaftigkeit (*exemplarity*), die er definiert als »the ability to set the imagination in motion and all our mental powers into a self-maintaining motion, thereby producing an aesthetic experience linked with the feeling of the promotion, affirmation, or furtherance of life« (Ferrara 2008: 78). Ihre unabdingbare Voraussetzung sieht er im Versuch der authentischen Existenz.

Während Ferrara bei aller Exemplarität also den ontologisch paradoxen Charakter der Authentizität hervorhebt, betont Charles Taylor die im Anspruch auf Authentizität angelegte sowohl ästhetische wie moralische Verpflichtung des Individuums. In »The Ethics of Authenticity« (1991) verortet er authentisches Handel und authentische Existenz im verantwortungsvollen Umgang selbstbestimmter Individuen miteinander, was er den dialogischen Charakter von Authentizität nennt (Taylor 1991: 67). Die individuelle Selbstbestimmung wird dabei erst möglich durch die Befähigung, unabhängig von bestehenden Repräsentationsmustern und in der stetigen Differenzierung gegen signifikante Andere, die in jedem Einzelnen angelegte Menschlichkeit (verstanden als fortwährender Prozess) im Sinne einer ästhetischen und ethischen Charakterbildung zu realisieren. In »A Secular Age« (2007) nimmt er diesen Ansatz erneut auf und fordert eine ›Kultur der Authentizität‹, wo »each one of us has his/her own way of realizing our humanity, and that it is important to find out one's own, as against surrendering to conformity with a model imposed on us from outside, by society, or the previous generation, or religious or political authority« (Taylor 2007: 475).

Im Fall von ›Ethik‹ und ›Ästhetik‹ kollabiert die Black Box der Authentizität die beiden Kategorien also nicht, sondern versucht, sie nach dem dekonstruktiven Ästhetizismus der Postmoderne wieder zusammenzuführen und ermächtigt und ermutigt den Einzelnen, sein ästhetisch-ethisches Selbstverständnis als exemplarischen, normativen Handlungs- und Beurteilungsgrundsatz, im Sinne eines ›authentischen Imperativs‹, verstanden zu wissen.

Authentizität zwischen Materialität und Konstruktion

Die Beiträge des vorliegenden Sammelbandes sind angesichts des beschriebenen Black-Box-Charakters von Authentizität von Konzepten des ›Dazwischen‹ geprägt, welche im Buchuntertitel (»Authentizität *zwischen* Materialität und Konstruktion«) quasi programmatisch angelegt sind. Dieser Titel war auch das Thema jener Ringvorlesung (organisiert und geleitet von Prof. Dr. Rainer Emig), auf welcher der vorliegende Band beruht. In ihrem Rahmen tauschten sich im Wintersemester 2009/10 an der Philosophischen Fakultät der Leibniz Universität Hannover Wissenschaftler aus den Disziplinen Theologie, Literatur-, Sprach- und Kulturwissenschaft, Psychologie, Theaterwissenschaft, Didaktik und Kunstwissenschaft über das Thema Authentizität aus.

Der vorliegende Band hofft, insbesondere aufgrund seiner interdisziplinären Ausrichtung zur Erkenntnisbildung beizutragen. Er versammelt Beiträge über Authentizität in Bezug auf die Themen Sprechen und Lernen, über Authentizität und Erfahrung sowie über Authentizität als ästhetisches Phänomen und legt ein besonderes Augenmerk auf Prozesse der Authentifizierung im Wechselspiel der Ebenen von Produktion, Text und Rezeption. Authentizität scheint sich in den vorliegenden Beiträgen einer genauen Definition zu entziehen. Vielmehr entfaltet sie ihr diskursives und epistemologisches Potential in einem Oszillieren zwischen vermeintlichen Polen von Authentizität und Nicht-Authentizität und ist somit lediglich als Form und Effekt von Verhandlungen und Begegnungen zu fassen.

Der Sprachwissenschaftler Rainer Schulze führt in seinem Beitrag, der den Band eröffnet, zunächst in die Ubiquität des Konzepts und die begriffsgeschichtliche Bedeutungsentwicklung von Authentizität ein, wobei er besonderes Augenmerk auf den zugleich relationalen und normativen Charakter von Authentizität legt, der daraus resultiert, dass Authentizität letztlich als Entwurf einer Gegenwelt interpretiert werden kann, welche den Gegebenheiten im Hier und Jetzt als nicht erreichtes Ideal gegenübergestellt wird. Danach diskutiert Schulze den Umgang mit Konzepten von Authentizität im Zuge unterschiedlicher theoretischer Schwerpunktsetzungen in verschiedenen Teildisziplinen der modernen Sprachwissenschaft, wobei er exemplarisch auf die *emergent grammar* und die Korpuslinguistik eingeht.

Auch im folgenden Aufsatz dominiert ein linguistischer Ansatz, der allerdings um eine psychologische Perspektive ergänzt wird. Gabriele Diewald und Elfriede Billmann-Mahecha untersuchen in ihrem Beitrag die Aushandlung und Entwicklung von Identität im Rahmen mündlicher Kommunikation mittels der Dialogrollen ›Sprecher‹ und ›Hörer‹ und ihrer jeweiligen linguistischen Ausdrucksmittel, insbesondere der grammatischen Kategorie ›Person‹. Letztere wird als Basis für die Ausbildung einer ›deiktischen Identität‹ postuliert, welche den Keim jeglicher Identitätsarbeit darstellt. Auf ihrer Grundlage erfolgt den Autorinnen zufolge die Bildung vorübergehender Gesprächsidentitäten, die ihrerseits Basis für den Aufbau stabilerer und zeitlich länger bestehender Identitätskomponenten beim individuellen Subjekt ist. Authentizität entsteht und besteht demnach ausschließlich in Interaktion. Beispielhaft illustriert werden diese Mechanismen anhand eines Ausschnitts aus einer Gruppendiskussion, welcher einerseits mittels linguistischer Gesprächsanalyse und andererseits mittels dokumentarischer Methode zum Zwecke einer qualitativen Textanalyse detailliert untersucht wird.

Mit ihrem Fokus auf das Thema der Identitätskonstruktion nähern sich Diewald und Billmann-Mahecha dem Thema Authentizität über den Aspekt der Subjektauthentizität, welche die Vorstellung eines authentischen ›Ich‹ oder ›Selbst‹ impliziert. Diesen Ansatzpunkt wählt auch Hans Bickes, dessen Beitrag ebenfalls die Rolle von Dialogizität für Prozesse der Identitätsbildung untersucht, sich thematisch aber auf die Rolle von Spracherwerbsprozessen für die Entwicklung eines Selbst in der kindlichen Entwicklung konzentriert. Sowohl die vorgeburtliche Phase, deren Intersubjektivität von Mutter und Kind Bickes als materiellen Pol der Ko-Konstruktion von Selbst-Bewusstsein interpretiert, als auch jene Aktivitäten, mit denen sich das Kind nach dem ersten Lebensjahr schrittweise seine Sprache erschafft, sind dabei geprägt vom Bezug auf Andere. Selbst-Bewusstsein ist laut Bickes somit soziales und dialogisches Bewusstsein, für dessen Ausbildung Spracherwerbsprozesse und die mit ihnen einhergehende Entwicklung eines Perspektivierungsvermögens von fundamentaler Bedeutung sind. Als authentisch interpretiert Bickes ein Selbst, dessen Selbst-Narration im Einklang sowohl mit seiner bereits vorgeburtlich eingeschriebenen materiellen Matrix als auch mit der Zuschreibung durch Andere steht.

Im Anschluss an Bickes' Ausführungen zum Erstspracherwerb wenden sich die Fachdidaktikerinnen Gabriele Blell und Rita Kupetz in ihrem Beitrag Konzepten von Authentizität im Fremdsprachenunterricht zu. Auf der Grundlage eines historischen Abrisses der Diskussion in der Fremdsprachendidaktik über die Authentizität von Texten, Unterrichtspraktiken und Situationen plädieren die Autorinnen für größere Lebensnähe als Basis authentischen

Lernens und erläutern als mögliche Strategien zur Schaffung authentischer bzw. authentisierbarer Lernkontexte die Verlagerung des Unterrichts an außerschulische Lernorte, die Methode des *Content and Language Integrated Learning* (CLIL) sowie web-basiertes Sprachenlernen. Die Prämisse von der Verquickung von Lernen und realem Leben im Dienste authentischen Fremdsprachenlernens weiten Blell und Kupetz im Sinne der *Multiliteracies*-Pädagogik darüber hinaus dahingehend aus, dass sie jede Form von Unterricht und Lernen als grundsätzlich authentisch interpretieren.

Blell und Kupetz lenken damit den Blick auf die Sphäre der individuellen Erfahrung als existentielle Komponente von ›Authentizität‹. Denselben Ansatzpunkt wählt Eva Koethen, die sich in ihrem Beitrag mit der Erfahrung von Authentizität im Angesicht von Kunstwerken auseinander setzt. Dabei argumentiert sie, dass sich das Authentische im künstlerischen Raum erst in der Oszillation zwischen materialen Realitäten und fiktiven Konstruktionen einstellen kann. Das Authentische wird somit als Verhältnismäßigkeit charakterisiert. Zur Untermauerung ihrer These dienen Koethen neben literarischen Beispielen die Erfahrungen ihres eigenen Kunsterlebens angesichts ausgewählter Kunstwerke, wie z.B. einer Installation von Marius Kruk und den Plastinaten Gunther von Hagens', sowie ein Video des Hannoveraner Kunststudenten Lennart Ahrberg.

Im Gegensatz zu Koethen, deren Fokus sich in erster Linie auf die Authentizität der Erfahrung des Rezipienten von Kunst richtet, widmet sich der Theaterwissenschaftler Ole Hruschka in seinem Beitrag unterschiedlichen Authentizitätskonzepten in der Schauspielkunst. Er konzentriert sich also weitgehend auf einen Aspekt der Produktionsebene des theatralen Kunstwerks. Hruschka basiert seine Ausführungen auf einer Fülle von Texten, in denen Schauspieler diverse Strategien authentischer Darstellung reflektieren. Gert Voss und Josef Bierbichler dienen ihm dabei als Repräsentanten zweier zentraler Schauspielertypen, zum einen des ›Rollendarstellers‹, der sich für jede Rolle neu verwandelt (Voss) und zum andren des ›Selbstdarstellers‹, der nicht im eigentlichen Sinne eine Figur repräsentiert, sondern in jeder Rolle sich selbst sucht und seine reale Person unverwechselbar ausstellt (Bierbichler). Hruschka hebt die Unterscheidung zwischen diesen Schauspielertypen im Schlussteil seines Textes allerdings insofern auf, als mit Verweis auf die anthropologischen Überlegungen Hellmuth Plessners zur Gleichzeitigkeit des Körper-Seins und Körper-Habens der Schauspieler immer zugleich als Entdecker eines Rollenentwurfs *und* Entdecker seines Selbst durch die präfigurierte Rolle zu betrachten ist.

Der Beitrag von Alois Stimpfle nähert sich dem Phänomen der Authentizität aus der Perspektive der katholischen Bibeltheologie und betont die Natur der Authentizität als ein relationales Phänomen, das auf autoritativer Zuschreibung fußt. Als Authentifikatoren des Bibeltextes und somit auch jener Offenbarungstexte, in welchen sich die christliche Theologie selbst verortet, fungieren dabei laut Stimpfle der Text selbst (als inspiriertes Gotteswort), eine kollektive, approbierende Lesegemeinschaft (Kirchenlehre) sowie das ›Ich‹ des individuellen (glaubenden) Lesers. Mittels einer exegetischen Analyse der Begegnung Maria von Magdalas mit dem auferstandenen Jesus im Johannesevangelium demonstriert Stimpfle insbesondere die Rolle des ›Ich‹ im religiösen Beglaubigungsprozess, welche auch die untersuchte Textstelle selbst illustriert: Marias ›Sehen‹ (und somit ihre religiöse Selbst-Erkenntnis) erfolgt auf der Basis ihres Erkannt-Seins durch Gott.

Die Germanistin Stefanie Kreuzer nimmt die unüberwindbare Diskrepanz zwischen Wirklichkeit und Darstellung in der Kunst, aufgrund derer das Konzept einer Authentizität der Darstellung paradoxal anmuten muss, zum Anlass für eine Charakterisierung von Authentizität als »Gefühlswert« (183), der aus einer reflektierten Gestaltung der Erscheinungswelt mit künstlerischen Mitteln resultiert. Kreuzer entwirft zunächst eine fünfteilige Typologie künstlerischer Strategien zur Authentizitätserzeugung in Literatur, Film und bildender Kunst. Im Anschluss untersucht sie mittels einer Analyse exemplarischer Werke mit scheinbar konkreten Wirklichkeitsbezügen (Peter Handkes »Publikumsbeschimpfung«, Michael Glawoggers Dokumentarfilm MEGACITIES und ausgewählte Foto-Text-Arbeiten des Künstlers Hamish Fulton) deren selbstreflexiv-kritische Auseinandersetzung mit den Konventionen mimetischer Wirklichkeitsabbildung. Die aus der Selbstreflexion resultierende Betonung des Authentischen als künstliche Konstruktion ermöglicht laut Kreuzer eine Annäherung an die Erfahrungswirklichkeit, welche sie als eigentliche Authentizität in den Künsten charakterisiert.

Von den Strategien der Authentizitätskonstruktion, die sich im Kunstwerk selbst manifestieren, verschiebt der Beitrag von Lucia Krämer über den Genrestatus von Literaturverfilmungen den Fokus auf die Rolle paratextueller und insbesondere epitextueller Mittel von Authentizitätszuschreibungen. Krämer plädiert damit für eine Ausweitung der bisherigen Diskussion über den Genrestatus von Verfilmungen in den *Adaptation Studies*. Anhand verschiedener Beispiele zeigt sie Authentisierungsstrategien seitens Produzenten und Verleihern auf, die als Angebot zur Rezeption der Adaption als Adaption fungieren. Dass dieses Angebot von vielen Rezipienten nur selektiv aufgegriffen oder gar ganz verworfen wird, unterstreicht laut Krämer zum einen den sekundären Status des Genres Verfilmung. Zum anderen lokalisiert es erneut die Authentizitätsbeglaubigung im Wechselspiel zwischen Produktions-, Text- und Rezipientenebene.

Wolfgang Funks Aufsatz über Authentizitätskonstruktionen im zeitgenössischen englischsprachigen Roman leitet eine abschließende Gruppe von Beiträgen mit literaturwissenschaftlichem Fokus ein. Funk stellt dabei die Frage, ob die in der zeitgenössischen Kunst und Literatur zu beobachtenden Konfigurationen von Metareferenz als ein Paradigmenwechsel in der Geschichte des Verhältnisses von Subjektivität und Authentizität interpretiert werden können. Unter Rückgriff vor allem auf Douglas Hofstadters Konzept der ›seltsamen Schleife‹ untersucht Funk diese Fragestellung exemplarisch anhand einer Analyse der metareferentiellen Mittel und verwickelten Hierarchien in Dave Eggers' Roman »A Heartbreaking Work of Staggering Genius«. Insbesondere die Auflösung der traditionellen Rollen von Produzent und Rezipient bzw. Konsument im Zuge der jüngsten medialen Entwicklungen, welche dem Einzelnen neue Möglichkeiten der Selbst-Konstruktion eröffnet, interpretiert er dabei als konstitutiv für eine neue Ästhetik der Authentizität.

Sigrid Thielking bezieht die thematische Prämisse des ›Dazwischen‹, welche dem vorliegenden Band zugrunde liegt, in ihrem Beitrag auf eine Gruppe von Texten, die sich durch Abweichung, Hybridität und Übergängigkeit bezogen auf das Genre des Kriminalromans auszeichnen. Zu diesen Texten, für welche sie die neue Gattungsbezeichnung ›Beinahekrimi‹ vorschlägt, gehören rudimentäre Krimis, welche die Genrestandards nur partiell befolgen, ebenso wie Romane, in denen sich einzelne strukturelle und inhaltliche Aspekte von Konventionen des Krimis herleiten oder die das Spiel mit dem Genre auf einer Metaebene kommentieren. Der poetologische Mehrwert dieser Texte liege, so Thielking, gerade in der Abweichung von ihrem vermeintlichen Muttergenre, was auch den Umgang der Werke mit jenen Bausteinen des Krimis betrifft, die Angebote gesteigerter Authentizität beinhalten (z.B. Charakterisierung, Instrumentarien der Verbrechersuche).

Im abschließenden Beitrag untersucht Birgit Nübel die diskursive Formation der Autobiographik im Ausgang des 18. Jahrhunderts anhand der autobiographischen Texte Jean-Jacques Rousseaus. Sie konstatiert die Verschiebung des Authentizitätspostulats vom Text und seiner Beglaubigung auf die Authentizität des Verfasser-Subjekts und dessen Anspruch von Aufrichtigkeit und Vollständigkeit (*tout dire*). Nübel identifiziert die Authentizität der autobiographischen Darstellung in Rousseaus Texten dabei in der Differenz zwischen der Ebene des Dargestellten einerseits und der Ebene der Darstellung andererseits. Auch hier also wird Authentizität als ein Relationsbegriff interpretiert, da Authentizität im Spannungsfeld von Aufrichtigkeit und Verstellung, Identität und Differenz angesiedelt ist. Sie ist laut Nübel nicht nur ein Effekt von Darstellung, sondern eine Funktion von Differenz, aus welcher heraus das Echte und Ursprüngliche überhaupt erst erfahrbar wird.

Literatur

Adorno, Theodor (1970): Gesammelte Schriften, Bd.7: Ästhetische Theorie. Hg. Rolf Tiedemann, Frankfurt a.M.: Suhrkamp.

Amrein, Ursula (Hg.) (2009): Das Authentische. Referenzen und Repräsentationen, Zürich: Chronos.

Barthes, Roland (2000 [1968]): »Der Tod des Autors«, in: Fotis Jannidis et al. (Hg.), Texte zur Theorie der Autorschaft. Übers. Matias Martinez, Stuttgart: Reclam, S. 185-193.

Benjamin, Walter (1963 [1935]): Das Kunstwerk im Zeitalter seiner technischen Reproduzierbarkeit. Drei Studien zur Kunstsoziologie, Frankfurt a.M.: Suhrkamp.

Bolz, Norbert (2004): Blindflug mit Zuschauer, München: Fink.

Chidester, David (2005): Authentic Fakes. Religion and American Popular Culture, Berkeley et al: University of California Press.

Derrida, Jacques (1976 [1967]): Of Grammatology. Übers. Gayatri Chakravorty Spivak, Baltimore, MD: Johns Hopkins University Press.

Ferrara, Alessandro (1993): Modernity and Authenticity. A Study in the Social and Ethical Thought of Jean-Jacques Rousseau, Albany, NY: State University of New York Press.

— (1998): Reflective Authenticity. Rethinking the Project of Modernity, New York/London: Routledge.

— (2008): The Force of the Example. Explorations in the Paradigm of Judgment, New York: Columbia University Press.

— (2009): »Authenticity without a True Self«, in: Phillip Vannini/Patrick Williams (Hg.), Authenticity in Culture, Self, and Society, Farnham/Burlington, VT: Ashgate, S. 21-35.

Fischer-Lichte, Erika/Pflug, Isabel (2007 [2000]) (Hg.): Inszenierung von Authentizität, Tübingen/Basel: Francke.

Foucault, Michel (1988 [1969]): »Was ist ein Autor?«, in: Ders. Schriften zur Literatur. Übers. Karin von Hofer/Anneliese Botond, Frankfurt a.M.: Fischer, S. 7-31.

Goffman, Erving (2003 [1959]): Wir alle spielen Theater. Die Selbstdarstellung im Alltag. Übers. Peter Schäfer-Weber, München: Piper.

Haberl, Tobias (2010): »Authentisch«, in: Süddeutsche Zeitung Magazin 44, http://sz-magazin.sueddeutsche.de/texte/anzeigen/34916/ vom 19.11.2010.

Keegan, Victor (2010): »Unreal Profits for Real Firms«, in: The Guardian Weekly vom 01.01.2010, S. 24.

Kissler, Alexander (2010): »Die Rückkehr des Ichs«, in: Fokus 46, S. 140.

Knaller, Susanne (2006): »Genealogie des ästhetischen Authentizitätsbegriffs«, in: Knaller/Müller, Authentizität, S. 17-35.

—/Müller, Harro (Hg.) (2006): Authentizität. Diskussion eines ästhetischen Begriffs, München: Fink.

Lamla, Jörn (2009): »Authentizität im kulturellen Kapitalismus. Gedanken zur ›konsumistischen‹ Subjektformation der Gegenwart«, in: Amrein, Das Authentische, S. 321-336.

Larmore, Charles (2004): »Alessandro Ferrara's Theory of Authenticity«, in: Philosophy and Social Criticism 30, S. 5-9.

Mair, Judith/Becker, Silke (2005): Fake For Real. Über die private und politische Taktik des So-tun-als-ob, Frankfurt a.M. et al: Campus.

Mecke, Jochen (2006): »Der Prozess der Authentizität. Strukturen, Paradoxien und Funktion einer zentralen Kategorie moderner Literatur«, in: Knaller/Müller, Authentizität, S. 82-114.

Römer, Stefan (2001): Künstlerische Strategien des Fake. Kritik von Original und Fälschung, Köln: DuMont.

Schlich, Jutta (2002): Literarische Authentizität. Prinzip und Geschichte, Tübingen: Niemeyer.

Taylor, Charles (1991): The Ethics of Authenticity. Cambridge, MA/London: Harvard University Press.

— (2007): A Secular Age. Cambridge, MA/London: Belknap Press.

Zeller, Christoph (2010): Ästhetik des Authentischen. Literatur und Kunst um 1970, Berlin et al: de Gruyter.

Die Aktualität der Authentizität – Von der Attraktivität des Nicht-Hier und des Nicht-Jetzt in der modernen Sprachwissenschaft

RAINER SCHULZE

Der folgende Beitrag beschäftigt sich mit dem von dem New Yorker Literaturkritiker Lionel Trilling in die öffentliche Diskussion eingebrachten Topos der Authentizität, der in vielen lebensweltlichen Bereichen, unter Einschluss der Kunst oder Wissenschaft, ein hohes Maß an Aktualität gewonnen hat. In einem ersten Schritt werden über eine wortgeschichtliche Analyse des englischen Adjektivs ›authentic‹ *die Bedeutung, die Bedeutungsentwicklung und das Bedeutungspotential herausgearbeitet und in verschiedenen alltagsweltlichen Bereichen verortet, bevor in einem zweiten Schritt die ermittelten Spezifika des Begriffs (u.a. ›Selbstbefreiung‹, ›Selbstoffenbarung‹, ›Intoleranz gegenüber dem Konventionellen‹, ›ungebundenes Ausleben des Ich‹ oder ›Entsolidarisierung‹) auf ihre Tauglichkeit, Verlässlichkeit und Aussagekraft in den Theorien und Methoden der zeitgenössischen Sprachwissenschaft hin überprüft werden.*

Einleitung

Das Konzept der Authentizität als kultureller Leitbegriff (und damit verbunden das Konzept der Nicht-Authentizität) gewinnt in der heutigen Zeit verstärkte Aufmerksamkeit, ob in der Medizin oder Biologie (umstrittene Authentizität: reproduktives Klonen von Lebewesen), der Theologie (umstrittene Authentizität: Turiner Grabtuch), der Kunst (umstrittene Authentizität: das Bild »Das Martyrium des Heiligen Laurentius« von Michelangelo Merisi, genannt Caravaggio), der Photographie (umstrittene Authentizität: Kriegsphotographie von Robert Capa), dem Marketing (umstrittene Authentizität: ›Normalgewichtige‹ in der Dove-Werbung), der populären Musik (umstrittene Authentizität: *unplugged music*), der Literatur (umstrittene Authentizität: Helene Hegemanns »Axolotl Roadkill«), der Kommunikation im Internet (umstrittene Authentizität: WikiLeaks) oder auch der Linguistik (umstrittene Authentizität: s.u.). Dies bedeutet nicht, dass der Begriff der Authentizität bestimmten akademischen oder (natur-)wissenschaftlichen Disziplinen einfach übergestülpt wird; es geht vielmehr darum, den Begriff in den Kontext von gesellschaftlichen Bedürfnissen und Veränderungen zu stellen und ihn so auf seine mögliche Erklärungskraft hin zu überprüfen. Das Anliegen dieses Beitrages nimmt nicht *en détail* die Rolle und Funktion von Authentizität in bestimmten alltagsweltlichen Lebensbereichen (Gastronomie, Tourismus, Werbung, Populärkultur etc.) in den Blick,[1] sondern beschränkt sich auf die begriffliche und wortgeschichtliche Entwicklung, Darstellung und Einschätzung von Authentizität als ethische Orientierung aus verschiedenen Blickwinkeln in der modernen Sprachwissenschaft.

Historisches

»Das Authentische ist die blaue Blume der Romantik. [...] Die Krise der Echtheit und der Kult des Authentischen sind [...] Komplementärphänomene«, so Bolz (2004: 101), wobei die hier postulierten Komplementärphänomene in verschiedenen Bereichen verortet werden können: Mimesis, Imitation, Nachahmung, Fiktion oder *factual fiction* als Gegenbegriffe zu ›Wahrheit‹ oder ›Wirklichkeit‹ in der Kunst, oder Erscheinung, Als-ob, Illusion, transzendentaler Schein, Simulakrum, Simulation, Täuschung, Lüge oder sogar Betrug als Gegenbegriffe zu ›Wahrheit‹ oder ›Wirklichkeit‹ in Wissenschaft und Philosophie (ebd. 93). Aus kulturkritischer Perspektive ist die Suche und Forderung nach Authentizität nicht mehr, aber auch nicht weniger, als eine überlebensnotwendige Strategie gegen eine als wenig erträglich empfundene und kaum hinnehmbare Realität (oder Hier und Jetzt), möglicherweise angefüllt mit Vorstellungen von sozialen Ungerechtigkeiten, Trennungen, Schmerz, Versagungen oder Tod, wie dies in den *liner notes* des Jazzpianisten Keith Jarrett zu seinen Aufnahmen mit dem Bassisten Charlie Haden (»Jasmine« 2010) zum Ausdruck kommt:

> »Art is dying in this world, and so is listening, as the world becomes more full of toys and special effects. With this death will come the undoing of many possible feelings: beautiful, tender, deep, trusting, true, sad, full of internal meaning and color. Closeness won't have to necessarily be physical. Intimacy will be hard to find. Communication will be lost.«

---

1 Vgl. hierzu Alexander 2009; Amor 2002; Amrein 2009; Anton 1995; Fine 2003; Fischer-Lichte/Pflug 2000; Marinos 2001; McElhinny 2008; Michaud 2000; Ostermann 2002; Schlich 2002; Vannini/Williams 2009; Zeller 2010.

Der Begriff der Authentizität entzieht sich fast selbstverständlich einer definitorischen Schärfung. Trilling merkt hierzu an, dass ›Authentizität‹ eines der Wörter sei, »which are best not talked about if they are to retain any force of meaning« (1972: 120). Für den New Yorker Literaturkritiker steht der Begriff der Authentizität dem der Aufrichtigkeit (*sincerity*) gegenüber: Aufrichtigkeit hier als das Bemühen des Einzelnen, das äußere und das innere, private Leben ohne Verstellung in Einklang zu bringen, gekoppelt an die Berücksichtigung der Erfordernisse des Gesellschaftlichen und der Tradition sowie der Notwendigkeit des aufrichtigen Rollenspiels.[2] Eine Verständigung über den Leitbegriff ›Authentizität‹ hält Culler sogar für gänzlich unmöglich:

»The paradox, the dilemma of authenticity, is that [for an experience, event, etc.] to be experienced as authentic it must be marked as authentic, but when it is marked as authentic it is mediated, a sign of itself, and hence lacks the authenticity of what is truly unspoiled, untouched by mediating cultural codes.« (1988: 164)

Neben diesem Definitionsproblem oder -paradoxon haftet dem Begriff überdies so etwas wie ›Bedeutungsleere‹ (wie in einem Angebot eines Reisebüros evident wird: »Erleben Sie das authentische Thailand!«), aber sogar auch Relevanz an, wenn der Einzelne mit dem Wunsch nach authentischer Repräsentation sich sogar therapieren lassen kann, sollte ›finale‹ Authentizität noch nicht implementiert sein (Coupland 2003). Zu untersuchen ist also, wann und warum der Begriff bzw. der Topos ›Authentizität‹ relevant wurde und wie sich heutige Entwürfe von Authentizität, insbesondere in der modernen Sprachwissenschaft, innerhalb einer wechselhaften Sprachgeschichte verorten lassen (Handler 1986).

Wortbiographische Informationen zum Englischen ›*authentic*‹ zeigen,[3] dass erste schriftliche Belege das Adjektiv in die (linguistische) Nähe von menschlicher Kommunikation und deren Produkte (Äußerungen, Sätze, Texte etc.) rücken:

1340 HAMPOLE *Pr. Consc.* 7116 Saint Austyn..Whase wordes er auctentyke.
1382 WYCLIF *Isa.* Prol., No goostli vndurstondyng is autentik, no but it be groundid in the text opynli.
***a*1420** HOCCLEVE *De Reg. Princ.* 125 The bible, Whiche is a booke autentyke and credible. (Oxford English Dictionary Online)

2 Siehe auch die Beiträge von Funk (230) sowie Nübel (270) in diesem Band.

3 Siehe entsprechende wortbiographische Angaben zum Deutschen, Griechischen oder Lateinischen in Nübel (270), Kreuzer (180) oder Stimpfle (161f.) in diesem Band.

Gekoppelt ist menschliche Kommunikation hier an Vorstellungen von Autorität (und natürlich auch Gehorsam) und Respekt, und nur geringfügig später sind Belege verfügbar, die ›*authentic*‹ in einem legalen und damit begrifflich benachbarten Kontext verorten:

1401 *Pol. Poems* (1859) II. 80 Of her lettris and of her sele, if autentike thei weren.
1466 *Paston Lett.* 554 II. 284 Divers old deeds, some without date, insealed under autenticke seales.
1671 J. FLAVEL *Fount. Life* vi. 15 What is done by Commission is Authentick.
1723 SHEFFIELD (Dk. Buckhm.) *Wks.* (1753) I. 130 Under the broad authentic seal of heav'n. (Oxford English Dictionary Online)

Weitere Belege im »Oxford English Dictionary« zeugen von einer sich bereits im 14. Jahrhundert abzeichnenden Bedeutungsentwicklung und Begriffserweiterung von ›*authentic*‹, die das heutige Verständnis der deutschsprachigen Termini ›Authentizität‹ und ›authentisch‹ (Selbstbefreiung, Selbstoffenbarung, Intoleranz gegenüber dem Konventionellen, ungebundenes Ausleben des Ich etc.) gleichsam antizipieren.

Das heutige Verständnis des Begriffs geht zurück auf das späte 18. Jahrhundert und steht in enger Verbindung zur Kunst und Literatur der Romantik (Taylor 1989; 1991): zum einen ist hier die Wahrnehmung einer beginnenden Abkehr von einer als industriell und kommerziell geprägten Kultur auszumachen (im Folgenden als Linie A bezeichnet), zum anderen die verstärkte Wahrnehmung des Individuums als ein autonom gedachtes Bedeutungszentrum und mit der Einsetzung eines verstärkten Selbstbezugs auch ein schleichend eintretender Bedeutungsverlust von Religion (im Folgenden als Linie B bezeichnet). Beide ›Wahrnehmungslinien‹, möglicherweise sich parallel entwickelnd und konzeptuelle Überschneidungen aufweisend, sind möglicherweise nur Konstrukte eines primär geisteswissenschaftlichen Verständnisses von Authentizität, aber dieses vermeintliche erkenntnistheoretische Defizit wird aufgehoben durch sein explanatorisches Potential: Entwicklungslinie A impliziert trotz urbaner Anziehungskräfte und sich abzeichnender Massenproduktion eine Rückbesinnung auf lokale Gemeinschaften, Entwicklungslinie B impliziert eine Rückbesinnung auf das Private und das Individuelle. Aus dieser Kontrastierung erwächst der Gegensatz zwischen einerseits der Gesellschaft, die als fragmentiert, ›bunt zusammengewürfelt‹ und verregelnd oder regulierend stigmatisiert wird, und andererseits dem Individuum, das als eine feste Größe, einzigartig und frei wahrgenommen wird. Beide begrifflichen Entwicklungslinien von Authentizität sind mit Bündeln von Merkmalen verkoppelt: Linie A mit Eigenschaften wie ›Marginalität‹, ›Einfachheit‹, ›Natürlichkeit‹ oder ›Weltlichkeit‹, Linie B mit ›Aufrichtigkeit‹,

›Subjektivität‹, ›Selbstoffenbarung und -befreiung‹ oder ›Kreativität‹. Dieser Sachverhalt lässt sich vereinfacht wie folgt darstellen:

Entwicklungslinie A:
- Abkehr von industriell und kommerziell geprägter Kultur
- Rückbesinnung auf lokale Gemeinschaften, trotz urbaner Anziehungskräfte und sich abzeichnender Massenproduktion
- Verankerung in der lokalen Gemeinschaft, Marginalität, Einfachheit, Weltlichkeit

Entwicklungslinie B:
- Wahrnehmung des Individuums als autonomes Bedeutungszentrum (verstärkter Selbstbezug, beginnender Bedeutungsverlust von Religion)
- Rückbesinnung auf das Private und das Individuelle (*Individuum*: stabil, einzigartig, frei vs. *Gesellschaft*: fragmentiert, verregelnd/regulierend, ›bunt zusammengewürfelt‹)
- Aufrichtigkeit, Subjektivität, Kreativität

Merkmale von Authentizität

Die in den Texten postulierte Ambivalenz erwächst u.a. aus der Auseinandersetzung mit dem Konzept ›Authentizität‹ in spezifischen Kontexten. ›Authentisch‹ präsupponiert dabei zunächst die konzeptuelle Aufteilung der Welt in ein Hier und Jetzt sowie ein Nicht-Hier und Nicht-Jetzt und die fehlende Präsenz von Entitäten (Sachverhalten, Situationen, Objekten der geistigen Auseinandersetzung etc.) im Hier und Jetzt wird mit Implikationen wie ›Verlust‹, ›Verfall‹ oder ›verzerrte Darstellung‹ (s. Keith Jarretts *liner notes*) versehen; ›authentisch‹ in dieser Lesart repräsentiert einen quasinostalgischen Begriff, der von der Wiederherstellung resp. Rekonstruktion einer als nahezu ideal oder wünschbar und verheißungsvoll gedachten Situation oder Vorstellung handelt (und damit durchaus in Anspielung auf die in christlichen Wertegemeinschaften vorherrschenden Vorstellung von einer Zeit vor dem Sündenfall). Die konzeptuelle Aufteilung der Welt in ein Hier und Jetzt sowie ein Nicht-Hier und Nicht-Jetzt verleiht dem Begriff der Authentizität relationalen Charakter, wie in einem Entwurf konzeptueller Dichotomien, der auch in den Bereich des Linguistischen verlängert werden kann, deutlich wird:
- wenn Gegenwart, dann auch Vergangenheit
- wenn Erscheinung, dann auch Realität
- wenn Realität, dann auch Ideal
- wenn Kopie, dann auch Original

- wenn Oberflächenstruktur, dann auch Tiefenstruktur
- wenn *token*, dann auch *type*
- wenn *instance*, dann auch *schema*
- wenn Metaphorisches, dann auch Wörtliches etc.

Aus dieser Gegenüberstellung erhellt sich, dass neben dem Attribut der Relationalität ›Authentizität‹ durch eine Reihe weiterer Merkmale charakterisierbar ist:
- nichts ist aus sich heraus (=inhärent) authentisch (siehe auch Stimpfle im vorliegenden Band; 163)
- Authentizität ist nicht an die Existenz einzelner oder einzigartiger Entitäten gebunden
- Authentizität ist zuvorderst epistemisch, d.h. benötigt ein zur Reflexion befähigtes Subjekt und fungiert daher als ethisches Orientierungskonzept

Ein mit diesen Attributen ausgestatteter Begriff ist in einer Vielzahl von semantischen und/oder pragmatischen Feldern auszumachen;[4] diese betreffen z.B. Aspekte der Repräsentation (Verhältnis zwischen Bild und Objekt oder dem sprachlichen Zeichen und seinem Referenten), der Performanz (Verhältnis zwischen Handeln und Fühlen, Aufführung und dem zugrunde liegenden Drehbuch, ästhetischem Objekt und Betrachter, explizitem und implizitem Sprechakt, *overt* und *covert* oder *hidden meaning*, Denotation und Konnotation), der Praxis (Verhältnis zwischen Individuum und seinem Verhalten, Rolle oder Identität) oder der Urheberschaft (Verhältnis zwischen Kunstwerk und Künstler, Text und Autor oder Sprecher und Äußerung). Vor dem Hintergrund der konzeptuellen Unterscheidung zwischen dem Hier und Jetzt und dem Nicht-Hier und Nicht-Jetzt gewinnt Authentizität normativen Status und wird positiv bewertet, verbunden mit einem hohen Anspruch auf Moralität und Validität; Orgel (1988) fügt dieser Liste von Eigenschaften eine weitere hinzu (nämlich ›zeitgebunden‹), wenn er z.B. die akribische Rekonstruktion eines literarischen Werkes einfordert, um den *authentic Shakespeare* durchscheinen zu lassen.

›Authentizität‹ in diesem Verständnis steht für einen Entwurf im Hier und Jetzt einer quasi-idealisierten ›Gegenwelt‹ im Nicht-Hier und Nicht-Jetzt, die sich einer exakten räumlichen wie zeitlichen Determinierung weitgehend entzieht. Ob dieser Entwurf einer ›Gegenwelt‹ von einem sozialkritischen Impetus begleitet (›die glücklichere Welt‹ oder ›die bessere Sozietät‹) ist und wird, lässt sich nicht einfach beantworten; entscheidend allerdings ist, dass neben den

4 Vgl. hierzu Winch 1958; Hobsbawm/Ranger 1983; Taylor 1991; Guignon 2004; Gill 2008.

oben herausgearbeiteten Merkmalen von Authentizität der Begriff in der kultur- und geisteswissenschaftlichen Forschung bisher gleichgesetzt wird mit dem Ziel einer Suche (*quest*) über räumliche, zeitliche oder konzeptuelle Grenzen hinaus (Kelner 2001), mit der Aufdeckung des Geheimnisvollen, Verborgenen oder Verlorenen (Marcus/Fischer 1986; Goffman 1959 [mit seiner *front-back*-Unterscheidung]; MacCannell 1973 oder Jaworski/Pritchard 2005 mit dem *off-the-beaten-track*-Topos), oder mit der Wiederherstellung, Rettung, Bergung (*salvage motif*) und Sicherstellung (Marcus/Fischer 1986). Allen diesen Untersuchungen ist gemeinsam, dass ihnen ein einlösbares Versprechen auf Erreichbarkeit oder Ermittelbarkeit des augenblicklichen Nicht-Hier und Nicht-Jetzt inhärent ist.

Authentizität und Sprache

Das Sich-Vergegenwärtigen von Authentischem und Nicht-Authentischem ist metaphorischer Natur: Wer sind die Mittler zwischen dem Hier und Jetzt und dem Nicht-Hier und Nicht-Jetzt oder wer sind die Rekonstrukteure des Nicht-Hier und Nicht-Jetzt oder wer besitzt den Schlüssel zum Öffnen der Tür in die quasi-idealisierte ›Gegenwelt‹ (und benutzt ihn auch)? Wer besitzt die Autorität, zwischen authentischem und nicht-authentischem Sprachmaterial zu unterscheiden? In der Tat sind es zunächst erst einmal die Experten der jeweiligen geisteswissenschaftlichen Disziplin, die z.B. vor und während der ethnographischen Feldarbeit Aspekte des Untersuchungsgegenstandes als ›authentisch‹ oder ›nicht-authentisch‹ einstufen[5] oder in einer literaturkritischen Werkausgabe den zeitgenössischen und aktuell vorliegenden schriftlichen Text als eine unvollständige Repräsentation des Vergangenen begreifen: »The assumption is that behind the obscure and imperfect text lies a clear and perfect one, and that the editor's task is to reveal it.« (Orgel 1988: 12) Die Sichtweise, dass Texte jeglicher Art im Hier und Jetzt als Repräsentation des Nicht-Hier Nicht-Jetzt potentiell das Verstehen von Texten aus dem Nicht-Hier und Nicht-Jetzt ermöglichen, ist eine der ›romantischen‹ Hinterlassenschaften, die in das (post-)moderne Denken über spezifische Wirkungszusammenhänge hinüberreichen; eine andere betrifft die Bedeutung des Individuums sowie seine sprachlich expressiven Möglichkeiten in einer Sprachgemeinschaft (oder Sozietät), die das Individuum zum Menschen werden und ihn von

5 McCarthy (1992) und Bucholtz (2003) führen in diesem Zusammenhang den technischen Begriff des ›*gate-keeper*‹ oder ›*go-between*‹ ein.

anderen Lebewesen signifikant unterscheiden lassen (Taylor 1985; 1989); sprachlich kodierte Affekte sind ausschließlich in als authentisch zertifizierten Texten nachweisbar, da manipulativ erstellte Textimitationen keine Affekte freizusetzen vermögen (Bednarek 2008).

Nach Bucholtz (2003) führt diese Erkenntnis zu einer Sichtweise in der aktuellen sprachwissenschaftlichen Diskussion, nach der jede deskriptive und analytische Tätigkeit eines Sprachwissenschaftlers, d.h. von der Identifikation der zu beschreibenden Phänomene bis zu den methodischen Vorgehensweisen, vom Authentizitätsbegriff geprägt wird. Doch sind hier nicht nur die theoretischen und methodischen Vorüberlegungen des *gate-keeper* oder *go-between* zentral, sondern z.B. auch die alltäglichen Vorstellungen, Wahrnehmungen und Praktiken des Sprachbenutzers als Forschungsobjekt, einschließlich seiner Identität. Damit wird zugleich ein Forschungsdefizit in der linguistischen Pragmatik um einflussreiche Gestalter wie die Sprachphilosophen Wittgenstein, Austin, Searle oder Grice thematisiert, die Sprachverwendung als ein weitgehend dekontextualisiertes Phänomen begriffen haben. Dem gegenüber stehen Vertreter einer eher soziologisch (d.h. ethnomethodologisch) dominierten Richtung um Goffman, Schegloff, Sacks oder Jefferson, die konversationsanalytische Projekte als datenbasierte Projekte initiiert haben.[6] Nicht die deskriptiven oder analytischen Kategorien des *gate-keeper* oder *go-between* sind entscheidend, sondern die alltagspraktischen Vorgehensweisen (*folk methods*) derjenigen ›auf der anderen Seite‹. Aus dieser Spezifizität und Spezialisierung sprachwissenschaftlicher Tätigkeit erwächst die Mutmaßung oder Erkenntnis, dass einige Möglichkeiten des Sprechens und einige Typen von Sprachbenutzern ›authentischer‹ sind als andere oder dass die Modalität des Sprechens prioritär gegenüber der des Schreibens ist (Derrida 1976: 34f.; Harris 1983; 2000; Linell 2005). Belege für diese dichotomisierende Annahme sind zahlreich, doch wundert nicht wenige Beobachter der linguistischen Szene, dass diese Annahmen erst gegen Ende des 20. Jahrhunderts Eingang in die Forschung gefunden haben: so heißt es bereits zu Beginn des 20. Jahrhunderts bei einem Vorreiter des linguistischen Strukturalismus: »The object of study in linguistics is not a combination of the written word and the spoken word. The spoken word alone constitutes that object« (de Saussure 1983: 24f.), und bei einem Vertreter des britischen Kontextualismus lesen wir, dass gesprochene Sprache »felt to be peculiarly, almost mystically, bound up with the physiological and psychological make-up of a person« (McIntosh 1956: 38). Die konzeptuelle Diffe-

6 Vgl. hierzu Blakemore 1992, Schiffrin 1994 oder Verschueren 1999.

renz zwischen dem Hier und Jetzt und dem Nicht-Hier und Nicht-Jetzt, d.h. der Existenz unterschiedlicher expressiver Modalitäten, wird prononciert von Mumford aufgenommen: »Through the habit of using print and paper, thought lost something of its flowing [...] organic character and became abstract, categorical, stereotyped.« (1934: 137) Vor diesem Hintergrund erscheint gesprochene Sprache (da alle möglichen Idiosynkrasien eines Sprechers repräsentierend) als die ›reine‹ Form sprachlichen Ausdrucks. Gesprochene Sprache ist gebunden an die Vorstellung einer (linguistisch homogenen?) Sprachgemeinschaft, eines Volkes oder einer Nation mit eigener ethnischer, kultureller und linguistischer Identität (Bucholtz 2003; Bauman/Briggs 2003: Kap. 5); gesprochene Sprache ist natürlich nach Chafe (1982) und Mair

> »fragmented and involved; written language [...] integrated and detached. Sentence-initial conjunctions, first and second person reference, and emphatic particles like *really* and *just* are found to be typical of the fragmented, involved style. Characteristic features of the detached style, among others, are nominalizations and the frequent use of the passive voice« (2006: 183f.),

eingebunden in natürliche Kontexte, lokal, dialektal oder vernakulär;[7] nur leider ist sie, trotz *gate-keeper* oder *go-between*, schwer zugänglich (Culler 1988a; vgl. auch Labovs Ausführungen [1978] zum *observer's paradox*). Die hier als ›romantische‹ Hinterlassenschaften des Authentizitätstopos skizzierten Annahmen finden in der modernen Sprachwissenschaft auf verschiedene Weise ihren Niederschlag (Gill 2008):

- der ›authentische‹ Sprecher ist ein Muttersprachler in kulturell und ethnisch homogenen Sprachgemeinschaften; der Begriff des *native speaker* mit seinen ganz verschiedenen Facetten wird derzeit kontrovers diskutiert: Coulmas 1981; Hill 1999; Seidlhofer 2001; Jenkins 2006;
- authentische Sprache tritt natürlich auf und ist lokal, dialektal oder vernakulär;
- ist spontan, ›ungeprobt‹ (*unrehearsed*) und ursprünglich nicht für eine größere Öffentlichkeit bestimmt (*off-the-record*);
- authentische Sprache ist eine Nicht-Standardvarietät und variabel, ausgestattet mit einem hohen Grad an *street-credibility*;
- der typische Sprecher einer Nicht-Standardvarietät ist männlich (Trudgill 1974: 93ff.); ähnliche Befunde auch zum *African American Vernacular English* (AAVE); zur Rolle von männlich dominierten *streetgangs*: Eckert 2003; Hill 1999; Sweetland 2002;

---

7 Vgl. hierzu auch Wordsworth 1800, Suzuki 1998, aber auch Trudgill (1974: 93ff.). Zur *emergent grammar* oder zu *usage-based approaches* s.u.

- der authentische Sprecher ist aufrichtig (Goffman 1981; van Leeuwen 2001; Coupland 2003);
- Authentizität kann durch Transkription gesichert werden; vgl. Hegeman (2006) zur Transkription von Erzählungen vorwiegend mündlicher Kulturen;
- Zertifizierung von Authentizität durch den Linguisten in der Rolle des *gate-keeper* resp. *go-between*

Authentizität und moderne Sprachwissenschaft

Authentische Sprache und deren relevanter Kontext (d.h. das Nicht-Hier und das Nicht-Jetzt) werden verstanden als positiv markierte ›Gegenwelt‹, ›in der das wirkliche Leben spielt‹. Diese verheißungsvolle ›Gegenwelt‹ ist aber kein Paradies, gekoppelt an religiöse oder spirituelle Aspekte und auch keine gedachte Utopie, basierend auf Gemeinschaften und konkreten sozialen Verhältnissen auf einem einsamen Eiland; sie ist einfach schon immer da gewesen und macht den Topos der Authentizität zu einem hoffnungsvollen und optimistischen Konzept, da diese ›Gegenwelt‹ quasi nur noch ›entdeckt‹ und ihre Materialisierung in textueller Form von Experten als *gate-keeper* ›entschlüsselt‹ werden kann und muss. Unter dieser Prämisse ist verständlich, dass in Fragen der Staatenbildung und der damit einhergehenden Sprachplanung dem Problem der Authentifizierung von Sprache eine erhöhte Aufmerksamkeit zukommt. Politiker, nationale Institutionen, aber auch linguistisch geschulte Experten, Verfasser von Lehrmaterialien sowie Sprecher der örtlichen Gemeinschaft entscheiden darüber, was authentische Belege von Sprachverwendung ausmacht, was überhaupt authentische Texte und die daraus extrapolierten authentischen Sprachdaten sind, in welcher Form authentische Lehr- und Lernmaterialien die jeweiligen Lehr- und Lernerfahrungen beeinflussen oder wie authentische Interaktion gestaltet sein muss,[8] um diese zur Folie und Vorlage für edukative Zwecke zu machen (siehe auch den Beitrag von Blell/Kupetz in diesem Band). Diese Fragen werden ansatz- oder versuchsweise mit Bezug auf verschiedene Domänen, Register oder Genres beantwortet und umfassen hierbei Arbeiten in Bereichen wie Gender Studies (z.B. Geschlechterrollen als diskursiv erarbeitete Vorstellungen darüber, was als weibliche oder männliche Rolle in der Gesellschaft zu gelten hat, vgl. Harvey 2002; McElhinny 2008), Anzeigenwerbung (z.B. die Postbank auf dem Weg

8 Vgl. hierzu Amor 2002; Germer 1981; Jaffe 2003; Jenkins 2006; Pennycook 2007; Rings 1988; Seargeant 2005; Tan 2005; Van Lier 1996; Wee 2008; Weijenberg 1980.

von einer Produkt- zu einer Kundenbank mit dem Werbeslogan »Unterm Strich zähl ich«, angereichert mit Adjektiven wie ›nachbarschaft*lich*‹, ›günst*ich*‹ (!),›häusl*ich*‹, ›beweg*lich*‹, ›zuversicht*lich*‹ oder ›fortschritt*lich*‹), Tourismus, Musik, Lehren und Lernen, nationale und lokale Identitäten, Kulturenvielfalt, Globalisierung oder Verbraucherforschung.[9]

In der Sprachwissenschaft jetziger Ausprägung wird der Topos der Authentizität auf linguistische *tokens* bezogen und mit folgenden Attributen versehen:

- Authentizität ist weder einer minimalen bedeutungstragenden Einheit (z.B. *the*, *-ful*, *-ment* oder *bug*) noch einer Kette von bedeutungstragenden Einheiten (z.B. *par for the course* oder *the time has come*) inhärent; minimale sowie Verkettungen von bedeutungstragenden Einheiten gelten als *form-meaning-pairings*;
- versteht man unter Emergenz eine spontane, unreflektierte Ausbildung von Strukturen oder bestimmten Eigenschaften auf der Makro- oder Schemaebene, so betont man eine besondere Synergie zwischen den Einzelteilen eines Systems, dessen emergente Eigenschaften sich nicht zwingend auf die der systembildenden Elemente zurückführen lassen; Authentizität wird daher verstanden als emergent durch verschiedene soziale Praktiken;
- was für den Einzelnen prototypisch authentisch ist, unterliegt einem kontinuierlichen, interaktionsgesteuerten und ständig wieder einsetzenden begrifflichen Aushandeln.[10]

Einerseits in Ergänzung, andererseits im Gegensatz zum ›romantischen‹ Konzept von Authentizität (d.h. verstärkter Selbstausdruck des Individuums, Aufrichtigkeit, Direktheit, Unvermitteltheit etc.) wird Sprache in der linguistischen Pragmatik, der Kritischen Diskursanalyse, der Korpuslinguistik oder der funktionalen Linguistik (unter Einschluss der Kognitiven Linguistik, *emergent grammar*, Konstruktionsgrammatik oder *usage-based linguistics*) in ihrer u.a. technisch vermittelten als auch vermittelnden Funktion betrachtet, und die beobachteten und analysierten Produkte menschlicher Interaktion des Nicht-Hier und Nicht-Jetzt unterliegen unterschiedlichen Wahrnehmungen von Wahrheit, Autorität und Authentizität. Deutlich sichtbar wird dieses Bedingungsgefüge im Verhältnis zwischen den Verfassern oder Produzenten und deren ideologisch ›verpackten‹ Bedeutungen und Repräsentationen in Nachrichten jeglicher Art (z.B. van Leeuwen 2001; Chouliaraki 2006) sowie der Pra-

9 Vgl. hierzu Bramadat 2005; Budach/Roy/Heller 2003; Canagarajah 2005; Dutton 2003; Fine 2003; Garland 2008; Golomb 1995; Heller 1999.

10 Siehe auch den Beitrag von Diewald/Billmann-Mahecha (52f.; 56) im vorliegenden Band.

xis geschriebener oder gesprochener Sprache (Pishwa 2009), aber auch im Wechsel von Expertenkommunikation zur Betroffenen- und Betroffenheitskommunikation (Coupland 2001a; 2001b; Montgomery 2001), wie der Anhang von nachrichtlichen Mitteilungen seitens der BBC im Internet deutlich werden lässt:

»Are you in the area? Have you been affected by the quake? Let us know using the form below:
Send your pictures and videos to yourpics@bbc.co.uk or text them to +44 7725 100 100. If you have a large file you can upload here.
Read the terms and conditions
At no time should you endanger yourself or others, take any unnecessary risks or infringe any laws.

Name
Your E-mail address
Town & Country
Comments
The BBC may edit your comments and not all emails will be published. Your comments may be published on any BBC media worldwide.« (BBC News, 5 November 2007)

Diese mediale und diskursive Inszenierung von Authentizität (versehen mit den Attributen der Wahrhaftigkeit, Aufrichtigkeit und Vielstimmigkeit) führt in der Online-Interaktion (z.B. in *chatrooms*, *chatgroups* oder auch auf *message boards*) zu einer möglichen Grenzauflösung zwischen individueller Identitätsarbeit und Fiktion, mithin ein Faktum also, wofür die Fangemeinde der Online-Kommunikatoren Dichtomien wie *authentic identities* vs. *fake identities*, *genuine messages* vs. *hoaxes* oder *real participants* vs. *lurkers* bereithält.

Die Suche nach Authentizität in der Sprache ist in der Sprachwissenschaft des ausgehenden 20. Jahrhunderts eng gekoppelt an die Vorstellung von der Signifikanz von Sprachgebrauch und Sprachgebrauchsmustern, und die Forderung nach adäquater Berücksichtigung des Kontexts führt zu einem der Grundpostulate der so genannten ›pragmatischen Wende‹ in der Wissenschaft. Mit diesem Terminus wird oberflächlich zunächst einmal der Blick von der ›Systemlinguistik‹ (de Saussure, Chomsky etc.) auf die von manchen abschätzig so etikettierte ›Bindestrichlinguistik‹ gelenkt, und Nerlich kommentiert diesen Umschwung wie folgt: »Austin, Wittgenstein, and Grice were hailed as heroes in the 1970s and their insights were quickly integrated into a system-oriented linguistics looking for universal features of language.« (1995: 311) Die hier angedeutete pragmatische Wende führte zunächst zu einer Ausweitung und in manchen Bereichen auch zur Ersetzung des linguistischen Untersuchungsgegenstandes, da nun auch Alltagstexte und Diskurse jeglicher Art in die Betrachtung aufgenommen werden (z.B. Thornborrow 2001 oder Scott Shenk 2007); doch verschiebt sich das Erkenntnisinteresse nun von einem universalgrammatischen zu einem universalpragmatischen, in dem die Universalität von Sprechakten und deren tiefenstrukturellen Gemeinsamkeiten in den Fokus genommen wird.[11] Zu Beginn des 21. Jahrhunderts zeichnet sich eine ›zweite pragmatische Wende‹ unter geänderten Vorzeichen ab. Nach Feilke (2003: 217ff.) werden hier Positionen der ›ersten pragmatischen Wende‹ unter einer leicht verschobenen Perspektive betrachtet:

- verstärkter Fokus auf Schriftlichkeit, da die prononcierte Hinwendung auf Dialogizität und Diskursivität in der ›ersten pragmatischen Wende‹ zur Vernachlässigung schriftkonstituierter Sprachlichkeit führte;
- während in der ›ersten pragmatischen Wende‹ die Universalität sprachpragmatischer Phänomene betont wurde, konzentriert sich die ›zweite pragmatische Wende‹ auf die Kulturspezifik vorfindbarer sprachlicher Produkte;
- statt Generativität der Kompetenz oder Oberflächenstruktur vs. Tiefenstruktur nun Prägung, Formulierung und Sprachgebrauchswissen;
- Kontextualisierung statt Kontext: nicht nur der Kontext dient als Folie der Verständnissicherung seitens der Partizipanten, Kontext ist auch als Folge von Text zu betrachten.

Minimale bedeutungstragende Einheiten in einer Sprache und/oder deren Verkettungen stellen auf diese Weise Kontexte in einer Sprache her, die wiederum konstituierend für Textsorten oder kommunikative Gattungen sind. Zentral ist hier eine Sprachgebrauchskompetenz oder ein Sprachgebrauchswissen, das Wissen um das Hier und Jetzt sowie Nicht-Hier und Nicht-Jetzt sowie daran gebundenen ›formelhaften‹ Sprachgebrauch einschließt und als Ergebnis kooperativen Sprachhandelns zu verstehen ist. Der Fokus auf die Kulturspezifik kontextualisierender syntagmatischer Ausdrücke zeigt damit das Potential einer adäquaten Analyse von Sprachgebrauch, indem typisierter Sprachgebrauch als Ergebnis kooperativen Sprachhandelns gesehen wird.

Diese Refokussierung zentraler linguistischer Fragestellungen im Kontext der Authentizitätsdebatte wird in der aktuellen sprachwissenschaftlichen Diskussion auf verschiedene Weise umgesetzt. Unter dem Begriff der funktionalen Linguistik finden sich z.B. Ansätze wie *usage-based linguistics* oder Sprachgebrauchsmuster-

11 Siehe auch den Beitrag von Bickes (85f.) in diesem Band.

Linguistik sowie Korpuslinguistik, die sich dem Authentizitätstopos auf verschiedene Weise nähern.

Beispiel *Emergent grammar*: in traditioneller Sicht wird die Grammatik einer Sprache als ein abstraktes System betrachtet, das Kohäsion und Kohärenz bezieht über eine begrenzte Menge von Regeln, entkoppelt von Dialogizität und Diskursivität. Grammatische Regeln existieren folglich losgelöst vom Zeitpunkt und der Situation des Sprechens: sprachlich kodierte Bedeutungen sind dekontextualisiert. Kommunikation vor diesem Hintergrund funktioniert, weil Kommunikationspartner über ein gemeinsam geteiltes Grammatikwissen verfügen. Vereinfacht ausgedrückt: Grammatik existiert bereits schon, bevor entsprechende Regeln Eingang in Sprechhandlungen finden.

Paul Hopper (1987) kehrt die ›natürliche‹ Ordnung von Grammatik und Sprachverwendung oder Kommunikation um, indem er dem Sprachgebrauch, ausgezeichnet mit hohem Authentizitätspotential, eine zentrale Rolle zuweist. Diskurs in vergleichbaren Kontexten generiert sprachliche Routinen oder Sprachgebrauchsmuster, und die hierbei emergenten *schemas* oder Kategorien zu den sprachlichen Instantiierungen konstituieren die jeweilige Grammatik einer Sprache; Grammatik ist daher ein emergentes Phänomen, d.h. entwickelt sich aus kooperativ angelegten, tatsächlichen stattfindenden Sprechhandlungen und entspringt nicht den Intuitionen und Introspektionen eines oder wenigen linguistisch geschulten Authentifikatoren. Die der ›zweiten pragmatischen Wende‹ geschuldeten Annahmen sehen ›Sprache‹ daher als eine Ansammlung von partiell petrifizierten Routine- oder Sprachgebrauchsmustern, die Sprecher vorherigen Kommunikationserfahrungen entnehmen; Erfahrungen, die auf vergleichbaren Kommunikationssituationen zu vergleichbaren Themen mit vergleichbaren Kommunikationspartnern fußen.[12] Folgt man dieser Argumentation, dann sind Grammatiken von Sprache sedimentierte Produkte, die aus kommunikativen Absichten von Sprechern und den entsprechenden Kontexten abzuleiten sind. Partiell petrifizierte Routine- oder Sprachgebrauchsmuster bilden folglich das Rückgrat einer Grammatik, und da diese nicht immer den ›gewohnten‹ grammatischen strukturellen Einheiten entsprechen, wie z.B. Nominalphrasen oder Verbalphrasen, sondern diese Phrasengrenzen auch einmal überschreiten, wie z.B. in Einheiten wie *I wonder whether*, *one of the*, *as a result of* oder *it is possible to*, ist es notwendig, Kategorien einer Grammatik vor dem Hintergrund authentischen Sprachmaterials zu überdenken resp. zu rekategorisieren.

12 Vgl. hierzu auch das Zitat aus »Perlmanns Schweigen« in dem Beitrag von Bickes in diesem Band (92).

Diese Sichtweise hat für die ›Grammatikschreibung‹ weitere Konsequenzen, da nun Grammatiken nicht mehr als in sich geschlossene Systeme, also umfassende Darstellungen einer als homogen gedachten Sprache, aufzufassen sind, sondern als sich kontinuierlich wandelnde und weiterentwickelnde grammatische Sachstandsbeschreibungen, die ständig die Variabilität des Kontextes ›mitbedenken‹ müssen. Hier ist die grammatische Sachstandsbeschreibung nicht mehr ein dem Individuum entfremdetes, abstraktes System von bedeutungstragenden Einheiten, das von allen Mitgliedern einer Sprachgemeinschaft geteilt wird, sondern ein dem Einzelnen inhärentes System, das sich kontinuierlich wandelt und den wechselnden diskursiven Erfahrungen in verschiedenen kommunikativen Kontexten Rechnung trägt. Sobald eine Grammatik Kategorien zu in der authentischen Sprache beobachteten repetitiven Mustern entwickelt hat, entwickelt sie sich zu einer Sprachgebrauchsgrammatik.

Beispiel Korpuslinguistik: Der Paradigmenwechsel der pragmatischen Wende mit dem Fokus auf Sprachgebrauch wird eindrucksvoll von der elektronischen Korpuslinguistik vertreten. Der Rang und Stellenwert der Korpuslinguistik, die mit empirisch-quantitativen Methoden aus großen Datenmengen induktiv Strukturen authentischer Sprache (d.h. typische Sprachgebrauchsmuster) herauszuarbeiten und daraus neue linguistische Kategorien abzuleiten versucht, ist alles andere als deutlich. Teubert merkt hierzu an:

> »Corpus linguistics is not in itself a method: many different methods are used in processing and analysing corpus data. It is rather an insistence on working only with real language data taken from the discourse in a principled way and compiled into a corpus. However, one should be wary of using such data merely to find out more about what we know already, since what (we think) we know is often derived from pre-corpus study. Corpus data provide insights of a type which has not previously been available.« (2005: 4)

Die Ansicht, dass nur ›reale‹ oder authentische Sprachdaten Zugang bieten zu dem, was Sprache ausmacht, ist selbstverständlich nicht neu (vgl. insbesondere die ausgewählten Zitate von de Saussure, MacIntosh oder Mumford oben). Aber was Korpuslinguistik vermag, ist einerseits die linguistische Arbeit an mehreren Tausend Texten, am Sprachgebrauch in großen Textgruppen, andererseits das Herausarbeiten statistisch auffälliger Gebrauchsmuster mit empirischen und quantitativen Methoden. Dabei haben sich zwei verschiedene Zugangsweisen zu authentischem Sprachgebrauch herausgebildet: die eine ist eher qualitativ und deduktiv angelegt (d.h. die Überprüfung einer vor Untersuchungsbeginn aufgestellten Hypothese steht im Fokus), die andere quantitativ und induktiv (d.h. das Untersuchungsgebiet ist nicht durch Annahmen vorstrukturiert, und Regularitäten oder Sprachgebrauchsmuster werden aus der Beobachtung von Daten abgeleitet). Letztere Zugangsweise zeigt interessante Parallelen zum Forschungsdesign der amerikanisch geprägten *conversation analysis*, die ebenfalls sprachliche Einheiten des Nicht-Hier und Nicht-Jetzt in Abhängigkeit von Parametern wie ›Textart‹, ›Zeit‹ oder ›Position im Text‹ in den Blick nimmt.

Beide Zugangsweisen verabschieden sich von der jahrzehntelang ›gültigen‹ Unterscheidung von *langue* und *parole* (oder der Chomsky'schen Unterscheidung von *competence* und *performance*) und der forschungspraktischen Vorstellung eines homogenen Sprachsystems und dem diesen zugrunde liegenden Regularitäten. Zentral wird nun aus großen Sprachdatensammlungen gewonnenes authentisches Belegmaterial, z.B. dem *British National Corpus* (BNC) oder dem *Corpus of Contemporary American English* (COCA), das in dezidiertem Widerspruch zur sprachlichen Intuition oder Introspektion des linguistischen Authentifikators steht; eine Vielzahl von Studien zertifiziert augenblicklich die Relevanz der so genannten ›zweiten pragmatischen Wende‹ in der modernen Sprachwissenschaft (z.B. Beaugrande 2002; Lindquist 2009; Mukherjee 2009; Römer/Schulze 2009; 2010; Schulze 2009; 2010).

Die elektronische Korpuslinguistik ermöglicht statistische Auswertungen von großen Textmengen, doch dieses Faktum allein begründet nicht die Suche nach authentischer Sprache: Informationen über die Organisation von Sprachgebrauch und Sprachgebrauchsmustern zeigen überdies, dass sich soziales Handeln in Sprache niederschlägt. Soziales Handeln führt zu typischem Sprachgebrauch, der statistisch signifikant ist, und jede Aussage über typischen Sprachgebrauch und die darin enthaltenen Muster lässt Schlussfolgerungen zu über die gesellschaftliche Organisation von Welt. Musterhafter Sprachgebrauch zeigt sich vornehmlich in *multi-word units*, die wiederum typisch für bestimmte Textsorten und Gattungen sind. Diese *multi-word units* fungieren quasi als Vorlagen für die Genese und Produktion weiterer *multi-word units* mit dem Ergebnis, dass musterhafter Sprachgebrauch konstitutiv wird für das Aushandeln von Bedeutung im Diskurs. Diese Sichtweise verbindet sich mit der Humboldt'schen Denktradition, nach der für die Sprache »Geselligkeit [...] das unentbehrliche Hülfsmittel zu ihrer Entfaltung« und sie damit »durchaus kein bloßes Verständigungsmittel, sondern der Abdruck des Geistes und der Weltsicht der Redenden« (1973: 21) darstellt.

Über den hier postulierten Zusammenhang von Sprachgebrauch, Sprachgebrauchsmustern (im *common sense* und epistemischen Wissen repräsentiert), Dialogizität (Interaktion) und Sozialität (Kooperation) stellt sich selbstverständlich die globale

Frage nach Authentizität von Sprache, verbunden mit einer Reihe von Detailfragen:

- Was sind authentische Sprachdaten? Sind es die pragmatischen, an der Textoberfläche von Korpora, das Nicht-Hier und Nicht-Jetzt reflektierend, vorfindbaren *tokens* oder Instantiierungen, die in Form von Konkordanzen ›lesbar‹ gemacht werden können?[13]
- Welche Beziehung besteht zwischen den in den Daten und Sprachgebrauchsmustern ermittelten Regularitäten und dem Phänomen des Zufalls?
- Wie geht man mit nicht-vorfindbaren, aber möglichen Formen und Mustern in der Sprache um?
- In welcher Beziehung steht die Spracherfahrung des Einzelnen zu dem jeweiligen Stellenwert einer Form oder eines Musters?
- Welche Bedeutung besitzt statistisch ermittelte Frequenz für die Interpretation von Mehrworteinheiten oder Kollokationen (Kombination von minimalen bedeutungstragenden Einheiten, die frequent und/oder überzufällig oft nahe zusammen in einer Konkordanz auftreten = Kookkurrenz)?
- Wie repräsentativ ist die Auswahl von Genres, Textsorten oder anderweitig diskursiv angelegter interaktiver Konstellationen in einem Korpus als konstruiertes Nicht-Hier und Nicht-Jetzt?
- Wird über die Analyse von Konkordanzen der Zugang zu ›*the real thing*‹ überhaupt ermöglicht?

Fragen dieser Art werden zurzeit kontrovers diskutiert, doch scheint sich abzuzeichnen, dass der Authentizitätstopos in der funktionalen Linguistik die unterstellte Hier und Jetzt sowie Nicht-Hier und Nicht-Jetzt Diskrepanz in folgender Weise aufzulösen vermag, wenn auch nicht obsolet werden lassen kann. Der Zusammenhang von sozialem Handeln und Sprachmustergebrauch wird von vielen als eine Verpflichtung gesehen, die Verflechtungen sprachlicher Äußerungsstrukturen mit dem epistemischen und auch enzyklopädischen Wissen näher zu untersuchen:

»Regelmäßigkeiten indes, die in der Ausformung und im Gebrauch sprachlicher Mittel entdeckt werden können, sind nichts anderes als Regelmäßigkeiten in spezifischen Formen sozialen Handelns. Soziales Handeln erfordert immer, konform mit in der jeweiligen gesellschaftlichen Gruppe geltenden Handlungsmustern zu handeln.« (Busse 2005: 35)

---

13 Vgl. hierzu die mittlerweile umfangreiche Literatur zum Thema der internen oder externen Evidenz, beispielhaft aufbereitet und aufgearbeitet von Schwarz-Friesel 2009.

Ein Ergebnis dieser Forderung ist sicherlich, die Trennung von linguistischem und nicht-linguistischem Wissen und auch die traditionelle Untergliederung in linguistische Teildisziplinen mit den ihnen eigenen forschungsmethodischen Instrumentarien aufzugeben. Um über authentische Sprache zu arbeiten, wird eine Position bezogen, die der Humboldt'schen Denktradition sehr viel näher steht als der cartesianischen, nach der die Sprache primär als Mittel zum Zweck, nämlich Gedanken zu übermitteln, dient. Sprache als »Abdruck des Geistes und der Weltansicht der Redenden« (Humboldt 1973: 21) ist nicht über *innate ideas* vorgeburtlich angelegt (*nature*), sondern impliziert eine prononcierte Hinwendung auf Sprache im Hier und Jetzt sowie Nicht-Hier und Nicht-Jetzt, also Sprache im Gebrauch oder *language in performance* (*nurture via frequent encounters*), wie sie von Ansätzen einer *usage-based linguistics* theoretisch und praktisch postuliert worden ist: Der Sprachgebrauch vieler Einzelner in der Sprachgemeinschaft begründet linguistische Strukturen, und nicht umgekehrt. Um diesem Postulat gerecht zu werden, bedarf es einer streng empirischen, nicht-reduktionistischen Sprachanalyse, deren methodisches Vorgehen eher induktiver als deduktiver Art ist. Die Bindung von Sprache an deren Gebrauch stellt Sprache nicht als ein Reservoir oder Sammelsurium symbolhafter sprachlicher Zeichen dar, sondern als ein Netzwerk von bedeutungstragenden Einheiten, deren Verwendung in spezifischen Verkettungen einer Vielzahl von Beschränkungen pragmatischer Art unterliegt.

Schlussbemerkungen

Der Topos der Authentizität als kultureller Leitbegriff und ethische Orientierung entsteht im Wechselspiel des Hier und Jetzt mit dem Nicht-Hier und Nicht-Jetzt und ist dynamischen Prozessen unterworfen. Das Nicht-Hier und Nicht-Jetzt ist dabei weder ein vollkommener, jenseitiger Ort oder eine vollkommene, jenseitige Zeit, sondern wirkt durch seine (re-)konstruierte textuelle Materialität, seine empirische Vorgängigkeit, in die Gegenwart hinein. Walter Benjamin hat bereits sehr früh erkannt, dass die Möglichkeiten der mechanischen Reproduktion (heute ergänzt um die der digitalen) das Verständnis von Kunst, Sprache, Sprache in Texten und ihre Beziehung zu den Rezipienten grundlegend verändert hat. Die spezifische Beziehung zwischen Original und Kopie führt hierbei zu einer Re-Evaluation des Begriffs der Authentizität, der sich mit weiteren Topoi wie ›Urbanität‹, ›Fragmentierung‹, ›Vielheit‹, ›Vielstimmigkeit‹, ›Dialogizität‹, ›Selbstbefreiung‹, ›Selbstoffenbarung‹ oder ›Performanz‹ verbindet. Die Rolle der Authentizität in der modernen Sprachwissenschaft ist eng verknüpft mit einzelnen Teildisziplinen der Linguistik, die wiederum ihre Anlehnung an romantische Vorstellungen von Authentizität nicht verleugnen können: Dass bestimmte Ausprägungen von Sprache und auch Sprach- und Sprechsituationen als ›realer‹, als ›grundlegender‹ oder als ›untersuchenswerter‹ als andere gelten, wird z.B. in der Soziolinguistik (*street-credibility*) oder Kontaktsprachenlinguistik postuliert; dass Sprachgebrauchsmuster als Verkettungen minimaler *form-meaning-pairings* nicht nur die Basis für diskurs- und kulturanalytische Fragestellungen abgeben, sondern zugleich auch für semantische und pragmatische Perspektiven auf Sprachgebrauch von Nutzen sind, sind Vorstellungen, die für dekonstruktivistisch-kritische Herangehensweisen in der Kritischen Diskursanalyse oder Pragmatik, aber auch für den linguistischen Funktionalismus oder die so genannte *usage-based linguistics* typisch sind. Eine Begriffsbestimmung von ›Authentizität‹ aus funktional-linguistischer Sicht umfasst folgende Aspekte:

- Authentizität als diskursive Inszenierung (*staging*) von Wahrhaftigkeit, Aufrichtigkeit und Vielstimmigkeit
- Authentizität als Ergebnis diskursiver Aushandlung
- Authentizität als eine an die Wahrnehmung des Einzelnen gekoppelte Erscheinung
- Authentizität als eine den Dingen, Zuständen oder Ereignissen nicht-inhärente Eigenschaft

Authentizität mit Bindung an das ungebundene Ausleben des Ich prägt die westliche Moderne spätestens seit der Romantik und hat den Topos der Aufrichtigkeit (*sincerity*) als ethische Orientierung weitgehend verdrängt (Trilling 1972); der linguistische Authentifikator ist seitdem ein Rekonstrukteur und Aufbereiter des (vermeintlich) Dagewesenen, ein ›Re-Kreator‹ von Geschichte.

Literatur

Alexander, Richard J. (2009): Framing Discourse on the Environment. A Critical Discourse Approach, New York/London: Routledge.

Amor, Stuart (2002): Authenticity and Authentication in Language Learning. Distinctions, Orientations, Implications, Frankfurt a.M. et al.: Peter Lang.

Amrein, Ursula (2009): Das Authentische. Referenzen und Repräsentationen, Zürich: Chronos.

Anton, Annette C. (1995): Authentizität als Fiktion. Briefkultur im 18. und 19. Jahrhundert, Stuttgart: Metzler.

Bauman, Richard/Briggs, Charles L. (2003): Voices of Modernity. Language Ideologies and the Politics of Inequality, Cambridge: Cambridge University Press.

BBC; News. 5 November 2007. http://news.bbc.co.uk/2/hi/americas/7074323.stm vom 17.06.2010.

Beaugrande, Robert de (2002): »Descriptive Linguistics at the Millennium. Corpus Data as Authentic Language«, in: Journal of Language and Linguistics 1.2, S. 91-131.

Bednarek, Monika (2008): Emotion Talk across Corpora, Houndmills: Palgrave Macmillan.

Benjamin, Walter (1992 [1935]): »The Work of Art in the Age of Mechanical Reproduction«, In: Ders. Illuminations. Hg. Hannah Arendt. Übers. Harry Zohn, London: Fontana Press, S. 211-244.

Blakemore, Diane L. (1992): Understanding Utterances, Oxford: Blackwell.

Bolz, Norbert (2004): Blindflug mit Zuschauer, München: Fink.

Bramadat, Paul (2005): »Toward a New Politics of Authenticity. Ethno-cultural Representation in Theory and Practice«, in: Canadian Ethnic Studies 37.1, S. 1-20.

Bucholtz, Mary (2003): »Sociolinguistic Nostalgia and the Authentication of Identity«, in: Journal of Sociolinguistics 7.3, S. 398-416.

Budach, Gabriele/Roy, Sylvie/Heller, Monica (2003): »Community and Commodity in French Ontario«, in: Language in Society 32, S. 603-627.

Busse, Dietrich (2005): »Sprachwissenschaft als Sozialwissenschaft?«, in: Dietrich Busse/Thomas Niehr/Martin Wengeler (Hg.), Brisante Semantik. Neuere Konzepte und Forschungsergebnisse einer kulturwissenschaftlichen Linguistik, Tübingen: Niemeyer, S. 21-43.

Canagarajah, A. Suresh (Hg.) (2005): Reclaiming the Local in Language Policy and Practice, Mahwah, NJ/London: Lawrence Erlbaum.

Chafe, Wallace (1982): Integration and Involvement in Speaking, Writing, and Oral Literature, Norwood, NJ: Ablex.

Chouliaraki, Lilie (2006): The Spectatorship of Suffering, London et al.: Sage.

Coulmas, Florian (Hg.) (2008): Authenticity and Linguistic Heritage in the Age of Globalization (= International Journal of the Sociology of Language 189), Berlin/New York: Mouton de Gruyter.

Coupland, Nikolas (2001a): »Stylization, Authenticity and TV News Review«, in: Discourse Studies 3.4, S. 413-442.

— (2001b): »Dialect Stylization in Radio Talk«, in: Language in Society 30, S. 345-375.

— (2003): »Sociolinguistic Authenticities«, in: Journal of Sociolinguistics 7.3, S. 417-431.

Culler, Jonathan D. (1988): Framing the Sign. Criticism and Its Institutions, Oxford: Blackwell.

Derrida, Jacques (1976 [1967]): Of Grammatology. Übers. Gayatri Chakravorty Spivak, Baltimore: The Johns Hopkins University Press.

Dutton, Denis (2003): »Authenticity in Art«, in: Jerry Levinson (Hg.), The Oxford Handbook of Aesthetics, Oxford: Oxford University Press, S. 258-274.

Eckert, Penelope (2003): »Elephants in the Room«, in: Journal of Sociolinguistics 7.3, S. 392-397.

Feilke, Helmuth (2003): »Textroutine, Textsemantik und sprachliches Wissen«, in: Angelika Linke/Hanspeter Ortner/Paul R. Portmann-Tselikas (Hg.), Sprache und mehr. Ansichten einer Linguistik der sprachlichen Praxis, Berlin: Niemeyer, S. 209-230.

Fine, Gary A. (2003): »Crafting Authenticity. The Validation of Authenticity in Self-taught Art«, in: Theory and Society 32.2, S. 153-180.

Fischer-Lichte, Erika/Pflug, Isabel (Hg.) (2000): Inszenierung von Authentizität, Tübingen/Basel: Francke.

Garland, Jennifer N. (2008): »The Importance of Being Irish. National Identity, Cultural Authenticity, and Linguistic Authority and Irish Language Class in the United States«, in: Pragmatics 2, S. 253-276.

Germer, Erich (1981): »Probleme der Authentizität im Englischunterricht«, in: Englisch 4, S. 132-139.

Gill, Martin (2008): »Authenticity«, in: Jan-Ola Östman/Jef Verschueren (unter Mitwirkung von Eline Versluys) (Hg.), Handbook of Pragmatics, Amsterdam/Philadelphia: John Benjamins.

Goffman, Erving (1959): The Presentation of Self in Everyday Life, New York: Doubleday.

— (1981): Forms of Talk, Oxford: Blackwell.

Golomb, Jacob (1995): In Search of Authenticity. From Kierkegaard to Camus. London/New York: Routledge.

Guignon, Charles B. (2004): On Being Authentic, London/New York: Routledge.

Handler, Richard (1986): »Authenticity«, in: Anthropology Today 2.1, S. 2-4.

Harris, Roy (1983): »Language and Speech«, in: Harris (Hg.), Approaches to Language, Oxford et al.: Pergamon Press, S. 1-15.

— (2000): Rethinking Writing. London: Continuum.

Harvey, Keith (2002): »Camp Talk and Citationality. A Queer Take on ›Authentic‹ and ›Represented‹ Utterance«, in: Journal of Pragmatics 34.9, S. 1145-1165.

Hegeman, Susan (2006): »Native American ›Texts‹ and the Problem of Authenticity«, in: American Quarterly 41.2, S. 265-283.

Heller, Monica (1999): »Alternative Ideologies of *la francophonie*«, in: Journal of Sociolinguistics 3.3, S. 336-359.

Hill, Jane H. (1999): »Styling Locally, Styling Globally. What Does it Mean?«, in: Journal of Sociolinguistics 3.4, S. 542-556.

Hobsbawm, Eric/Ranger, Terence (Hg.) (1983): The Invention of Tradition, Cambridge: Cambridge University Press.

Hopper, Paul (1987): »Emergent Grammar«, in: Berkeley Linguistics Society 13, S. 139-157.

Humboldt, Wilhelm von (1973): Schriften zur Sprache. Hg. Michael Böhler, Stuttgart: Reclam.

Jaffe, Alexandra (2003): »Talk around Text. Literacy Practices, Cultural Identity and Authority in a Corsican Bilingual Classroom«, in: International Journal of Bilingual Education and Bilingualism 6.3-4: 202-220.

Jarrett, Keith/Haden, Charlie (2010): Jasmine, München: ECM Records.

Jaworski, Adam/Pritchard, Annette (Hg.) (2005): Discourse, Communication and Tourism, Clevedon: Channel View.

Jenkins, Jennifer (2006): »Current Perspectives on Teaching World Englishes and English as a Lingua Franca«, in: TESOL Quarterly 40.1, S. 157-181.

Kelner, Shaul (2001): »Narrative Construction of Authenticity in Pilgrimage Touring«, http://www.cmjs.org/files/ASA2001.pdf vom 17.06.2010.

Labov, William (1978): Sociolinguistic Patterns, Oxford: Blackwell.

Lindquist, Hans (2009): Corpus Linguistics and the Description of English, Edinburgh: Edinburgh University Press.

Linell, Per (2005): The Written Language Bias in Linguistics. Its Nature, Origins and Transformations, London/New York: Routledge.

MacCannell, Dean (1973): »Staged Authenticity. Arrangements of Social Space in Tourist Settings«, in: The American Journal of Sociology 79.3, S. 589-603.

McCarthy, Thomas (1992): »Doing the Right Thing in Cross-cultural Representation«, in: Ethics 102.3, S. 635-649.

McIntosh, Angus (1956): »The Analysis of Written Middle English«, in: Transactions of the Philosophical Society 55.1, S. 26-55.

Mair, Christian (2006): Twentieth-Century English. History, Variation and Standardization, Cambridge: Cambridge University Press.

Marcus, George E./Fischer, Michael M.J. (1986): Anthropology as Cultural Critique. An Experimental Moment in the Human Sciences, Chicago/London: University of Chicago Press.

Marinos, Alexander (2001): »So habe ich das nicht gesagt!« Die Authentizität der Redewiedergabe im nachrichtlichen Zeitungstext, Berlin: Logos.

McElhinny, Bonnie S. (Hg.) (2008): Words, Worlds and Material Girls. Language, Gender, Globalization, Berlin/New York: Mouton de Gruyter.

Michaud, Stéphane (2000): Dichtung und Authentizität. Ansätze zu einer heutigen Komparatistik, Weimar: Verlag und Datenbank für Geisteswissenschaften.

Montgomery, Martin (2001): »Defining Authentic Talk«, in: Discourse Studies 3.4, S. 397-405.

Mukherjee, Joybrato (2009): Anglistische Korpuslinguistik. Eine Einführung, Berlin: Erich Schmidt.

Mumford, Lewis (1934): Technics and Civilization, New York: Harper.

Nerlich, Brigitte (1995): »The 1930s. At the Birth of a Pragmatic Conception of Language«, in: Historiographica Linguistica 22.3, S. 311-334.

Orgel, Stephen (1988): »The Authentic Shakespeare«, in: Representations 21, S. 1-25.

Ostermann, Eberhard (2002): Die Authentizität des Ästhetischen. Studien zur ästhetischen Transformation der Rhetorik, München: Wilhelm Fink.

Oxford English Dictionary Online. http://dictionary.oed.com/entrance.dtl vom Juni 2010.

Pennycook, Alastair (2007): »Language, Localization, and the Real. Hip-hop and the Global Spread of Authenticity«, in: Journal of Language, Identity and Education 6.2: S. 101-116.

Pishwa, Hanna (Hg.) (2009): Language and Social Cognition. Expression of the Social Mind, Berlin/New York: Mouton de Gruyter.

Rings, Lana (1988): »Introducing Authentic Spoken Texts in the First Semester. Using Slides in a Communication-oriented Classroom«, in: Schatzkammer 14.1, S. 139-151.

Römer, Ute/Schulze, Rainer (Hg.) (2009): Exploring the Lexis-Grammar Interface, Amsterdam/Philadelphia: John Benjamins.

— (Hg.) (2010): Patterns, Meaningful Units and Specialized Discourses, Amsterdam/Philadelphia: John Benjamins.

Saussure, Ferdinand de (1983 [1916]): Course in General Linguistics. Übers. Roy Harris, London: Duckworth.

Schiffrin, Deborah (1994): Approaches to Discourse, Oxford: Blackwell.

Schlich, Jutta (2002): Literarische Authentizität. Prinzip und Geschichte, Tübingen: Niemeyer.

Schulze, Rainer (2009): »Tuned to Hidden Messages. Exploring Recurrent Word Combinations in English«, in: Pishwa, Language and Social Cognition, S. 371-393.

— (2010): »›In retrospect, I was shocked, dazed, confused and not able to cope‹. On a Selected ›Frozen‹ Linguistic Pattern as a Reflection of Cultural Collective Cognition«, in: Markus Bieswanger/Heiko Motschenbacher/Susanne Mühleisen (Hg.), Language in Its Socio-Cultural Context. New Explorations in Gendered, Global and Media Uses, Frankfurt a.M. et al.: Peter Lang, S. 199-217.

Schwarz-Friesel, Monika (2009): »Zum Status externer Evidenz in der Kognitiven Linguistik. Daten-Verarbeitung als Problem der Kompatibilität oder der Paradigmenstagnation?«, in: Sprachtheorie und germanistische Linguistik 19.2, S. 103-125.

Scott Shenk, Petra (2007): »›I'm Mexican, remember?‹ Constructing Ethnic Identities via Authenticating Discourse«, in: Journal of Sociolinguistics 11.2, S. 194-220.

Seargeant, Philip (2005): »›More English than England Itself‹. The Simulation of Authenticity in Foreign Language Practice in Japan«, in: International Journal of Applied Linguistics 15.3, S. 326-345.

Seidlhofer, Barbara (2001): »Closing a Conceptual Gap. The Case for a Description of English as a Lingua Franca«, in: International Journal of Applied Linguistics 11.2, S. 133-158.

Suzuki, Ruriko (1998): »The Idea of ›the Real Language of Men‹ in the 1800 ›Preface‹ to »Lyrical Ballads«, or Enfield's Idea of Language Derived from Condillac«, in: Romanticism on the Net 11. http://www.erudit.org/revue/ron/1998/v/n11/005814ar.html vom 17.06.2010.

Sweetland, Julie (2002): »Unexpected but Authentic Use of an Ethnically-marked Dialect«, in: Journal of Sociolinguistics 6.4, S. 514-536.

Tan, Melinda (2005): »Authentic Language or Learner Errors? Lessons from a Learner Corpus«, in: ELT Journal 59.2, S. 126-134.

Taylor, Charles (1985): Human Agency and Language, Cambridge: Cambridge University Press.

— (1989): Sources of the Self, Cambridge: Cambridge University Press.

— (1991): The Ethics of Authenticity, Cambridge, MA/London: Harvard University Press.

Teubert, Wolfgang (2005). »My Version of Corpus Linguistics«, in: International Journal of Corpus Linguistics 10.1, S. 1-13.

Thornborrow, Joanna (2001): »Authenticating Talk. Building Public Identities in Public Participation Broadcasting«, in: Discourse Studies 3.4, S. 459-479.

Trilling, Lionel (1972): Sincerity and Authenticity, London: Oxford University Press.

Trudgill, Peter (1974): The Social Differentiation of English in Norwich, Cambridge: Cambridge University Press.

van Leeuwen, Theo J. (2001): »What is Authenticity?«, in: Discourse Studies 3.4, S. 392-397.

van Lier, Leo (1996): Interaction in the Language Curriculum. Awareness, Autonomy and Authenticity, London: Longman.

Vannini, Phillip/Williams, J. Patrick (Hg.) (2009): Authenticity in Culture, Self and Society, Farnham/Burlington, VT: Ashgate.

Verschueren, Jef (1999): Understanding Pragmatics, London: Edward Arnold.

Wee, Lionel (2008): »The Technologisation of Discourse and Authenticity in English Language Teaching«, in: International Journal of Applied Linguistics 18.3, S. 256-273.

Weijenberg, Jan (1980): Authentizität gesprochener Sprache in Lehrwerken für Deutsch als Fremdsprache, Heidelberg: Groos.

Winch, Peter (1958): The Idea of a Social Science and Its Relation to Philosophy, London: Routledge and Kegan Paul.

Wordsworth, William (1974 [1800]): »Preface to ›Lyrical Ballads‹«, in: Warwick J.B. Owen/Jane W. Smyser (Hg.), The Prose Works of William Wordsworth, Bd. 1. Oxford: Clarendon Press, S. 118-165.

Zeller, Christoph (2010): Ästhetik des Authentischen. Literatur und Kunst um 1970, Berlin: Walter de Gruyter.

Identität als zeichenbasierter Prozess – Ein Fallbeispiel aus linguistischer und psychologischer Perspektive

GABRIELE DIEWALD UND ELFRIEDE BILLMANN-MAHECHA

›Identität‹ und ›Authentizität‹ stehen im Hinblick auf Gesprächsanalysen in einem Wechselverhältnis. Einerseits ist Identität als das wahrgenommene ›So-Sein‹ eine Grundvoraussetzung jeglicher bewertender Einschätzung von Authentizität. Bereits die Erwartung authentischer Gesprächsbeiträge unterstellt eine personale Identität. Andererseits ist ›Identität‹ keine statische Größe, sondern wird in Gesprächen mit Anderen auf der Basis möglichst authentischer Beiträge thematisiert, ausgehandelt und weiterentwickelt.

In diesem Beitrag wird Identität als ›zeichenbasierter Prozess‹ verstanden, der im Gespräch durch Zeichenverwendung konstituiert wird und das jeweils aktuelle ›So-Sein‹ repräsentiert. Dies wird zunächst theoretisch erörtert; sodann wird anhand eines Fallbeispiels illustriert, wie Identität von den an einer kommunikativen Interaktion Beteiligten als Gesprächswirklichkeit ausgehandelt wird. Dabei steht die Mikrogenese identitätsrelevanter Aushandlungsprozesse im Zentrum der Analyse, die interdisziplinär angelegt ist und linguistische und psychologische Positionen und Methoden interdisziplinär verknüpft (u.a. Gesprächsanalyse und dokumentarische Methode).

Ausgehend vom Postulat der fundamentalen Dialogizität jeglicher Sprachverwendung sowie neueren Untersuchungen zur Konstitution komplexer Identitäten in der Kommunikation wird die These verfolgt, dass Identitätskonstitution im Sprachgebrauch über die jeweilige Realisierung und Enkodierung der beiden grundlegenden Dialogrollen Sprecher und Hörer in ihren jeweiligen linguistischen Ausdrucksmitteln erfolgt (Diewald 1991; im Druck). Die kommunikative Grundtatsache der fundamentalen Dialogizität der Sprachverwendung (und der Sprache) wird als die nicht-hintergehbare Basis jeglicher Authentizitätsbewertung betrachtet, da Authentizitätsbehauptungen letztlich auf deiktische ›Beweisführung‹, d.h. auf direkte Referenz und die damit ermöglichten epistemischen Prädikationen, rekurrieren (vgl. zu »epistemischen Prädikationen« Langacker 1985: 116). Als Fallbeispiel für den Prozess der Konstitution der Gesprächsidentität dient ein Ausschnitt aus einer Gruppendiskussion mit jugendlichen Migranten über ihre Interessen an historischen Themen.

Standortbestimmung

Der Identitätsbegriff, der in einer Reihe geistes-, kultur- und sozialwissenschaftlicher Disziplinen eine Rolle spielt, dient in unterschiedlichen Traditionen zur Charakterisierung spezifisch menschlicher Verfasstheit. Obwohl ohne Zweifel grundlegend, ranken sich um ihn kontroverse Diskurse, die von Versuchen der Explikation und Definition bis hin zu weitgehender Dekonstruktion reichen.

Angesichts der Komplexität des Identitätsbegriffs wird hier keineswegs beansprucht, ihn umfassend zu würdigen oder gar zu erklären (vgl. z.B. Kresić 2006; Krappmann 2004; Straub 2004). Stattdessen wird ein explizit semiotischer Standpunkt eingenommen und die Leithypothese vertreten, dass Identität notwendig auf zeichenbasierten rekursiven Prozessen beruht und insbesondere als ›Gesprächsidentität‹ sichtbar und analysierbar wird. Letztere entspricht in etwa dem, was Lucius-Hoene und Deppermann, u.a. mit Bezug auf Bamberg (1999), als ›narrative Identität‹ wie folgt definieren:

»Unter narrativer Identität verstehen wir eine lokale und pragmatisch situierte Identität, die durch eine autobiografische Erzählung hergestellt und in ihr dargestellt wird. Dies ist eine Identität, die für die jeweilige Situation und ihren Handlungsbedarf aus den bestehenden Ressourcen der Person geschaffen wird und deren Gültigkeit auch von den spezifischen Gegebenheiten ihrer Entstehungssituation abhängt. Aus dieser Eingrenzung folgt auch, dass narrative Identität als sprach- und situationsgebundene Leistung immer nur Teilaspekte von möglichen Identitätsansprüchen und -domänen beinhalten kann.« (Lucius-Hoene/Deppermann 2004: 55)

Da es in diesem Beitrag nicht nur um autobiographische Narrationen, sondern um jegliche Identitätsarbeit in Dialogen gehen soll, wird, statt von narrativer Identität zu sprechen, dem Terminus ›Gesprächsidentität‹ der Vorzug gegeben. Gesprächsidentitäten betreffen die dialogische Selbstinszenierung und Selbstdefinition der Gesprächsteilnehmer. Da Gesprächsidentitäten über sprachliche Mittel hergestellt und ausgehandelt werden, können sie durch geeignete linguistische und psychologische Analysen rekonstruiert werden (vgl. auch Lucius-Hoene/Deppermann 2004; Korobov 2001), was im Folgenden exemplarisch anhand einer Analyse des Aufbaus von Gesprächsidentität gezeigt wird.

Mit der Gesprächsidentität – ebenso wie mit dem später noch zu erläuternden Konzept der deiktischen Identität – ist der Fokus auf eine dynamische, zeitinstabile Komponente des Identitätskonzepts gelegt, das die Basis zum Aufbau stabilerer und zeitlich länger wirksamer Identitätskomponenten bildet, letztere aber keinesfalls endgültig determiniert. Dieser Punkt ist insbesondere aus psychologischer Perspektive wesentlich, da sich in der Tradition dieses Faches das Thema ›Identität‹ nicht in ›Gesprächsidentität‹ erschöpft, ja letztere nicht einmal durchgängig als wichtiger Forschungsgegenstand behandelt wird. Gesprächsidentität ist eine Analyseeinheit mittlerer Reichweite, die einerseits die Brücke zur Mikroebene der sprachlichen Ausdrücke (z.B. den Realisierungsformen der deiktischen Identität) bildet und andererseits konstitutiv für den Aufbau zeitstabilerer Identitäten ist, die nicht mehr auf der Mikroebene allein zu erfassen sind. Daher bietet die Analyse von Gesprächsidentitäten auch für die Psychologie einen wichtigen theoretischen und empirischen Zugang, wie im Folgenden kurz erläutert wird.

Zunächst einmal ist die Erarbeitung einer eigenen Identität und ihre kontinuierliche Anpassung an neue Erfahrungen als eine Entwicklungsaufgabe zu betrachten, die sich über die gesamte Lebensspanne erstreckt. Die Frage nach der persönlichen (und kollektiven) Identität stellt sich somit in nahezu allen Lebensphasen, verstärkt aber in der Adoleszenz. Nach einer klassischen Definition von Erikson beruht

»das bewußte Gefühl, eine *persönliche Identität* zu besitzen, [...] auf zwei gleichzeitigen Beobachtungen: der unmittelbaren Wahrnehmung der eigenen Gleichheit und Kontinuität in der Zeit, und der damit verbundenen Wahrnehmung, daß auch andere diese Gleichheit und Kontinuität erkennen« (Erikson 1994: 18; Herv. i.O.).

Angedeutet sind hiermit drei zentrale Momente des Identitätskonstrukts, nämlich die Annahme von a) Kontinuität und b) Kohärenz, die ein Individuum c) sowohl in der Selbst- als auch in der Fremdwahrnehmung trotz aller Veränderungen über die Lebensspanne ausmachen.

Neben dem von Erikson angesprochenen diachronen Aspekt der Identitätsbildung gilt es noch auf den synchronen Aspekt hinzuweisen, also darauf, wie Identität über verschiedene Situationen und teilweise miteinander konfligierende soziale Rollen hinweg aufrechterhalten wird (vgl. Straub 1991). Das Erleben von Kontinuität und Kohärenz ist keine Selbstverständlichkeit, sondern wird in alltäglicher ›Identitätsarbeit‹ mit sich selbst und Anderen immer wieder neu ›hergestellt‹ bzw. herzustellen versucht, sei es über Selbstvergewisserungen, Modifikationen oder Weiterentwicklungen. Die einmal übernommene oder erarbeitete Identität wird insbesondere dann Thema, wenn innere oder äußere Inkohärenzen oder Brüche im Alltagsvollzug oder im Lebensverlauf wahrgenommen werden. Sprachlich verfasst und damit sprachlichen Analysen zugänglich ist diese Identitätsarbeit, wenn sie zum Beispiel in niedergeschriebenen Erzählungen und Selbstreflexionen (wie etwa im Tagebuch), in narrativen Interviews, im dialogischen Austausch mit Anderen oder – wie in unserem weiter unten vorgestellten Fallbeispiel – in Gruppendiskussionen zum Ausdruck gebracht oder ausgehandelt wird. Das alles kann auf verschiedene Weisen geschehen, z.B. über Erzählung vergangener Ereignisse und Erlebnisse, vor allem wenn zusätzlich die Rolle dieser Ereignisse für das eigene So-Sein behandelt wird, über die Nennung und Charakterisierung von Gruppen oder Einzelpersonen, denen man sich zugehörig fühlt oder von denen man sich explizit abgrenzt, über die Thematisierung von Gewohnheiten, Persönlichkeitseigenschaften, individuellen oder sogar einzigartigen Charakteristika und weiteres mehr.

Empirisch bisher wenig untersucht ist die Bedeutung spezifischer sprachlicher Mittel identitätsrelevanter Aushandlungsprozesse in Peergruppen (für ein Beispiel siehe Korobov/Bamberg 2004), so dass gerade an dieser Stelle der Brückenschlag zur linguistischen Dialoganalyse fruchtbar ist. Nach Vygotskij (1978) sind mikrogenetische Prozesse im Kontext sozialer Interaktionen die Basis von Entwicklungsprozessen auf der Makroebene. Stellt man zudem in Rechnung, dass der Einzelne von Geburt an in ein soziales Netzwerk mit gemeinsamen Erfahrungen, (sub-)kulturell geprägten Regeln, Werthaltungen und Weltauffassungen gestellt ist, das sich mit der Lebenszeit ausdifferenziert und das er zunehmend aktiv mitgestaltet (vgl. Bruner 1990), und zwar im Sinne eines »konjunktiven Erfahrungsraumes« nach Karl Mannheim (vgl. Bohnsack 2007), so erscheinen mikrogenetische Designs wie Gruppendiskussionen mit Peers ein geeigneter Rahmen, um identitätsrelevante Äußerungen und die angesprochenen Aushandlungsprozesse zu analysieren.

Vor diesem Hintergrund erscheint es auch aus psychologischer Perspektive weiterführend, wenn wir davon ausgehen, dass sich Identität – wenn auch nicht ausschließlich, so aber vorrangig – im sozialen Austausch mit signifikanten Anderen auf der Basis zeichenbasierter Kommunikationsprozesse im weitesten Sinne entwickelt (so z.B. über die sprachliche Enkodierung deiktischer Identität und angelagerte Identitätsprädikate, s.u.). Dabei interessieren sowohl Prozesse der personalen als auch der kollektiven Identitätsthematisierung. Kollektive Identitäten können z.B. dann zum

Thema werden, wenn, wie in unserem Material, auf Geschichte – als kollektiv bedeutsame Vergangenheit – rekurriert wird. Allgemeiner gesprochen wird es immer dann um kollektive Identität gehen, wenn Identität im Rahmen von Zugehörigkeit zu einem oder mehreren Kollektiven thematisiert wird. Der Fall multipler Zugehörigkeiten ist von großem Interesse insofern, als dort gerade auch konfligierende Thematisierungen von Identität zu beobachten sein dürften.

Was hat nun Identität mit Authentizität zu tun? Der Begriff Authentizität umfasst, wie wiederholt an anderer Stelle dieses Bandes dargestellt, zwei Bedeutungsdimensionen: zum einen die Echtheit eines Dokuments/Objekts (Objektauthentizität) und zum anderen die Glaubwürdigkeit und Zuverlässigkeit einer Gewährsperson, die für ihre Aussagen über eine bestimmte Gegebenheit bürgt (Subjektauthentizität). Diese ›persönliche Gewähr‹ spielt auch in der empirischen Sozialforschung eine nicht zu unterschätzende Rolle bei der Einschätzung der Qualität der Daten, die im Rahmen von z.B. Beobachtungs- oder Befragungsstudien gewonnen werden. Authentizität in diesem Sinne kann angesichts der kognitiven, sprachlichen und sozialen Konstruktion verbaler Daten nicht oder nicht allein über formalisierte Gütekriterien bestimmt werden (vgl. ausführlicher in Billmann-Mahecha 1993; 1996). Damit bewegt sich die Frage nach der Authentizität auch in der empirischen Sozialforschung im Spannungsfeld zwischen Materialität und Konstruktion, dem Thema dieses Bandes.

Authentizität in diesem Sinne steht im Hinblick auf Gesprächsanalysen in einer dynamischen Wechselbeziehung mit Identität. Einerseits ist Identität als das wahrgenommene ›So-Sein‹ eine Grundvoraussetzung jeglicher bewertender Einschätzung von Authentizität. Wir sind bei der Analyse darauf angewiesen, dass sich die Teilnehmer im Gespräch soweit wie möglich authentisch äußern – im Sinne der Habermas'schen Theorie des kommunikativen Handelns also subjektiv wahrhaftig sprechen (vgl. Habermas 1997). Bereits die Erwartung authentischer Gesprächsbeiträge unterstellt eine personale Identität.

Andererseits ist Identität keine statische Größe, sondern wird in Gesprächen mit Anderen thematisiert, konstituiert, ausgehandelt und ggf. weiterentwickelt. Um diese Prozesse auf der Basis von Gesprächsprotokollen analysieren zu können, wird Authentizität zu einer notwendigen Voraussetzung für einen empirischen Zugang zur Identitätskonstitution. Wir werden uns im Folgenden auf das Thema Identität beschränken.

Relevante Grundkonzepte

In den folgenden Unterabschnitten wird der postulierte Zusammenhang zwischen Dialogizität/Dialog, Person und (Gesprächs-) Identität ausführlich erläutert (vgl. auch Diewald 1991; 2010) und somit die Basis für das Analysebeispiel gelegt.

Dialogizität, Dialog und Dialogrollen

Dass Dialogizität das Grundprinzip der sprachlichen Organisation ist, das alle medialen und situativen Konstellationen in je spezifischer Abwandlung durchzieht, wurde schon lange vor der Etablierung der linguistischen Gesprächsforschung immer wieder betont. So kann – um nur eine der zahlreichen Traditionslinien zu erwähnen – eine Verbindung zu Bachtins Konzeption der Dialogik der Sprache, d.h. zur Konzeption einer inhärenten, vielfältigen, auch sozialen, Perspektivierung und grundsätzlichen Kontextgebundenheit sprachlicher Einheiten, hergestellt werden (vgl. Bachtin 2005).

In einer begriffsgeschichtlichen Studie zum dialogischen Prinzip und seiner Auswirkungen auf die Strukturen und Organisationsprinzipien von Kommunikationsabläufen betont Hartung, dass letztere »weder zufällig noch teleologisch« so beschaffen sind, wie sie sind, sondern sich eben aus ersterem, dem dialogischen Prinzip, ableiten (1987: 100). Das dialogische Prinzip impliziert das Konzept der Dialogrollen, d.h. der ständig wechselnden Rollen des Sprechers und Hörers (bzw. Kodierers und Dekodierers), die – bei prinzipieller Reziprozität – nach Maßgabe der situativen Bedingungen verteilt und gewechselt werden. Das Gespräch bzw. der Dialog wird entsprechend definiert als freier, wechselseitiger Austausch der Sprecher- und Hörerrolle zwischen zwei Personen, der im direkten Gegenüber der Partner, also in der so genannten *Face-to-face*-Situation (oder ihren technisch-medialen Ableitungen), stattfindet (siehe z.B. Henne/Rehbock 1982: 14). Dabei wird die zentrale Struktureinheit, der Gesprächsschritt (*turn*), verstanden als »das, was ein Individuum tut und sagt, während es jeweils an der Reihe ist« (Goffman 1974: 201). Der Ablaufmechanismus des *turn taking* ist seit Sacks, Schegloff und Jefferson (1974) gut untersucht und ein zentrales Forschungsgebiet der Konversationsanalyse und Ethnomethodologie. Ohne auf die Details des Wechselmechanismus einzugehen, sei festgehalten, dass der Wechsel zwei – und zwar exakt zwei – Partner präsupponiert: einen aktuellen Sprecher (der zugleich der zukünftige Hörer ist) und einen zukünftigen Sprecher (den aktuellen Hörer). Bei mehr als zwei Dialogpartnern verkompliziert sich zwar der Wechselmechanismus, da mehrere Partner zur Übernahme der Sprecherrolle bereitstehen, an der dialogischen Situation ändert dies jedoch nichts und der Dualismus von Sprecher und Hörer(n) bleibt grundsätzlich erhalten. Linguistisch enkodiert werden die beiden Dialogrollen in der grammatischen Kategorie Person.

Die grammatische Kategorie Person

Da jede kommunikative Äußerung per definitionem einen Sprecher (bzw. einen Ausgangspunkt) und einen Hörer (bzw. einen Zielpunkt) hat, sind die Dialogrollen, die Bühler (1982: 113) als die »Rollenträger im aktuellen Sprechdrama« bezeichnet, a priori gegeben und müssen nicht sprachlich enkodiert werden, um existent und relevant zu sein. Jedoch ist es notwendig, sie immer dann zu versprachlichen, wenn sie nicht nur Akteure der Kommunikation, sondern auch Mitspieler des dargestellten Sachverhalts sind. Dies, d.h. die Versprachlichung der beiden Dialogrollen, ist die definierende Aufgabe der grammatischen Kategorie der Person. Jakobson hat dies in eindrucksvoller Schlichtheit formuliert: »PERSON characterizes the participants of the narrated event with reference to the participants of the speech event.« (1971: 134; Herv. i.O.)

Die Kategorie der Person definiert sich also allein durch die Enkodierung der Beziehung zwischen Besprechenden und Besprochenen, zwischen den »participants of the narrated event« und den »participants of the speech event, whether addresser or addressee« (ebd.). Sobald die Besprechenden als solche, d.h. in ihrer aktuellen kommunikativen Funktion, benannt werden, sind sie über die Kategorie Person zu enkodieren.

Die Funktion der Kategorie Person besteht also darin, die beiden Dialogrollen in ihrer Doppelfunktion als Dialogrollen und als Sachverhaltsbeteiligte sprachlich zu repräsentieren. Dies geschieht immer und ausschließlich durch die Deiktika der ersten und zweiten Person, also durch die Rollenvariablen ›ich‹ und ›du‹ (bzw. ihre linguistischen Äquivalente, z.B. Höflichkeitsformen). Der Ausdruck ›Rollenvariable‹ stammt von Braunmüller (1977: 23) und wird hier übernommen, da er die linguistischen Ausdrucksmittel der ersten und zweiten Person (›ich‹, ›du‹, ›Sie‹, ›wir‹, ›ihr‹ etc.) ausgesprochen treffend charakterisiert. Der übliche Terminus ›Personalpronomina‹ hingegen ist missverständlich, da die Rollenvariablen in keinem Substitutionsverhältnis zu Nomina bzw. Nominalphrasen stehen und somit keine Pronomina sind. Sie sind stattdessen inhärent deiktische Nominalphrasen zur Bezeichnung der variablen Dialogrollen. Festzuhalten ist weiterhin, dass die Rollenvariablen, anders als alle anderen Sprachzeichen, *nur* deiktisch verwendet werden können (ausgenommen sind Konversionen in andere Wortarten). Durch die Selbstbezeichnung des Sprechers mit ›ich‹ ist – um mit Bühler zu sprechen – der Koordinatennullpunkt der subjektiven

Orientierung (*origo*), der jedem aktuellen Sprecher per definitionem zukommt, explizit linguistisch enkodiert (vgl. Benveniste 1966: 252).

Kurz und scheinbar trivial: ›Ich‹ steht für die Rolle des Sprechers (Kodierers, Senders etc.), d.h. es denotiert die Person, die den Satz, in dem es vorkommt, äußert. In Opposition dazu ist die zweite Person die komplementäre Rolle, d.h. ›du‹ korreliert mit der Rolle des Hörers (Dekodierers, Empfängers etc.) und denotiert die Person, an die die Äußerung, in der es vorkommt, gerichtet ist. ›Du‹ kann auf viele unterschiedliche Entitäten angewandt werden, jedoch nur unter der Bedingung, dass sie potentielle Kommunikationspartner sind. Prägnant auf den Punkt bringt dieses Verhältnis wiederum Jakobson: »Thus first person signals the identity of a participant of the narrated event with the performer of the speech event, and the second person, the identity with the actual or potential undergoer of the speech event« (1971: 133).

Deixistheoretisch gesprochen sind die beiden Personen dadurch unterschieden, dass die erste Person im Kontrast zur zweiten das Zentrum der Perspektive (*origo)* einschließt, so dass ›ich‹ als die *origo*-inklusive Rollenvariable und ›du‹ als die *origo*-exklusive Rollenvariable hinreichend definiert sind.

Da auch bei mehreren Hörern jeweils nur *einer* als potentieller nächster Sprecher mit dem aktuellen Sprecher eine Wechselrede eingehen kann (chorisches Sprechen ist hochgradig markiert), ist für eine dritte *Dialog*-Rolle im grundlegenden Kommunikationsprozess schlicht kein Platz. Sie kann also nur negativ als ›Nicht-Person‹ gegen die erste und zweite Person abgesetzt werden, weshalb hier ein fundamentaler Unterschied zwischen den Rollenvariablen (Erste und Zweite Person) und den so genannten ›Personalpronomina‹ der dritten Person gemacht wird (vgl. Benveniste 1966: 256; ausführlich hierzu Diewald 1991: 202-237).

An dieser Stelle ist hervorzuheben, dass die beschriebene Funktion der Dialogrollen-Enkodierung eine *obligatorische metakommunikative Funktion* darstellt, die ausschließlich den beiden Rollenvariablen zukommt. ›Ich‹ und ›du‹ enkodieren die kommunikative Grundsituation (die kommunizierenden Personen) im Kommunizierten (im Besprochenen) und sind insofern als *metakommunikative* Ausdrücke zu betrachten. Da sie niemals auf etwas anderes verweisen können, sind sie darüber hinaus *obligatorisch* metakommunikativ.

Aus dieser eben benannten Grundfunktion leiten sich besondere Referenzeigenschaften und bestimmte weitere textlinguistische Besonderheiten ab: ›Ich‹ und ›du‹ haben nicht jeweils einen gleich bleibenden Referenten, sondern sie wechseln diesen mit jedem Gesprächsschrittwechsel. Sprecherwechsel ist letztlich immer *Origo*-Wechsel, wobei als Kandidat für die Übernahme der *origo* nur der aktuelle Hörer (bzw. jeweils *einer* aus mehreren Hörern) in Frage kommt. Aufgrund dieser Reversibilität der Dialogrollen findet im Dialog ein ständiger Wechsel der referentiellen Bezugsgröße statt, was die textlinguistische Konsequenz hat, dass im Textverlauf ein ›ich‹ einmal das gleiche Denotat wie das zuletzt erwähnte ›ich‹, ein anderes Mal das gleiche Denotat wie das zuletzt erwähnte ›du‹ aufweist. Die personalen Deiktika beziehen sich also innerhalb eines Textes weder auf »*ein* (konstantes) Individuum«, noch auf »*ein* gleichbleibendes Antezedens«, sondern eben deiktisch auf die jeweils aktuelle Verteilung der Dialogrollen (Braunmüller 1977: 23; Herv. i.O.). Dies ist eine äußerst markierte Art der Textkohärenz, die ausschließlich bei den Rollenvariablen anzutreffen ist.

Die ›dritte Person‹, d.h. die Nicht-Person, verhält sich völlig anders. Sie bezieht sich auf alle durch Nominalphrasen denotierbaren Entitäten *außer* auf die beiden Dialogrollen. Ihre Pronomina stehen – im Gegensatz zu ›ich‹ und ›du‹ – in einem syntagmatischen und paradigmatischen Substitutionsverhältnis mit Demonstrativa, nennenden Nominalphrasen und Eigennamen. Die Pronomina der ›dritten Person‹ (›er‹ etc.) können zwar deiktisch verwendet werden, ihr primärer Zeigmodus ist jedoch der textphorische, d.h. der innertextliche Verweis im Kontinuum der Sprachproduktion, der entweder als anaphorischer, d.h. als Rückverweis, oder als kataphorischer, d.h. als Vorwärtsverweis, realisiert werden kann.

Als relevante *semantische* Eigenschaften der Rollenvariablen seien kurz zwei Punkte erwähnt, die zwar nicht definierend, jedoch typisch und für die Identitätskonstitution im Dialog wichtig sind:

- Die jeweiligen Denotate der Dialogrollen sind immer als *kommunikationsrollenspezifisch interpretierte humane Entitäten* konzipiert. Dies hebt sie von allen anderen referierenden Nominalphrasen ab.
- Die Dialogrollen können mit sozialen Markierungen im Bereich Respekt/Höflichkeit angereichert werden (im heutigen Deutsch die Opposition ›du‹ vs. ›Sie‹), was die Rollenopposition jedoch in keiner Weise aufhebt.

Von den zahlreichen *morphosyntaktischen* Besonderheiten der Rollenvariablen im Gegensatz zu anderen (pro-)nominalen Formen sei hier nur ihre Pluralbildung, bzw. die Realisierung der Numerusopposition (die Ausprägung der Pluralmarkierungen im Kontrast zum Singular in der ersten und zweiten Person), erwähnt, da sie für die Beispielanalyse relevant ist. Die Numerusopposition der Rollenvariablen ist irregulär, da die nicht überschreitbare Zweizahl der Dialogrollen eine echte Pluralisierung von ›ich‹ und ›du‹ verhindert. Dies ist ein weiterer Unterschied zu den Personalpronomina der ›dritten Person‹. Der Plural ›ihr‹ umfasst neben dem Hörer eine beliebige Anzahl von

Dritten, bei ›wir‹ ist zwischen der exklusiven, ›du‹ ausschließenden Verwendung (›ich‹ und eine Mehrzahl beliebiger Dritter) und der inklusiven Verwendung, die ›du‹ einschließt, zu unterscheiden. Das grundlegende Paradigma ist in folgender Tabelle dargestellt (S = Sprecher, H = Hörer, X = beliebige Zahl Dritter):

Tabelle 1: Rollenvariablen im Singular und Plural

Kategorieller Wert	Sprachliche Form	Referent	Abkürzung
1SG	ich	Sprecher	S
1PL	wir	Sprecher & X	SX
2SG	du	Hörer	H
2PL	Ihr	Hörer & X	HX

Die Unterscheidung in inklusives und exklusives *wir*, die im Deutschen nicht morphologisch realisiert wird, kann man folgendermaßen darstellen:

Tabelle 2: Inklusives und exklusives wir

Kategorieller Wert	Sprachliche Form	Referent	Abkürzung
1PL inklusiv	wir	Sprecher & Hörer (& X)	SH (X)
1PL exklusiv	wir	Sprecher & X	SX

Person und Identität

Durch ihre spezifische pragmatische Funktion, also die Explizierung der subjektiven Verankerung des Gesagten in der Sprechsituation und den Kommunikationspartnern, ist die Kategorie Person in besonderer Weise in den Prozess der Identitätskonstitution involviert. Die Dialogrollen-Enkodierung repräsentiert die *deiktische Identität* der Dialogpartner, also die jeweilige vom aktuellen Status (als Sprecher oder Hörer) im kommunikativen Akt abhängige Situierung. Die deiktische Identität ist somit ein kommunikatives Apriori, das über die Verwendung der Rollenvariablen sprachlich enkodiert wird und ›vor‹ der Gesprächsidentität liegt.

Die deiktische Identität ist, so die hier vertretene Auffassung, die strikt situierte, lokale Basis für die Konstitution komplexerer und ausgedehnterer Identitäten. Die deiktische Identität kann mit gängigen Konzepten der Identitätskonstitution in Verbindung gebracht bzw. von ihnen abgeleitet werden. Entscheidend sind hier »Positionierungsakte«, die maßgeblich an der Identitätsarbeit in der sprachlichen Kommunikation teilhaben (Bamberg 1999; 2005; Lucius-

Hoene/Deppermann 2004: 86). Lucius-Hoene und Deppermann beschreiben den Prozess der Positionierung wie folgt:

»›Positioning‹ beschreibt, wie sich ein Sprecher in der Interaktion mit sprachlichen Handlungen zu einer sozial bestimmbaren Person macht, eben eine ›Position‹ für sich herstellt und beansprucht und dem Interaktionspartner damit zu verstehen gibt, wie er gesehen werden möchte (Selbstpositionierung). Ebenso weist er mit seinen sprachlichen Handlungen dem Interaktionspartner eine soziale Position zu und gibt ihm damit zu verstehen, wie er ihn sieht (Fremdpositionierung). Der Interaktionspartner kann seinerseits auf die Positionierung reagieren und sie bestätigen oder zurückweisen. Mit solchen Selbst- und Fremdpositionierungen werden die Handlungsmöglichkeiten im Gespräch beeinflusst.« (2004: 62)

Positionierungsakte kontrastieren also verschiedene ›Orte‹ bzw. Positionen der Partner. Dadurch wird der Andere kenntlich, d.h. identifizierbar. Die Nähe dieses Begriffs zu Termini wie ›Deixis‹, ›*grounding*‹, ›*footing*‹ oder ähnlichen ist auf Anhieb deutlich. Daher wird hier die Konzeption der Positionierung konsequent bis zur deiktischen Verortung über die Kategorie der Person, also die deiktische Identität, fortgeführt. Deiktische Identität, also die Positionierung bezüglich der grundlegenden Dialogizität der Sprache, ist damit als der Keim jeglicher Identitätsarbeit bestimmt.

Bezogen auf die Formen der Kategorie Person kann festgehalten werden, dass die personaldeiktische Verankerung durch die Rollenvariablen ein Positionierungsakt grundlegender Natur ist. Durch die Benennung der jeweiligen Dialogrolle durch eine Rollenvariable wird diese Position nicht mehr nur präsupponiert, sondern explizit zum Thema des Dialogs gemacht. Sie wird, um mit Langacker zu sprechen, »objektiviert«. Die Opposition ›Objektivierung‹ vs. ›Subjektivierung‹ wird bei Langacker (1999) wie folgt definiert: Subjektivierung bezieht sich auf den Prozess der »Implizitierung« der Sprecherrolle, Objektivierung hingegen auf die (sprachliche) Externalisierung oder Explizitierung der Sprecherrolle bzw. eines Bestandteils der Sprechsituation (des *ground*). Bei der Subjektivierung werden bestimmte Elemente der Sprechsituation nicht genannt; sie bleiben implizit, unprofiliert, *offstage*. Bei der Objektivierung werden genau diese Aspekte der Sprechsituation sprachlich expliziert (in Langackers Terminologie »profiliert«). In diesem Sinne sind Subjektivierung und Objektivierung also gegenläufige *Perspektivierungsmechanismen* einer Sachverhaltsdarstellung.

»An entity is construed objectively to the extent that it is put onstage as a focused object of conception. By definition, an expression's profile is construed with a high degree of objectivity, being the focus of attention within its immediate scope. At the opposite end, an offstage conceptualizer is subjectively construed to the extent that it functions as the subject of conception without itself being conceived. Maximal subjectivity attaches to a tacit locus of consciousness an implicit conceptualizing presence that is not itself an object of conception. So defined, subjectivity/objectivity is a matter of vantage point and role in a viewing relationship.« (Langacker 1999: 297)

Ohne hier weiter auf die Komplexitäten des Langacker'schen Ansatzes eingehen zu können und in enger Rückführung auf das hier thematisierte Segment der Grammatik sei festgehalten, dass die explizite Benennung von Dialogpartnern als solche eine Objektivierung der aktuellen Kommunikationssituation ist, indem direkt auf eine Person in ihrer Dialogrolle referiert wird. Die Enkodierung deiktischer Identität anhand von Rollenvariablen der ersten und zweiten Person ist also ein Objektivierungsvorgang. So kann durch die Selbstbezeichnung des Sprechers mit ›ich‹ Identität als kommunikativ relevante und im Gespräch konstituierte Größe entfaltet werden. Dies geschieht in mehreren Schritten bzw. Schichten. Zunächst wird durch die Explizierung der Gesprächsrollen die deiktische Identität konstituiert und damit eine Voraussetzung für den Aufbau von Gesprächsidentitäten erfüllt. Im zweiten Schritt erfolgt der Aufbau von Gesprächsidentität dadurch, dass komplexere identitätskonstitutive semantische Einheiten – die im Folgenden *Identitätsprädikate* genannt werden – an diese Rollen, d.h. an deiktische Identitätsausdrücke, angelagert werden.

Die eigentliche Funktion der Dialogrollenmarkierung besteht somit über ihre linguistische Funktion der Sprecher- und Hörer-Enkodierung hinaus darin, Gesprächsidentitäten mit aufzubauen.[1] Durch die Dialogrollen selbst werden diese Identitäten zwar nicht inhaltlich gefüllt, aber sie sind der unhintergehbare Nullpunkt, der Anker, an dem inhaltliche Zuschreibung (Prädikation) und Person (Referent) zusammengefügt werden können.

Diesen Abschnitt zusammenfassend, seien die zentralen, für die folgende Analyse wegweisenden Annahmen noch einmal aufgelistet:

- Identitätskonstitution erfolgt im Sprachgebrauch maßgeblich über die jeweilige Realisierung und Enkodierung der grundlegenden Dialogizität.
- Dabei kommt den beiden Dialogrollen Sprecher und Hörer und ihren linguistischen Ausdrucksmitteln besonderes Gewicht zu.

---

1 In der bisherigen Forschung wird die enorme Wichtigkeit der sprachlichen Ausdrucksmittel, die deiktische Identität herstellen, – unter der traditionellen Kategorisierung der ›Personalpronomina‹ (*personal pronouns*) – auch von Malone (2005) hervorgehoben. Lucius-Hoene und Deppermann (2004: 222f.) verweisen zwar auf die Funktion der Kategorie Person bei der Konstitution der narrativen Identität, gehen aber nur sehr kurz auf die entsprechenden linguistischen Formen ein.

- Eine linguistische (auch mikrostrukturelle) Analyse der Realisierung der Kategorie Person im Dialog kann wesentliche Aspekte des exakten *Wie* der Identitätskonstitution offen legen und damit eine direkte Verbindung zwischen Sprachzeichen und pragmatischer Funktion nachzeichnen.
- Dabei gehen wir zu Analysezwecken von drei Schichten unterschiedlich stabiler Identitäten aus: (i) der deiktischen Identität, die sich mit jeder Äußerung neu etabliert, (ii) der Gesprächsidentität, die im Laufe einer kommunikativen Situation aufgebaut wird, und (iii) weiteren, über die aktuellen Kommunikationssituation hinaus aufrechterhaltenen, komplexeren Identitäten.
- Die Herstellung deiktischer Identität geschieht durch die direkte ›Objektivierung‹ der Dialogrollen in – textsortenabhängig – geeigneter Art und Weise. Dies kann als Gesprächsrollenmanagement bezeichnet werden.
- Die Enkodierung deiktischer Identität ist die Voraussetzung für den Aufbau komplexerer Identitäten, d.h. bei vollständiger Subjektivierung der Dialogrollen kann keine verhandelbare – d.h. intersubjektiv relevante – Gesprächsidentität entstehen.
- Die Gesprächsidentität – also eine aktuelle, instabile (Teil-)Identität – wird über die Enkodierung der deiktischen Identität in Verbindung mit Identitätsprädikaten konstituiert.
- Die Gesprächsidentität kann unter entsprechenden Bedingungen (die hier jedoch nicht thematisiert werden) in zeitstabilere Formen von Identitätskonzepten übergehen.

Fallbeispiel

In unserer sehr kurzen Beispielanalyse wird illustriert, wie die hier vertretenen Thesen in konkrete Analysen umgesetzt werden können. Grundlage der Analyse ist folgendes Segment aus einem Transkript, das im Zuge einer entwicklungspsychologischen Studie zum Geschichtsbewusstsein im Jugendalter von Carlos Kölbl angefertigt wurde (Kölbl 2008):

DI: Jetzt ham zwei von euch ja schon gesagt, dass sie das Osmanische Reich interessant finden. Könnt ihr das n bisschen weiter ausführen warum das so ist. Also auch ihr gerne, ne, also alle.
[Unverständliches Gemurmel]
S: Also ich kenne nicht viel von diese Osmanische Reich. Ich hab davon gehört, aber ich kenne nicht viel, aber *er* kennt viel, mein Klassenkamerad
Ü: ich weiß in der Schule
S: Ü. B. [Vor- und Nachname des Mitschülers]

Ü: In der Türkei hab ich alles gelernt. In der Schule.
DI: mh

Linguistische Analyse

Die Segmentierung in Gesprächsschritte ergibt als ersten *turn*:

Turn 1*:*
DI: Jetzt ham zwei von euch ja schon gesagt, dass sie das Osmanische Reich interessant finden. Könnt ihr das n bisschen weiter ausführen warum das so ist. Also auch ihr gerne, ne, also alle.

Eine Grobgliederung dieses *turn* in die Sprechakte S1 bis S3 ist in Tabelle 3 wiedergegeben, wobei in der dritten Spalte neben den Sprechakttypen einige syntaktische Anmerkungen eingefügt sind.

Tabelle 3: Turn *1 – Grobgliederung in Sprechakte*

S1	Jetzt ham zwei von euch ja schon gesagt, dass sie das Osmanische Reich interessant finden.	repräsentativer Sprechakt: Aussage (Übereinstimmung zwischen »Wort und Welt«)
S2	Könnt ihr das n bisschen weiter ausführen warum das so ist.	direktiver Sprechakt: Bitte/Aufforderung, etwas zu tun; indirekt realisiert als formale Entscheidungsfrage
S3	Also auch ihr gerne, ne, also alle.	wie S2; syntaktisch elliptisch

Die weitere Analyse konzentriert sich auf die Frage der Markierung der Dialogrollen, die in Tabelle 4 hervorgehoben sind. Dabei werden die einzelnen Sprechakte bei Bedarf nach zusätzlichen (syntaktischen) Kriterien in Teilakte S1a etc. untergliedert (Ø bedeutet, dass die entsprechende Dialogrolle nicht sprachlich realisiert ist):

Tabelle 4: Turn *1 – Markierung der Dialogrollen*

S1a	Jetzt ham *zwei von euch* ja schon gesagt,	S = Ø Hörer-PL = komplexe NP mit 2PL als Attribut

S1b	dass *sie* das Osmanische Reich interessant finden.	S = Ø Hörer-PL = Personalpronomen 3PL
S2	Könnt *ihr* das n bisschen weiter ausführen warum das so ist.	S = Ø Hörer-PL = Rollenvariable
S3a	Also *auch ihr* gerne, ne,	S = Ø Hörer-PL = Rollenvariable (*auch* verweist auf Teilmenge)
S3b	also *alle*.	S = Ø Hörer-PL = Indefinitpronomen

Der *turn* beginnt mit dem Gliederungssignal ›jetzt‹, wodurch der Sprecher eine neue Gesprächshandlung einleitet. Auffällig ist, dass die Sprecherrolle selbst an keiner Stelle expliziert wird und damit subjektiv bzw. *offstage* im Langacker'schen Sinne bleibt. Dies deutet darauf hin, dass keinerlei Bedarf besteht, die Gesprächsidentität des Sprechers, der der Interviewer bzw. Gesprächsleiter ist, zu bearbeiten. Seine Gesprächsidentität ist quasi im Voraus gesetzt. Der Sprecher vollzieht jedoch mehrere komplexe Höreradressierungen, die im Folgenden genauer betrachtet werden.

Im ersten Teilsprechakt S1a erfolgt die Referenz auf die Hörer durch ›zwei von euch‹ in Subjektposition. Das Zahlwort ›zwei‹ wird postmodifiziert durch eine Präpositionalphrase mit der Rollenvariablen des Hörers im Plural – d.h. ›von euch‹. Es liegt damit eine Nominalphrase mit attributiv eingebetteter Rollenvariablen vor. Auf diese Weise wird eine quantitativ benannte, ansonsten aber unspezifische Gruppe von Hörern ausgewählt und als syntaktisches Subjekt des Matrixsatzes thematisiert. Das Subjekt in S1b, einem eingebetteten Objektsatz zum Matrixsatz S1a, verweist auf diese komplexe Nominalphrase in S1a (›zwei von euch‹) und ist mit ihm referenzidentisch. Formal handelt es sich um das Pronomen der ›dritten Person‹ im Plural ›sie‹.

Der gesamte Sprechakt S1 ist eine indirekte Redewiedergabe dessen, was vorher nach der Interpretation des Sprechers von zwei Gesprächspartnern gesagt wurde. Der Matrixsatz stellt dies als Tatsache dar. Das wird erreicht durch die Verwendung des Perfekts, des Temporaladverbs ›schon‹ und vor allem durch die Modalpartikel ›ja‹, die die Proposition zugleich als gemeinsames Wissen markiert. Im eingebetteten Satz S1b wird eine Aussage zu einer inneren Haltung der Gesprächspartner, die in beiden Sätzen in Subjektposition denotiert sind, gemacht, nämlich ›dass sie das Osmanische Reich interessant finden‹. Das Osmanische Reich wird offensichtlich im Kontext dieses Gesprächs vom Interviewer als identitätsrelevante Einheit (als Identitätsprädikat) betrachtet. Hier wird also eine Identitätsprädikation vorgenommen, die syntaktisch zwar über eine dritte Person, d.h. über eine Nicht-Dialogrolle, ausgesagt wird, die jedoch durch die attributiv eingebettete Rollenvariable eine abgeschwächte oder versteckte Identitätszuweisung an einen Teil der Hörer ist. Kurz: ›zwei von euch‹ werden identifiziert als ›solche, die das Osmanische Reich interessant finden‹. Im nächsten Sprechakt wird diese zunächst nur tentative Zuweisung direkter.

Als Subjekt von S2 steht ›ihr‹, also die explizite Benennung der Dialogrollenfunktion im Plural. Die Referenz von ›ihr‹ ist variabel unter der einzigen Bedingung, dass der potentielle nächste Sprecher (also der prototypische Hörer) inkludiert ist. Eine Monosemierung kann nur im Kontext erfolgen. Hier hilft der nächste Sprechakt (S3), in dem die intendierte Referenz von ›ihr‹ durch den Sprecher ausdrücklich definiert wird. Doch bleiben wir zunächst bei Sprechakt 2: Dieser ist eine als Frage formulierte Aufforderung an die Gesprächspartner, ihre in S1 behauptete Haltung zum Osmanischen Reich zu erläutern und diese Haltung zu begründen (›ausführen warum das so ist‹). Das Subjekt ›ihr‹ nimmt die Subjekte von S1a und S1b wieder auf, es bezieht sich auf ›zwei von euch‹ und ›sie‹ und ist referenzidentisch mit diesen. Jedoch werden nun diese Personen direkt als Gesprächspartner identifiziert und damit wird ihnen auch die in S1 zum Ausdruck gebrachte Haltung explizit zugeschrieben. Indem aus dem ›zwei von euch‹ und dem ›sie‹ ein ›Ihr‹ wird, lautet die vom Sprecher vollzogene Identitätsprädikation nun also ›Ihr findet das Osmanische Reich interessant‹, wobei ›Ihr‹ hier immer noch zu verstehen ist als ›ihr zwei‹.

Der dritte Sprechakt S3 (S3a ›Also auch ihr gerne, ne‹, S3b ›also alle‹) präzisiert oder besser korrigiert diese Referenz von ›ihr‹. Syntaktisch liegt eine unvollständige bzw. elliptische Äußerung vor. Die Einleitung ›also‹ ist ein Korrektursignal, das eine inhaltliche Präzisierung ankündigt. Diese Korrektur wird zweimal angewendet (›also auch ihr‹ und ›also alle‹), um die Extension der Gruppe der Gesprächspartner zu präzisieren, was in diesem Fall einer Ausweitung der Gruppe der Referenten gleichkommt. Die Phrase ›auch ihr‹ (zweite Person Plural) benennt dabei eine Gruppe ohne die vorher durch die Phrasen ›zwei von euch‹, ›sie‹, ›ihr‹ denotierten Teilnehmer. Die erneute Korrektur in S3b zu ›alle‹ schließlich, mit der der Sprecher formal von der Rollenvariable zu einem Indefinitpronomen übergeht, macht alle Gesprächspartner zu einer einheitlichen Gruppe. Kurz: Durch die Ausweitung der Gruppe der direkt Angesprochenen von den beiden ursprünglichen Gesprächspartnern auf alle Anwesenden unterstellt der Sprecher, dass die Behauptung aus

S1a (›ihr findet das Osmanische Reich interessant‹) auf alle zutrifft. Der Sprecher identifiziert bzw. konstituiert damit eine Gruppe, die ihm (i) als kollektiver Gesprächspartner gegenübergestellt wird und die (ii) eine gemeinsame Eigenschaft, eine gemeinsame Identität, hat, nämlich ›das Osmanische Reich interessant finden‹. Deshalb wird (iii) die Gruppe vom Sprecher aufgefordert, über diese Gemeinsamkeit (weiter) zu berichten bzw. zu diskutieren.

Dieses Beispiel zeigt deutlich, wie zunächst durch den Sprecher die deiktische Identität der Hörer etabliert wird, indem die Referenz der Rollenvariablen für die zweite Person mithilfe weiterer sprachlicher Mittel sukzessive (und gesprächsstrategisch aufschlussreich) fixiert wird, um dann parallel dazu, jedoch inhaltlich unabhängig, dieser Gruppe über eine Identitätsprädikation eine aktuelle Gesprächsidentität zuzuweisen. So wird für alle Hörer eine gruppendefinierende Gesprächsidentität geschaffen, die im weiteren Gespräch wirksam werden soll.

Dies, so die hier vertretene Auffassung, ist nur möglich durch die explizite Enkodierung der Dialogrollen der zweiten Person als solche, also durch die explizite Fixierung der deiktischen Identität der Person/en, der/denen eine Gesprächsidentität zugewiesen werden soll. Ohne die Etablierung der deiktischen Identität gäbe es keinen ›Anker‹ zur Befestigung von Identitätsprädikaten. Zwar können auch ohne Benennung der Dialogrollen vorher gegebene, alte Identitätsprädikate weiter gelten, jedoch ist zur Zuweisung eines neuen Identitätsprädikats, also zur (Re-)Konstitution oder Modifikation der Gesprächsidentität, die deiktische Verankerung unverzichtbar. Dies gilt sowohl für Gesprächsidentitäten des Hörers wie auch für solche des Sprechers, d.h. wenn letzterer eine neue Gesprächs(teil)identität einführen will, muss er sich als Sprecher deiktisch im Besprochenen darstellen, da er nur so eine Identitätsprädikation vollziehen kann (siehe unten).

Mit der Zuweisung eines Identitätsprädikats an eine der Dialogrollen ist zwar eine Gesprächsidentität behauptet, sie ist jedoch noch nicht ratifiziert.[2] Hierzu muss die vom Sprecher zugewiesene Gesprächsidentität intersubjektiv ausgehandelt bzw. bestätigt werden. Dies kann nur durch eine explizite Reaktion des Hörers geschehen, was bedeutet, dass zur Ratifizierung einer vom Sprecher zugewiesenen Gesprächsidentität zumindest einmal ein Gesprächsrollenwechsel stattfinden muss. Wie dies vor sich gehen kann, zeigt sich in den auf *turn* 1 folgenden Zügen des Gesprächsausschnittes, die hier erneut wiedergegeben sind:

2 Unter Ratifizierung wird hier die Akzeptanz des vorher Gesagten durch den aktuellen Sprecher verstanden. Sie kann, muss jedoch nicht explizit ausgedrückt werden; fehlender Einspruch kann als Ratifizierung genügen.

Turns 2 und 3:

S: Also ich kenne nicht viel von diese Osmanische Reich. Ich hab davon gehört, aber ich kenne nicht viel, aber er kennt viel, mein Klassenkamerad
Ü: ich weiß in der Schule
S: Ü. B. [Vor- und Nachname des Mitschülers]
Ü: In der Türkei hab ich alles gelernt. In der Schule.
DI: mh

Obwohl aus Raumgründen eine ausführliche Analyse hier nicht möglich ist, zeigt das Beispiel, dass der neue Sprecher S, die vom Gesprächsleiter D1 in *turn* 1 zugewiesene Gesprächsidentität (›einer, der das Osmanische Reich interessant findet‹) nicht ratifiziert, sondern explizit zurückweist.

Alternativ reklamiert S für sich eine andere Gesprächsidentität, was in der Sequenz ›Also ich kenne nicht viel von diese Osmanische Reich. Ich hab davon gehört, aber ich kenne nicht viel‹, deutlich zum Ausdruck kommt. Hier wird – durch die Verwendung der Rollenvariablen ›ich‹ – zunächst die deiktische Identität als Sprecher etabliert, an die dann sukzessive mehrere Identitätsprädikate angelagert werden (›nicht viel vom Osmanischen Reich kennen‹ und ›davon gehört haben‹). Auf diese Weise konstruiert S seine eigene Gesprächsidentität (›einer, der das Osmanische Reich nicht gut kennt‹), die dem Vorschlag des Gesprächsleiters entgegengesetzt wird.

Im zweiten Teil des *turn* weist S einem dritten Teilnehmer, Ü, die von D1 vorgeschlagene Gesprächsidentität zu (›aber *er* kennt viel, mein Klassenkamerad Ü. B.‹), die letzterer dann durch einen eigenen *turn* (›ich weiß in der Schule. In der Türkei hab ich alles gelernt. In der Schule.‹) ratifiziert. Beides geschieht jeweils durch die explizite Enkodierung der beteiligten Rollen bzw. die Konstituierung deiktischer Identität und die Zuweisung einer Identitätsprädikation.

Trotz der fehlenden Detailanalyse sollte deutlich sein, dass die oben aufgestellten Thesen auch in diesem *turn* zutreffen. Diesen Abschnitt zusammenfassend sei festgehalten:

- Nur wer eine Rolle als Sprecher innehat (d.h. am Zug ist), kann Gesprächsidentitäten pragmatisch und syntaktisch-semantisch zuweisen.
- Die Zuweisung einer Gesprächsidentität erfolgt über die Enkodierung der deiktischen Identität (durch eine entsprechende sprachliche Form) und die Anfügung eines Identitätsprädikats, wodurch eine Identitätsprädikation entsteht.
- Die intersubjektive Ratifizierung einer solchen einseitig zugewiesenen Gesprächsidentität wiederum setzt voraus, dass mindestens einmal ein Dialogrollenwechsel stattfindet.

PSYCHOLOGISCHE ANALYSE[3]

Der für die psychologische Analyse gewählte methodische Zugang ist eine qualitative Textanalyse mithilfe der ›dokumentarischen Methode‹.[4] Diese Methode besteht aus drei Grundschritten: a) Erstellung eines Stichwortregisters, b) paraphrasierende bzw. formulierende Interpretation, c) reflektierende bzw. vergleichende Interpretation. Die *Erstellung eines Stichwortregisters* dient dazu, sich einen Überblick über Inhalte und Verlauf einer Gruppendiskussion zu verschaffen. Dabei werden – wie in der linguistischen Analyse – zunächst die einzelnen *turns* markiert und sodann mit knappen alltagssprachlichen Überschriften versehen. Bei der anschließenden *paraphrasierenden bzw. formulierenden Interpretation* werden die einzelnen *turns* der für die Forschungsfragestellung ausgewählten Passagen noch möglichst textnah paraphrasiert. Die tiefer gehende Interpretation erfolgt erst im dritten Schritt, der *reflektierenden bzw. vergleichenden Interpretation.*

Bei der reflektierenden bzw. vergleichenden Interpretation wird unter Bezugnahme auf ›Vergleichshorizonte‹ sequentiell vorgegangen, wobei mögliche Kontextualisierungen, mögliche Anschlüsse, alternative Lesarten etc. im Hinblick auf ihre Stimmigkeit und Begründbarkeit reflektiert werden. Mögliche Vergleichshorizonte sind nach einer Systematik von Straub (1999: 216ff.):

- explizit empirisch fundierte Vergleichshorizonte, wie z.B. der Vergleich mit anderem empirischen Material,
- das Alltagswissen der Interpreten,
- wissenschaftlich fundierte Vergleichshorizonte, wie z.B. der Vergleich mit theoretischen Konzepten und wissenschaftlichen Befunden,
- imaginative, fiktive und utopische Vergleichshorizonte, wie z.B. gedankenexperimentelle Vorstellungen.

Zwischen diesen Vergleichshorizonten gibt es im konkreten Analysefall selbstverständlich Überschneidungen, was schon daran ersichtlich ist, dass es keine theoriefreie Empirie geben kann. Dennoch ist die Systematik von Vergleichshorizonten hilfreich für die Explikation, von welchem Standpunkt aus und mit welchem Ziel eine Textinterpretation erfolgt. Entsprechende Feinanalysen können

3 Eine ausführlichere Interpretation findet sich in Kresić/Kölbl et al. (in Vorb.).

4 Vgl. hierzu Bohnsack 2007; Bohnsack/Nentwig-Gesemann/Nohl 2007; Bohnsack/Przyborski/Schäffer 2010; Kölbl 2004; Kölbl/Billmann-Mahecha 2005.

am Ende – bei umfangreicherem Material – in eine empirisch begründete Formulierung von Typen münden (vgl. Kelle/Kluge 1999).

Bei der in Kresić/Kölbl et al. (in Vorb.) ausführlicher dargelegten Feinanalyse ausgewählter Passagen wurden gedankenexperimentelle Vergleichshorizonte herangezogen, die sich unter Absehung vom tatsächlichen Kontext darauf konzentrierten, zunächst zu fragen, in welchen Kontexten überhaupt die Äußerung ›Jetzt ham zwei von euch ja schon gesagt‹ sinnvoll wäre, um das Besondere dieser Äußerung im tatsächlich gegebenen Kontext zu erkennen. Ebenso wurde mit den weiteren Äußerungen des ersten *turns* verfahren. Gemäß dieser hier nur kurz skizzierten Vorgehensweise konnte für den gesamten *turn* 1

»Jetzt ham zwei von euch ja schon gesagt, dass sie das Osmanische Reich interessant finden. Könnt ihr das n bisschen weiter ausführen. Also auch ihr gerne, ne, also alle«

folgendes Zwischenergebnis formuliert werden: Die zitierten Äußerungen stellen die Rahmung der Diskussion dar. Es handelt sich vermutlich um einen eher formellen, (quasi-)offiziellen Kontext, der eine Mischung aus Asymmetrie, Fragerecht, ›Themensetzungsrecht‹, Recht zu Duzen und gleichzeitig die Unterstellung von Symmetrie enthält. Damit weist er im weiteren Sinne Ähnlichkeiten mit einer ›pädagogischen Situation‹ auf.

Dieses Zwischenergebnis steht zum vorgetragenen linguistischen nicht in einem gegensätzlichen Verhältnis, sondern in einem komplementären. Beide Disziplinen haben die Mikroanalyse desselben Gesprächsausschnitts zum Gegenstand. Dabei zielt die linguistische Analyse auf die sprachlichen Enkodierungen der Dialogrollen und die psychologische Analyse auf die möglichen kontextabhängigen Bedeutungen dieser sprachlichen Enkodierungen. Da es bei der psychologischen Analyse im Weiteren insbesondere um die inhaltliche Bestimmung vermutlich identitätsrelevanter Aussagen geht, im linguistischen Sinne also um angelagerte Identitätsprädikate, stellen wir hier noch den an die *turns* 2 und 3 anschließenden Gesprächausschnitt und das zugehörige Interpretations*ergebnis* vor.

DI: Und *was* genau, und warum ist das interessant?
Ü: Ja, die (((gedehnt))) die warn sehr reisch und dann auf einmal haben die alle Kriege verloren. Und zum Beispiel die sind, äh, von äh, Engländer, äh Franzosen und Russen, die haben äh die Türkei besitzt und dann vielleicht kennen Sie, äh, Atatürk, vielleicht kennen Sie, ich weiß nisch,
DI: mh kenne ich ja,
Ü: da hat er die ganze, äh, die Engländer, Russen, Franzo/Franzosen hat er alles, äh, zurückgehen gelassen. Der hat die, äh, besiegt,

DI: mh
Ü: er hat die/er hat die Türkei gerettet.

Der Bezug auf das Osmanische Reich und speziell auf Atatürk erlaubt, sich positiv mit der eigenen Zugehörigkeit zur Kollektivkategorie ›Osmanisches Reich‹ bzw. ›Türkei‹ zu identifizieren. Man gehört dann einem Kollektiv an, das einst sehr reich und mächtig war, diese Macht und diesen Reichtum verloren hat, aber durch eine besondere historische Persönlichkeit wieder zu Eigenständigkeit gelangt ist.

Dieses ›Identifizierungsangebot‹ führt Ü. in das Gespräch ein, wobei er sich zwischendurch explizit vergewissert, ob der Diskussionsleiter versteht, wovon er spricht. Ob er es selbst wahrnimmt und ob die anderen Gesprächsteilnehmer das tun, muss an dieser Stelle noch offen bleiben. Es ist noch nicht klar, ob und inwiefern die Diskussionsteilnehmer das ›Identifizierungsangebot‹ annehmen, ablehnen, ironisieren, modifizieren oder anderes.

Dennoch können wir bereits an dieser Stelle eine erste, vorläufige *Interpretationshypothese* formulieren, nämlich dass sich Ü. möglicherweise mit dem Osmanischen Reich bzw. Atatürk identifiziert und sich damit einem Kollektiv zugehörig fühlt, zu dessen ›Identität‹ gehört, Nachfahren jener ›glorreichen Zeit‹ zu sein. ›Das Osmanische Reich‹ bzw. ›Atatürk‹ wären dann narrative Abbreviaturen, also Kurzbezeichnungen für größere historische Sinnzusammenhänge und deren subjektive Bedeutungen, die als kollektive ›Zeichen der Identität‹ aufzufassen wären.

Die Überprüfung dieser ersten, aus psychologischer Sicht identitätsrelevanten Interpretationshypothese wäre Teil der weiteren Gesprächsanalyse. Nehmen wir einmal an, die Hypothese kann anhand des weiteren Gesprächsverlaufs erhärtet werden, so wäre ›das Osmanische Reich‹ ein bedeutsames inhaltliches und psychologisch relevantes ›Zeichen der Identität‹ (Bestandteil einer ›Identitätsprädikation‹ im linguistischen Sinne), das im *Prozess* der kommunikativen Interaktion mit Anderen zur Sprache gebracht, vielleicht aber auch erst hier neu gebildet und/oder ausgehandelt wird. In jedem Fall aber könnte es als Teil der in dieser konkreten Situation zu Tage tretenden ›Gesprächsidentität‹ betrachtet werden. Und Gesprächsidentitäten sind wiederum bedeutsame empirische Zugänge zu dem, was Psychologen unter Identität verstehen.

Um einen interdisziplinären Zugang zu ermöglichen, hat es sich als fruchtbar erwiesen, das breite und kontrovers diskutierte Themenfeld Identität auf die Schnittmenge Gesprächsidentität zu fokussieren, wobei der linguistische Zugang die pragmatische Funktion grammatischer Zeichen bei der Identitätskonstitution im Gespräch herauszuarbeiten vermag. Der interpretative psychologische

Zugang wiederum verdeutlicht die entwicklungspsychologisch bedeutsamen mikrogenetischen Prozesse, die zu inhaltlich bedeutsamen ›Zeichen der (personalen oder kollektiven) Identität‹ führen (können).

Literatur

Bachtin, Michail M. (2005 [1979]): Die Ästhetik des Wortes. Hg. Rainer Grübel, Frankfurt a.M.: Suhrkamp.

Bamberg, Michael (1999): »Identität in Erzählung und im Erzählen. Versuch einer Bestimmung der Besonderheit des narrativen Diskurses für die sprachliche Verfassung von Identität«, in: Journal für Psychologie 7, S. 43-55.

— (2005): »Positioning«, in: David Herman/Manfred Jahn/Marie-Laure Ryan (Hg.), The Routledge Encyclopedia of Narrative Theory, New York: Routledge, S. 445-446.

Benveniste, Emile (1966 [1956]): »La nature des pronoms«, in: Problèmes de lingistique générale, Paris: Gallimard, S. 251-257.

Billmann-Mahecha, Elfriede (1993): »Zum Problem der Authentizität in der empirischen Sozialforschung«, in: Gruppendynamik 24, S. 401-411.

— (1996): »Wie authentisch sind erzählte Lebensgeschichten? Ein Interpretationsproblem«, in: Rainer Strobl/Andreas Böttger (Hg.), Wahre Geschichten? Zu Theorie und Praxis qualitativer Interviews, Baden-Baden: Nomos, S. 111-129.

Bohnsack, Ralf (2007): Rekonstruktive Sozialforschung. Einführung in qualitative Methoden (6. Aufl.), Opladen: UTB.

—/Nentwig-Gesemann, Iris/Nohl, Arnd-Michael (Hg.) (2007): Die dokumentarische Methode und ihre Forschungspraxis, Opladen: Barbara Budrich.

—/Przyborski, Aglaja/Schäffer, Burkhard (Hg.) (2010): Das Gruppendiskussionsverfahren in der Forschungspraxis (2. Aufl.), Opladen: Barbara Budrich.

Braunmüller, Kurt (1977): Referenz und Pronominalisierung. Zu den Deiktika und Proformen des Deutschen, Tübingen: Niemeyer.

Bruner, Jerome (1990): Acts of Meaning, Cambridge, MA: Harvard University Press.

Bühler, Karl (1982 [1934]): Sprachtheorie: Die Darstellungsfunktion der Sprache, Stuttgart: UTB.

Diewald, Gabriele (1991): Deixis und Textsorten im Deutschen, Tübingen: Niemeyer.

— (2010): »Dialogrollen – Person – Identität«, in: Minna Palander-Collin et al. (Hg.), Identitätskonstruktion in der interpersonalen

Kommunikation., Mémoires de la Société Néophilologique de Helsinki, 81, S. 17-38.

Erikson, Erik H. (1994 [1959]): Identität und Lebenszyklus (14. Aufl.), Frankfurt a.M.: Suhrkamp.

Goffman, Erving (1974): Das Individuum im öffentlichen Austausch. Mikrostudien zur öffentlichen Ordnung. Übers. R. und R. Wiggershaus, Frankfurt a.M.: Suhrkamp.

Habermas, Jürgen (1997 [1981]): Theorie des kommunikativen Handelns, Bd. 1: Handlungsrationalität und gesellschaftliche Rationalisierung (2. Aufl.), Frankfurt a.M.: Suhrkamp.

Hartung, Wolfdietrich (1987): »Das Dialogische als Prinzip des Sprachlichen. Positionen zwischen Kontinuität und Diskontinuität«, in: Werner Neumann/Bärbel Techtmeier (Hg.), Bedeutungen und Ideen in Sprachen und Texten, Berlin: Akademie, S. 93-111.

Henne, Helmut/Rehbock, Helmut (1982): Einführung in die Gesprächsanalyse (2. Aufl.), Berlin/New York: de Gruyter.

Jakobson, Roman (1971 [1957]): »Shifters, Verbal Categories, and the Russian Verb«, in: Ders. Selected Writings, Bd. 2. Hg. Stephan Rudy, Den Haag/Paris/New York: Mouton, S. 130-147.

Kelle, Udo/Kluge, Susann (1999): Vom Einzelfall zum Typus. Fallvergleich und Fallkontrastierung in der qualitativen Sozialforschung, Opladen: Leske + Budrich.

Kölbl, Carlos (2004): Geschichtsbewußtsein im Jugendalter. Grundzüge einer Entwicklungspsychologie historischer Sinnbildung, Bielefeld: transcript.

— (2008 [2004]): Transkript einer Gruppendiskussion mit Jungen einer 8. Realschulklasse im Oktober 2004, Manuskript.

—/Billmann-Mahecha, Elfriede (2005): »Die Gruppendiskussion. Schattendasein einer Methode und Plädoyer für ihre Entdeckung in der Entwicklungspsychologie«, in: Günter Mey (Hg.), Handbuch Qualitative Entwicklungspsychologie, Köln: Kölner Studienverlag, S. 321-350.

Korobov, Neill (2001): »Reconciling Theory with Method. From Conversation Analysis and Critical Discourse Analysis to Positioning Analysis«, in: Forum Qualitative Sozialforschung/Forum: Qualitative Social Research 2.3, Article 11. http://www.qualitative-research.net/index.php/fqs/article/view/906/1980 vom 20.06.2010.

—/Bamberg, Michael (2004): »Positioning a ›Mature‹ Self in Interactive Practices: How Adolescent Males Negotiate ›Physical Attraction‹ in Group Talk«, in: British Journal of Developmental Psychology 22, S. 471-492.

Krappmann, Lothar (2004): »Identität«, in: Ulrich Amman et al. (Hg.), Sociolinguistics. An International Handbook of the Science of Language and Society/Soziolinguistik, Bd. 1, Berlin/New York: de Gruyter (= HSK, Bd. 33), S. 405-412.

Kresić, Marijana (2006): Sprache, Sprechen und Identität. Studien zur sprachlich-medialen Konstruktion des Selbst, München: iudicium.

—/Kölbl, Carlos et al. (in Vorb.): »Zeichen der Identität in einer Gruppendiskussion mit Jugendlichen über ihr Interesse an Geschichte. Eine methodenvergleichende Textanalyse aus linguistischer und psychologischer Perspektive«.

Langacker, Ronald W. (1985): »Observations and Speculations on Subjectivity«, in: John Haiman (Hg.), Iconicity in Syntax, Amsterdam/Philadelphia: John Benjamins, S. 109-150.

— (1999): »Subjectification and Grammaticization«, in: Grammar and Conceptualization, Berlin/New York: de Gruyter, S. 297-315.

Lucius-Hoene, Gabriele/Deppermann, Arnulf (2004): Rekonstruktion narrativer Identität. Ein Arbeitsbuch zur Analyse narrativer Interviews (2. Aufl.), Wiesbaden: VS Verlag für Sozialwissenschaften.

Malone, Martin J. (2005): Worlds of Talk. The Presentation of Self in Everyday Conversation (Reprint), Cambridge: Polity Press.

Sacks, Harvey/Schegloff, Emanuel A./Jefferson, Gail (1974): »A Simplest Systematics for the Organisation of Turn-taking for Conversation«, in: Language 50, S. 696-753.

Straub, Jürgen (1999): Handlung, Interpretation, Kritik. Grundzüge einer textwissenschaftlichen Handlungs- und Kulturpsychologie, Berlin/New York: de Gruyter.

— (1991): »Identitätstheorie im Übergang? Über Identitätsforschung, den Begriff der Identität und die zunehmende Beachtung des Nicht-Identischen in subjekttheoretischen Diskursen«, in: Sozialwissenschaftliche Literaturrundschau 23, S. 49-71.

— (2004): »Identität«, in: Friedrich Jaeger/Burkhard Liebsch (Hg.), Handbuch der Kulturwissenschaften, Bd. 1, Stuttgart: Metzler, S. 277-303.

Vygotskij, Lev S. (1978): Mind in Society. The Development of Higher Psychological Processes. Hg. Michael Cole et al., Cambridge, MA: Harvard University Press.

Spracherwerb als Konstruktion sozial gerichteter Kognition

Hans Bickes

»Lieber Herr Hape Kerkeling, bleiben Sie bitte Sie selbst und bleiben Sie um Gottes Willen wie wir. Wir brauchen das.«
(Frank-Walter Steinmeier 2010: 104)

Spracherwerb bietet sich wie kaum ein anderes Thema an, um den Spielraum zwischen Materialität und Konstruktion auszuloten. Etwas diffiziler ist es, die Kategorie der Authentizität in einen schlüssigen Zusammenhang mit Spracherwerbsprozessen zu bringen. Im ersten Teil des Beitrages wird gezeigt, wie Materialität und Konstruktion in der Sprachentwicklung ineinander greifen. Im zweiten und im dritten Teil erfolgt zunächst eine Deutung des Spracherwerbs als eine besondere Form der sozialen Kognition, die unmittelbar mit höheren kognitiven Prozessen verknüpft ist, insbesondere mit der Entwicklung eines Selbst und eines Selbst-Bewusstseins. In ihrer sprachlich ausdifferenzierten Form bietet soziale Kognition flexible und reichhaltige Möglichkeiten der Perspektiven auf Andere, auf die Welt und auf uns selbst. Insofern es sich beim Selbst um eine kommunikative Ko-Konstruktion des Individuums und Anderer handelt, schiebt sich auch die Kategorie der Authentizität in das Blickfeld. Selbst, Bewusstsein und Selbst-Bewusstsein werden mit Blick auf ihre Genese dabei grundsätzlich als Kategorien des Sozialen, nicht des Individuellen gefasst.[1]

Spracherwerb im Spannungsfeld von Materialität und Konstruktion

Seit den 1960er Jahren pflegt die Spracherwerbsforschung ihre wissenschaftstheoretische Dynamik aus einem klar definierten Spannungsfeld zu beziehen, das in Form eines Vierfelderschemas

1 Christine Bickes danke ich für wertvolle Anregungen.

zwischen den Polen *Nativismus* (*nature*) vs. *Empirismus* (*nurture*) sowie *domänenspezifisch* vs. *domänenübergreifend* (vgl. Barrett 1999) darstellbar ist. Domänenspezifische Positionen nehmen (i.d.R. modular organisierte) Erwerbsmechanismen an, die ausschließlich für Sprache gelten und durch kognitive Autonomie gekennzeichnet sind. Domänenübergreifend sind Positionen, die allgemeine kognitive Lern- und Verarbeitungsmechanismen postulieren, die für alle zu erlernenden Bereiche gelten – für Musik, Sprache, Mathematik u.a. gleichermaßen.

Abb. 1: Spracherwerbstheorien (in Anlehnung an Barrett 1999: 22)

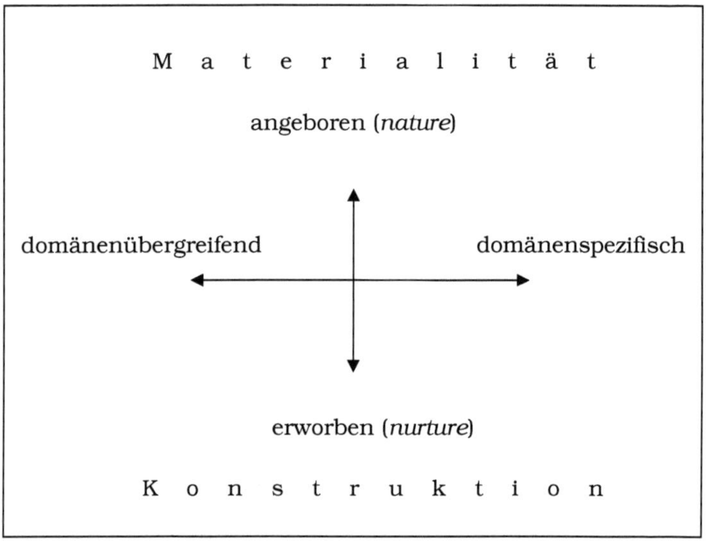

Es wäre verführerisch, die Thematik des vorliegenden Sammelbandes, *Authentizität zwischen Materialität und Konstruktion*, auf dieses Spannungsfeld zu projizieren – also etwa zu diskutieren, ob und inwieweit sprachspezifische Erwerbsmechanismen als autonome, universalgrammatische Mechanismen *angeboren* sind (das läge eher auf der Seite nativistischer Determiniertheit und damit der Materialität) oder ob Sprache im Verlauf der Ontogenese mithilfe bereichsübergreifender kognitiver Prinzipien im Wechselspiel von Kind und Umwelt *konstruiert* wird (womit man die Rolle der Erfahrung betont und der Seite der Konstruktion zuneigt).

Wo die Kategorie der *Authentizität* in einer solchen Diskussion einzubringen wäre, bleibt in diesem Rahmen indes eine offene Frage. Denn Authentizität bezieht sich eher auf Performanzphänomene, wie sprachlichen Stil, oder auf Phänomene, die erst durch

Sprache konstituiert werden, wie etwa ein kommunikativ bzw. narrativ konstruiertes Selbst. Kaum jemand würde zudem sagen, dass ein Kind nach abgeschlossenem Spracherwerb seine Erstsprache ›authentisch beherrscht‹. Es macht wenig Sinn, von der Authentizität des (Erst-)Sprachgebrauchs in einer Sprachgemeinschaft zu sprechen. Die ›Echtheit‹ des Erstsprachgebrauchs (und Echtheit ist nur eine der vielen Facetten von Authentizität) ist bereits durch die Zugehörigkeit zur Sprachgemeinschaft garantiert. Insofern leuchtet ein, dass es nur mit Blick auf den Fremdspracherwerb bisweilen üblich ist, zu sagen, ein Lerner spreche z.B. ›authentisches Französisch‹.

Ich werde der Versuchung, die Thematik in den seit Chomsky und Piaget allseits bekannten Diskussionsbahnen zu führen, hier ohnehin nur sehr kurz erliegen. Der Grund ist, dass ich im Einklang mit zahlreichen neueren Arbeiten davon überzeugt bin (vgl. z.B. Tomasello 2009), dass konstruktionsgrammatische und funktional ausgerichtete Ansätze des Spracherwerbs (beispielhaft seien Tomasello/Brooks 1999; Bybee 2008; Tomasello 2000; 2005; 2006; 2008; Diessel/Tomasello 2005 genannt) zu wesentlich fruchtbareren Einsichten in den Erwerbsprozess führen als Ansätze, die in der Nachfolge der einst von Chomsky formulierten Nativismusthese stehen. Schließlich ist auch Chomsky selbst mittlerweile von der ursprünglich mit seinem Namen assoziierten Position abgerückt und öffnet in seiner jüngeren minimalistischen Programmatik wesentliche, zuvor ausschließlich sprachspezifischen (genetisch vorbestimmten) Modulen zugeordnete Prozesse (Generativität, Kombinatorik, Rekursivität) auch für andere kognitive Bereiche, konzediert sogar, dass diese womöglich völlig sprachunabhängigen (!) Prinzipien allgemeiner Kognition folgen (vgl. Chomsky 2005: 9). Gleichwohl hält er am rationalistischen, nativistischen Kern fest und postuliert weiterhin universelle, invariante A-priori-Strukturen quer über alle Einzelsprachen. Dies steht in krassem Widerspruch zu neueren Arbeiten, wie etwa der ›Radical Construction Grammar‹ von William Croft (2001), der grundsätzliche Skepsis an der Vorannahme übereinzelsprachlicher grammatischer Kategorien und Relationen äußert.

Wenn ich in der Folge von Spracherwerb spreche, dann stelle ich mich somit in eine Tradition, die sich dem Spracherwerb als einem aus Erfahrung, mithilfe allgemeiner Lernmechanismen geprägten Prozess annähert. Kinder sind frühzeitig in der Lage, statistische Regelmäßigkeiten und phonotaktische Muster in Sequenzen der Umgebungssprache zu erkennen und zu imitieren,[2] sie führen Protokonversationen, sie sind ab ungefähr einem Jahr imstande, kommunikative Absichten zuzuschreiben, wenn Sequenzen gebraucht werden, und können diese in Form von Einwortäußerungen (*Holophrasen*) bereits in symbolisierender Form verwenden. Mit ca. 18 Monaten sind sie in der Lage, einen Zusammenhang zwischen der Struktur von Handlungsszenarien und der inneren Struktur lautlicher Sequenzen zu erkennen – zumindest bis zu dem Grad, wie es für ihre Belange erforderlich ist. (Manche entwickeln dabei besonderen Ehrgeiz und werden später Linguisten.) Insbesondere beginnen Kinder semantische Rollen auszudrücken, die entweder von ihnen selbst oder aber von Anderen eingenommen werden (Bates 1990); mit zwei Jahren taucht explizit das Personalpronomen ›ich‹ auf. Nachdem Kinder die innere Organisationsstruktur holistisch erworbener Sequenzen in Form von allgemeinen Schemata abstrahiert haben, sind sie auch zu kreativem, kombinatorischem Gebrauch von Sprache in der Lage (ungefähr ab 36 Monaten). Ungeachtet der Anerkennung imitativer Momente kann daher nicht von einem Rückfall in behavioristische Traditionen gesprochen werden. Auch gibt es keinen Grund anzunehmen, dass strukturelle Charakteristika bei dieser Betrachtungsweise auf der Strecke bleiben.[3] Zusammenfassend kann der hier nur knapp

---

2 Vgl. u.a. Jusczyk et al. 1993; McClelland 1988; Plunkett 1995; Reddy 1999; Pullum/Scholz 2002; Tomasello 2005; Klann-Delius 2008; Szagun 2008; Bickes/Pauli 2009; Bickes 2009.

3 So könnten Kritiker konstruktionsgrammatischer Ansätze argumentieren, dass die Annahme, auch grammatische Muster (Schemata) würden im (frequenten) Gebrauch gelernt, die Grammatik zu einem Teilgebiet der Idiomatik mache. Grammatische Muster (z.B. Kasusmarkierungen oder Genus) funktionierten demzufolge nicht anders als ein Phraseologismus wie ›mit Kind und Kegel‹. Die seit frühesten Traditionen übliche Konzentration der Grammatikschreibung auf formale, kontextfreie Strukturen und Relationen bleibe so auf der Strecke. Dem ersten Teil des Vorwurfs kann man getrost zustimmen, denn gerade Idiomatik markiert einen wesentlichen Unterschied zwischen einer natürlichen und einer formalen Sprache. Selbst in traditionellen Wörter-und-Regelansätzen (vgl. Pinker 1999) muss zusätzlich gebrauchsbasiert gelernt werden, dass regelhafte Bildungen unüblich sein können (›die Zähne putzen‹ vs. *›die Zähne waschen‹ und *›das Gesicht putzen‹ vs. ›das Gesicht waschen‹) oder dass es unregelmäßige Bildungen (wie z.B. bei starken Verben) gibt. Der zweite Teil des Vorwurfs greift hingegen nicht, denn Strukturaspekte werden keineswegs ausgeschlossen, sondern aus dem Gebrauch ›herausgelesen‹. Denn auch einer hochidiomatischen Zwillingsformel wie ›mit Kind und Kegel‹ kann gleichzeitig ein strukturelles Schema zugrunde liegen, das produktiv zu analogen Bildungen Anlass gibt (›mit Haut und Haar‹; ›mit Mann und Maus‹). Ein weiteres Beispiel: Selbst wenn eine grammatische Konstruktion wie z.B. die ditransi-

skizzierte Prozess konstruktiver Abstraktion im Spracherwerb ganz generell als kontinuierlicher Ausbau der Kognition gedeutet werden, wobei sprachliche Gliederungen und Gliederungen der Erfahrungswelt Hand in Hand gehen.

Wir können folgendes Zwischenergebnis festhalten: Ordnen wir den Spracherwerbsprozess auf einem Kontinuum zwischen den Polen Materialität und Konstruktion an, so wird eine frühe Phase, in der Mustererkennung und Imitation eine wichtige Rolle spielen, nach und nach durch eine Phase abgelöst, in der das Erkennen kommunikativer Absichten sowie sprachgebrauchsbasierte Schematisierungs- und Konstruktionsprozesse an Bedeutung gewinnen – im sprachlichen wie im kognitiven Vermögen. Es ist ein Weg von situationsgebundenen spezifischen Holophrasen hin zu gegliederten abstrakten Konstruktionen, die kreativ, flexibel und produktiv in verschiedenen Situationen verwendet werden können. Vor dem Hintergrund des eingangs skizzierten Vierfelderschemas (Abb. 1) scheint der Sprachentwicklungsprozess somit von einer frühen Stufe der Materialität hin zu einer Stufe zu führen, die durch Konstruktion und zunehmende Autonomie geprägt ist – ohne dass der Nachhall früher, körperlich und emotional verankerter Prozesse je gänzlich verstummt. Wenngleich diese Überlegungen an anderer Stelle durchaus eine Vertiefung verdienten, will ich mich im vorliegenden Kontext auf einen anderen Blickwinkel konzentrieren, wenn es um den Zusammenhang zwischen Spracherwerb und Authentizität im Spannungsfeld von Materialität und Konstruktion geht. Ich versuche im Fortgang, das Thema aus der Perspektive der Entwicklung eines Selbst[4] in der kindlichen Entwicklung zu konturieren,

tive Satzstruktur als symbolische Einheit mit Inhalts- und Formseite aufgefasst wird, die aus häufigem Gebrauch in bestimmten Handlungsszenarien abstrahiert wird (*usage based*), stellt diese Konstruktion trotzdem ein *strukturell gegliedertes Schema* mit variabel füllbaren Slots in der Grundstruktur dar.

4 Die überwältigende Bürde, die man sich mit Begriffen wie ›Selbst‹, ›Bewusstsein‹ und ›Selbst-Bewusstsein‹ insbesondere aus der Sicht der Philosophie des Geistes, der Soziologie, der Sozialpsychologie und der Neurowissenschaften einhandelt, ist mir bewusst (einen knappen Überblick über verschiedene Positionen geben Vogeley/Newen 2007). Ohne eine scharfe Begriffsbestimmung anzustreben, bevorzuge ich im vorliegenden Kontext Beschreibungen, die die fraglichen Phänomene im Kommunikativ-Sozialen ansiedeln und das Selbst als eine narrative, dynamische Repräsentation modellieren, die in sozialer Ko-Konstruktion zwischen dem Individuum und anderen entsteht (stellvertretend seien genannt: Aitken/Trevarthen 1997; Fogel 1993; Rochat 2001; 2009a; Trevarthen/Reddy 2007; Welzer 2002). Skepsis bringe ich allen Ansätzen entgegen, die die (neurowissenschaftliche) Detektion des Selbst in *individual brains* anstreben, ohne die soziale und insbesondere sprachliche Komponente gebührend zu berücksichtigen.

indem ich zeige, dass dem Spracherwerb dabei eine Schlüsselrolle zukommt.

Spracherwerb, Selbstkonstruktion und Authentizität

Spracherwerb und Konstruktion des Selbst

Zur allgemeinen Begriffsgeschichte von ›Authentizität‹ wird in anderen Beiträgen des vorliegenden Sammelbandes das Nötige gesagt (vgl. Schulze, Nübel und Funk in diesem Band). Noch offen ist die Frage, inwiefern Authentizität und *Spracherwerb* in Zusammenhang gebracht werden können. Um mich dieser Frage zu nähern, werde ich zunächst die *prinzipielle Abhängigkeit* einer Selbstbeschreibung und der Entstehung einer Selbstrepräsentation von der Sprachent-

Auch prominente Ansätze (etwa Metzinger 2003), die das Selbst als *Selbstmodell* naturalisieren wollen, unterschätzen m.E. die genuin soziale Genese des Selbst. In der Entwicklungspsychologie ist eine sehr differenzierte altersbezogene Beschreibung unterschiedlicher Phasen in der Herausbildung von Bewusstseinsstufen und von Selbst-Bewusstsein üblich (vgl. Rochat 2001; Trevarthen 2002, Trevarthen/Reddy 2007; Rochat 2009a; Stern 2003). So folgt etwa auf ein frühes *Emergentes Selbst*, das noch sehr im Banne der Erste-Person-Perspektive steht und sich (zum Teil noch intrauterin) aus dem frühen sensorischen, motorischen, chemischen etc.) ›kommunikativen‹ Austausch zwischen Säugling und der Mutter herausbildet, ein so genanntes *Kern-Selbst*, das bereits mit einer Körperrepräsentation einhergeht und z.B. bestimmte Verhaltensweisen (*smiling*) nicht mehr nur reflexartig hervorbringt. Emotionen und körperliche Prozesse stehen in diesen Phasen im Vordergrund. Ab ungefähr neun Monaten entsteht eine Selbstrepräsentation, die als *Subjektives Selbst* bezeichnet wird. In dieser Phase entsteht ein erstes Bewusstsein davon, dass man innere Zustände (wie sie z.B. durch das Erscheinen einer Katze ausgelöst werden) mit anderen teilen kann. In Szenen gemeinsamer Aufmerksamkeit ist Referenz auf Drittes möglich; auch erste Formen der Selbst-Referenz sind zu beobachten. Ab dem *Konzeptuellen* oder auch *Verbalen Selbst*, das im so genannten *Narrativen Selbst* ›vervollständigt‹ wird, wird nach und nach das Personalpronomen ›ich‹ gebraucht, Sympathie/Empathie entsteht und eine *theory of other minds* wird aufgebaut. (*Spiegeltest*: Kind kann sich selbst erkennen; *Rouge-Test*: Farbfleck auf der Stirn kann lokalisiert werden.) Entscheidend ist, dass Kinder sich ab jetzt in Relation zu anderen und deren Erwartungen und Normen sehen und ein hohes Bedürfnis nach Konformität an den Tag legen. Dies wird in der Phase des Narrativen Selbst weiter ausgebaut, indem Kinder beginnen, sich mit anderen zu vergleichen und eine narrative autobiographische Struktur entwickeln, in der sie sich eine Geschichte über sich selbst konstruieren, sich zeitlich, räumlich und sozial verorten und positionieren.

wicklung des Kindes unterstellen. Im Spracherwerb explodiert das kognitive Vermögen, *Perspektiven* einzunehmen und zu modifizieren, die den differenzierten (im eigentlichen Wortsinn von Differenz) Blick auf Andere, auf etwas Drittes und auf sich selbst erst ermöglichen. Wie u.a. Nelson in zahlreichen Arbeiten gezeigt hat (z.B. Nelson 2002), spielen narrative Fähigkeiten und Narrative eine unverzichtbare Rolle bei der Selbstbeschreibung. Narrative aus der vorsprachlichen Phase (basale und primäre Intersubjektivität; vgl. Trevarthen 1998) können aber erst über den Erwerb einer Sprache auf die Ebene strukturierter Bewusstheit und somit in den Ermessensspielraum eigenständiger Gestaltung gehoben werden. Eine Persönlichkeit, deren Selbstbeschreibung nicht in von Anderen übernommenen Schablonen verläuft, diese somit zu einem unverwechselbaren Individuum macht, wäre demnach möglicherweise authentisch zu nennen. Ich will diesen Aspekt vorläufig mit ›Authentizität der Selbstbeschreibung‹ bezeichnen. Vermutlich ist dies jedoch eine Verkürzung, da die Frage der Authentizität wahrscheinlich eher in der Differenz bzw. Übereinstimmung der eigenen Selbstbeschreibung und der Beschreibung durch die Anderen zu suchen ist; ich werde dies weiter unten nochmals aufgreifen.

Materiale und konstruktive Aspekte bei der Ko-Konstruktion von Selbst-Bewusstsein

Unsere Überlegungen zur Materialität lassen sich unschwer weiter zuspitzen, wenn wir uns zunächst auf die Herkunft des Begriffs ›Materialität‹ besinnen. Denn ›Materialität‹ geht bekanntlich auf das Lateinische *mater* zurück, was ›Mutter, Quelle und Ursprung‹ einer Sache meint. Mit Blick auf die kindliche Entwicklung (inklusive der Entwicklung der ›Muttersprache‹) ist der Begriff der ›Materialität‹ im Sinnbild der Mutter, die für das frühe körperliche Überleben des Säuglings unentbehrlich ist, in erster Annäherung perfekt eingefangen, steht sozusagen prototypisch für das umsorgende Umfeld. Dies gilt vor allem für die vorsprachliche Phase einer körperlich und emotional tief verankerten primären Intersubjektivität zwischen Kind und Mutter, die (als so genannte basale Intersubjektivität) bereits im Mutterleib ihren Anfang nimmt (vgl. Trevarthen 1998; Lüdtke 2006; im Druck; Bråten 2002). Sobald das Kind auf die Welt kommt, sind durch die vorgeburtlichen Muster wechselseitiger Beeinflussung längst wichtige Weichen gestellt. Vertreter einer *innate intersubjectivity theory* wie Trevarthen oder Lüdtke nehmen schon für die Phase der basalen, d.h. der bereits intra-uterin beginnenden Intersubjektivität eine besondere angeborene Fähigkeit der *alteroception* und der *proprioception* an,[5] die durch wechselseitige Abgleichung von biologischen Körperrhythmen, Lageveränderungen, Bewegungen etc. noch im Mutterleib ausgeformt wird. Der Fötus ›kommuniziert‹ mit der Mutter, ist in der Lage, deren Reaktionen zu modulieren. Lüdtke (2006: 162) geht in Fortführung der Gedanken Trevarthens davon aus, dass es dadurch eine bereits psychophysiologisch angelegte pränatale Antizipation eines emotional antwortenden Anderen gibt (vgl. auch Böschen 2009). Die vorgeburtlich formatierte Matrix der Intersubjektivität (vgl. Stern 2005: 90), deren Existenz durch etliche Befunde der Neurowissenschaften zum Phänomen der Spiegelneuronen gestützt wird (vgl. z.B. Rizzolatti et al 1996; 2002; Vogeley et al. 2001; 2004), findet nach der Geburt ihre Entfaltung in Form früher emotional-kommunikativer (aber noch vorsprachlicher) Narrative, in Protokonversationen, deren Struktur und Rhythmik bereits Muster späterer (sprachlicher) Dialogstrukturen und Narrative vorwegnimmt. Auch wenn es im Detail sehr unterschiedliche Positionen zur Frage der frühen Intersubjektivität gibt, ist man sich doch darin einig, dass bereits vor der Geburt in der ›intra-kommunizierenden Einheit‹ von Mutter und Kind wichtige Muster und Erwartungshaltungen aufgebaut werden, die sich auf spätere Ausformungen der vorsprachlichen und danach der sprachlichen Kognition auswirken.

Dem *materiellen*, dem *mütterlichen* Pol (wie er sich in der primären Intersubjektivität mit ihrer hohen Verankerung im dyadischen emotionalen und körperlichen Erleben manifestiert) steht der Prozess konstruktiver Aktivitäten gegenüber, mit denen das Kind nach dem ersten Lebensjahr schrittweise seine Sprache ›erschafft‹. Thema in dieser Phase sind Prozesse der Abstraktion, der Schematisierung und der Konstruktion, die das Kind nutzt, um sich die Erwachsenensprache in seiner Umgebung ›gefügig‹ zu machen und sich darüber zugleich aus reiner Nachahmung und prävalenter ›materialer‹ Gebundenheit zu befreien. Aber gleichzeitig verdankt sich diese spätere Phase der *Konstruktion* der vorausgehenden *materialen* Phase primärer Intersubjektivität und wäre ohne diese nicht möglich.

Aus phylogenetischem Blickwinkel scheint den sehr frühen, vorsprachlichen musterförmigen Beziehungen zwischen Kind und Bezugspersonen eine wichtige Rolle zur Überlebenssicherung zuzukommen. Der Evolutionsbiologe John L. Locke (z.B. 1993; 1999) hat in mehreren Arbeiten herausgearbeitet, dass Vorläuferformen sprachlichen Verhaltens grundsätzlich *primär* dem Aufbau eines

5 Mit *proprioception* ist in der Theorie Trevarthens das frühe Wahrnehmen der eigenen Bewegungen gemeint, ein ›*self-as-agent-feeling*‹; mit *alteroception* der frühe Sinn für andere (›*other-agent-feeling*‹).

sozialen Netzwerks dienen (und damit das Überleben sichern) und erst in Form *sekundärer* Effekte den späteren Spracherwerb befördern. Kinder kommen nicht mit der Absicht zur Welt, irgendwann die Sprache zu beherrschen; sie zeigen Vorläuferformen von Sprache aus völlig anderen Gründen, und das Sprechen stellt sich danach eher als eine Begleiterscheinung ein. Wenn z.B. Säuglinge bereits sehr früh sprachliche Muster speichern und wieder erkennen können, Stimmen in der Umgebung zu unterscheiden wissen, so ist ein *primärer Effekt*, dass sie Bezugspersonen an der Stimme identifizieren können oder dass sie Stimmungen abzuspüren vermögen. Der *sekundäre Effekt* dieses Vermögens ist jedoch, dass Kinder bereits sehr früh für Eigenschaften ihrer Umgebungssprache sensibilisiert werden. Vorläuferformen von Sprache (wie etwa auch die vorsprachlichen Protokonversationen zwischen Kind und Mutter) dienen somit primär dem Aufbau eines sozialen Netzwerkes und erst sekundär, eher beiläufig, führen sie zum Erwerb von Sprache, zum Aufbau struktureller Schemata inklusive diskursiver Genres, zu Sprachverstehen und Sprachproduktion.

Die Unbedingtheit, mit der dem Kind sozial gerichtete Verhaltensweisen im vorsprachlichen Bereich eingeschrieben sind, kann eindrucksvoll im so genannten *still-face*-Test (Tronick 2007a)[6] demonstriert werden: Sobald eine Mutter, die sich in Protokonversation mit ihrem fröhlich lallenden, gestisch und mimisch aktiven Säugling befindet, plötzlich nicht mehr auf dessen protokonversationelle Angebote reagiert und stattdessen mit eingefrorener, teilnahmsloser Mimik vor ihm sitzt, verstärkt der Säugling zunächst in offensichtlicher Erregung seine Kommunikationsversuche. Bleibt die Mutter bei ihrer Teilnahmslosigkeit, reagiert der Säugling in kürzester Zeit mit deutlicher Panik und ausgeprägten Angstzuständen. Im Vorblick auf nachfolgende Ausführungen sei bemerkt, dass er dieser von der Mutter ausgehenden Bedrohung (in Form der Missachtung, des Ausschlusses aus dem bislang sicheren sozialen Netz) mit ganzem Körper und allen Emotionen schutzlos preisgegeben ist. Wir können dies im vorliegenden Zusammenhang in einem gewissen Sinn als Zeugnis der *materialen* Einflussfaktoren im Sinne einer entwicklungsneurologischen Determiniertheit deuten. In den panischen Reaktionen des Säuglings in diesen Tests manifestiert sich eine in der kindlichen Entwicklung fundamental wirksame Angst, aus den sozialen Netzwerken ausgeschlossen zu werden. Diese Angst erfüllt ausgesprochen ambivalente Funktionen, wie wir gleich noch sehen werden. Folgen wir den Überlegungen Lockes, ist das Bedürfnis nach sozialer Vernetzung zutiefst evolutionär verankert und äußert sich beim Neugeborenen in einem un-

6 Vgl. auch www.youtube.com/watch?v=apzXGEbZht0 (= Tronick 2007b).

bändigen Drang nach sozialem Austausch. Die Kehrseite zeigt sich in den geschilderten panischen Reaktionen, sobald dieser Drang ins Leere läuft.

Der Entwicklungspsychologe Philippe Rochat hat dieser Grundangst vor sozialer Isolation jüngst eine eindrucksvolle Studie gewidmet. Die Kernidee seines Buches »Others in Mind« kann in wenigen Sätzen gefasst werden: »The struggle for recognition is the struggle for existence itself« (Rochat 2009a: 223) und:

> »Self-consciousness is arguably the most important and revealing of all psychological issues. Why are we so prone to guilt and embarrassment? Why do we care so much about how others see us, about our reputation? What are the origins of such afflictions? [...] The main idea is that the origins of self-consciousness are inherently social, that there is no such thing as a ›core‹ or an ›individual self‹. My hope is to debunk the concept of the individual self that would presumably exist and emerge in itself as a conscious object or entity. I propose instead that what develops and is unique to human ontogeny is a sense of self that is *co-constructed in relation to others*. [...] We fear the judgment of others, and whatever this judgment might be, good or bad, it determines the representation of who we are in our mind (i.e., our self-consciousness).« (Ebd. 3; Herv. i.O.)

Die Ko-Konstruktion eines individuellen Selbst ist nach Rochat durch eine tief verwurzelte Angst gesteuert, die bereits beim Säugling auftritt: der Angst, von den Anderen zurückgestoßen zu werden, nicht angenommen zu werden und so die Zuwendung der Bezugspersonen zu verlieren. Rochat trägt in kulturvergleichenden entwicklungspsychologischen Untersuchungen zahlreiche überzeugende Belege für diese These zusammen.

> »[W]e are members of a species that evolved the unique propensity to reflect upon the self as object of thoughts—and one that is potentially evaluated by others. But, the argument goes, this propensity comes from a basic fear: the fear of rejection, of being socially ›banned‹ and ostracized« (Rochat 2009b).

Ursprünge der Authentizität

Im frühen (impliziten; vgl. Rochat 2001) Selbst-Bewusstsein und der sozialen Orientierung des Säuglings, die beide noch im rein Körperlich-Affektiven gründen, führt ein ›nicht aufrichtiger‹ Prozess der Reziprozität zwischen Mutter und Säugling umgehend zur Panik und zu Geschrei. Dem Säugling kann man noch nichts vormachen. Im Gegenzug werden bei der Mutter durch das Schreien Stresshormone in Gang gesetzt. Echtheit (Authentizität?) in der Reziprozität ist hier der von der Natur eingeforderte, schwer hintergehbare Normalfall, eben ein typischer Fall von *Materialität*. Die Angst vor

Zurückweisung durch die Mutter ist körperlich eingeschrieben und führt ggf. zu vitalen Reaktionen.

Allerdings lernt das Kind auch Nuancen kennen: Wenn andere Bezugspersonen, sozusagen *en passant*, auftreten, wird es spüren, dass in der Interaktion mit diesen nicht die gewohnte, unabweisbare Reziprozität herrscht; sie sind instabil, nicht verlässlich, können bestimmte Bedürfnisse nicht erfüllen (z.B. Stillen). Bereits hier entwickelt der Säugling ein Gespür für Nuancen der Unbedingtheit, auch für Nuancen der *Echtheit* von Interaktion. Der Säugling entwickelt eine unbewusste Aufmerksamkeit für Grade der Wertschätzung, die Andere ihm entgegenbringen, immer in einer latenten Alarmbereitschaft – für den Fall, dass diese Wertschätzung in Ablehnung und Bedrohung umzukippen droht. Ich vermute (Rochat trägt einen ähnlichen Gedanken vor), dass hier ein Aspekt desjenigen angelegt ist, was in diesem Band als *Authentizitätsdiskurs* eingekreist werden soll (Authentizität als ›Echtheit‹, vgl. den Beitrag von Rainer Schulze in diesem Band). In der späteren kindlichen Entwicklung durchläuft dieses Gespür für Echtheit, das aus einer affektiven Regulation erwächst, diverse Transformationen. Ich möchte sogar so weit gehen zu behaupten, dass in der Phylogenese daraus jene universelle und sehr abstrakte Eigenschaft von Kommunikation hervorgegangen ist, die der Sprachphilosoph Grice (1989) in seiner *Aufrichtigkeitsmaxime* (Maxime der Qualität) festgehalten hat. Diese besagt, dass etwas auf Dauer nur dann Kommunikation sein kann, wenn im Prinzip wechselseitige Echtheit und Wahrhaftigkeit *unterstellt* werden darf. (Für Kinder ist es daher lange schwierig, Ironie richtig zu deuten.) Damit stünde unser aller Kommunikationsbereitschaft unter einer Dauerverpflichtung zur Authentizität, die natürlich auch Ausnahmen von der Regel zulässt. Authentizität ist die Grundstimmung, in der das Geschäft des Kommunizierens verläuft, ihr beständiger Begleiter das Misstrauen und der Zweifel. Dass wir in der Lage sind, die Glaubwürdigkeit, Echtheit und Unbedingtheit von kommunikativen Prozessen abzuspüren, diese zu evaluieren, geht wahrscheinlich auf das im Säuglingsalter entwickelte, körperlich eingeschriebene Gespür für Grade der Unbedingtheit und Echtheit zurück.

Spracherwerb als Ausbau von sozialer Kognition und Perspektivenvielfalt

Mit den Begriffen der ›Protokonversation‹ und des ›Narrativs‹ möchte ich zum Kern meines Beitrags überleiten. Wenn Hölderlin einmal von dem »Gespräch» gesprochen hat, »das wir Menschen sind«,[7] dann ist dies die treffende Kurzfassung dessen, was sich in Folge der Ausdifferenzierung der kindlichen Kognition im Spracherwerb, insbesondere im Erwerb von dialogischen und narrativen Fähigkeiten (vgl. Pan/Snow 1999) einstellt: Selbst-Bewusstsein ist genuin soziales und dialogisches Bewusstsein. Das Entstehen eines (expliziten, bewussten) Selbst ist aufs Engste mit dem Spracherwerb verwoben, wenngleich wichtige Voraussetzungen dafür bereits in der vorsprachlichen Phase geschaffen werden. Das Kind, das zunächst körperlich untrennbar mit der Mutter verbunden ist, zu Beginn deren Sorge und Schutz benötigt und sucht, das mit dieser und den engsten Bezugspersonen eine Einheit bildet, emanzipiert sich alsbald schrittweise von diesem ›Schutzraum der Materialität‹. Das Kind *konstruiert* sich als ein autonomes Selbst, indem es sich Schritt für Schritt aus einer zunächst eng verwobenen Einheit herausdifferenziert. Hervorgehend aus der vorsprachlichen Phase *primärer Intersubjektivität* trägt der Erwerb sprachlicher sozialer Kognition ab dem neunten Monat ganz wesentlich zu dieser auf zunehmende Autonomie hinauslaufenden *Selbst*konstruktion bei. Der Spracherwerb lässt sich, wie bereits oben festgestellt, seinerseits ohne weiteres als ein Prozess der *Konstruktion* modellieren, der von konkreten Gebrauchsinstanzen ausgehend zu immer höheren Abstraktionsgraden und damit auch zu produktiven Freiheitsgraden führt (Tomasello 2005; Goldberg 2006). Denn am Ende des Prozesses stehen reichhaltige Konstruktionsschemata inklusive diskursiver Genres zur Verfügung, die kreativen, innovativen Sprachgebrauch auslösen können.

Entspricht der emotional und körperlich getragenen, auf *Simulation* beruhenden Fähigkeit, ›in den Schuhen der anderen zu gehen‹ (also nachzuempfinden, was Andere fühlen und wollen), früher Intersubjektivität, so schiebt sich ab dem neunten Monat ein symbolisch getragenes Bewusstsein anderer *minds* in den Vordergrund (zur Unterscheidung ›Simulationstheorie‹ und ›Theorie-Theorie‹ vgl. Lenzen 2005; Vogeley/Newen 2007; Meltzoff 1995).[8]

---

7 Bei Hölderlin heißt es: »Viel hat erfahren der Mensch./ Der Himmlischen viele genannt/ Seit ein Gespräch wir sind/ Und hören voneinander.« (Hölderlin 1992: 341). Die entscheidende Textstelle »Seit ein Gespräch wir sind« kommt auch in anderen Arbeiten Hölderlins vor.

8 Vogeley und Newen (2007: 60) treffen folgende Unterscheidung: »Die Simulationstheorie behauptet, die Fähigkeit des Hineindenkens bestehe im Kern aus einer Simulation eigener mentaler Zustände, die dann auf das Gegenüber projiziert werden. Die Theorie-Theorie dagegen nimmt an, dass der Mensch im Laufe seines Lebens ein [...] Wissen entwickelt, das ihn in die Lage versetzt, unabhängig von seiner Ich-Perspektive die Gedanken oder Gefühle eines anderen einzuschätzen.« Ich vertrete hier darüber

Zunehmend wird die Aufmerksamkeit nicht mehr nur auf Mimik und Gestik gelenkt, sondern auf gestenbegleitende lautliche Sequenzen, in denen jetzt erstmals Bedeutungshaftigkeit und kommunikative Absichten vermutet werden. Dies kann als Eintritt in die Welt der Symbole und damit auch des Spracherwerbs im eigentlichen Sinn betrachtet werden. Im (sich über mehrere Jahre erstreckenden) Verlauf des Spracherwerbs wird das Simulieren des Erlebens Anderer auf die Ebene des Symbolischen und des Kognitiven transformiert, verbunden mit einer Vervielfältigung der Möglichkeiten, andere Perspektiven und die Perspektiven Anderer einzunehmen (Bickes 2009). Dieser Prozess, der zu einer *theory of other minds* führt, benötigt mehrere Jahre. Die in der Neunmonatsrevolution beginnende Fähigkeit, die Perspektive Anderer einzunehmen, wird dabei durch den Spracherwerb explosionsartig ausdifferenziert.

Während der Sprachgebrauch des Kindes mit 14 Monaten vor allem noch durch Holophrasen geprägt ist, beginnt es mit 18 Monaten erste variable Schemata zu nutzen (Pivotschemata), später so genannte Verbinsel-Konstruktionen (ab 22 Monaten) und schließlich im Alter von 3-4 Jahren abstrakte, generalisierte Schemata, die nicht mehr an einzelne Verben gebunden sind, so wie sie in der Sprache der Erwachsenen üblich sind (vgl. oben Abb. 1; Tomasello 1999: 180). Mit dieser zunehmenden Abstraktion und Komplexität geht eine immer stärkere Ausdifferenzierung von Ereignissen und den daran beteiligten Mitspielern einher sowie die Einsicht, dass sprachlich kodierte Szenen abstrakteren, verallgemeinerbaren Mustern folgen, die eine variable Füllung gestatten. In Handlungsszenen stehen Kindern zahlreiche sprachliche Mittel zur Verfügung, auf Gegenstände in Szenen gemeinsamer Aufmerksamkeit Bezug zu nehmen: Etwas kann ein ›Hund‹ sein, ein ›Kuscheltier‹, ein ›Wauwau‹, ›das da‹, ›das dort oben‹. Kinder lernen Szenen zeitlich zu gliedern, indem sie sich sprachliche Kategorien zum Ausdruck von Temporalität erschließen, sie können etwas als möglich imaginieren oder es als wirklich erzählen, sie können vermuten oder etwas für wahr halten (Modalität/Evidentialität), etwas verneinen (Negation) etc. Sie können vergleichen und abwägen (Komparation) und z.B. mithilfe von Adjektiven Nuancierungen zum Ausdruck bringen. Sie können in Ereignissen einzelne Sequenzen oder Akteure fokussieren (Satzgliedstellung, Betonung). Sie können abstrakte, unserem Vorstellungsvermögen ›sperrige‹ Bereiche versprachlichen, indem sie sich *metaphorischer* Transformationen bedienen. Dabei bleibt ein

hinausgehend die Auffassung, dass erst mit fortschreitendem Spracherwerb die Ergänzung und Transformation der *Simulation* in Richtung theorieförmigen *Wissens* erfolgt.

Anteil von verkörperter (*embodied*) Erlebnisqualität erhalten, indem unter Rückbezug auf körperlich und emotional gegründete konzeptuelle Bereiche (*source domains*) abstraktere und erfahrungsfernere Bereiche (*target domains*) fassbar werden (z.B. Lakoff 1986). Auch wenn dies längst keine vollständige Aufzählung sprachlicher Verfahren zur Herstellung von Perspektiven darstellt, dürfte deutlich werden, dass sich mit fortschreitender Sprachdifferenzierung insgesamt die kindlichen Möglichkeiten erweitern, den *common ground*, den sie mit Anderen teilen und der den Hintergrund für Szenen gemeinsamer Aufmerksamkeit und gemeinsamen kooperativen Handelns bildet, in Raum und Zeit auszudehnen und zu gliedern. Hierzu tragen im fortgeschrittenen Stadium vor allem dialogische Fähigkeiten und narrative Muster und Genres bei sowie der Schrifterwerb.

Haben Kinder schließlich Gesprächskompetenz und Erzählkompetenz erworben und sich die Muster autobiographischer Narration der Sprachgemeinschaft angeeignet, wird ihre bereits vorhandene Fähigkeit, in den ›Schuhen anderer zu laufen‹, sich also simulierend in Andere hineinzuversetzen, endgültig auf die Ebene bewusster Reflexion gehoben. Im *Gespräch* können eigene Perspektiven und die der Anderen ausgetauscht und abgewogen werden, die eigene Perspektive kann über die Gesprächsreaktionen der Anderen in einem neuen (z.B. kritischen) Licht gesehen und schließlich auch gesteuert und kontrolliert werden, indem alternative Beschreibungsvarianten der bisherigen Perspektiven zur Verfügung stehen. Das eher körperlichem und emotionalem Mitempfinden entstammende *Simulieren* der Perspektive Anderer wird zunehmend in die theorieförmige Gestalt einer *theory of other minds* gebracht, die abwägende Annahmen über die Gedanken und Absichten Anderer und Hypothesen über deren erwartbares Verhalten gestattet.[9] Schließlich wird das Kind in der Lage sein, sich selbst zu beschreiben und sich eine eigene Autobiographie mit einem Sinnhorizont in Zeit und sozialem Kontext zu verleihen, einerseits aus der subjektiven *origo* des eigenen körperlichen und emotionalen Erlebens, andererseits im Spiegel der Anderen, immer im sozialen Austarieren eigener Beschreibungen und der Beschreibungen und Erwartungen der Anderen (Nelson 2002, Welzer 2002). Ich kann dies im vorliegenden Kontext nicht weiter ausführen (vgl. aber Tomasello 1999: 186ff), doch sollte deutlich geworden sein, welche Macht dem Spracherwerb bei

9 Damit wird nicht behauptet, dass parallel bzw. im Hintergrund nicht weiterhin begleitende Prozesse empathischen Simulierens einhergehen. Dass sowohl simulierende Prozesse wie auch eine Aktivierung theorieförmigen Wissens im sozialen Austausch stattfinden, kann neurowissenschaftlich belegt werden, da jeweils unterschiedliche neuronale Korrelate nachweisbar sind (Vogeley/Newen 2007).

der Ausdifferenzierung der kindlichen sozialen Kognition zukommt. Aus der sprachlich bedingten *Explosion des Perspektivierungsvermögens* wird allmählich ein potentiell autonomes, bewusstes Selbst hervorgehen. Der Ursprung des Selbst liegt demnach im Sozialen, denn sprachliche Kognition ist *per se* soziale Kognition.

Auslöser von Spracherwerb und sozialer Kognition

WESHALB KINDER DIE PERSPEKTIVE DER ANDEREN KENNEN LERNEN WOLLEN

Wir haben nun eine Vorstellung davon, wie sich der Spracherwerb, ein stetiger Prozess der Konstruktion, auf die Fähigkeit, die Perspektiven Anderer einzunehmen und damit letztlich ein Selbst zu entwickeln, auswirkt. Eine noch offene, häufig übersehene, aber zentrale Frage im vorliegenden Kontext ist, *wieso* das Kind überhaupt den Drang verspürt, die Perspektive Anderer einzunehmen. Warum verbleibt es nicht einfach in der emotional getragenen frühen Intersubjektivität mit der Mutter, die bis dahin ausreichte, das Überleben zu sichern? Warum zieht das Kind es vor, sich auf das Wagnis der Dritte-Person-Perspektive und der Konstruktion einzulassen, wenn dies doch unweigerlich zu einer Lösung aus der *Materialität* mütterlicher Geborgenheit und Fürsorge führt?

Meine Antwort auf diese Frage mag paradox anmuten. Wie der *still-face*-Test demonstriert (s.o.), eignet dieser materialen Beziehung etwas Janusköpfiges, da sie als Kehrseite die Bedrohung des Scheiterns in sich birgt. Aus dieser Bedrohung resultiert eine latente Angst, die die gesamte kindliche Entwicklung begleitet. Es ist jene »basic fear: the fear of rejection, of being socially ›banned‹ and ostracized« (Rochat 2009b), die das Kind in die Perspektiven der Anderen treibt, die Neunmonatsrevolution auslöst und seinen Blick für die Regeln und Erwartungen der Anderen und damit zugleich das Tor zum Spracherwerb weit öffnet. Im Spracherwerb erlebt es eine Explosion des Vermögens, Perspektiven einzunehmen, die Erwartungen der Anderen differenziert einzuordnen, vorherzusehen, auf sich selbst zu beziehen und ggf. zu relativieren.

»Two-year-olds begin to *conform* to what they perceive as the rule. [...] But why are they so inclined already at such a young age to conform? The answer is straightforward. It is because children from this age on strive for social inclusion and affiliation. They strive to fuse with the group, hungry for social proximity and intimacy. Ultimately, children fight off the fear of being social outcasts, separated from others by sticking out, targets of rejection and social distance, *fearing to be disliked by being unlike*. Fusion with the group and conformity allay such fear of rejection.« (Rochat 2009a: 217f.; Herv. i.O.)

Komplexen Fragestellungen, wie z.B. der Frage nach der Sprachentwicklung, der Frage nach dem *Selbst*, nach *Bewusstsein* und *Selbst-Bewusstsein* können wir nach den bisherigen Ausführungen nicht gerecht werden, wenn man als Gegenstandsbereich das *einzelne* Kind in Isolation betrachtet oder wenn man sich auf die Erforschung von neuronalen Strukturen und Prozessen im *einzelnen, individuellen* kindlichen Gehirn konzentriert. Bereits im Lateinischen *conscientia* (engl. *consciousness*) schwingt mit, dass es sich bei Bewusstsein um ein *gemeinsames* Wissen handelt. Insofern mutet die englische Bezeichnung *self-consciousness* fast wie ein Oxymoron an. Mit Blick auf den Spracherwerb gibt es erst recht kein überzeugendes Argument, warum man diesen vom einzelnen Kind aus, als ein *Organ* rekonstruieren sollte, wo Sprache doch bereits für de Saussure ein *fait social* war. Vielmehr ist als minimale, primäre Untersuchungseinheit für die hier behandelten Fragestellungen konsequent eine *Einheit von Kind, den engsten Bezugspersonen (vor allem der Mutter) und dem sozialen Kontext* anzusetzen. Aus dieser Einheit differenziert sich in gemeinsamen Szenen des Stillens, Berührens und des Interagierens während der Phase der frühen Intersubjektivität schrittweise eine in ersten Ansätzen bereits ›vorsprachlich kommunikative‹ und schließlich eine sprachliche Struktur mit zahlreichen Perspektivierungsmitteln heraus. Auf deren Grundlage erwächst in weiteren reziproken kommunikativen Prozessen die Repräsentation eines individuellen Selbst, das schließlich dem Selbst der Mutter gegenüber steht. Doch es ist immer ein Selbst mit *others in mind* (zu Beginn *mother in mind [and body]*, später *others in mind [and body]*). Der Untertitel von Rochats Buch (2009) lautet im Übrigen: »Social Origins of Self-Consciousness«. Dies darf im vorliegenden Kontext programmatisch aufgefasst werden. Denn Bewusstsein und Selbst-Bewusstsein emergieren nicht aus neuronalen Aktivitäten im individuellen Gehirn, sondern im sozialen, sprachlichen Austausch und erleben einen ungemeinen Entwicklungsschub mit der Herausbildung sprachlicher Kognition. Sozial gerichtet ist das Kind von Beginn an, doch erst die Angst, den sozialen Anschluss zu verlieren, treibt das Kind tiefer in die Gedankenwelt und in die Welt der Symbole der Anderen, damit in die Welt potentieller kognitiver Bewusstheit. War zuvor im emotional-körperlichen Erlebenshorizont eine gewisse Dominanz der *Erste-Person-Perspektive* vorherrschend (›ich bin umsorgt‹, ›ich fühle mich wohl‹), rückt beim Eintritt in die Welt der Symbole zunehmend die *Dritte-Person-Perspektive* in den Vordergrund (›wie sehen mich die Anderen‹, ›was halten sie von mir‹).

Diese beiden Perspektiven, die zu sich ständig ändernden, dynamischen Zuständen der Selbstrepräsentation führen, liegen häufig in einer gewissen Diskrepanz zueinander. Vielleicht lässt sich eine Facette von Authentizität mit Blick auf das Selbst angemessen wie folgt fassen: Authentisch ist ein Selbst dann, wenn dasjenige, was es in die eigene Selbst-Narration aufgenommen hat und nach außen zur Geltung bringt, (a) im Einklang mit seiner aus früher Kindheit stammenden Matrix emotional-körperlicher Erlebnismuster und Evaluierungsmaßstäbe steht, wie sie sich (z.B. in Form vorsprachlicher narrativer Muster) in seine körperlichen, gestisch-mimischen Ausdrucksformen eingeschrieben haben, und (b) zugleich im Einklang mit jenen Beschreibungen steht, die die Anderen von ihm machen.

Kehren wir nochmals zur zentralen Aussage von Rochat zurück:

»[W]e are members of a species that evolved the unique propensity to reflect upon the self as object of thoughts—and one that is potentially evaluated by others. But, the argument goes, this propensity comes from a basic fear: the fear of rejection, of being socially ›banned‹ and ostracized.« (Rochat 2009b)

Unter diesen Umständen ist Authentizität ein ehrgeiziges Ziel. Denn das Bestreben, Anderer Beschreibung zu genügen, kann zu einem *Panik-Syndrom des Scheiterns* führen, der ständigen Panik, die introjizierten Erwartungen der Anderen zu enttäuschen. Der daraus resultierende Druck zieht sich heutzutage durch alle Industriegesellschaften (und zunehmend auch durch ihre Bildungssysteme), insofern die Ko-Konstruktionen des Selbst in Selbst- und Fremdperspektive zunehmend in das Zeichen des Marktes und der Konkurrenz gerückt werden – und dies angesichts der Allgegenwart massenmedialer Kommunikation mit unentrinnbarer Präsenz. Über Selbstinszenierung erfolgt das erfolgsorientierte Marketing des Selbst. Der Abgleich zwischen eigener und fremder Konstruktion einer Selbstrepräsentation wird zur Evaluation, zum Controlling. *Persönliches Selbst* und *corporate identity* verschmelzen. Insofern unser Selbstentwurf durch Andere nur mehr im narrativen Rahmen des Marktes und seiner Gesetze getragen wird, wird berufliches bzw. wirtschaftliches Scheitern als Vernichtung des Selbst antizipiert. Immer mehr Menschen in der westlich beeinflussten Welt sind dem Druck, die einmal geweckten Erwartungen auf Dauer in ihrer Selbstinszenierung erfüllen zu müssen, nicht mehr gewachsen. »This valuation of the self by the self to meet others' fantasized (represented) expectations is the core drama of individuals entangled in contemporary industrial life.« sagt Rochat (2009a: 232) Oder – mit Sartre gesprochen: »L' enfer c'est les autres.«

LE STYLE EST L'HOMME MEME?

Will sich das Individuum aus den überkommenen Sprachspielen und den Beschreibungen der Gemeinschaft lösen, bleibt ihm nur, neue Vokabularien (im Sinne von Rorty 1993) zu schaffen (über die Gesellschaft, über Andere, über sich selbst), sich in einer kraftvollen, unverwechselbaren Sprache selbst neu zu beschreiben. Das heißt, es muss einen eigenen Stil und neue Formen der Perspektive kreieren. Beschreibungen der eigenen Individualität ausschließlich in der ›Stammessprache‹ laufen Gefahr, dass sich die Wörter, die man hat aufmarschieren lassen, als bloße Standardartikel erweisen, die in längst bekannter Routine arrangiert wurden:

»Dann wird man der Sprache keine eigene Prägung gegeben, sondern ein Leben lang nur vorgeprägte Stücke herumgeschoben haben. Man wird also überhaupt kein eigenes Ich gehabt haben. Die eigenen Schöpfungen, das eigene Selbst, werden nur mehr oder weniger gelungene Ausprägungen wohlbekannter Typen sein.« (Rorty 1993: 53; vgl. auch Bickes 1995).

In »Perlmanns Schweigen« (1997), einem Roman über das Scheitern angesichts der Erwartungen der Anderen, den der Schweizer Philosoph Peter Bieri unter dem Pseudonym Pascal Mercier verfasst hat, heißt es:

»Man kann es nicht genug betonen: Man wächst in die Welt hinein durch Nachplappern von Wörtern. Diese Wörter kommen nicht allein, wir hören sie als Teile von Urteilen, Sinnsprüchen, Sentenzen. [...] Wir plappern sie einfach nach. Nicht viel anders als den Refrain eines Kinderlieds. Und man muss es fast als einen Glücksfall bezeichnen, wenn es einem später gelingt, diese aufdringlichen, betäubenden Wortfolgen als das zu erkennen, was sie sind: blinde Gewohnheiten.« (186)

Das Dilemma ist unübersehbar: Einerseits konstituiert sich unser Selbst durch die Beschreibungen, die Andere von uns machen, denen wir angstvoll genügen wollen. Andererseits verliert das Selbst seine Einzigartigkeit, sobald wir uns der Sprache unserer Sprachgemeinschaft bedienen, der Stammessprache. Wir sind geradezu umzingelt von Vokabularien, die uns eine Selbstbeschreibung jenseits der Erwartungen der Anderen verstellen. Vielleicht hängt das mit dem zusammen, was man gemeinhin *Stil* nennt. Vielleicht ist es nur eine Stilfrage, wie man sich sprachlich beschreibt, um seine Einzigartigkeit jenseits der Anderen zu retten. »Le style est l'homme même« hat immerhin kein geringerer als der Comte de Buffon,

Georges-Louis Leclerc einmal gesagt[10] und wird damit in fast jeder linguistischen Stillehre zitiert. Authentisch wäre demzufolge jener, dem es gelingt, sein Selbst in glaubwürdiger, nachvollziehbarer, gleichwohl unverwechselbarer Sprache zu inszenieren. Aber wo individueller Stil fassbar wird, wird er rasch domestiziert, wird zur Schablone, zum Klischee. Der Punk von gestern ist längst die Mode von heute. Vielleicht sollten wir es daher lieber mit Paul Valery in »Mon Faust« halten: »Le style, c'est le diable.« Nach Sartres »l'enfer c'est les autres« sind wir somit erneut in der Hölle gelandet.

Zusammenfassung

Die enge Bindung und emotionale Abhängigkeit zwischen Kind und Mutter bzw. sozialem Umfeld, die Angst vor dem Ausgeschlossensein, erfährt bis ins Erwachsenenalter vielfältige Transformationen, bleibt jedoch zeitlebens als wirkungsmächtige Kategorie erhalten. Wir können sagen, dass wir in den zahlreichen Stadien unserer Entwicklung dieser tief verwurzelten Form von Materialität nie ganz entkommen können. Wer darin etwas Negatives sieht, verkennt, dass durch den gleichzeitigen Ausbau und die ›Sozialisierung‹ unserer Kognition im Spracherwerb, der uns zu einer eindrucksvollen Perspektivenvielfalt ermächtigt, eine Autonomie des Selbst emergiert, die uns zu frei handelnden, unserer selbst bewussten Wesen im Sozialen macht. Dem Erwerb von Sprache als Erwerb und Ausbau von sozialer Kognition, der sich als stetiger Prozess der Konstruktion erweist, wohnt als zentraler Motor jedoch jene von Rochat vielfältig charakterisierte Grundangst vor sozialer Ächtung inne. Sie äußert sich beim Säugling auf körperlicher und emotionaler Ebene, sie zeigt sich im frühen Fremdeln, in Phasen der Scheu und in Reaktionen der Scham. Sie ist es, die uns immer wieder in die Perspektiven der Anderen treibt und gleichzeitig das Grundmotiv für die weitere sprachliche Ausdifferenzierung unserer sozialen Kognition abgibt. Die positive Seite der Angst ist, dass sie uns mit einem mitfühlenden, verstehenden Blick auf *other minds* ausstattet und somit letztlich über deren Perspektive auf uns auch unser Selbst hervorbringt. Das kreative Potential, das wir uns im Spracherwerb angeeignet, (re-)konstruiert haben, eröffnet uns indes zugleich symbolische Spielräume, Selbst-Narrationen anzufertigen,

10 Georges-Louis Leclerc, Comte de Buffon, wird häufig mit »Le style c'est l'homme« zitiert, hat jedoch in seiner Antrittsrede in der französischen Akademie 1753 tatsächlich die Sentenz »Le style est l'homme même« geäußert. Vgl. den Essay von Harald Weinrich: Der Stil, das ist der Mensch, das ist der Teufel (in Weinrich 2007: 140). Weinrich verdanke ich ferner den Hinweis auf Paul Valery.

die nicht ausschließlich im Vokabular der ›Stammessprache‹ verfasst sind.

Literatur

Aitken, Kenneth/Trevarthen, Colwyn (1997): »Self/Other Organization in Human Psychological Development«, in: Development and Psychopathology 9, S. 653-677.

Barrett, Martyn (Hg.) (1999): The Development of Language, Hove, East Sussex: Psychology Press.

Bates, Elizabeth (1990): »Language about Me and You. Pronominal Reference and Emerging Concept of Self«, in: Dante Cicchetti/Majorie Beeghly (Hg.), The Self in Transition. Infancy to Childhood, Chicago: University of Chicago Press, S. 165-182.

Bickes, Hans (1995): »Kann denn Sprache Sünde sein?«, in: Gerhard Stickel (Hg.), Stilfragen, Berlin/New York: de Gruyter, S. 397-404.

— (2009): »Perspektiven der Mehrsprachigkeit«, in: Wolf-Andreas Liebert/Horst Schwinn (Hg.), Mit Bezug auf Sprache. Festschrift für Rainer Wimmer, Tübingen: Narr, S. 335-359.

—/Pauli, Ute (2009): Erst- und Zweitspracherwerb, Paderborn: Fink (UTB).

Böschen, Linda (2009): Intersubjektivität und Spracherwerb, Unveröffentlichte Magisterarbeit, Hannover.

Bråten, Stein (2002): »Altercentric Perception by Infants and Adults in Dialogue. Ego's Virtual Participation in Alter's Complementary Act«, in: Maxim I. Stamenov/Vittorio Gallese, (Hg.), Mirror Neurons and the Evolution of Brain and Language, Amsterdam: John Benjamins, S. 273-294.

Bybee, Joan (2008): »Usage-based Grammar and Second Language Acquisition«, in: Peter Robinson/Nick C. Ellis (Hg.), Handbook of Cognitive Linguistics and Second Language Acquisition, New York: Routledge, S. 216-236.

Chomsky, Noam (2005): Three Factors in Language Design, in: Linguistic Inquiry 36, S. 1-22.

Croft, William (2001): Radical Construction Grammar. Syntactic Theory in Typological Perspective, Oxford: Oxford University Press.

Diessel, Holger/Tomasello, Michael (2005): »A New Look at the Acquisition of Relative Clauses«, in: Language 81, S. 882-906.

Fogel, Alan (1993): Developing through Relationships. Origins of Communication, Self and Culture, Hemel Hempstead: Harvester Press.

Goldberg, Adele (2006): Constructions at Work. The Nature of Generalization in Language, New York: Oxford University Press.

Grice, Paul (1989): »Logic and Conversation«, in: Studies in the Way of Words, Cambridge, MA: Harvard University Press, S. 1-143.

Hölderlin, Friedrich (1992): »Friedensfeier«, in: Ders. Sämtliche Werke und Briefe, Gedichte, Bd. 1. Hg. Jochen Schmidt, Frankfurt a.M.: Deutscher Klassiker Verlag. S. 338-343.

Jusczyk, Peter et al. (1993): »Infants' Sensitivity to the Sound Patterns of Native Language Words«, in: Journal of Memory and Language 32, S. 403-420.

Klann-Delius, Gisela (2008): Spracherwerb, Stuttgart: Metzler.

Lakoff, George (1986): Women, Fire, and Dangerous Things. What Categories Reveal about the Mind, Chicago/London: The University of Chicago Press.

Lenzen, Manuela (2005): In den Schuhen des anderen. Simulation und Theorie in der Alltagspsychologie, Paderborn: Mentis.

Locke, John L. (1993): The Child's Path to Spoken Language, Cambridge, MA: Harvard University Press.

— (1999): »Towards a Biological Science of Language Development«, in: Barrett, Development of Language, S. 373-395.

Lüdtke, Ulrike (2006): »Emotion und Sprache. Neurowissenschaftliche und linguistische Relationen«, in: Die Sprachheilarbeit 51.4, 160-175.

— (im Druck): »Relational Emotions in Semiotic and Linguistic Development. Towards an Intersubjective Theory of Language Learning and Language Therapy«, in: Ad Foolen et al. (Hg.), Moving Ourselves, Moving Others. Motion and Emotion in Consciousness, Intersubjectivity and Language, Amsterdam: John Benjamins.

McClelland, James L. (1988): »Connectionist Models and Psychological Evidence«, in: Journal of Memory and Language 27, S. 107-123.

Meltzoff, Andrew N. (1995): »Understanding the Intentions of Others. Re-enactment of Intended Acts by 18-month-old children«, in: Developmental Psychology 31, S. 838-850.

Mercier, Pascal (1997): Perlmanns Schweigen, München: Random House.

Metzinger, Thomas (2003): Being No One. The Self-Model Theory of Subjectivity, Cambridge, MA: MIT Press.

Nelson, Katherine (2002): »Erzählung und Selbst, Mythos und Erinnerung. Die Entwicklung des autobiographischen Gedächtnisses und des kulturellen Selbst«, in: BIOS 15.2, S. 241-263.

Pan, Barbara A./Snow, Catherine E. (1999): »The Development of Conversational and Discourse Skills«, in: Barrett, Development of Language, S. 229-249.

Pinker, Steven (1999): Words and Rules, London: Weidenfeld & Nicolson.

Plunkett, Kim (1995): »Connectionist Approaches to Language Acquisition«, in: Peter Fletcher/Brian MacWhinney (Hg.), The Handbook of Child Language, Oxford: Oxford University Press, S. 36-72.

Pullum, Geoffrey K./Scholz, Barbara C. (2002): »Empirical Assessment of Stimulus Poverty Arguments«, in: The Linguistic Review 19, S. 9-50.

Reddy, Vasudevi (1999): »Prelinguistic Communication«, in: Barrett, Development of Language, S. 25-50.

Rizzolatti, Giacomo et al. (1996): »Premotor Cortex and the Recognition of Motor Actions«, in: Cognitive Brain Research 3, S. 131-141.

— et al. (2002): »The Mirror System in Humans,« in: Maxim Stamenov/Vittorio Gallese (Hg.), Mirror Neurons and the Evolution of Brain and Language, Amsterdam: John Benjamins, S. 37-62.

Rochat, Philippe (2009a): Others in Mind. Social Origins of Self-Consciousness, Cambridge: Cambridge University Press.

— (2001): »Origins of Self-concept«, in: Gavin Bremner/Alan Fogel (Hg.), Blackwell Handbook of Infant Development, Oxford: Blackwell, S. 191-212.

— (2009b): »Psychic Life is Determined by what we Imagine Others Perceive about us. Philippe Rochat on his Book ›Others in Mind: Social Origins of Self-Consciousness‹« (15.09.2009). http://www.rorotoko.com/index.php/single/philippe_rochat_book_interview_others_mind_social_origins_self-consciousnes vom 05.08.2010.

Rorty, Richard (1993): Kontingenz, Ironie und Solidarität, Frankfurt a.M.: Suhrkamp.

Steinmeier, Frank-Walter (2010): Laudatio auf Hape Kerkeling anlässlich der Verleihung des Medienpreises für Sprachkultur 2010, in: Der Sprachdienst 2-4, S. 100-104.

Stern, Daniel (2003 [1992]): Die Lebenserfahrung des Säuglings, Stuttgart: Klett-Cotta.

— (2005): Der Gegenwartsmoment, Frankfurt a.M.: Brandes & Apsel.

Szagun, Gisela (2008): Sprachentwicklung beim Kind, Weinheim: Beltz.

Tomasello, Michael (1999): Die kulturelle Entwicklung des menschlichen Denkens, Frankfurt a.M.: Suhrkamp.

— (2005): Constructing a Language: A Usage-Based Theory of Language Acquisition, Cambridge, MA: Harvard University Press.

— (2008): Origins of Human Communication, Cambridge, MA: MIT Press.

— (2000): »The Item Based Nature of Children's Early Syntactic Development«, in: Trends in Cognitive Sciences 4, S. 156-163.

— (2006): »Construction Grammar for Kids«, in: Constructions 1, S. 1-11.

— (2009): »Universal Grammar is Dead. Commentary«, in: Behavioral and Brain Sciences 32, S. 470-471.

—/Brooks, Patricia J. (1999): »Early Syntactic Development. A Construction Grammar Approach«, in: Barrett, Development of Language, S. 161-189.

Trevarthen, Colwyn (1998): »The Concept and Foundations of Infant Intersubjectivity«, in: Stein Bråten (Hg.): Intersubjective Communication and Emotion in Early Ontogeny, Cambridge: Cambridge University Press, S. 15-46.

— (2002): »Frühe Kommunikation und autobiographisches Gedächtnis«, in: BIOS 15.2, S. 213-240.

—/Reddy, Vasudevi (2007): »Consciousness in Infants«, in: Max Velman/Susan Schneider (Hg.), A Companion to Consciousness, Oxford: Blackwell, S. 41-57.

Tronick, Edward (2007a): The Neurobehavioral and Social-Emotional Development of Infants and Children, New York: W.W. Norton & Company.

— (2007b): »Still Face Experiment: Dr. Edward Tronick«. http://www.youtube.com/watch?v=apzXGEbZht0 vom 15.10.2010.

Vogeley, Kai et al. (2001): »Mind Reading. Neural Mechanisms of Theory of Mind and Self-Perspective«, in: Neuroimage 14, S. 170-181.

— et al. (2004): »Neural Correlates of First-person-perspective as One Constituent of Human Self-consciousness«, in: Journal of Cognitive Neuroscience 16, S. 817-827

—/Newen, Albert (2007): »Ich denke, was Du nicht denkst«, in: Carsten Könneker (Hg.), Wer erklärt den Menschen? Hirnforscher, Psychologen und Philosophen im Dialog, Frankfurt a.M.: Fischer, S. 59-76.

Weinrich, Harald (2007): Wie zivilisiert ist der Teufel. Kurze Besuche bei Gut und Böse, München: Beck

Welzer, Harald (2002): »Die Entwicklung des autobiographischen Gedächtnisses – ein Thema für die Biographieforschung«, in: BIOS 15.2, S. 163-186.

Authentizität und Fremdsprachendidaktik

GABRIELE BLELL UND RITA KUPETZ

»Authenticity of language in the classroom is bound to be, to some extent, an illusion.« (Widdowson 1990: 44)

In diesem Beitrag wird der Rolle der Authentizität in der Fremdsprachendidaktik nachgegangen, sowohl aus historischer Perspektive als auch aus aktueller Sicht. An verschiedenen Beispielen (Lernorte, CLIL, web-basierte Lernumgebungen) wird die für die Fremdsprachendidaktik konstitutive Dialektik von ›Authentizität‹ als Produkt und ›Authentisierung‹ als Prozess erörtert und von verschiedenen Blickwinkeln her betrachtet (Objekt-, Subjekt- und Situationsbezogenheit). Schließlich wird die These aufgestellt, dass Unterricht selbst als grundsätzlich ›authentisch‹ und aus sich heraus als originär angesehen werden kann.

Einleitung

Authentizität von Sprache, Authentizität im Fremdsprachenunterricht ist eine Illusion – zumindest »to some extent«, wie es Widdowson (1990: 44) formuliert. Da die Entwicklung von fremdsprachlicher Kompetenz für den Englischunterricht grundlegend ist – obwohl natürlich auch immer zusammengedacht mit der Entwicklung (inter-)kultureller Kompetenz – scheint sich bereits an dieser Stelle ein Dilemma für den Fremdsprachenunterricht anzudeuten: Fremdsprachenunterricht und Authentizität sind nur ganz bedingt kompatibel. Schaut man jedoch 20 Jahre später in fremdsprachendidaktische Publikationen, wird das Argument der ›Authentizität‹ nicht selten herangezogen als ›Anker‹ für die Begründung geeigneter Materialauswahl oder vorteilhafter, d.h. realitätsnaher Lernarrangements (z.B. Allmayer 2010: 300; Eisenmann 2010: 253). Fremdsprachenunterricht und Authentizität scheinen näher zusammengerückt und werden im Sinne der Entwicklung von fremdsprachlicher Kompetenz vielfach problemlos zusammengedacht.

Ist diese Beobachtung ein Anzeichen dafür, dass heute die Frage von Authentizität und Fremdsprachenunterricht, d.h. auch von Schule, anders gesehen werden sollte als vor 20 Jahren? Leitzke-Ungerer konstatiert: »Im Kontext des Fremdsprachenunterrichts kann von Authentizität [...] nur dann die Rede sein, wenn wir ein anderes, ein weiteres Verständnis von Authentizität zugrunde legen.« (2009: 3) Sie verortet Fragen von Authentizität in einem Zirkel von Objektbezogenheit (Textauthentizität) – Subjektbezogenheit (Lernerauthentizität) und Situationsbezogenheit (Situationsauthentizität). Im folgenden Beitrag soll daran angeknüpft und gleichzeitig versucht werden, diesen Ansatz weiterzudenken.

Authentizität

Textauthentizität

Die Problematik der Authentizität wurde in der Fremdsprachendidaktik sehr häufig im Zusammenhang mit Texten erörtert, einerseits vorrangig aus sprachdidaktischer und andererseits eher aus literatur- und kulturdidaktischer Perspektive. Aus sprachdidaktischer Sicht wurden mit der kommunikativen Orientierung des Fremdsprachenunterrichts in den 1970er Jahren der Einsatz authentischer Texte thematisiert und in der Folge sukzessive Positionen zur Authentizität modifiziert bzw. erweitert.

Löschmann und Löschmann (vgl. 1984: 41ff.) definieren authentische Texte als

- von einem Muttersprachler aus dem Zielsprachenland stammend,
- sozial determiniert,
- Zweck bestimmt,
- nicht adaptiert,
- nicht didaktisiert,
- dokumentarisch belegt.

Im Kontext der Varietäten- und L2-Sprecherdebatte hat sich das Merkmal ›vom Muttersprachler stammend‹ überholt zugunsten eines interkulturell handelnden *intercultural speaker* (vgl. Byram 1997). Die soziale Determiniertheit zeugt von der Relativität des Begriffes. ›Nicht adaptiert‹ und ›nicht didaktisiert‹ stehen für das Dilemma der Nutzung von ›authentischen‹ Texten, die außerhalb eines Lehr- und Lernkontextes produziert worden sind und zudem dokumentarisch belegt sein sollen. Das entspricht der Auffassung vom Originaltext.

Kupetz unterscheidet drei Arten von Lehrwerktexten in

- vom Lehrbuchautor gestaltete Texte,
- adaptierte Texte,
- authentische Texte (1988: 38).

Die Unterscheidung zeugt einerseits von der Kluft zwischen authentischem Sprachgebrauch und Lehrwerksprachgebrauch und andererseits von der Annahme der 1990er Jahre, dass authentische Texte als Produkte außerhalb des Fremdsprachenunterrichts entstanden sind.

Auch aus literatur- und kulturdidaktischer Sicht wird in der Diskussion sehr häufig der Bezug zur ›Authentizität von Texten‹ bemüht. Als authentische Texte werden aus der Zielkultur stammende unveränderte Originaltexte mündlichsprachiger oder schriftsprachlicher Natur bezeichnet (z.B. Popsongs, Musikvideoclips, Zeitungsartikel, wissenschaftliche Abhandlungen, Radiosendungen etc.). Die Verwendung des Begriffs ›Authentizität‹ steht hier deutlich in der Traditionslinie philologischer Kritik, wo etwas ›authentisch‹ genannt wurde (Schrift, Urkunde etc.), das tatsächlich von dem Verfasser herrührt, dem es auch zugeschrieben ist, also so genannte ›Originaltexte‹. Die Bezeichnung ›Originaltext‹ wurde häufig parallel zu ›authentischer Text‹ verwendet und meinte »Texte, die nicht originär für den Gebrauch im Unterricht Englisch als Fremdsprache entstanden sind« (Siebold 1997: 15).

Obwohl aus historischer Sicht des Fremdsprachenunterrichts die Lektüre fremdsprachlicher literarischer Originaltexte lange Zeit im Vordergrund stand und die Diskussion um Authentizität mitbestimmt hat, ist der Begriff umgedeutet und ausgeweitet worden auf alle nicht für den Fremdsprachenunterricht vorstrukturierten Texte jedweder medialer Art. Die Begründungen dafür sind vielfältig und reichen z.B. von Argumenten hinsichtlich eines reichen sprachlichen Inputs (vgl. Krashen 1987) über Originalmaterialien als motivierende Kulturdokumente bis hin zum Schaffen von Möglichkeiten vielfältiger leserorientierter Zugänge (vgl. Siebold 1997: 17ff.).

Die Diskussion um Fragen der Adaption längerer und schwierigerer (literarischer) Texte ist dabei fast genauso alt. Einigkeit besteht darin, dass Originaltexte oftmals zu schwierig sind – wobei die meist mangelnde Sprachbeherrschung als Begründung herangezogen wird – und deshalb einer Adaption bedürfen. Das Dilemma ist jedoch offensichtlich, insbesondere bezüglich der Adaption literarischer Texte. Hier stehen sich z.T. äußerst konträre Ansichten gegenüber. Befürworter so genannter *Easy Readers* verweisen auf ein lernerabhängiges Wechselverhältnis zwischen Authentizität und Didaktisierung und bieten unterschiedliche Lektürevarianten ein und desselben Romans oder derselben Kurzgeschichte an. Das

Dialogangebot wird damit häufig zum Lehrbeispiel zurechtgestutzt. Was fremd bzw. authentisch sein darf, bestimmt die jeweils herrschende Lehrmeinung. Hier setzt z.B. Hunfeld an, der stark für den Einsatz (wenn nötig eben *einfacher*) authentischer literarischer Texte plädiert. Er sieht gerade sprachliche Defizite und kulturelle Differenzen, d.h. die natürlich entstehenden Leseblockaden bei der Lektüre literarischer Texte, als echte hermeneutische Möglichkeiten, sie in die Unterrichtsgestaltung mit einzubeziehen und ihre Bedeutung für den Verstehensprozess bewusst zu machen (vgl. Hunfeld 1990: 72).

Situationsauthentizität und Lernerauthentizität

Widdowson zählt zu den wichtigen Wegbereitern dieser Diskussion. Bereits 1978 geht er weit über einen objektbezogenen Authentizitätsansatz hinaus und bezieht aus der Lernerperspektive die gesamte Klassenzimmerrealität mit ein. Er macht die Unterscheidung zwischen ›*genuine*‹ und ›*authentic*‹ (1978: 80), d.h. ›genuin‹ im Sinne von Originaltext, während der Umgang mit dem Originaltext als ›authentisch‹ bezeichnet wird. Widdowson bezeichnet diesen Prozess als ›*authentication*‹, von uns als ›Authentisierung‹ weiter verfolgt.

Authentizität ergibt sich demzufolge immer erst im Umgang des Lesers bzw. Lerners – in der entsprechenden Unterrichtssituation – mit dem Text. Das Konzept der lerner- (und auch situationsbezogenen) Authentizität ist für den Fremdsprachenunterricht genauso wichtig wie die Verwendung eines authentischen (genuinen) fremdsprachlichen Textes. In didaktisierten Texten ist eine lernerbezogene Authentizität quasi immer schon mit eingeschrieben, obwohl die Attraktivität und Stimulationskraft dieser Texte an dieser Stelle dahingestellt sei. Erst in der Herstellung eines Wechselverhältnisses zwischen dem Konzept der Lernerauthentizität (Lerner bewerten und authentisieren den Text) und Text- und Situationsauthentizität können authentische Lernsituationen gefördert werden. Der vom Lehrer initiierte *classroom discourse*, d.h. die von ihm initiierten Aufgabenstellungen stellen eine weitere Komponente der Authentisierung des Lernkontexts dar und können zur Authentisierung der Lernsituation beitragen. Hier sind alle Aufgabenstellungen erlaubt, die den unterrichtlichen Verstehens- und Handlungsprozess begünstigen.

Denkt man Authentizität als Wechselspiel von objektbezogener, situationsgebundener und subjektbezogener Authentizität, ist die Relationalität des Begriffs konstitutiv (vgl. Abb. 1).

Abb. 1: Objektbezogene, subjektbezogene und situationsgebundene Authentizität

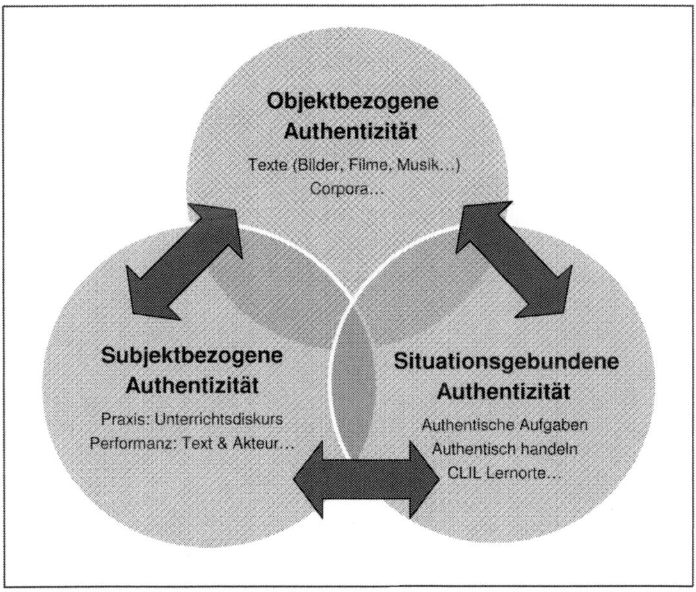

Auch für die Fremdsprachendidaktik ist ›Authentizität‹ also unbedingt als relationaler Begriff zu sehen.[1] Folgende Parameter scheinen dabei konstitutiv:

- Authentisches Lernen ist nicht an die Existenz einzelner oder einzigartiger Objekte (Texte) oder Zustände (Situationen) gekoppelt.
- Authentizität ist epistemisch: notwendig ist ein zur Reflexion fähiges Lerner-Subjekt.
- Die Performanzfrage muss gestellt werden, um das Verhältnis zwischen Objekt (Text) und Subjekt (Leser/Betrachter/Hörer) als authentisch zu bewerten.
- Nur durch glaubhafte Interaktion der Lehrkraft mit den Lernenden im Unterricht kann ›Wahrhaftigkeit‹ authentisch inszeniert werden.
- Authentizität und Konstruktion ergänzen sich gegenseitig.

Als Zwischenfazit kann somit festgehalten werden: Die Dialektik von ›Authentizität‹ als Produkt und ›Authentisierung‹ als Prozess reflektiert den fachdidaktischen Diskussionsstand Ende des 20. Jahrhunderts (vgl. Gilmore 2007). Die Frage des Zusammenspiels von

1 Vgl. den Beitrag von Rainer Schulze in diesem Band (30).

Authentizität und Fremdsprachenunterricht wird in Zukunft insofern nicht mehr nur singulär im Kontext von Objekt-, Subjektbezogenheit und Situationsgebundenheit zu messen sein. Authentisches Lernen im Fremdsprachenunterricht bedarf einer generellen Öffnung ›in das Leben‹ in Form von Multimodalität und Mehrsprachigkeit sowie zu außerschulischen Lernorten.

In den folgenden Abschnitten sollen Beispiele gegeben werden, die die Offenheit des Konzepts zwischen Authentizität und Authentisierung von verschiedenen Blickwinkeln her betrachten: Zum einen wird der Lernort Schule für andere ›authentische‹ Orte verlassen, wie z.B. für das Museum, wo insbesondere interkulturelles Lernen authentischer erlebbar wird als im Klassenraum. Zum anderen werden Prozesse der Authentisierung erörtert, exemplifiziert anhand von *Content and Language Integrated Learning* (CLIL), einem vielversprechenden fächerübergreifenden Sachfach- und Sprachenlernen integrierenden Ansatz. Desweiteren werden einige Aspekte von web-basiertem (Sprachen-)Lernen vor dem Hintergrund ›Authentizität‹ diskutiert.

Zwischen Authentizität und Authentisierung

Lernorte

Wie kann sich Schule in Richtung ›wirkliches Leben‹ öffnen? Die Verlegung des Unterrichts aus dem Klassenzimmer in die reale Welt – sei es die zielsprachliche oder auch nur die muttersprachliche – ist eine Möglichkeit der Authentisierung des Fremdsprachenunterrichts; d.h. reale Situationen nicht nur quasi-authentisch zu simulieren, sondern sie realitätsnäher erleben zu lassen. Lernen an außerschulischen Orten hat zumindest auch das Potential, den Schülern die Enge ihrer »entwirklichte[n] Wirklichkeit« (Gudjons 1989: 11) zu zeigen und sie lebensweltliche und handlungsorientierte Lernimpulse erleben und erkennen zu lassen, wie z.B. bei Autorenlesungen, in fremdsprachigen Theateraufführungen, auf Klassenfahrten in Zielsprachenländer oder bei einer Exkursion zum Großflughafen in der Nähe der Schule.

Nicht selten wird das Lernen an außerschulischen Orten mit dem Wandel der kindlichen Lebenswelt als lernpsychologisches Argument begründet, hervorgerufen durch die Verringerung der alltäglichen, z.T. computerdominierten Handlungsrituale Heranwachsender. Die meist räumliche Klassenzimmerenge, die teilweise unbefriedigende Ausstattung und das zeitliche Lernkorsett von 45 bzw. 90 Minuten werden dabei ausgetauscht mit eher flexiblen Lernarrangements. An außerschulischen Lernorten wird meist weniger systematisch, im Sinne von Progression, die auf gelenkten Lernzuwachs gerichtet ist, gelernt, dafür intensiver und emotional nachhaltiger. Die didaktische Funktion des jeweiligen Lernortes sollte jedoch genau bekannt sein, um daraus entsprechende funktionale Lernprozesse abzuleiten. Bereits seit den frühen 1980er Jahren wird die Wirkung von Räumen auf den kommunikativen Fremdsprachenunterricht thematisiert, auch wenn bisher kaum umfangreiche systematische Betrachtungen vorliegen (vgl. Legutke/Hartmann 2000: 4).

In diesem Zusammenhang, speziell im Kontext der curricularen Festschreibung der abgestuften Entwicklung von ›Filmbildung‹ in der Sekundarstufe I/II, ist auch das Kino als (fremdsprachlicher) Lernort wieder entdeckt worden, wo emotionale Aspekte des Filmerlebens mit einer kulturell etablierten Rezeptionspraxis zusammenfallen. Der ›Lernort Kino‹ hat sowohl Einfluss auf das rezeptive individuelle sowie auch das kollektive Rezeptionserleben und kann somit selbst auch zum Gegenstand medien- und filmdidaktischer Reflexionen gemacht werden (vgl. Blell/Lütge 2008: 12f.). Darüber hinaus wird auch der private häusliche ›Sehraum‹ als authentischer Lernraum verstärkt in didaktische Überlegungen einbezogen werden müssen.

Lernort Museum

Einer Untersuchung von Carola Marx zufolge (die Autorin interviewte ausländische Deutsch-als-Fremdsprache-Lerner im Museum) liegt der Mehrwert des Lernens im Museum, also einem Ort, der nicht unbedingt originär Bildungsangebote im klassischen Sinne organisiert, sowohl auf der Motivationsebene (mehr Spaß; Beteiligung sonst eher ruhiger Lernender) als auch auf der Ebene des individuellen-kollektiven Lernarrangements (anderes Verhältnis der Teilnehmenden untereinander) (vgl. Marx 2005: 182, 275).

Ähnlich hebt die Museumspädagogin Karin Rottmann für ein Projekt »Fremdsprachenlernen im Sprengel Museum Hannover« die komplexe *Empfindungs*ebene des Lernens im Museum im Vergleich zur Bildungseinrichtung Schule hervor. Bei der Arbeit mit Bildern oder Gemälden im Fremdsprachenunterricht werden z.B. erst im Museum die Pinselstriche und Strukturen sichtbar, wird die visuelle Entdeckungsreise für die Schüler im Bild authentischer als auf dem Overheadprojektor oder der Powerpoint-Folie. Erst die Originale evozieren die aktive Auseinandersetzung mit dem vor Ort erlebten Kunstwerk. Museumspädagogische Erfahrungen, wie z.B. kindgemäße Führungen durch das Museum (z.B. mit dem Museumsgespenst Hermine) oder ganzheitliche Nachgestaltungen von Kunstwerken (z.B. Farbenorchester, Luftzeichnungen, Bildhauerspiel, eine Kunstfigur in Bewegung setzen) dienen dazu, den authentischen Ort wiederum zu authentisieren.

»Unsere Erfahrungen haben gezeigt, dass sich diese Verfahren eignen, auf einer vorsprachlichen Ebene Wahrnehmungen zu einem Kunstwerk zu aktivieren, um diese dann über verbale Äußerungsformen bewusst zu machen. Auf diese Weise ist eine Erlebnisbasis für eine sprachliche Umsetzung gelegt, die auf ganz unterschiedlichen Niveaus abgerufen werden kann.« (Blell/Rottmann 2000: 337)

An dieser Stelle wird deutlich, dass Authentizität für Lernzwecke – situations- bzw. subjektbezogen – immer auch wieder dekonstruiert bzw. rekonstruiert werden kann.

Marlen Schrag geht in ihrer Staatsexamensarbeit (2006) der Frage nach, inwiefern das Museum, speziell das Auswandererhaus in Bremerhaven (AHB), zum interkulturellen Lernen beitragen kann, als Form des sozialen und sprachlichen Lernens mit dem Ziel der Entwicklung interkultureller Kompetenz. Dazu zählen der bewusste und kritische Umgang mit Stereotypen, der Aufbau von Akzeptanz für andere/fremde Kulturen, die Überwindung von Ethnozentrismus, das Verständnis der eigenen Kulturverhaftung, Fremdverstehen etc. Das Fremde/Andere ist in einem geschichtsorientierten Haus wie dem AHB dabei sowohl der kulturell Andere bzw. die andere, fremde Kultur, aber auch das/der historisch Andere/Fremde. Schrag vertritt die Auffassung, dass Museen (und insofern auch das AHB) in der Lage sind, interkulturelle Lernarbeit ein Stück weit zu authentisieren. Ihre Begründung fußt auf der These, dass das AHB über ein enormes Sammelspektrum verfügt, welches wiederum auch so genannte »Alltagskulturen« erfasst (vgl. Kritzler 2005: 67). Dem AHB liegt damit ein Konzept von Kultur zugrunde, das diese als heterogene Systeme repräsentiert, die durchaus widersprüchlich sein können und insofern helfen, voreilige Stereotypenbildungen zu vermeiden.

Der Fremdheitsgrad der meist biographisch geprägten historischen Sammelgegenstände ist für die Schüler im AHB aufgrund der geschichtlichen und räumlichen Distanz zur Zielkultur sehr groß, gleichzeitig ist er aber auch wieder nah, da es sich bei den Sammelstücken oft um Dinge des alltäglichen Lebens handelt, die die Schüler gut kennen, wie z.B. Puppen, Bücher oder Hefte. Der Prozess der Authentisierung wird somit sowohl durch originale Sammelstücke (Objektbezogenheit) als auch durch adressatengerechte Kommunikationsangebote, d.h. durch die bewusste Anknüpfung an die Erfahrungswelt des jugendlichen Museumsbesuchers, handlungsorientiert inszeniert (Subjektbezogenheit).[2] Geschichte bzw. die ›Wahrhaftigkeit‹ (Authentizität) von Geschichte wird über vielstimmige persönliche Schicksale diskursiv inszeniert und ausgestellt und wird damit zum aktuellen – in die Gegenwart transferierten – authentisierten Kommunikationsangebot für den jugendlichen Museumsbesucher.

Ein letzter Aspekt: Das Wechselspiel von Authentizität und Konstruktion wird für den Lerner komplexer und zunehmend ›verschwommener‹, wenn es um interkulturelle Lernprozesse in der Gegenwart geht. Komplexer und schwieriger deshalb, da die kulturelle Hybridisierung von Kulturen stetig zunimmt und die ganze Welt faktisch an einem Ort für Lernende verfügbar ist: Der Mitschüler aus der Ukraine wohnt im Nachbarhaus; im Laden um die Ecke werden mexikanische Burritos verkauft und Informationen über Indien sind über den häuslichen Computer verfügbar. Das (außen-) kulturell Fremde als solches beginnt sich aufzulösen und für jeden erreichbar zu werden. Genauso verwäscht sich die Kategorie des kulturell Eigenen gegenüber dem (außenkulturell) Anderen. »Authentizität ist Folklore geworden, ist simulierte Eigenheit für andere, zu denen der Einheimische längst selbst gehört«, wie Welsch konstatiert (1997: 72). Authentizität und Prozesse der Authentisierung unterliegen damit einem schnellen und ständigen Wandel.

Prozesse der Authentisierung in einem CLIL-Kontext

Im Unterschied zu Immersionsprogrammen, in denen es vorrangig um die Inhalte geht, wird in einem CLIL-Kontext die sprachliche Entwicklung gleichwertig behandelt, im Sinne eines »equal footing« (Lyster 2007: 6) von Inhalt und Sprache. Ein Hauptargument für die Überlegenheit von CLIL gegenüber traditionellem Fremdsprachenunterricht wiederum besteht in der Authentizität der Inhalte, die aus dem Curriculum des Sachfaches abgeleitet werden. De Florio-Hansen zeigt darüber hinausgehend auf, dass die Authentisierung sich auf den gesamten Lernkontext bezieht. In einem Arbeitssprachenunterricht lässt sich die »Authentisierung in besonderer Weise umsetzen« (2000: 102).

CLIL definiert sich im Unterschied zum konventionellen Fremdsprachenunterricht durch den Anspruch, Inhalte aus den Sachfächern, in modernerer Ausprägung auch fächerübergreifend, zum

2 Durch so genannte ›*activity walks*‹ (aufgabengeleitete Auseinandersetzung mit Auswandererschicksalen) können Lernende angeregt werden, sich zielgerichteter durch das Museum zu bewegen, und ein Stück Auswanderergeschichte über Bilder, Gegenstände, Filme, Briefe, Kleidungsstücke ganzheitlich erleben. Die Methode des *activity walk* ist insbesondere in der US-amerikanischen Museumspädagogik verbreitet (vgl. Schrag 2008: 30-34).

Gegenstand zu machen und damit im Unterschied zum konventionellen Fremdsprachenunterricht nicht einem sprachlich-kommunikativen bzw. landeskundlich-kulturellen Lehrplan, sondern einem sachfachorientierten Lehrplan mit authentischen Materialien/Texten zu folgen.[3]

Die gleichwertige Behandlung von Sachfach- und Sprachenlernen könnte zu einem Dilemma bezüglich der Authentizität in einem engeren Sinne der Objektbezogenheit führen, wenn das authentische Sachfach-Material sprachlich bearbeitet wird. Für die Sachfach- und Sprachenlernenden wird das Material ggf. aber erst durch eine Adaption rezipierbar und damit auch subjektbezogen authentisierbar, indem

- die sprachlichen Bedarfe der Lernenden berücksichtigt werden,
- die Interessen der Lernenden beachtet werden,
- ein lebensweltlicher Bezug hergestellt wird und
- eine Verbindung zwischen den Sprechenden der CLIL-Gemeinschaft hergestellt wird (vgl. Mehisto/Marsh/Frigols 2008: 29).

CLIL bietet ebenfalls ein hohes Potential für eine situationsgebundene Authentisierung, die über sprachhandelnde Kommunikation im Experiment bis zum Lernort der Exkursion führt (vgl. Abb. 2, S. 109). Es gilt also, authentische bzw. authentisierbare Lernkontexte zu schaffen. Wir möchten nun fragen, ob dies mittels web-basierter Lernarrangements auch bzw. besser gelingen kann.

Authentizität und web-basiertes Fremdsprachenlernen

Bereits 1999 thematisierte Uschi Felix das Potential von webbasiertem Fremdsprachenlernen für die Schaffung von authentischen Spracherfahrungen, d.h. die reale Sprachverwendung kann von den Lernern jederzeit und auch an jedem beliebigen Lernort erfahren und durch die Entwicklung von Aufgaben niveauspezifisch zugeschnitten werden. Dadurch können moderne erziehungswissenschaftliche Prinzipien, wie Lernerorientierung und Aufgabenorientierung in einer neuen Qualität umgesetzt werden.

3 CLIL kann u.U. auch einen Beitrag zu Mehrsprachigkeit liefern, wenn jeweils authentische Quellen zielsprachlich relevant gemacht werden, z.B. die Französische Revolution mit französischen Texten in einem ansonsten englisch-deutsch geführten Geschichtsunterricht.

Abb. 2: Objekt-, subjektbezogene und situationsgebundene Authentisierung im CLIL-Kontext

Authentische Aufgabenstellungen bzw. authentische Aktivitäten sind ein zentrales Designmerkmal von web-basierten Lernumgebungen. Sie werden entwickelt, um die Interaktion der Lerner in genuinen Praktiken der jeweiligen Kultur zu ermöglichen (Woo/Herrington/Agostinho/Reeves 2007: 36f.). Das Internet bietet Informationen in unterschiedlichster multimedialer Gestaltung, die jedoch erst durch eine entsprechende Aufgabenstellung zum Lerngegenstand werden. Didaktisch relevant sind die folgenden zehn Merkmale authentischer Aktivitäten in web-basierten Lernumgebungen. Sie

(1) haben einen lebensweltlichen Bezug,
(2) sind nicht bis ins Detail beschrieben und lassen Freiraum für die Ausführung,
(3) umfassen komplexe Aufgaben, die über einen längeren Zeitraum bearbeitet werden können,
(4) ermöglichen eine Untersuchung aus verschiedenen Perspektiven unter Ausnutzung einer Vielfalt von Quellen,
(5) ermöglichen Zusammenarbeit,
(6) ermöglichen Reflexion,
(7) erlauben fächerübergreifende Vorgehensweisen und Resultate,
(8) werden in die Bewertung einbezogen,

(9) initiieren die Herstellung eigenständiger Produkte und
(10) ermöglichen verschiedene Lösungen und unterschiedliche Resultate. (Ebd. 37)

Durch die Nutzung von authentischen Aktivitäten ermöglichen und unterstützen web-basierte Lernumgebungen einen konstruktivistischen Lernansatz, dessen Komplexität und Authentizität in einer traditionellen medialen Lernumgebung nur schwer erreichbar ist.

Web-basiertes Fremdsprachenlernen ist eine Herausforderung für Lehrkräfte und für die Lerner zugleich, denn es gilt Lernumgebungen zu schaffen, die die Lerner selbständig mit authentischen Materialien, also objektbezogen Authentisierung ermöglichend, arbeiten lassen und zugleich in der Lernergruppe Feedback und Bewertung anregen, also subjektbezogen Authentisierung ermöglichend. Die Lehrperson nimmt sich zurück, agiert als Moderator bzw. Lernberater, also situationsgebunden Authentisierung ermöglichend. Authentizität ist somit von höchster Relevanz in einer webbasierten Lernumgebung: objektbezogen, situationsgebunden und subjektbezogen. Dafür eignet sich z.B. eine Lernumgebung, in der Sachfach- und Sprachenlernen zusammen gehen, besonders, weil hier der Anspruch an Authentizität sowohl vom CLIL-Gegenstand als auch vom Medium her getragen wird (Pacheco 2005: 18).

Abschließend möchten wir in diesem Teilkapitel einen Fachaufsatz zu »Authentic Learning for the 21st Century« zitieren, da hier die Verquickung von Lernen und realem Leben deutlich wird, die wir im abschließenden Kapitel konzeptionell weiterführen werden.

»Authentic learning typically focuses on real-world, complex problems and their solutions, using role-playing exercises, problem-based activities, case studies, and participation in virtual communities of practice.« (Lombardi 2007: 1)

New Learning Pedagogy – ein neuer Lernansatz

Die *Multiliteracies*-Pädagogik (New London Group 1996), in deren Zentrum soziale Praxen zur Konstruktion von Bedeutung stehen, zählt zu den modernen Lernansätzen, die traditionelle Auffassungen von Authentizität als normative Kategorie am radikalsten in Frage stellen und unsere Überlegungen noch ein Stück weiter treiben.

Die *Multiliteracies*-Pädagogik verfolgt zwei Ziele: Zum einen ermöglicht sie den Lernenden Zugang zu den sich verändernden multimodalen Textdesigns und ihren spezifischen ›Sprachen‹ im Lernalltag, im Arbeitsumfeld, bei der Ausübung von Macht und in der Gemeinschaft. Zum anderen ermöglicht sie den Individuen die kritische Teilhabe an der gesellschaftlichen Zukunftsgestaltung (*empowerment*), d.h. Aspekte der Chancenungleichheit von unterschiedlichen Minderheiten werden kritisch betrachtet.

Jedes (Text-)Design, jedes Zeichensystem (audio, visuell, räumlich, gestisch, sprachlich), so argumentieren Rossi-Landi und Pesaresi, »is but a slice of reality, and is a form of social planning« (zit. in Ryan/Rossi 2008: 40). Damit rücken Echtheit bzw. Originalität und Bedeutungskonstruktion (*meaning-making*), eine der grundlegendsten Annahmen modernen konstruktivistischen Lernens, noch enger zueinander. »This continuous cycle of influence and meaning-making is inherent in any text or context that we encounter.« (Ebd.) Damit sind Authentizität und Bedeutung bzw. eigenverantwortliche Bedeutungsfindung und Sinnbestimmung zentral für das Konzept. Die Lernenden verstehen die Welt und sich selbst nur im authentischen Erleben ihrer selbst (existenzialistischer Aspekt).

In der Fremdsprachendidaktik werden ausgewählte Situationen z.B. nicht nur dann als ›authentisch‹ angesehen, wenn sie für Lernende unmittelbar-real (in der schulischen oder außerschulischen Lebenswelt) oder als lebensecht akzeptierbar sind und den Schülern somit ermöglichen, das Erlernte in der unmittelbaren Praxis anzuwenden. Genauso zählen dazu von ihnen selbst geschaffene Situationen, in denen die Lernenden individuell ›authentisch‹ handeln, entsprechend ihrer Überzeugung, ihrem Erkenntnisstand und auch ihrem Mut, individuell zu sein (vgl. Abb. 3).

Abb. 3: Authentizität, Authentisierung, Bedeutungskonstruktion

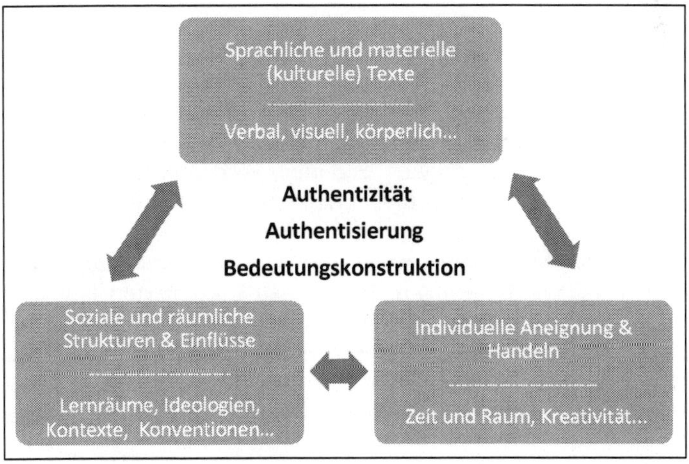

Quelle: in Anlehnung an Ryan/Rossi 2008: 41

Fazit

Zusammenfassend sollen vier Thesen unsere Überlegungen abrunden und zum Weiterdenken einladen:

1. Lernen, d.h. auch Fremdsprachenlernen ist authentisch, auch wenn in einem Lernkontext Grade von Echtheit/Authentizität auszumachen sind bzw. Prozesse der Authentisierung konstruiert werden. Dabei sind realistische, lebensbezogene Inhalte und Aufgabenstellungen in ihrer objektbezogenen, situationsgebundenen und subjektbezogenen Authentisierung multimodal, mehrsprachig und außerschulische Lernorte umfassend zu gestalten.

2. Authentisierungen von Lernprozessen sind zu verstehen als Inszenierungen von Wahrhaftigkeit der Subjekte und Echtheit der Objekte.

3. Authentisches Lernen ist nicht an die Existenz einzelner oder einzigartiger Objekte (Texte) oder Zustände (Situationen) gekoppelt, sondern vom Lernziel her zu denken. Damit konstruieren wir eine wesentliche, das Fremdsprachenlernen einschließende, Erweiterung des Authentizitätskonzeptes. Auch der Unterrichtsdiskurs kann als authentisch aufgefasst werden. Mit dieser Begriffserweiterung sind alle Risiken der Begriffsverschwommenheit, einschließlich Verlust von zielsprachlichen Parametern für die vergleichende Bewertung von Lernersprache, verbunden (vgl. Gilmore 2007: 98).

4. Die fremdsprachliche Unterrichtsrealität sowie der institutionelle schulische Diskurs sollten in ihrer für Lernzwecke notwendigen Dialektik von Authentizität und Authentisierung selbst als grundsätzlich authentisch und aus sich heraus originär angesehen werden. Ähnlich wie andere Kulturformen ist schulisches Lernen, sei es kognitiv-analytisch, spielerisch-kreativ oder handlungs- oder erlebnisorientiert, geistige Tätigkeit und dient so immer der Verhandlung von Sinn. Der inszenierte und simulierte schulische Diskurs über ›Ordnung‹ und Sprache ermöglicht den Lernenden sowohl neue Einsichten als auch Selbstvergewisserung und verschafft ihnen Anregungen zu Veränderungen. Durch den inszenierten (spielerisch-authentischen) Simulationsraum Schule kann die Authentizität von Wirklichkeit auch konstruktiv-experimentell (partiell) in Frage gestellt werden. Healy bringt die enge Verknüpfung von schulischer Authentizität und der Authentizität von Wirklichkeit anschaulich auf den Punkt:

»New learning pedagogy and its attendance to student agency and equal opportunity in decision-making concerns the pursuit of literacy across real-life issues which tend to break down [...] walls.« (2008b: 10)

Literatur

Allmayer, Sandra (2010): »Grammatikvermittlung mit Liedern. Methodisch-didaktische Konsequenzen aus der Kognitionspsychologie«, in: Blell/Kupetz, Musik und die Entwicklung von *audio literacy*, S. 291-302.

Blell, Gabriele/Kupetz, Rita (Hg.) (2010): Der Einsatz von Musik und die Entwicklung von *audio literacy* im Fremdsprachenunterricht, Frankfurt a.M.: Peter Lang.

Blell, Gabriele/Lütge, Christiane (2008): »Filmbildung im Fremdsprachenunterricht. Neue Lernziele, Begründungen und Methoden«, in: Claus Gnutzmann/Frank G. Königs/Ekkehard Zöfgen (Hg.), Lehren und Lernen mit literarischen Texten, Tübingen: Gunter Narr (Fremdsprachen Lehren und Lernen 37), S. 124-140.

Blell, Gabriele/Rottmann, Karin (2000): »Alltagsbilder – Kunstbilder. Sehen und Sprechen und Schreiben. (Fremd)Sprachendidaktik und Museumspädagogik im Dialog«, in: Fremdsprachenunterricht 5, S. 336-341.

Byram, Michael (1997): Teaching and Assessing Intercultural Communicative Competence, Clevedon: Multilingual Matters.

De Florio-Hansen, Inez (2000): »Autonomie und Authentizität im Arbeitssprachenunterricht. Bilinguales Lernen vs. Fremdsprachenunterricht?«, in: Michael Legutke/Marita Schocker-von Ditfurth (Hg.), Kommunikativer Fremdsprachenunterricht. Rückblick nach vorn, Tübingen: Gunter Narr, S. 99-119.

Eisenmann, Maria (2010): »In your head they are fighting – Anregungen zur Arbeit mit Musikvideoclips am Beispiel des Songs Zombie«, in: Blell/Kupetz, Musik und die Entwicklung von *audio literacy*, S. 251-262.

Felix, Uschi (1999): »Web-based language learning: A window to the authentic world«, in: http://users.monash.edu.au/~ufelix/WCfinal.htm vom 28.09.2010.

Gilmore, Alex (2007): »Authentic Materials and Authenticity in Foreign Language Learning«, in: Language Teaching 40, S. 97-118.

Gudjons, Herbert (1989): Handlungsorientiert lehren und lernen. Projektunterricht und Schüleraktivität, Bad Heilbrunn: Julius Klinkhardt.

Healy, Annah (Hg.) (2008a): Multiliteracies and Diversity in Education. New Pedagogies for Expanding Landscapes, Oxford: Oxford University Press.

— (2008b): »Expanding Student Capacities: Learning by Design Pedagogy«, in: Healy, Multiliteracies, S. 2-29.

Hunfeld, Hans (1990): Literatur als Sprachlehre. Ansätze eines hermeneutisch orientierten Fremdsprachenunterrichts, Berlin/München: Langenscheidt.

Krashen, Stephen (1987): Principles and Practice in Second Language Acquisition. Englewood Cliffs, NJ: Prentice-Hall International.

Kritzler, Annette (2005): »Neue Musealisierung?«, in: Michael Braun et al. (Hg.), Planen – Sehen – Verstehen. Innovative Strategien zum Tagestourismus in Schule und Freuzeit, Waltrop: Braun & Brunswick, S. 55-102.

Kupetz, Rita (1988): Textlinguistische Beschreibung von Studientexten und ihre Nutzung in der Ausbildung von Englischlehrerstudenten. Dissertationsschrift B. Karl Marx Universität, Leipzig.

Legutke, Michael/Müller-Hartmann, Andreas (Hg.) (2000): »Lernwelt Klassenzimmer and beyond«, in: Der Fremdsprachliche Unterricht Englisch 34/45, S. 4-9.

Leitzke-Ungerer, Eva (2009): Authentizität im Unterricht romanischer Sprachen. Unveröffentlichtes Ms. (31. Dt. Romanistentag 2009 Bonn, Sektion 5.3; Einführung in die Sektion), 6S.

Lombardi, Marylin M. (2007): »Authentic Learning for the 21st Century: An Overview«, in: EDUCAUSE Learning Initiative Paper 1, S. 1-12.

Löschmann, Marianne/Löschmann, Martin (1984): »Authentisches im Fremdsprachenunterricht«, in: Deutsch als Fremdsprache 1, S. 41-47.

Lyster, Roy (2007): Learning and Teaching Languages Through Content. Counterbalanced Approach, Amsterdam/Philadelphia: John Benjamins.

Marx, Carola (2005): Fremdsprachendidaktik und Museumspädagogik. Empirische Untersuchung am Beispiel von Kunstmuseen, Dissertation, FU Berlin.

Mehisto, Peeter/Marsh, David/Frigols, Maria Jesus (2008): Uncovering CLIL. Content and Language Integrated Learning in Bilingual and Multilingual Education, Oxford: Macmillan.

New London Group (1996): »A Pedagogy of Multiliteracies. Designing Social Futures«, in: Harvard Education Review 66.1, S. 60-92.

Pacheco, Allen Quesada (2005): »Web-Based Learning. A Challenge for Foreign Language Teachers«, in: Revista Electrónica »Actualidades Investigativas en Educación« 5.2, S. 1-25.

http://revista.inie.ucr.ac.cr/articulos/2-2005/archivos/web.pdf vom 01.06.2010.

Ryan, Mary/Rossi, Tony (2008): »The Transdisciplinary Potential of Multiliteracies. Bodily Performances and Meaning Making in Health and Physical Education«, in: Healy, Multiliteracies, S. 30-57.

Schrag, Marlen (2006): Interkulturelles Lernen im Englischunterricht der Sekundarstufe II am Beispiel der Jewish-American Immigrant Cultures, Staatsexamensarbeit, Universität Hannover.

— (2008): »Give me your tired, your poor...Emigration in die USA 1880-1930 im Museum erforschen«, in: Der Fremdsprachliche Unterricht Englisch 91, S. 30-34.

Siebold, Jörg (1997): »What is ›authentic‹? – Ein Resümee«, in: Zielsprache Englisch 27.3, S. 15-21.

Welsch, Wolfgang (1997): »Transkulturalität. Zur veränderten Verfassung heutiger Kulturen«, in: Irmela Schneider/Thomson W. Christian (Hg.), Hybridkultur. Medien, Netze, Künste, Köln: Wienand, S. 67-90.

Widdowson, Henri G. (1978): Teaching Language as Communication, Oxford: Oxford University Press.

— (1990): Aspects of Language Teaching, Oxford: Oxford University Press.

Woo, Younghee/Herrington, Jan/Agistinho, Shirley/Reves, Thomas C. (2007): »Implementing Authentic Tasks in Web-Based Learning Environments«, in: EDUCAUSE Quarterly 30.3, S. 36-43. http://net.educause.edu/ir/library/pdf/eqm0735.pdf vom 01.06.2010.

Der künstlerische Raum zwischen Echtheitsanspruch und Stimmigkeit der Erfahrung

EVA KOETHEN

»Ich sehe keinen Unterschied zwischen Autobiografie und Fiktion. Wenn ich anfange zu erzählen, was mir passiert ist, wird es schon etwas anderes als das, was wirklich passiert ist. Es beginnt, eine Form zu entwickeln. Meine Erinnerungen verändern sich und ich mich auch.«
Imre Kertész (2006)

Der schwierige Umgang mit dem Phänomen der Authentizität muss diese nicht gleich zur Hölle wünschen, auch wenn man sich an ihrer Unschärferelation abzuarbeiten hat.

Im folgenden Versuch einer Annäherung an das synonym gebrauchte Spektrum von ›echt‹, ›verbürgt‹, ›glaubwürdig‹, ›unverfälscht‹ gewinnen wir einen eigenen künstlerischen Raum der Unbestimmbarkeit, in dem die stillschweigend unterstellte Gegensätzlichkeit zwischen Realität und Fiktion aus den Fugen gerät. In diesem abstrakten Zwischenraum verschiebt sich vielmehr deren Verhältnis zueinander und öffnet sich für eine Mannigfaltigkeit, in der das Authentische erst im freien Pendeln zwischen materiellen Realitäten und fiktiven Konstruktionen zum Vorschein kommt.

Der Behauptung wird in konkreten bildlichen und literarischen Beispielen nachgegangen, so dass sich das unkalkulierbare Spielfeld zeigt, in dem Authentizität als Verhältnismäßigkeit auftritt: im jeweiligen künstlerischen Beschreiten und Ausloten der Grenze zwischen den unendlichen Potentialen der (geistigen) Konstruktion und den konkreten Bedingungen und Begrenzungen der Materialität. In sich selbst bewegt und Andere bewegend ist das Authentische ein offenes, aber nicht beliebiges Verhältnis, ein eingeschränktes, aber nicht festgelegtes Spiel.

Abb. 1: »Zur Hölle mit der Authentizität!«

Quelle: Die Zeit vom 21.09.2006

»Zur Hölle mit der Authentizität!«

Diese Überschrift neben obigem Foto leitet einen Aufsatz von Juli Zeh (2006) zum Echtheitswahn der Unterhaltungsindustrie ein. Zu beklagen sei die heutige Gier nach wirklichen Personen und wahren Vorkommnissen, die einen aufgeregten Voyeurismus und ein pseudohaftes Miterleben bediene. Auch wenn das vielleicht am offensichtlichsten in den TV-Reality-Shows passiert, geschieht es nicht nur dort, sondern überall, wo man dem ›wirklichen Leben‹ auf die Spur zu kommen gedenkt. So schreibt die zeitgenössische Schriftstellerin:

»Es scheint, als würde das Kommunikationszeitalter mit seinen unzähligen Formen der Vermittlung und Übermittlung, der Kopie und des Zitats einen starken Hunger nach Unmittelbarkeit erzeugen, der nun ausgerechnet von der künstlichsten aller Ausdrucksformen gestillt werden soll – von der Kunst.« (Zeh 2006)

Diese aber gehorche anderen Notwendigkeiten als »eine empirisch verankerte Berichterstattung« (ebd.) – wie schon der Kinderblick sich aus der ungebrochenen Nähe der Wirklichkeit in unbestimmte Ferne hinaus träumt und die Frage aufwirft: »Ist das Ich dieses Tagtraums wahr? Oder erfunden?« (Ebd.)

Mit dem Begriff der Authentizität lässt sich offenbar/anscheinend (?) die Frage nach der Wahrheit aufnehmen. Doch schon der berühmte Kurosawa-Film RASHOMON zeigt durch seine vier Hauptfiguren vier verschiedene Versionen der ›Wahrheit‹ jenes Geschehens, das einen Mord zur Folge hatte – ein Umstand, der auch Kriminalisten beschäftigt, wenn Zeugen zur Aufklärung von Verbrechen herangezogen werden.[1] *In der Tat* kommen wir in unserer Welt nicht ohne *Tat-Sachen* aus. Wir erfahren sie als unumkehrbare (Zeit-)Abläufe der Realität, die man auch als ›Grausamkeiten des Faktischen‹ bezeichnen kann. Diese Unmittelbarkeit, die sich nicht erklärt, schürt genauso massiv Ängste wie sie Erfahrungshunger nach authentischer Wirklichkeit stimuliert. »Es scheint, dass das grausamste Moment der Wirklichkeit nicht in ihrer zuinnerst grausamen Eigenart liegt, sondern in ihrer unumgänglichen, d.h. unbestreitbar realen Eigenart«, bemerkt der Philosoph Clement Rosset (1994: 24). Die Unausweichlichkeit, sich jedem Widerspruch und jeder Möglichkeit einer Wiederholung zu entziehen, enthebt uns allerdings nicht der Fragen, wie das Reale jeweils aufzufassen ist und sich darstellt. Die so genannten ›wahren Verhältnisse‹ geben sich nicht ohne weiteres zu erkennen, wie Brecht in der Erzählung »Die Bestie« von 1928 zeigt. Seine Geschichte handelt davon, dass man einen Film über den vielfachen Judenmörder Muratow drehen wollte und dafür einen Schauspieler suchte. Von diesem Anliegen erfuhr der untergetauchte wirkliche Mörder, der unter falscher Identität ein elendes Leben führte, und bewarb sich um die Rolle. Als er im Filmstudio in Moskau vorspricht, spielt er eine Verhörszene genau so, wie er in der Realität gehandelt hatte: sachlich, beiläufig und heiter die Todesurteile der gerade Verhörten unterschreibend. Über diese echte Re-Konstruktion empört sich ein echter Schauspieler; er schlüpft in die Rolle jenes Sadisten und bringt dessen reale Macht-Situation mit allen theatralischen Mitteln zum Ausdruck. Der wahre Mörder aber wird unerkannt von der Bühne gewiesen.

Worin steckt hier das Authentische? Vor allem in der Verschiebung der Gegensätzlichkeit Realität vs. Fiktion in einen eigenen Zwischenraum, der das ganze Gefüge von ›echt‹, ›verbürgt‹, ›glaubwürdig‹, ›unverfälscht‹ in Bewegung bringt. Es steckt in der Unbestimmbarkeit des Dazwischen, das auf Umwege und in Grenzgebiete

1 Den psychologischen Hindernislauf bei der Wahrheitsfindung thematisieren Wendler und Hoffmann in ihrem Buch »Technik und Taktik der Befragung im Gerichtsverfahren. Urteile begründen, Urteile prüfen und Irrtum aufdecken« (2009).

führt, die gleich nahe an Vorkommnisse der Realität wie an Fiktionen heranzurücken vermögen, ohne einander auszuschließen; so dass das Authentische durchaus unaufrichtig erscheinen kann, und etwas, das so niemals stattgefunden hat, völlig authentisch wirkt. Wie überzeugend ein Mensch durch die Masken der von ihm erzeugten Gestalten zum Ausdruck kommt, hat uns der portugiesische Dichter Fernando Pessoa (1988) in äußerst konsequenter Weise vorgeführt – als eine Art früher »multipler Persönlichkeit«, wie die einleitenden »Aspekte« in seinem »Buch der Unruhe« in literarisch verschlüsselt-entschlüsselnder Form zeigen.[2] Wenn Pessoa alias Hilfsbuchhalter Soares in diesem Werk schreibt: »Der Dichter ist ein Simulant, der so perfekt täuscht, daß er selbst noch simuliert, der Schmerz, den er wirklich fühlt, sei simuliert« (Pessoa 1986: 119f.), so findet sich in dieser komplexen Verschachtelung des Realen in die Wirklichkeiten der Wahrnehmung eine Erfahrungsdichte und Tiefe, die in anderer Form nicht in Erscheinung tritt. Authentizität liegt nicht einfach vor, sie ist nicht durch Tatsächlichkeit gegeben, sondern stellt sich ein – als ein offenes, aber niemals beliebiges Verhältnis zur Wirklichkeit. Dieser Behauptung möchte ich in den folgenden Beispielen nachgehen und präzisieren, was das Authentische als *Verhältnismäßigkeit* ausmacht.

Bildbeispiele

In meinen Bildbeispielen ziehe ich selbst Erlebtes heran, z.B. Ereignisse um einen roten Kinderpullover oder um die umstrittenen Leichen-Plastinate des Gunther von Hagens.

Ein roter Pullover begegnete mir in denkwürdiger Weise auf der Dokumenta 1992 in Kassel.

2 »Daß diese Eigenschaft des Schriftstellers eine Form der Hysterie oder der so genannten Persönlichkeitsspaltung sei, wird vom Autor dieser Zeilen weder bestritten noch bejaht. Da er ein Sklave seiner eigenen Vielfalt ist, würde es ihm nichts nützen, wenn er dieser oder jener Theorie über die schriftlichen Ergebnisse dieser Vielfalt beipflichtete. Es kann nicht wundernehmen, dass dieses Verfahren, Kunst hervorzubringen, befremdlich wirken muß [...]. Zu der Behauptung, diese ganz verschiedenen, klar umrissenen Menschen, die verkörpert durch seine eigene [Persönlichkeit, falls es diese geben sollte] gezogen sind, existierten gar nicht, kann sich der Verfasser dieser Bücher nicht versteigen; denn weder weiß er, was existieren heißt, noch wer wirklicher ist, Hamlet oder Shakespeare, oder wer von ihnen in Wahrheit wirklich.« (Pessoa 1988: 7f.)

Abb. 2: Installation von Marius Kruk

Quelle: documenta IX Kurzführer 1992, S. 99

Bei der Betrachtung dieser künstlerischen Installation ergreift einen etwas Unheimliches und setzt durchaus düstere Assoziationen in Gang. Das Ensemble zeichnet sich aus durch eine genauestens berechnete Beziehung zwischen der am Boden liegenden Kleinkindgröße des roten Kleidungsstücks und dem vergleichsweise großen weißen Schrank. Es erweist seine erschreckende Wirkung darin, dass dieses Monstrum auf ein imaginiertes Kind zu fallen droht, wobei das Rot des Pullovers als blutig empfunden werden kann und das Gefühl von hilflosem Ausgeliefert-Sein steigert – nicht zuletzt dadurch, dass man durch die wie zur überwältigenden Umarmung geöffneten Türen in das leere dunkle Innere des Möbels hineinsieht. Und dennoch: Wie kann es sein, dass eine Lehrerin, die mit ihrer Schulklasse das Kunstwerk ausführlich bespricht, reale Vorkommnisse darin verkörpert sieht? Wie kommt sie dazu, dem Künstler die Erfahrung des Missbrauchs in der Institution eines Kinderhorts, was sie am Gehäuse des Schranks festmacht, zu unterstellen? Mit welcher (didaktischen!) Rechtfertigung fokussiert sie den Betrachterblick darauf, den Schülern ein stattgefundenes Erlebnis zu vermitteln? Auch wenn die Installation zweifellos Bedrohung ausströmt, was Kruk nicht nur mit dieser Arbeit intendierte, indem er reale Erfahrungen in seiner Heimat Polen verarbeitete, geht es nicht um das Verbürgen von deren Echtheit, sondern um das

Schaffen eines Empfindungs- und Gedankenhorizonts mit Deutungsfreiheit für den jeweiligen Betrachter.[3]

Ein leuchtend roter Kinderpullover kam auch in einer aus heutiger Sicht eher harmlosen Form der Fernsehunterhaltung vor, die ich als Kind noch selbst gesehen hatte. Es ging um das rekonstruierende Erzählen unaufgeklärter Kriminalfälle durch Eduard Zimmermann und seinen Aufruf zur Mithilfe der Bürger. Alles, was in jener gut gemeinten Verbrecherfahndung ausgebreitet wurde, waren Tatsachen; alles hatte genau so stattgefunden, inmitten der Alltagsrealität, und löste gerade deshalb Schauder bei den Zuschauern aus. Es war ein eigener Sog, den diese Art der Darstellung kriminalistischer Vorgänge entfaltete und einen unheimlichen Determinismus hervorbrachte. Denn in den Rekonstruktionen jeder Handlung und jedes vorgeführten Objekts – die Indizien wurden jeweils eingehend gezeigt – fing etwas Unheilvolles an und nahm seinen unabwendbaren Lauf. Etwa bei jenem roten Kinderpullover, der fatalerweise Aufmerksamkeit erregt hatte – eben auch bei einem Sittlichkeitsverbrecher! In der Rückwärtserzählung des Fernsehens diente das auffällige Stück allerdings nicht mehr als kriminalistisches Indiz, sondern als warnendes Signal für Andere, ihr Kind doch besser nicht so auffällig zu bekleiden. Es war die ängstigende Verengung zufällig stattgefundener Ereignisse auf eine Botschaft hin, die die Geschehnisse schicksalhaft zuspitzte, eine Kanalisierung der Informationen auf ihren vermeintlichen Realitätsgehalt – ganz anders als eine künstlerische Verdichtung, die keine Semantik festlegt.

Eine eigene Art von Engführung menschlicher Existenz, ungleich raffinierter und abgeklärt im aufklärerischen Gestus, kann man angesichts der plastinierten »Körperwelten« Gunther von Hagens' empfinden. Sie erlebten mit der Wanderausstellung »Zyklus des Lebens« 2009 gerade wieder eine Neuauflage, aus der dieses Beispiel stammt.

3 So ist im documenta-Katalog zu lesen: »Die Wirklichkeit findet [Kruk] durchsetzt von der Angst des Menschen, die unter dem Alltäglichen schlummert. Ein Mensch auf einem Stuhl im Museum Fridericianum befindet sich in einer völlig normalen Situation, und zugleich weiß er hinter sich die bedrohliche Konstruktion, die er nicht sieht und nicht beschreiben, deren Existenz er aber spüren kann. Konfrontiert ist er mit einer subtilen Anspielung auf seinen Zustand der Hilflosigkeit – dem kleinen roten Kinderpullover.« (documenta IX 1992: 99)
Andererseits kann auch die eher flüchtige Reaktion eines Dokumenta-Besuchers Anlass zur Diskussion werden. Dessen Äußerung »ach, da ist beim Umzug ein Kinderpullover aus dem Schrank gefallen«, verdankt sich nämlich dem unwillkürlichen Aufmerksamwerden auf die ›Signalfarbe Rot‹ – ohne sich auf Kontext und Semantik der Installation einzulassen.

Abb. 3: Saxophonspieler

Copyright: Gunther von Hagens, Institut für Plastination, Heidelberg, www.koerperwelten.de

Bei meinen Betrachtungen möchte ich mich allerdings auf meine erste Begegnung mit den Exponaten im Jahre 2001 beziehen. Damals lud mich die Evangelische Akademie in Berlin zu einer Podiumsdiskussion ein, in der ich mich zu der berühmt-berüchtigten »Faszination des Echten« äußern sollte, und zwar mit dem Hintergrund meiner eigenen Ausstellung »Körperräume überschreiten«. Kurz vor dem Weitertouren der die Welt umrundenden Schau Gunther von Hagens entschloss ich mich zu einem nächtlichen Rundgang – denn nur zu diesem Zeitpunkt gab es keine endlosen Warteschlangen! Ich empfand mich als vorurteilslos und war gespannt, wie die Exponate, die aus ehemals lebenden Menschen gefertigt worden sind, auf mich wirken würden.

Als ich meine verschiedenen Beobachtungen an mir vorbeiziehen ließ, schienen meine Eindrücke darin zu kulminieren, dass ich erst nachträglich erschrak. Vor Ort konnte ich mir die realen Körper, präpariert wie sie waren, durchaus neugierig anschauen – erst im Nachdenken über das Gesehene erschrecke ich darüber, dass das alles einmal ›echte‹ Menschen oder Teile von ihnen waren.

Ich bin erstaunt darüber, wie abstrakt das ›authentische Material‹ daherkommt, wenn es in dieser Weise zubereitet ist. Denn die propagierte »Faszination durch Echtheit« (so das Motto von Plakaten und Flyer der Wanderausstellung 2001) kommt nicht dadurch zu Stande, dass ich diese Körper als ehemals lebend erfahre, sondern durch das vorgängige Wissen um ihre substantielle Herkunft. Das Echte dieser Körper, die zugrunde liegende tote Materie, tritt gerade nicht in Erscheinung; sie wird nicht aufgezeigt, sondern bildet eine Art schattenhafte, schaurige ›Aura‹ allein im Bewusstsein des Betrachters. Das Gewaltige dieser ›substantiellen Realität‹ wird nicht sichtbar gemacht, sondern als geistige Aufladung benutzt. Warum sonst müsste man die echte menschliche Anatomie über ihren aufklärerischen Gehalt hinaus derart theatralisch inszenieren – weitergehend als es in der nachbarocken Tradition künstlerisch-wissenschaftlicher Wachsmodelle geschah?

Authentische Realität, wissenschaftlichen Anspruch und künstlerische Präsenz in dieser neuen Weise zu vermischen, scheint mir eine überoptimierte Synthese zu ergeben, die als gesteigertes Wissen funktioniert, aber nicht mehr inspiriert. Diese Produkte der Synthetisierung kann man interessiert anschauen, die darin enthaltenen gestalterischen Anleihen bei Kunstwerken dagegen eher belächeln – so jene an Boccionis berühmte Plastik aus dem Jahre 1913: »Einmalige Formen in der Kontinuität des Raumes«.

Abb. 4: Anleihe an Boccioni

Copyright: Gunther von Hagens, Institut für Plastination, Heidelberg, www.koerperwelten.de

Der geradezu zwanghafte *Kunst*charakter der Plastinate kommt einmal mehr zum Ausdruck, wenn man sie mit der Photographie eines Toten aus der Rechtsmedizin konfrontiert.

Abb. 5: Patrik Budenz, Ausstellungsfoto

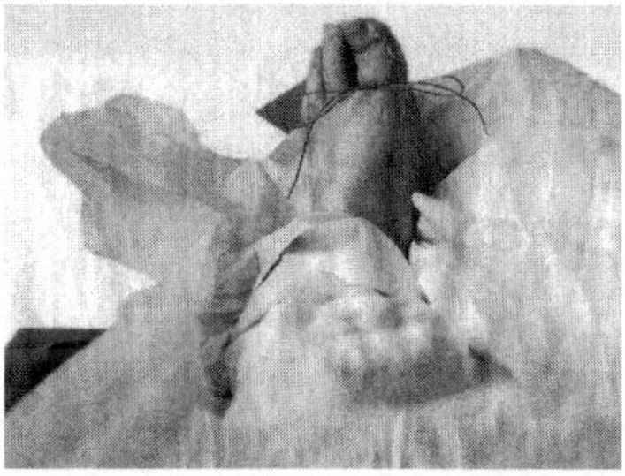

Quelle: Die Zeit vom 14.05.2009

Dieser Fuß der ansonsten verhüllten Leiche stammt aus der Ausstellung »Vom Tatort zum Labor«, die 2009 im Medizinhistorischen Museum der Charite in Berlin zeitgleich mit den »Körperwelten« zu sehen war. Ein im wirklichen Leben spektakulärer Alltag, mit dem sich Gerichtsärzte auseinanderzusetzen haben, wird hier bewusst medial zurückhaltend dargestellt – gerade umgekehrt wie bei den echten Toten in Gunther von Hagens' Präsentation.

Die sorgfältig präparierten und in Szene gesetzten Leichname der »Körperwelten« sind sicherlich ein weiterer Schritt im Prozess der Vergleich-gültigung von Lebensdimensionen, die ehemals gegeneinander verstellt waren: etwa die metaphysische Dimension eines von Gott geschenkten Lebens gegenüber dem menschlichen Forschungsdrang und dem Leistungsvermögen der Imagination. Deren wechselseitige Grenzüberschreitungen erlauben uns zwar eine immer umfassendere Aneignung der komplexer werdenden Realität, berauben unsere Wahrnehmungen aber auch der Einsicht in die tragische Größe von Leben und Tod. Angesichts der existentiellen Tatsachen haben Menschen von jeher Orientierungs- und Bewältigungsstrategien entworfen, die das unerbittliche Reale mehr oder weniger ins Licht rücken – so wie bei jenen aus echten Menschenschädeln gefertigten Masken, bei denen gerade die kunstvolle *Verdeckung* des Echten auffällt.

Bei von Hagens' Tätigkeit scheint es sich eher um einen Inszenierungsdrang zu handeln, der mit dem Schaurigen von Echtkörpern ein Gesamtkunstwerk zu Stande bringen will: Gestaltungswille an authentischem Menschenmaterial mittels hoch spezialisierten Wissens und Könnens. Sein Plastinieren für die kunstvolle Synthese am Toten verstellt leicht den Blick auf das mechanistisch fragmentierte Leben – das nicht, wie ehedem, in funktionale Lebenssphären, etwa Religion, Alltag, Wissenschaft und Kunst eingeteilt ist, sondern in funktionale Elemente wie Körper, Sinne, Seele und Geist gespalten.

Zu begreifen sind die synthetisierten Körperwelten darüber, dass medizinisch-anatomische Kenntnisse visualisiert werden, dass fixiertes Wissen in effektvoller Inszenierung erscheint. Eine berührende Erfahrung durch das Sichtbarwerden von leiblicher Authentizität eröffnet sich nicht. Gerade die Echtheit der Körpersubstanz, gewonnen über invasive Verfahren der neuzeitlichen Medizin, trennt einen vom Erleben der Körperwelten, da das nicht mehr vorhandene Leben der Materie, die Faktizität des Leichnams, von vornherein ausgespart, der direkten Erfahrung entzogen wird. Als Beispiel diene hier der Saxophonspieler (Abb. 3): das Gegenüber jenes leblosen, kalten Körpers des gleichwohl energischen Saxophonspielers zu *berühren* – was eine hohe Hemmschwelle darstellt – ist im Präparationsverfahren nicht vorgesehen, da die Objekte ganz der optischen Anschauung und Zur-Schau-Stellung verpflichtet sind. Die Realität des (toten) Körpers kommt als optimiertes Anschauungsbild daher, das, dialektisch gesehen, sein Gegenteil, den haptischen Umgang mit der Materie, bereits verarbeitet hat: in der Synthese der vor-gestellten Plastizität, den aus-gestellten Plastinaten.

Gegenüber dieser informativen Hyperrealität wirken die photographischen Abbildungen von Körpern in meiner eigenen Ausstellung zwar nah in ihrer Ausstrahlung – und werden durch das reale Begehen auch berührt –, gleichzeitig aber auch abstrakt und fern in ihrer zweidimensionalen Unkörperlichkeit.

Mit der substantiellen Materialechtheit der Plastinate können die Photographien nicht mithalten. Sie bürgen für eine andere Art von authentischem Material, indem sie spontanen, zufälligen Beobachtungen im alltäglichen Wahrnehmungsfluss entstammen, so dass die photographischen Motive durchweg unbeabsichtigt entdeckt und nicht inszeniert werden, darüber hinaus keinerlei digitale Bearbeitung erfahren, weder hinsichtlich Bildausschnitt, Farbe oder Kontrast; so dass sie entweder tauglich sind, so wie sie aufgenommen wurden, oder gar nicht in Betracht kommen. Das künstlerische Vorgehen, sich in dieser Weise von den Gegebenheiten und Abläufen des Alltags tragen zu lassen,[4] ist freilich schon durch mich als wählendes Subjekt konterkariert und auch nur für die Kontingenz meines Ausgangsmaterials relevant. Die heterogenen Bildmomente werden schlicht zugrunde gelegt (wörtlich) und entfalten sowohl in meiner Zusammenfügung zur Bodenfläche als ohnehin für den Rezipienten, eigene, andere Erfahrungs- und Imaginationsräume. Ein solches wortwörtliches Eintreten in die

4 Zufällige Ereignisse walten zu lassen, dient im Übrigen auch der Selbstüberraschung als Produzent, auf deren stimulierende Wirkung der Maler Francis Bacon hinwies (Sylvester 1997).

Bildlichkeit treibt Ausstellungsbesucher in intensive Auseinandersetzungen mit ihrer Wahrnehmung und bringt oft verblüffende Gefühls- und Gedankenverbindungen hervor.

Abb. 6: Betrachter auf einer Bildinstallation von Eva Koethen

Quelle: Photographie der Autorin

Konstruktion und Materialität

Wie schon im Titel dieses Bandes angedeutet, ist Authentizität immer nur *zwischen* Material und Konstruktion zu finden, d.h. aber auch in einer Verhältnismäßigkeit der Pole zueinander, so dass die Untersuchung der Konstruktivität des Authentischen in enger Verbindung mit der dazugehörigen Materialität steht. Unter diesem Gesichtspunkt provoziert Gunther von Hagens die Nachfrage, warum für seine effektvollen Inszenierungen die substantielle Echtheit toter Körper unabdingbar ist – im Unterschied etwa zum notwendigerweise authentischen ›Menschenmaterial‹ in der Medizingeschichte. Indem er sich dann aufklärerisch auf seinerzeit Normen sprengende anatomische Experimente beruft, handelt es sich nicht in erster Linie um eine moralische, vielmehr um eine künstlerische Frage. Seine äußerst aufwändigen Präparationen von echten Leichen stehen gleichsam in keinem Verhältnis zur Aussagekraft eines toten Saxophonspielers.

Authentizitätsanspruch nimmt die Wirklichkeit des Materials in der Weise ernst, dass die künstlerischen Konstruktionen an Erfahrungsräume rückgekoppelt werden. Sie binden sich an Re-Konstruktionen von Realem, ohne allerdings bei Ursprüngen anzukommen, vielmehr um in Spuren, Rudimenten und Erinnerungen veränderte Konstellationen zu erschaffen.[5] So schreibt Juli Zeh im eingangs erwähnten Aufsatz vom Standpunkt ihrer eigenen Schreiberfahrung aus:

»Wenn ich mich im Steinbruch des biografisch Erlebten bediene, agiere ich nicht mehr wie ein Kind, das sich [...] zum immediaten Opfer seiner Fantasien macht. Es ist der Wunsch nach Aneignung [...], der mich dazu treibt [...] [meine Figuren] in von mir beherrschte Situationen hineinzutreiben und zu sehen, was passiert. [...] Die literarische Arbeit prüft das verwendete Material auf seine Tauglichkeit zur Metapher, zum Motiv, zum Symbol – und gehorcht damit den Gesetzen einer intratextuellen Notwendigkeit« (2006).

Erst die frei fabrizierten Welten vermögen diejenige Offenheit zu evozieren, die einen zu Wahrheiten im Hinblick auf die Wirklichkeit gelangen lässt.[6] Vielleicht sollte man eher von Wahr-haftigkeit sprechen: von einer künstlerischen Wirklichkeit, die für, oder, an der, ›Wahres‹ haftet, insofern sie es an sich zu heften vermag. Sie kommt deshalb zum Ausdruck, weil die Kunst *zeigen* kann, *wie jeweils* Wirklichkeit sich herstellt und wie etwas als wahrhaftig wahrgenommen wird – nicht als wahr-scheinlich, dieser statistischen Größe der Verwirklichung, sondern als ein in sich Stimmig-Sein aus einer be-stimmten Perspektive, was allerdings keine Zustimmung zu einem Sachverhalt bedeuten muss.[7]

Der bekannte Kunst- und Kulturhistoriker Jakob Burckhardt gab in der zweiten Hälfte des 19. Jahrhunderts zu bedenken, dass

5 Aus zufälligem Material erwächst Erkenntnis, wenn es in Zusammenhängen konstruiert wird, auf einem Weg, der zum künstlerischen Verfahren avancieren kann und ein bestimmtes Verhältnis zwischen Material und Konstruktion hervorbringt. In diesem ›besonderen Quotienten‹ mag sich Authentizität als eigener Wahrnehmungsmodus und künstlerischer Stil zeigen, sofern er nicht als Methodik festgeschrieben wird.

6 Distanz zu den eigenen Erfahrungen zu gewinnen und freie Wege zu entwerfen, stellt sich in Perspektivwechseln zwischen Rezeption und Produktion ein. In diesem Spielraum wird die Wirkung künstlerischer Konstruktionen spürbar und kann auf ihren inneren Wahrheitsgehalt überprüft werden (vgl. Anm. 9).

7 Eine solche ›Wahrheit des Einzelfalls‹ wird als zutreffend empfunden, weil sie in einem undefinierbaren, quasi analogen Mischungsverhältnis des Sowohl-als-Auch vorkommt – im Unterschied zur Digitalität der Wahrscheinlichkeit, die ein radikales Entweder-Oder darstellt. Wie Magnus Enzensberger in seinem Buch »Fortuna und Kalkül« ausführt, treten nämlich zukünftige Ereignisse nicht zu 9% oder 99% ein, sondern entweder ganz oder gar nicht. So gesehen ist das Wahrscheinlichkeitskalkül grundsätzlich fiktiv; d.h. es sagt rein gar nichts ›Wahres‹ über die Einzigartigkeit des Konkreten aus (2009: 38).

sich in Kunstwerken mehr Wahrhaftiges finde als in historisch verbürgten Ereignissen. Kunstwerke böten die unvergleichliche Möglichkeit, ›direkt‹ zu erfahren, was damals gewesen sei, indem sie durch Anschauung unsere Teilnahme weckten, sei es durch Affinität oder Kontrastierung: Anschauung von Kunstwerken als ›Schauen‹ einer ehemaligen Welt, wodurch eine lebendige Konfrontation mit der Historie erst möglich und zu einem bewegenden Ereignis für die jeweilige Gegenwart werde. Denn es sei die Aufgabe, »über die Phantasie vergangener Zeiten Rechenschaft zu geben; zu sagen, was diese und jene Meister und Schüler für eine Vision der Welt vor sich gehabt haben« (Burckhardt 1966: 165). Das führe zu einer Weltvertrautheit, die auch das Fremde, Befremdliche früherer Epochen bestehen lassen kann, ohne es aktuell verwerten zu wollen. Eine Haltung, der nicht alles gleich zum Gegenstand des Wissens gerinne und damit die Vergangenheit derart »erledige«, dass sie die Nachfahren nicht mehr existentiell berühren kann. Dazu bedarf es allerdings der Aufmerksamkeit und Geduld einer ›ästhetischen Betrachtung‹, die bei Burckhardt etwa im Hinblick auf das griechische Altertum zum Ausdruck kommt:

»auch wenn eine berichtete Tat in Wahrheit gar nicht oder doch nicht so geschehen ist, so behält die Anschauung, die sie als geschehen oder in einer bestimmten Form geschehen voraussetzt, ihren Wert durch das Typische der Darstellung. [...] Vielleicht ist aber das Konstante, das aus diesen typischen Darstellungen hervorgeht, der wahrste ›Realinhalt‹ des Altertums, eher noch als Antiquitäten. Wir lernen eine Gestalt kennen, anstatt eines einzelnen Faktors.« (Burckhardt 1930, Bd.1: 2)

Gestalt als gestaltete künstlerische Erscheinung, welche einen in sich selbst einsehbaren Zusammenhang von heterogenen Fakten und Zuständen schafft und eben darin sich wahrer als die Wirklichkeit zeigt.

Burckhardts Credo für die Kunst fügt sich zusammen mit einer der stalinistischen Sowjetunion entstammenden zynischen Weisheit, jemand lüge wie ein Augenzeuge. Die Aussage macht von ganz anderer Seite auf einen typischen Umstand der Wirklichkeitswahrnehmung aufmerksam. Was z.B. erfahren die so genannten *embedded journalists* an den vordersten Kampffronten vom eigentlichen Kriegsgeschehen? Eine gelenkte und äußerst emotionalisierte Sichtweise, die für die Bericht erstattenden Medien den Augenzeugenstatus erfüllt und Authentizität vermittelt, sich damit aber auch erschöpft. Denn das Ungenügen wird sehr deutlich, wenn wir danach fragen, wie sich das Geschehen nach ein paar Jahren darstellt. Eine solche zeitversetzte oder überzeitliche ›Wahrheit‹ käme eher in einer weniger unmittelbaren, medial gebrochenen Darstellung zum Ausdruck, z.B. in einem Film, der sich der Vielschichtigkeit der Geschehnisse eines Krieges verpflichtet sähe. Hier werden wir an Picassos Wort vom lügenhaften Konstrukt der Kunst erinnert (1954: 9), welches sich von der momentanen Betroffenheit eines Augenzeugenberichts durch die Abstraktion in einem eigenen Medium unterscheidet. Als sowohl intuitive wie reflexive künstlerische Tätigkeit bildet die Kunst eine Art Zwischenreich, das, der Suche nach Wahrheit verpflichtet, diese dennoch nicht frontal angehen kann, da sie sich nur bedingt als Erscheinungsform vermittelt. Der zeitgenössische Philosoph und Psychoanalytiker Slavoj Žižek bemerkt dazu:

»Oft wird behauptet, dass man den historischen Kontext eines Stücks kennen muss, wenn man es verstehen will. Diesem Gemeinplatz sollte man entgegenhalten, dass zu viel historischer Kontext den eigentlichen Kontakt zu einem Kunstwerk verstellen kann. Um den Parsifal [allgemeiner: ein Kunstwerk, E.K.] richtig begreifen zu können, sollte man von allen historischen Trivialitäten abstrahieren und ihn dem Kontext entreißen, in den er ursprünglich eingebettet war. Es ist vielmehr das Kunstwerk selbst, das es uns ermöglicht, eine bestimmte historische Situation angemessen zu verstehen. Wenn heute jemand nach Serbien reist, wird ihn der direkte Kontakt mit den unverarbeiteten Eindrücken dort lediglich verwirren. Wenn dieser Reisende aber ein paar literarische Werke lesen und eine Reihe typischer Kinofilme sehen würde, würden sie ihm definitiv den Kontext liefern, der es ihm erlaubte, die unverarbeiteten Eindrücke seiner Erfahrung einzuordnen.« (Žižek 2003)

Historische Korrektheit oder Unmittelbarkeit bieten keine Gewähr für die ›Wahrheit‹ eines Geschehens, es muss sozusagen etwas dazwischen treten, das eine Verbindung zu umfassenderen Zusammenhängen herstellt. Dies bedeutet, dass das Präsente immer auch etwas Abwesendes impliziert, auf das es verweist, und das in der künstlerischen Gestaltung *mitschwingt*.

Authentizität als bewegte und bewegende Grenzbeschreitung

Wer seine Vergangenheit vergesse, sei dazu verdammt, sie zu wiederholen, warnt der Philosoph George Santayana. Seine Worte erinnern uns daran, dass Authentizität nicht wie eine multiple Identität aufzubauen ist, vielmehr *erfahren* wird als eine auch in der Vergangenheit verankerte Stimmigkeit des Gegenwärtigen. Die Freiheit der Hervorbringung, der offene Raum der Zukunft ist damit zwar verwiesen auf die Einschränkungen von Ort, Herkunft und spezifische Gewordenheit des Subjekts, dafür aber in diesen materiellen Verankerungen glaubwürdig verbürgt. Authentizität steht somit für das Spielfeld eines bedingten Werdens – zwischen den unendlichen Potentialen der Konstruktion und den konkreten Begrenzungen der Materialität: offen, aber nicht beliebig, eingeschränkt, aber nicht festgelegt. Vielleicht könnte man das als ein stimmiges Verhältnis zwischen Kreativität und Kohärenz bezeichnen. Denn Kohärenz

»macht, dass Subjekte, obwohl sie nicht dieselben bleiben, sich doch als ›sich selbst‹ erfahren, indem sie nämlich dafür Sorge trägt, dass auch Gebrochenheit und Unsicherheit noch ein Bezugsfeld haben kann, und weder ins Leere gehen noch zur Selbstauslöschung führen muss. Das Subjekt besteht nun auch aus den Ruinen des abgelebten Lebens, den abgebrochenen Linien und zerbrochenen Beziehungen, den Fragmenten, die nicht mehr um der Herrschaft eines glanzvollen, identischen Ichs willen aus ihm hinausgeworfen werden müssen.« (Schmid 1999: 252f.)

Erst in den gelingenden und scheiternden Versuchen der Zusammenstückung der multiplen Aspekte des Selbst finden die kreativen Impulse den Widerhall einer Erfahrung von Authentizität, die einen die Grenzbegehungen ins Ungewisse durchhalten und sie gleichzeitig fruchtbar werden lässt. Erst im durchaus divergenten Zusammenspiel fiktionaler und materialer, innerer und äußerer Stimmigkeit fügt sich der immer individuelle Stoffwechsel mit der Wirklichkeit zu einem ›Stimmen des Ganzen‹.[8] In solchen sich selbst hochschaukelnden Resonanzräumen wirkt das künstlerische Vorgehen unbestechlich und finden *die* Konstruktionen Verankerungen, die etwas Unverfälschtes ausstrahlen.

Auf derartigen Gratwanderungen wird etwa erkennbar – um beim Körperthema zu bleiben, in welcher Weise in den Inszenierungen des Körpers dessen Lebendigkeit auf dem Spiel steht und ein authentischer Ausdruck wo-möglich un-möglich ist. Es ist zutiefst berührend, in welcher selbstverständlichen Paradoxie uns Franz Kafka Dilemmata des Lebens zeigt: Im Jahre 1920 entstand fast zeitgleich mit einem Erzählfragment ein Eintrag in sein Tagebuch über das Thema ›Schwimmen-Können‹. In der Erzählung erringt ein großer Schwimmer einen Olympiasieg und wird in seinem Heimatort geehrt. An die Festgäste wendet er sich indessen mit folgenden Worten:

»Ich habe zugegebenermaßen einen Weltrekord, wenn Sie mich aber fragen würden wie ich ihn erreicht habe, könnte ich Ihnen nicht befriedigend antwor-

8 Etwas insofern als ›richtig‹ zu erkennen, dass es in sich stimmig ist, erschließt sich nicht der Kognition, sondern der Wahrnehmung, die das zu Erkennende in eine Verhältnismäßigkeit zur Erfahrenheit (»Extimität«, vgl. Rheinberger 2001) bringt und ein *Gespür* für die Aufrichtigkeit eines Ganzen ermöglicht.

ten. Eigentlich kann ich nämlich gar nicht schwimmen. Seit jeher wollte ich es lernen, aber es hat sich keine Gelegenheit dazu gefunden.«[9]

In sein Tagebuch schreibt Kafka knapp zwei Monate später:

»Ich kann schwimmen wie die andern, nur habe ich ein besseres Gedächtnis als die andern, ich habe das einstige Nicht-schwimmen-können nicht vergessen. Da ich es aber nicht vergessen habe, hilft mir das Schwimmen-können nichts und ich kann doch nicht schwimmen.« (Kafka 1992: 334)

Sowohl Kafkas Erzählfragment als auch sein Tagebucheintrag sind vielschichtige Konstruktionen, die seine Lebensrealität erschütternd glaubwürdig zum Ausdruck bringen. Er hat seine Vergangenheit weder vergessen noch wiederholt er sie, er gestaltet sie vielmehr in einer paradoxen Wahrheit – um sie für immer unvergessen zu machen: dass der eigene Körper die Fähigkeit besitzt, sich über Wasser zu halten, dieses jedoch in einem Zug zunichte gemacht wird durch die Erinnerung des einstigen Unvermögens, wodurch eine verlässliche Erfahrung des Schwimmen-Könnens versagt bleibt. In einem Buch mit dem Titel »K.« von Roberto Calasso kommt diese ›Lebens-Paradoxie‹ Kafkas in einer Art Quintessenz zum Ausdruck:

»In der Vision von Kafka, der krank an Erkenntnis war, verliert eben diese Erkenntnis am Ende an Bedeutung. Denn, so wird uns mit verstecktem Sarkasmus erklärt, ›seit dem Sündenfall sind wir in der Fähigkeit zur Erkenntnis des Guten und Bösen im Wesentlichen gleich.‹ All die Unterschiede, auf die wir stolz sind, zählen wenig, weil ›die wahren Verschiedenheiten erst jenseits dieser Erkenntnis beginnen.‹ Was aber mag eine Erkenntnis sein, die jenseits der Erkenntnis beginnt? Ganz einfach: das ›Bestreben, ihr gemäß zu handeln.‹ Dies ist der Punkt, wo jede geistige Konstruktion zusammenbricht. Denn eine solche Fähigkeit ist uns nicht mitgegeben worden. [...] Man stirbt also, weil ein jeder ›sich zerstören muß‹, wenn er sich bemüht, in Übereinstimmung mit irgendeiner Erkenntnis zu handeln. Und sich dabei um den Baum des Lebens nicht kümmert, dessen Blätter unversehrt rauschen. Dieser Vorgang findet in jedem Augenblick statt. Für Kafka war das Paradies nicht ein Ort, wo man früher einmal gelebt hatte und der dann in der Erinnerung weiterbestand. Sondern eine immerwährende, verborgene Gegenwart. Es ist in jedem Augenblick von einem gewaltigen Hindernis umgeben und kann daher nicht wahrgenommen werden. In diesem Hindernis selbst besteht die Vertreibung aus dem

9 Entstanden ist dieses Fragment wahrscheinlich am 28. August 1920 in Prag. Es ist überliefert im so genannten »Konvolut 1920«, das aus 51 losen Blättern besteht (vgl. Kafka 2010). Die Olympischen Sommerspiele des Jahres 1920 fanden tatsächlich in Antwerpen statt. Sieger über 1500 m sowie 400 m Freistil wurde der Amerikaner Norman Ross, der anschließend über 100 m Freistil disqualifiziert wurde.

Paradies – von der er sagte, sie sei ›in ihrem Hauptteil (ein) ewiger‹ Vorgang.« (Calasso 2006: 311f.)

Die tragische Tiefe dieser Gedanken zu Franz Kafka soll nicht den Abschluss meiner Ausführungen zum Thema Authentizität bilden. Nichtsdestotrotz möchte ich sie um die bewegenden Reflexionen des 2005 an Krebs verstorbenen Gehirnforschers und Philosophen Detlef B. Linke ergänzen. In seinem letzten, aus dem Nachlass herausgegebenen Buch »Hölderlin als Hirnforscher« (2005) zeigt Linke auf, wie die Rhythmustheorie des großen Dichters aus dem Experimentieren am eigenen Leben hervorgeht und damit aufs Ganze zielt. Wohlgemerkt: eine Theorie, die aufs Ganze der ungewissen eigenen Lebensrealität geht und nicht auf einer gedanklichen Vorherbestimmung von Ganzheit, auf einem ungefährdeten *Begriff* beruht! Dieses authentische Verhältnis, das Linke bei Hölderlin aufgespürt hat, diese an die Materialität des Lebens, die leib-seelische Einheit zurückgekoppelte Konstruktivität des Geistes, kennzeichnet auch sein eigenes Buch. In dritter Person geschrieben, lässt Linke in die Überlegungen zu Hölderlin seine eigene Fallgeschichte einfließen und offenbart den gewichtigen Traum eines an metastasierendem Krebs erkrankten »Neurofachmanns«, wie er sich selbst ironisch gebrochen nennt (Linke 2005: 34). Er legt dar, wie er zu Franz Xaver von Baaders Begriff der ›Ekstasis als Metastasis‹ gelangt, und dass diese Art der Ekstase »bei Baudrillard später aufgegriffen wurde und dort sämtliche Lebensbezüge sprengt« (ebd. 37f.). Mittels seines Traums findet Linke heraus,

»dass zuviel gesprochen und nicht mit der eigenen Seele geredet wurde, dass Sprache gleichsam wie ein elektrisches Phänomen aufgetreten war, so dass sich diese zur Ekstase entwickeln konnte. [...] Daraus soll keine Magie abgeleitet werden. Leben zeigt sich manchmal jedoch in seltsamen Verdichtungen.« (Ebd. 38)

Womöglich zeigen diese Verdichtungen eine Verhältnismäßigkeit zwischen Faktizität und Intentionalität auf, verweisen sie auf den Zusammenhang zwischen Theorien und Handlungen, Innensicht und Außendarstellung, die auch das Verlangen nach Authentizität an- und umtreiben.

Eine aktuelle Auseinandersetzung

Lassen Sie uns nun aus dieser tragischen Dimension auftauchen, um an unsere aktuelle universitäre Wirklichkeit anzuknüpfen. Um existentielle Fragen eher spielerisch zu berühren, eignet sich die Beschäftigung mit einer studentischen Arbeit, die im Rahmen unseres Projekts »Lebenslänglich« im Oktober/November 2009 im Mendini-Haus in Hannover ausgestellt war. Hervorgegangen aus Überlegungen zum Thema ›Identität‹ ging es dem Kunststudenten Lennart Ahrberg um die Frage, ob überhaupt, und wenn ja, in welcher Weise, man an etwas wie den eigenen authentischen Kern herankommen könne. Dabei handelt es sich um Dinge, die verborgen in einem schlummern mögen oder die man niemals direkt angehen möchte, um gewünschte Eigenschaften und unbeabsichtigte Ausdrucksweisen, und nicht zuletzt um eine Befragung der Theorie im Selbstgespräch zwischen Ergründen und Erfinden der eigenen Person.

Die künstlerische Konzeption sah ein puristisches experimentelles Vorgehen vor, bei dem Ahrberg sich dem Auge einer Videokamera stellte und aus dem Stand heraus versuchte, einen sich selbst steuernden Diskurs mit seinem ›Ich‹ zu eröffnen. Am Ende eines längeren (semesterübergreifenden) Prozesses blieb von seinem selbstreflexiven Blick eine in einem Durchgang gefilmte gut fünfminütige Videodarstellung bestehen.[10] Für die vorliegende Buchveröffentlichung beschrieb der Autor seine Filmszene und stellte daraus neun Bildelemente zusammen:

»Die überlebensgroße Videoprojektion beginnt mit einem akustischen und visuellen Rauschen, vor das eine Person aus dem Off tritt. Daraufhin verschwindet das Rauschen und die Szene ist in ein grünliches Licht getaucht. Anstelle der Person ist nun eine schwarze schemenhafte Silhouette zu sehen. Aus ihr tritt vier Mal die menschliche Gestalt vom Anfang hervor. Die vier fangen an miteinander zu kommunizieren, wobei sich die verschiedenen Tonspuren überlagern und so nur einzelne Worte und Satzfragmente zu verstehen sind. An der Gestik und Mimik und den Worten ist zu erkennen, dass es um ein für die Personen sehr bedeutsames Thema geht. Als die Diskussion einen Höhepunkt zu erreichen scheint, tritt aus dem Off ein fünftes Abbild direkt vor die Kamera um etwas zu sagen, was jedoch auch nicht genau zu verstehen ist. Danach ebbt die Diskussion langsam ab und die Abbilder treten wieder zusammen und werden zu der schwarzen Gestalt. Das Bild wechselt wieder zum Rauschen und die Person vom Anfang tritt aus dem Bild heraus.

Die vier, beziehungsweise fünf Abbilder scheinen über etwas existentiell Wichtiges zu diskutieren und wirken sehr bemüht, zum Kern der Sache, quasi ›auf den Punkt‹ zu kommen. Jedoch kommt es nie dazu, dass eine Position sich eindeutig herauskristallisiert oder die anderen übertönt. Selbst die fünfte Person schafft keine Klärung und am Ende vereinigen sich die Abbilder wieder in einer Figur. Und obwohl ein klares Ergebnis der Auseinandersetzung nicht erkennbar ist, scheint doch eine Antwort in dem Prozess zu stecken.«

10 Lennart Ahrbergs Video »Projektion« (2009) finden Sie unter http://www.lebenslaengliche.uni-hannover.de/projektion.html

*Abb. 7: Neun Bildelemente (Video-*Stills*)*

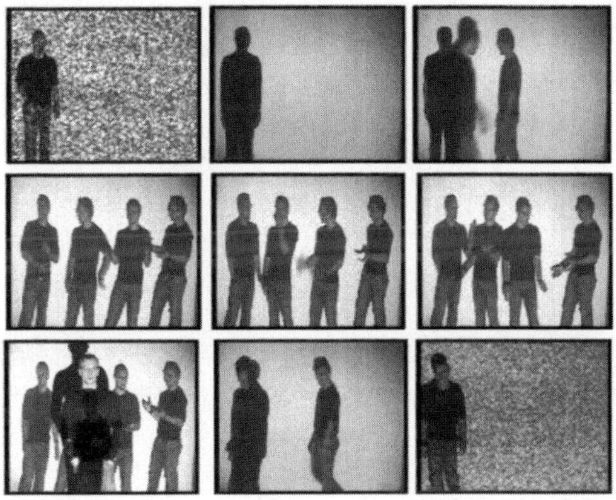

Quelle: »Projektion« von Lennart Ahrberg, 2009

Die Vermutung, dass eine Antwort für den Autor im Prozess seiner filmischen Arbeit stecke, findet auch Niederschlag in seinen parallel zur Videodarstellung produzierten Textblättern, auf denen die gesprochenen Worte in Schreibmaschinenschrift erscheinen. Diese Transkriptionen des in der Filmszene Gesagten überlagern sich in ähnlicher Weise wie die mehrfach gebrochenen Selbstgespräche. Indem die auf vier Blattseiten verteilten Texte – in der Ausstellung in einem Türdurchgang installiert – rückseitig die haptisch spürbaren Durchschriften einer mechanischen Schreibmaschine zeigen, zeugen sie vom mühsamen Übereinanderschichten der einander durchdringenden Befragungsebenen. Auf ihrer palimpsestartigen Vorderseite geben sie zwar ab und zu sinnreiche Aspekte zu erkennen, gelangen aber niemals zur Eindeutigkeit.

Abb. 8: Detail aus einem exemplarischen Textblatt aus der Videoinstallation »Projektion« von Lennart Ahrberg, 2009

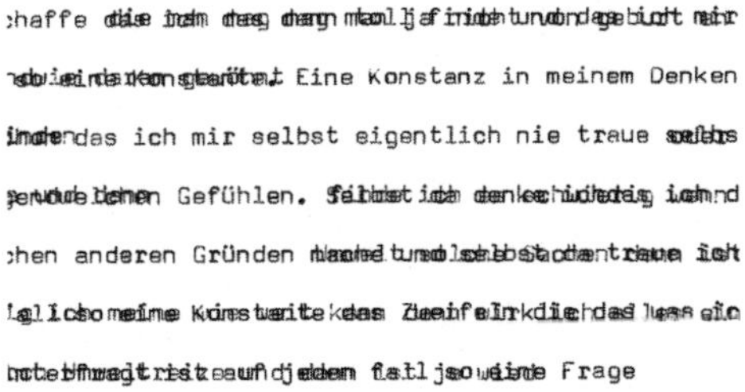
[illegible]
[illegible] Eine Konstanz in meinem Denken
[illegible] das ich mir selbst eigentlich nie traue [illegible]
[illegible] Gefühlen. [illegible]
hen anderen Gründen [illegible]
[illegible]
[illegible] Frage

Quelle: »Projektion« von Lennart Ahrberg, 2009

Weder die Konstruktion noch die Materialität der vorgestellten Arbeit gaben dem Autor den Blick auf sich selbst frei, wohl aber führte ihn der künstlerische Prozess heraus aus einem (vermeintlich) beliebigen Spiel hinein ins Offene seiner Identität.

Literatur

Brecht, Bertolt (1997 [1928]): Die Bestie, Frankfurt a.M.: Suhrkamp.

Burckhardt, Jakob (1966): Briefe (Vollständige und kritisch bearbeitete Ausgabe, mit Berücksichtigung des handschriftlichen Nachlasses), Bd. 6. Hg. Max Burckhardt, Basel: Schwabe.

— (1930/1931): Griechische Kulturgeschichte, Bd.1-4. Hg. Felix Stähelin (= Jacob-Burckhardt-Gesamtausgabe, Bd. VIII–XI), Stuttgart/Berlin: Deutsche Verlags-Anstalt.

Calasso, Roberto (2006): K., München: Hanser.

documenta IX (1992): Kurzführer, Edition Cantz, Stuttgart.

Enzensberger, Hans Magnus (2009): Fortuna und Kalkül, Frankfurt a.M.: Suhrkamp.

Kafka, Franz (1992 [1920]): »Fragment« (ohne Titel), in: Nachgelassene Schriften und Fragmente II. Hg. Jost Schillemeit, Frankfurt a.M.: Fischer, S. 254-257; 334. http://www.franzkafka.de/franzkafka/fundstueck_archiv/fundstueck/457421 vom 26.10.2010

Kertész, Imre (2006): »Mein Leben ist eine Fiktion.« Interview mit Jörg Plath, in: Berliner Tagesspiegel vom 10.10.2006.

Linke, Detlef B. (2005): Hölderlin als Hirnforscher, Frankfurt a.M.: Suhrkamp.

Pessoa, Fernando (1986): Algebra der Geheimnisse. Ein Lesebuch, Ammann: Zürich.

— (1988): Das Buch der Unruhe des Hilfsbuchhalters Bernardo Soares, Frankfurt a.M.: Fischer.

Picasso, Pablo (1954): Wort und Bekenntnis, Arche: Zürich.

Rheinberger, Hans-Jörg (2001 [1997]): Experimentalsysteme und epistemische Dinge. Eine Geschichte der Proteinsynthese im Reagenzglas. Übers. Gerhard Herrgott, Göttingen: Wallstein (= Reihe Wissenschaftsgeschichte).

Rosset, Clement (1994): Das Prinzip Grausamkeit, Berlin: Merve.

Schmid, Wilhelm (1999): Philosophie der Lebenskunst, Frankfurt a.M.: Suhrkamp.

Sylvester, David (1997): Gespräche mit Francis Bacon, München: Prestel.

Wendler, Axel/Hoffmann, Hellmut (2009): Technik und Taktik der Befragung im Gerichtsverfahren. Urteile begründen, Urteile prüfen und Irrtum aufdecken, Stuttgart: Kohlhammer.

Zeh, Juli (2006): »Zur Hölle mit der Authentizität!«, in: Die Zeit vom 21.09.2006.

Žižek, Slavoj (2003): »Tanz der Lebenden Toten«, in: Die Zeit vom 07.08.2003.

»Ich spiele grundsätzlich immer nur mich selbst« – Authentizität als Movens und Ziel schauspielerischer Darstellung

OLE HRUSCHKA

Wie nähern sich Theaterschauspieler ihren Figuren? Welche Vorgehensweisen wählen sie für ihre Arbeit am Theater? Inwiefern unterscheiden sich die Authentizitätskonzepte der eher traditionell orientierten ›Rollendarsteller‹ von denen der ›Performer‹ und ›Selbstdarsteller‹?

Zur Beantwortung dieser Fragen bezieht sich der Aufsatz auf Äußerungen und Redeweisen von Theaterschauspielern, die den (publizistischen) Diskurs über Schauspielkunst in den letzten 20 bis 30 Jahren entscheidend geprägt haben. Im Zentrum stehen zwei prominente und erfahrene Vertreter ihrer Zunft, Gert Voss und Josef Bierbichler. Anhand ihrer Selbstverständigungstexte, ihrer autobiographischen Selbstreflexionen, anhand von Feuilletonbeiträgen oder Print- bzw. Fernsehinterviews soll in Erfahrung gebracht werden, was schauspielerische Darstellung ausmacht, was sie in Gang setzt, leitet und verstärkt.

Abschließend wird der Diskurs der Praktiker mit rollentheoretischen und anthropologischen Überlegungen (Plessner) konfrontiert. Denn im Hinblick auf das Thema des Sammelbandes ›Authentizität zwischen Materialität und Konstruktion‹ bleibt zu berücksichtigen, dass es sich bei der schauspielerischen Darstellung um einen exemplarischen Sonderfall handelt: Das schauspielerische Werk ist als Produkt vom Schauspieler als Autor und Produzent dieses Werkes nicht zu trennen; Material und Konstrukteur fallen hier in eins.

Schauspielkunst heute: Rollendarsteller versus Performer

Im theaterwissenschaftlichen Diskurs, im Feuilleton, aber auch in weiten Teilen des Theaterpublikums wird immer wieder diskutiert und kritisch hinterfragt, was Schauspielkunst heute ausmacht: Während die eine Seite der Debattierenden den Verlust einer fundierten und klassisch ausgebildeten Schauspielkunst behauptet und betrauert, einer Schauspielkunst, die sich »aus Liebe zu den vorzuführenden Schicksalen [...], an Wahrscheinlichkeit, innerlicher Teilnahme und Erfahrung« orientiert und mit größtmöglicher Zurückhaltung und Genauigkeit »ein psychologische[s] Verständnis« für die darzustellende Figur wecken möchte (Rühle 1997: 72), wird von der anderen Seite »biographische Glaubwürdigkeit« zum obersten »Gestaltungsprinzip« erhoben (vgl. Kohse 1998: 103).

Ein traditionelles Schauspielverständnis, nach dem das Geschäft des Schauspielers vornehmlich darin besteht, dramatische Figuren zu verkörpern, ist bei genauerer Betrachtung, so lautet zumindest der theaterwissenschaftliche Befund, »wenn nicht am Ende, so doch in der Krise« (Balme 2001: 123). Nicht zuletzt durch Hans-Thies Lehmanns generalisierende These vom ›Postdramatischen Theater‹ hat die Behauptung an Geltung gewonnen, »dass die künstlerische Arbeit der Schauspieler/innen heute nicht mehr adäquat als ›Arbeit an der Rolle‹« zu beschreiben sei (Broszat/Gareis 2000: 12).

Was aber bedeuten solche schnell einleuchtenden Formeln, die eine Neuordnung des Verhältnisses zwischen Darsteller und Figur beschreiben? Wird die eben angedeutete Polarität von Rollen- und Selbstdarstellung auch von den Schauspielern zur Beschreibung der eigenen Spielweisen genutzt? Und wenn ja: Inwiefern unterscheiden sich die Darstellungskonzepte der eher traditionell orientierten ›Rollendarsteller‹ von denen der ›Performer‹ und ›Selbstdarsteller‹?

Zur Beantwortung dieser Fragen beziehe ich mich im Folgenden auf Äußerungen und Redeweisen von Theaterschauspielern, die den (publizistischen) Diskurs über Schauspielkunst in den letzten 20 bis 30 Jahren entscheidend geprägt haben. Anhand ihrer Selbstverständigungstexte, ihrer autobiographischen Selbstreflexionen, anhand von Feuilletonbeiträgen oder Print- bzw. Fernsehinterviews soll in Erfahrung gebracht werden, was schauspielerische Darstellung ausmacht, was sie in Gang setzt, leitet und verstärkt.[1]

Im Hinblick auf unser Thema ›Authentizität zwischen Materialität und Konstruktion‹ ist dabei zu berücksichtigen, dass es sich bei der schauspielerischen Darstellung um einen künstlerischen Sonderfall handelt: Denn das schauspielerische *Werk* ist als Produkt vom Schauspieler als *Autor* und Produzent dieses Werkes nicht zu trennen; Material und Konstrukteur fallen hier in eins. Vor diesem

1 Vgl. die ausführliche Entfaltung des Praktikerdiskurses in Hruschka 2005.

Hintergrund sind die Selbstverständigungstexte von Schauspielern aus der Sicht einer praxisorientierten Theaterwissenschaft von besonderem Interesse.

»Nur im Fremden kann ich authentisch sein« – Gert Voss über Schauspielen als Kunst der Verwandlung

Im Zentrum der folgenden Untersuchung stehen zwei prominente und erfahrene Vertreter ihrer Zunft, Gert Voss und Josef Bierbichler, die – wie genauer zu zeigen sein wird – geradezu idealtypisch gegensätzliche, koexistierende Positionen beziehen.

Auf die Frage nach seinem künstlerischen Selbstverständnis antwortet der Burgtheater-Schauspieler Gert Voss:

»Ich fände es langweilig, mich selbst zu spielen. Was soll da herauskommen, wenn man in sich selbst rumkramt. Eine Shakespeare-Figur zum Beispiel enthält in ihren Gedanken und Emotionen mehr, als ein alltäglicher Mensch in seinem Leben ertragen könnte. Nein, ich nähere mich von außen einer Bühnenfigur und versuche sie kennenzulernen und zu hinterfragen. Je vorurteilsfreier, offener und neugieriger ich ihr dabei begegne, desto näher komme ich ihr.« (Voss 1997: 24)

Voss unterschlägt in seinen Statements keineswegs, dass die von ihm dargestellten Figuren »letzten Endes doch aus dem eigenen Körper kommen« und er sich im Zuge »der unerhörten Behauptung [...], ich sei dieser oder jener« immer auch selbst preisgibt (ebd. 19). Allerdings akzentuiert er im Hinblick auf die schauspielerische Arbeit eben nicht, wie etwa sein Bühnenpartner Ignaz Kirchner, »die Freilegung des eigenen Ichs« (Kirchner 1997: 52); Voss betont vielmehr das Ideal, für jede Rolle »einen anderen Körper zu finden, eine andere Stimme, einen anderen Gang, eine andere Bewegung, einen anderen Ausdruck in den Augen« (Voss 1991: 61). Wie bei seinen Vorbildern Laurence Olivier, Martin Benrath und Peter Lühr ist es auch für Voss die so genannte Verwandlung, die »als ganz großer, auch metaphysischer Begriff das Berufsbild des Schauspielers [bestimmt]« (Lühr 1984: 71). Voss bezieht diesen Begriff zudem ganz konkret auf die verschiedenen Phasen und die kreativen Möglichkeiten der Rollenarbeit: Sie beginnt für ihn damit, dass er die Figur als »skizzenhaften Umriß« distanziert betrachtet (Voss/Kirchner 1992: 42) und wird dann durch die detailversessene Erarbeitung körperlicher Verstellungen vorangetrieben:

»Bei *Othello* war es vor allem die Erfindung dieser tiefen, kehligen Stimme. Das war am Anfang nur eine mechanische Anstrengung. Aber plötzlich bildete ich mir ein, daß über diese Tiefe der Stimme mein ganzer Körper anders wurde.

Über diese Stimme fielen mir neue Bewegungen ein: der elastisch vibrierende Gang, bestimmte öffnende, wie zur Umarmung einladende Handbewegungen, weil ich dachte, daß dieser Mensch sich zunächst gegenüber allen anderen besonders offen verhält.« (Ebd. 42)

»Ein weiteres wichtiges Thema war mir die Sprache Othellos. Ich wollte, dass man ihm anmerken konnte, dass er sich die Sprache wie ein Ausländer angeeignet hat. Auch in diesem Punkt war George von einer grenzenlosen Toleranz. Er musste wochenlang ertragen, wie ich einen ausländischen Slang in die Stimme hineinarbeitete« (Voss, in Dermutz 2001: 191).[2]

Um bei seinem fulminanten Burgtheaterdebüt als Richard III. den hinkenden Herzog besonders glaubhaft wirken zu lassen, legt sich Voss

»einen großen Stein in den Schuh, den ich mit einem alten Strumpf umhüllte. Wenn ich mir den Schuh anzog, drückte dieser Stein immer schmerzhaft gegen meine Ferse. Ich musste einen speziellen Gang entwickeln, damit der Schmerz, den ich beim Gehen spürte, nicht zu groß wurde. So brauchte ich mich um das Humpeln gar nicht zu kümmern.« (Voss, in Dermutz 2001: 80)

Neben dem ›Verstellen‹ der Stimme, der allmählichen Anverwandlung fremder Bewegungsabläufe oder der Einverleibung äußerlicher ›Hindernisse‹ basiert die Verwandlungskunst des Gert Voss ganz wesentlich auf der Beobachtung bestimmter Vorbilder, die er mit der darzustellenden Figur assoziiert.

Voss' Darstellung des Tschechow'schen Firs[3] wurde inspiriert durch die Bekanntschaft mit einem »ungefähr siebzig Jahre« alten, »schwer lungenkrank[en]« Bochumer Hausbesitzer. Die »traurige Geschichte« dieses Mannes diente seiner Figurengestaltung als leibhaftiges, reales Vorbild. Zugleich aber musste Voss, der selbst »damals Anfang vierzig« war, den von Tschechow als deutlich älter ausgewiesenen Firs »als eine Kunstfigur erschaffen«. Dabei standen ihm insbesondere

»unnaturalistische Mittel zur Verfügung. [...] Ich wollte keine Perücke, weil ich das zu konventionell fand. Stattdessen nahm ich mir ein Haarnetz, das ich mit weißem Puder einstäubte und mit Fettschminke beschmierte. Ins Gesicht schmierte ich mir eine Mischung aus Blaubeerjoghurt und Quark. Diese Mischung trocknete nach einer Dreiviertelstunde und platzte danach auf. An den Stellen, wo die Blaubeeren klebten, sah es so aus, als hätte ich kleine Blutergüsse auf der Haut. Dazu trug ich eine viel zu große Hose und ein viel zu großes Hemd.« (Voss, in Dermutz 2001: 115)

2 Die Aussage bezieht sich auf eine Inszenierung am Akademietheater Wien 1990, Regie George Tabori.

3 »Der Kirschgarten«, Bochum 1981, R. Manfred Karge u. Matthias Langhoff.

An diesem Beispiel wird deutlich, dass es bei der geschilderten ›Erfindung aus Beobachtung‹ nicht um die getreue Nachahmung einer so vorgefundenen Lebensrealität geht. Die bloße Imitation des Wirklichen auf der Bühne lehnt Voss ab, weil sie oft nur das abbilde, »was man als den akzeptabelsten und symphatieträchtigsten Ausdruck eines Menschen ansieht«: Die naturalistische Imitation suggeriere, dass »das Gezeigte in seiner Widerspruchslosigkeit ganz natürlich und lebenswirklich sei und nicht künstlich hergestellt« (Voss 1996: 84). Voss dagegen gehe es auf dem Theater immer um »eine poetische Übersetzung der Wirklichkeit« (ebd. 89), um eine »Übersetzung in theatralische Authentizität« (Voss 1997: 26).

Wenn man die von Voss verwendeten schauspielerischen Mittel in ihrer Gesamtheit zu überblicken versucht, stellt man fest, dass die tiefe Stimme Othellos, die Pfeife Trigorins und auch die zuletzt geschilderten »Erfindung[en] aus Beobachtung« allesamt Bestandteile einer physischen Umstellung sind, die zunächst nur eine »rein mechanische Anstrengung« bedeuten mögen, letztendlich aber eine rollenspezifische Innerlichkeit erschaffen sollen:

> »Das alles verliert dann im Verlauf des Probenprozesses allmählich den Charakter des Technischen, des Äußerlichen – und ich komme irgendwann auch wieder als eigenes Wesen vor. Das ist die vielleicht geglückte Verwandlung.« (Voss/Kirchner 1992: 42)

Der schauspielerische Verwandlungsprozess durchläuft unterschiedliche Phasen: Nachdem Voss über die oben skizzierte »erste Imitationsphase hinweg ist«, geht es ihm darum, die darzustellende Figur »zu einer ganz eigenen, autonomen Person werden zu lassen« (Voss 1991: 61). Wie der Athlet, der das Vorbild eines idealen Bewegungsablaufs und die anatomischen Gegebenheiten seines Körpers optimal aufeinander abzustimmen versucht, muss der Schauspieler seine Darstellung von einer »mechanische[n] Anstrengung« in eine ›organische‹ Form überführen. Im Zuge seines Darstellungstrainings wird die Fremdheit des ›Rollenkörpers‹ allmählich »zur eigenen Natur« (ebd.). Wenn Voss wünscht, innerhalb der Darstellung »irgendwann auch wieder als eigenes Wesen« vorzukommen (s.o.), ist damit vermutlich weniger die ursprüngliche ›Natur‹ der Schauspielerperson gemeint als eine im Medium der schauspielerischen Darstellung entstehende ästhetische Zwischenform, ein Drittes, das als Einzigartiges und Eigensinniges aus der Vermischung von Selbst und Rolle hervorgeht.

Der Verwandlungsbegriff bezeichnet bei Voss jene letztlich unvollständig bleibende und ständig sich problematisierende Transformationsleistung, bei der sich der Schauspieler in die körperlich-geistige Verfassung der literarisch vorgegebenen Gestalt imaginiert –

ohne sich dabei jedoch »im falschen Sinne« mit ihr zu »identifizieren und zu denken, ich sei die Figur selbst« (Voss, in Dermutz 2001: 151). In diesem Zusammenhang spricht Voss auch von dem »Geheimnis« der schauspielerischen Darstellung, das auf der einen Seite in der »Unschuld« bzw. dem »Charisma« der Schauspielerpersönlichkeit begründet liegt, auf der anderen Seite in der Mehrdimensionalität der dramatischen Figur, der – laut Voss – ebenfalls etwas Rätselhaftes, Vieldeutiges oder Widersprüchliches zugeschrieben werden kann (Voss/Kirchner 1992: 40).

Die Rede von der Verwandlung vermag in diesem Sinne den *Prozess* der schauspielerischen Figurenaneignung zu bezeichnen, steht im emphatischen Sinne meist jedoch für das Endergebnis dieses Prozesses, d.h. für den Eindruck eines Beobachters, der Schauspieler habe die darzustellende Figur so glaubhaft oder überzeugend ›verkörpert‹ als habe er sich in sie ›verwandelt‹. Nach seiner Zusammenarbeit mit Peter Zadek und George Tabori in den 1990er Jahren hat sich Voss jedoch von einer solchen schauspielästhetischen Zielsetzung allmählich entfernt. Denn hier wird er mit einer Schauspielauffassung konfrontiert, nach der die Rolle »nicht eine Negation [ist], die dem Selbst aufgezwungen wird, sondern ein neues Selbst«, eine neue Gestalt, die der Schauspieler »unter den vielen Gestalten, die das Selbst ausmachen«, entdeckt und ergründet (Tabori 1993: 121). Taboris Ansatz, den Schauspieler als Menschen mit seinen vielfältigen »Farben und Möglichkeiten« bei der Theaterarbeit besonders ernst zu nehmen, gibt Voss Gelegenheit, »das eigene Instrument zu prüfen« (Tabori, in Gronius/Kässens 1987: 160) und lässt ihn die prinzipielle »Unfertigkeit« seiner Kunst erkennen (Voss 1997: 19).

Die Rede von der Verwandlung, wie sie hier exemplarisch im Zusammenhang mit Gert Voss skizziert wurde, ist vor allem in solchen Theaterkontexten anzutreffen, die (noch) am illusionistischen Theaterparadigma des ›Als-ob‹ orientiert sind, dort also, wo es um die so genannte Einfühlung des Schauspielers in die Figur geht. Die Schauspieler sprechen hier davon, sie wollten ihre »Phantasie aus der Rolle« gewinnen (Minetti 1980: 22), von der »Lust, ein anderer zu sein« (Holtzmann 1993: 172) oder davon, dass erst der fremde Erfahrungshorizont, den die Figur eröffnet, dem Schauspieler »den Anstoß zur Freisetzung seiner kreativen Kräfte« liefert (Bayer 1993: 138). Solche Schauspieler begreifen die Figur als literarisch hochwertigen Entwurf eines Menschen, als einen vom Autor vorbestimmten Identifikationsanreiz und neigen infolgedessen – wenn sie »nicht reflektieren« – »manchmal dazu, über sich und ihre Fähigkeiten zu reden, als seien sie selbst den Dichtern aus der Hand gesprungen« (Quadflieg 1979: 13).

Dass die Differenz zwischen Darsteller-Ich und Rollen-Ich in den Schauspielerreden nicht thematisiert wird, hängt offenbar auch damit zusammen, dass die Schauspieler sich ganz in den ›Dienst‹ des Textes bzw. der darzustellenden Figur stellen, sich dem Dichter-Wort ›verschreiben‹ wollen. In der Folge dieser Darstellungsabsicht bzw. dieser Vorgehensweise erwecken die Reden der Schauspieler manchmal den Eindruck, als sei der Schauspieler nicht ein eigenständiger, in seiner Zeit verwurzelter Interpret, der überraschende Aktualisierungen und Einsichten über den Text hervorbringt, sondern bloß das Medium für ein eigentliches, ›authentisches Wesen‹ der Figur.[4] Die Vorstellung von einer dem Text innewohnenden zeitlosen Bedeutung, die der Schauspieler nur zu Tage fördern müsse, vermag die schauspielerische Einlassung auf die Figur offenbar zu radikalisieren (Minetti 1985: 330), hat also einen praktischen Grund. Schauspieler wie Rolf Boysen, die das Gelingen der Darstellung vom strikten Nachvollzug des literarisch vorgeschriebenen Bedeutungsträgers abhängig machen, sprechen davon, dass der Schauspieler seine Darstellung nur dann beglaubigen und das Publikum für sie gewinnen könne, wenn er den dichterischen Stoff in sämtlichen inhaltlichen Verzweigungen und formalen Verästelungen durchdacht und verstanden habe. Die dramatische Textvorlage gilt es demnach zu entschlüsseln, *ihr* muss der Darsteller seine Subjektivität und seine Empfindungsfähigkeit unterordnen, um die Figur mit all ihren Facetten überzeugend und in diesem Sinne ›authentisch‹ zu verkörpern (vgl. Boysen 1997, 121-123).

Für den Moment des Gelingens, in dem das Bedürfnis nach Unmittelbarkeit sich mit der Erfüllung der Darstellungsaufgabe verbindet, in dem den Sinnen »nichts entgeht« und der Darstellungsprozess zugleich »ein fließender, herrlich gelöster, beflügelter« Vorgang ist (Schröder 1966: 21), finden die Schauspieler poetische Ausdrücke. Dieser Moment wird immer wieder beschrieben, in seiner Seltenheit gefeiert und mit bildhaften Vergleichen geadelt: »Es geigt hinter mir«, so hat Werner Krauß behauptet (vgl. Schröder 1966: 21); auch Thomas Thieme sagt, er freue sich immer wieder darüber, »wenn die Kuh fliegt«, (2001: 312). Und für Ulrich Wildgruber beginnt hier das »Parlieren der Schmetterlinge« (2002: 49).

---

4 Die Reden der Schauspieler unterschlagen dann, dass der Übertrag der Figur aus dem »nur eindimensionalen Verlauf des bloß Geistigen [dem Drama] […] in die Dreidimensionalität der Vollsinnlichkeit [die Bühne, O.H.]« eine *Interpretation* des Figurentextes zur Voraussetzung hat (Simmel 1987: 76). Die Art dieser Auslegung der dramatischen Figur durch den Schauspieler bzw. den Regisseur ist in gewisser Hinsicht verbindlich, d.h. im Text angelegt; der literarische Text erlaubt zugleich aber auch einen Freiraum der Interpretation, ein Wechseln und Verschieben der szenischen Bedeutungsakzentuierung.

»Ich muss gucken, was in mir haust« – Josef Bierbichler über Schauspielen als Kunst der Selbstdarstellung und Selbstüberschreitung

Das Verlangen der Schauspieler nach ›Authentizität‹ im Sinne der beschriebenen Unmittelbarkeitserfahrung zeigt sich allerdings nicht nur im Kontext einer Schauspielkunst, bei der die reale Person des Schauspielers hinter der zu verkörpernden Figur ›verschwinden‹ soll; sie zeigt sich auch dort, wo es den Schauspielern darum geht, ihr »Ich-selbst-sein« (Thieme, 2001: 31) auf der Bühne relativ unvermittelt zur Anschauung zu bringen. Hier werden die Schauspieler allerdings nicht so reden, als seien sie »den Dichtern aus der Hand gesprungen« (s.o.). Sie werden vielmehr davon sprechen, sich darstellerisch mit der eigenen individuellen und gesellschaftlichen Lebenswirklichkeit auseinander setzen zu wollen, davon also, dass sie im Laufe der Darstellung »ganz bei sich waren, bei ihrer eigenen Natur und über ihre Natur zur Rolle fanden« (Selge 1996: 127). Ihre Reden betonen demnach nicht so sehr die Bedeutungsfülle der Textvorlage und deren schauspielerische Aneignung, sie behaupten vielmehr eine besondere Wirkmächtigkeit des eigenen Selbst.

Josef Bierbichler etwa steht für eine Schauspielkunst, bei der die Person des Schauspielers ihre körperlichen Eigenheiten und ihr regionales Idiom nicht kaschiert, sondern als unveränderliche Instanzen in die Realität des Darstellungsmediums einbringt: »ich spiele grundsätzlich immer nur mich selbst«, schreibt er in seinem autobiographisch gefärbten Romandebüt »Verfluchtes Fleisch« (Bierbichler 2001a: 80). Anders als viele seiner Kollegen, die den Reichtum der Textvorlage und die Bedeutungsvielfalt der dramatischen Figur hervorheben, bedeutet Schauspielen für ihn vor allem das Vergnügen, »sich in den fremden Figuren selbst zu suchen« (ebd. 17). Seine Bewunderung gilt vor allem den Schauspielern, die mit der »Einfachheit« und »Selbstverständlichkeit« ihres Daseins auf der Bühne überzeugen und denen es so gelingt, »sich selbst einmal wiederzugeben« (ebd. 163).

Nicht zufällig also gehören »das bayerische Idiom, die bäuerliche, urwüchsige Kraft, eine zuweilen derbe, manchmal gar zarte Direktheit« zu Bierbichlers Marken- und Erkennungszeichen (Sucher 1988: 29). Bierbichler hat sich die Eigenarten seiner Herkunft auf der Bühne offenbar ganz bewusst bewahrt, um sie auf produktive, oftmals verwirrende Weise in den Kunstvorgang einzuschleusen:

»Du weißt nie, ob er grinst als Sepp (weil ihm mit einemmal die Theatersituation zum Lachen ist), oder ob der Fischerwirtssohn aus Ambach vom Starnberger See grient als Tell, als Clown, als Karate-Billie oder Faust.« (Skasa 1996: 8)

Von Bierbichlers Darstellungsweise wird oft behauptet, sie sei nicht mehr im eigentlichen Sinne als Repräsentation der Figur beschreibbar, da sie nurmehr auf die körperlich-materielle bzw. die rein choreographische Organisation seiner *Person* abhebe.

Bierbichler redet nicht bloß naiv davon, auf der Bühne ›er selbst sein‹ zu wollen; vielmehr, so schreibt er, gehe es bei der Schauspielkunst wie bei jeder Kunst darum, »den Ort immer wieder neu zu bezeichnen«, an dem man seiner selbst einmal »habhaft geworden ist« (Bierbichler 2001a: 164). Den »Moment des Glücks« z.B., den der Schauspieler empfinde, wenn er »sich in den fremden Figuren« gefunden habe, müsse dieser immer »wieder aus[...]lassen und von neuem auf die Suche [...] gehen« (ebd. 17).

Wie sich zeigt, reflektiert Bierbichler durchaus jenen »Transformationsprozess ins Gegenbild der Wirklichkeit« (ebd. 26), den der Schauspieler im Zuge der Darstellung durchläuft:

> »Als Schauspieler muss ich gucken, ob vom Spektrum der Vorlage etwas in mir haust, von dem ich noch nichts weiß, etwas, das ich mit Hilfe des Textes aber ausloten kann. Dann dehnt sich der Bierbichler in eine Richtung, die Goethe z.B. dem Faust vorgegeben hat. Wenn ich dagegen feststelle, dass das Material mit mir nichts macht, dann gebe ich die Rolle zurück. Denn irgendwas herstellen, das will ich nicht, da schäme ich mich.« (Bierbichler 2001b)

Einen besonderen Stellenwert in den Äußerungen von Josef Bierbichler hat außerdem die politische und ästhetische Autonomie des theaterspielenden Subjekts. Aus seinen Einsichten in die medienspezifischen Voraussetzungen der schauspielerischen Darstellung, die er als gegenwartsbezogene und im je Besonderen des Schauspielers verankerte Kunstform beschreibt, leitet er nicht nur die politische Relevanz von Theaterarbeit ab, sondern auch die eigenen ästhetischen Zielsetzungen: »Das sind für mich schlechte Schauspieler«, schreibt er, »die sich immer verstellen« (Bierbichler 2001a: 81).

Obwohl Bierbichler es einerseits als sein vorrangiges Ziel ansieht, den Text zu sich heranzuziehen bzw. sich in die von ihm vorgegebene Richtung zu »dehnen« (s.o.) und obwohl es ihm in besonderem Maße darum geht, aus der Vielzahl möglicher Ausdrucksformen die ihm gemäße aktiv zu erwählen, thematisiert er andererseits ausdrücklich den Willen zur Überschreitung und zur Erweiterung der eigenen Existenz mithilfe der Figur. Wenn er apodiktisch behauptet, er spiele »grundsätzlich nur sich selbst« (s.o.), dann ist damit eine Schauspielästhetik gemeint, die nicht eine fertige Figuren-Suggestion verfolgt, sondern den Schauspieler dabei zeigt, wie er sich von der literarischen Vorlage inspirieren lässt. Der Unterschied zwischen seinem Alltags-Ich und seinem Darsteller-Ich ist dabei letztlich irrelevant, er ist gleichsam im Raum der ästhetischen

Erfahrung aufgehoben. Denn so wie Gert Voss zu keinem Zeitpunkt seiner Darstellung tatsächlich annimmt, die Figur zu ›sein‹, genauso selbstverständlich ist, dass Bierbichler auf der Bühne als theatrales Subjekt handelt, dämmert – oder singt.

In dem eben am Beispiel Bierbichlers beschriebenen Sinne sprechen auch Kritiker und andere Theaterleute, darunter auch viele Regisseure, oft davon, der Schauspieler bräuchte seine unverwechselbaren Eigenheiten nur ›auszustellen‹, die Darstellung werde, wenn der Akteur »ganz bei sich« bleibe, bereits durch sein »bloßes Dasein unwidersprechlich beglaubigt« (Polgar 1997: 66). Entsprechende Redeweisen, die dem Schauspieler aufgrund seiner leibhaftigen und lebendigen Anwesenheit auf der Bühne a priori ein ›authentisches‹ Wirkungsvermögen attestieren, haben vor allem im Kontext der Performance Art oder der so genannten postdramatischen Theaterformen in der jüngsten Theatergeschichte enorm an Stellenwert gewonnen.

Dass die körperliche, intuitiv-spielerische Dimension des schauspielerischen Tuns innerhalb avantgardistischer Theaterformen eine besondere Aufmerksamkeit erhalten hat, zeigen z.B. auch die Redeweisen aus dem Umkreis der Theaterarbeit Frank Castorfs an der Berliner Volksbühne. Hier müssen die Schauspieler, relativ unabhängig von den Bedeutungsvorgaben der darzustellenden Dramen-Figur, in kurzer Zeit »eine wahnsinnige Kraft und Energie [...] mobilisieren« (Rois 1997: 157) – und zwar in der Hoffnung, der überforderte und »sich gefährdende Körper« bekomme so »etwas Authentisches«, bewege sich gewissermaßen zwangsläufig »jenseits eines zentral definierten Sinnes« (Castorf 2000: 116). Der extreme Einsatz der eigenen Körperlichkeit gilt hier als Garant für die Unmittelbarkeit der schauspielerischen Darstellung.

Entsprechende Versuche, den Körper der Schauspieler »als Organ der Ehrlichkeit« und damit als »absolute Garantie gegen individuellen Trug und gesellschaftliche Manipulation« einzusetzen, sind theoretisch zwar fragwürdig – schließlich sind auch die dem Körper zugeschriebenen Bedeutungen immer das Ergebnis sozial verbindlicher Normen und Konventionen und keine letzten Wahrheiten (Hahn 1988: 670f.). Dennoch ist die widerständige, nicht vollständig kontrollierbare Instanz des Körpers schon immer – und nicht erst seit verstärkt mit dem ›Eigensinn‹ des Schauspielerkörpers gearbeitet wird – Bezugspunkt vielfältiger Unmittelbarkeitszuschreibungen. Im so genannten Literaturtheater gilt der Schauspieler-Körper seit jeher als »sinnlicher Ausdruck« aktueller Darstellungsnormen und kultureller Verhaltenscodes (Schröder 1966: 25); von den Schauspielern wird er oft als Vehikel einer unmanipulierbaren, ungebrochenen Ursprünglichkeit und Kreativität aufgefasst, die für die Rollenfindung instrumentalisiert werden kann:

»Ich versuche, an die tieferen Schichten einer Bühnenfigur heranzukommen, und zwar über den unmittelbaren Ausdruck im Spiel. Der Körper ist schneller als der Kopf.« (Hoger 1993: 80)

Schon die metaphorische Rede mancher Regisseure, der ungeformte, »der nackte Mensch« auf der Bühne sei bereits »hinreißend, berückend schön«, kann den Darstellungsprozess stimulieren (Fehling 1978: 224). Dies belegt z.B. Angela Winklers Bericht über ihre Arbeit an der Antigone mit dem Regisseur Klaus Michael Grüber [Mailand, 1988]:

»Er [Grüber, O.H.] schafft es wunderbar und ganz behutsam, all die Manierismen wegzukriegen, die man sich im Laufe der Zeit angeeignet hat, die ganzen Mäntel und Tücher, bis nur noch Nacktheit übrig ist. Schmeiß weg, schmeiß weg. Geh' auf Wahrheit. Wo bist du als Mensch?« (Winkler 1996: 24)

Mit der Rede von der »Nacktheit«, der »Wahrheit« oder dem »Authentischen« des Schauspieler-Daseins wird ein darstellerisches Optimum eingefordert, das die Schematik konventionalisierter Darstellungsangebote (»Manierismen«) hinter sich lässt. Die Forderung nach ›unverstelltem‹ Ausdruck, so naiv und vage sie zunächst auch klingen mag, vermag also einen praktischen Effekt zu erzielen, wenn sie »die Untugenden des Schauspielers« – Manierismen, Klischees – »frei[schält]« (Hunger-Bühler zit. in Moritz 2001). Im gelungenen Fall fungiert der Regisseur dabei als »eine Art Sculpteur, eine Art von Bildhauer am Wesen des Schauspielers«, der den darstellerischen Ausdruck auf das Wesentliche reduziert und dem Darsteller »Schritt für Schritt« das Gefühl gibt, dass »jedes Wort, das aus seinem Munde kommt und jede Geste ihm selber gehört« (ebd.).

Die Vorstellung, der Schauspieler könne sich im Zuge der Probenarbeit das Darzustellende aneignen und so »Schritt für Schritt« den Herstellungscharakter der Darstellung vergessen machen (s.o.), kann den Darstellungsprozess also befördern, sie kann ihn allerdings auch lähmen, wenn dabei das eigentlich zu lösende Darstellungsproblem nicht präzise genug erfasst wird:

»Sagt der Regisseur: ›Spiel dich ganz selber‹, bin ich blockiert, weil ich nicht weiß, wer oder was ich bin. Ich habe noch nie eine Theaterfigur gespielt, die so denkt wie ich.« (Steiger 1993: 111)

Wie sich hier zeigt, wissen Schauspieler sehr genau um die Gefahr, dass die bloße Forderung nach ›purer‹ leiblicher Gegenwart des Schauspielers den Probenprozess nicht weiterführt, weil sie den

Austausch über die Adäquatheit der verwendeten Darstellungsmittel erschwert: Denn wer meint, eine entsprechende Qualität der Darstellung könne sich – womöglich »an ganz unerwarteten Stellen [...] und jeden Abend wieder an anderer Stelle« (Jendreyko 1995: 86) – *voraussetzungslos* ergeben, der lässt völlig offen, *wie* das so genannte ›wahre‹ Selbst dargestellt werden und in welchem Beziehungsgefüge es zur Erscheinung kommen soll.

Die zuletzt genannten Beispiele zeigen, wie vieldeutig und manchmal vage die Rede von der Wahrheit, Wahrhaftigkeit oder der Unmittelbarkeit – als Synonyme für eine vermeintliche Authentizität der schauspielerischen Darstellung – oft ausfällt. Einerseits also, so mag man kritisch einwenden, ist der Diskurs über Schauspielen offenbar dort besonders anfällig für Mystifizierungen, wo der theatrale Ereigniszusammenhang für die Theaterleute offene Fragen und ungelöste Probleme bereithält. Immer dann, wenn das noch Unbegriffene spürbar wird, wenn Erklärungen fehlen oder nur schwer beschafft werden können – z.B., wenn die Theatermacher sich mit der Mehrdeutigkeit der literarischen Vorlage, mit der Verankerung der Darstellung in tieferen Schichten der Persönlichkeit, mit dem Einmalig-Augenblickshaften der Aufführung oder mit dem analytisch nur schwer nachvollziehbaren Bezug zum Publikum befassen, – immer dann entsteht leicht, ob gewollt oder ungewollt, eine Aura des Nebulösen und des Geheimnisvollen, die eine sachlich-objektivierende Sicht auf die Schauspielerei verstellt und sie daher manchmal in unangemessener Weise glorifiziert. Insofern lassen sich eine Reihe der oben skizzierten Redeweisen, die das schauspielerische Tun mit einem wie ›magischen‹ Vermögen in Zusammenhang bringen, als mythologisierende (Selbst-)Zuschreibungen charakterisieren und somit entlarven: Schließlich ist die ›Verführung‹ des Zuschauers, die ›Ursprünglichkeit‹ des schauspielerischen Schöpfungsprozesses, die ›Verwandlung‹ in die Figur oder die szenische Behauptung eines wirkmächtigen Selbst weder einem undefinierbaren schauspielerischen Genius geschuldet noch übersinnlichen Kräften zu verdanken, sondern womöglich das Ergebnis ganz technisch eingeübter und erprobter Inszenierungs- und Vermittlungsverfahren. ›Authentizität‹ wäre demnach nur denkbar als Effekt oder Zuschreibung innerhalb eines (theatralen) Darstellungsvorgangs (vgl. Berg/Hügel/Kurzenberger 1997).

Andererseits, so kann man den Theaterleuten zugute halten, gibt es tatsächlich Darstellungsbereiche, die der nüchternen Analyse unzugänglich sind oder sich dem rationalen bzw. begrifflichen Zugriff zu entziehen drohen. Die Gütesiegel der Magie, der Unmittelbarkeit oder der so genannten Authentizität sind auch deshalb nicht als bloße Selbstmythologisierungen abzutun, weil sie einen praktischen Wert besitzen; als verbale Stimulantien erlangen sie dadurch ihre Legitimität, dass sie theatrale Erfahrung neu ermöglichen oder befruchten können. Die Schauspielkunst ist insofern »der Zauberei ähnlich« oder verwandt (Voss, in Dermutz 2001: 153), als der Schauspielkünstler offenbar bestimmte ›Zauberworte‹, bestimmte affektgeladene Vorstellungsbilder als sprachliche Gesten der Selbstermächtigung benutzen und gebrauchen kann, um seine Produktivität und seine Strahlkraft in Gang zu setzen und zu steigern. Und je nach ästhetischer Orientierung und Darstellungsaufgabe fallen diese Gesten anders aus, wird das so genannte Magische, Unmittelbare, das Wirklich-Wahre oder Authentische mit anderen Aspekten und Darstellungsmomenten in Zusammenhang gebracht, mit anderen Formeln heraufbeschworen.

»Körper-Sein und Körper-Haben« – Schauspielkunst vor dem Hintergrund ihrer anthropologischen Bedingungen

In der vorangegangenen Untersuchung wurden am Beispiel von Gert Voss und Josef Bierbichler zwei ganz unterschiedliche schauspielästhetische Standortbestimmungen vorgestellt. Um diesem Gegensatz auch auf systematischer Seite etwas abzugewinnen, ist der Diskurs der Praktiker mit rollentheoretischen und anthropologischen Überlegungen zu konfrontieren, wie sie z.B. der Kulturphilosoph Hellmuth Plessner vorgeschlagen hat. Laut Plessner führt der Schauspieler dem Theaterzuschauer sowohl die instrumentelle als auch die expressive Seite seiner physischen Existenz exemplarisch vor Augen, da er auf der Bühne »die Einheit der Sinne in der Fülle ihrer Dimensionen« zeige und dabei *zugleich* die Möglichkeit einer willentlich gesteuerten Körperverwendung bewusst mache (Plessner 1970: 249). Darüber hinaus benennt die Rede von der ›Verkörperung‹ einer Rolle nach Plessner aufs Genaueste jenes Ineinander und Miteinander von »Körper-Sein und Körper-Haben«, d.h. jenes zugleich vermittelte *und* unmittelbare Verhältnis zum eigenen leiblichen und geistigen Dasein, das den Schauspieler bzw. den Menschen schlechthin präge und auszeichne (ebd.).[5] Die Rolle bezeichnet in diesem Sinne weniger eine Determiniertheit des Menschen als Funktionär, gar als Maschine; der Rolle eignet vielmehr ein produktives Moment, weil sich in ihr und durch sie das Selbst neu formuliert (vgl. Jauß 1993: 221). Dabei geht der Mensch jedoch nie voll-

5 Ganz im Gegensatz zu ihrer ursprünglichen, historisch herleitbaren Bedeutung bezeichnet die Verkörperungsmetapher bei Plessner also *nicht* den Versuch, den eigenen Körper komplett »in einen ›Text‹ aus Zeichen« umzuformen, der anderweitig vorgegeben ist (vgl. Fischer-Lichte 2001: 12).

kommen in seiner Rolle auf, sondern tritt immer auch »in Distanz zu seiner rollenhaften Verkörperung« (Herzog 1997: 70).

Aus der Konfrontation mit dem Plessner'schen Menschenentwurf wird deutlich, warum der Schauspielerdiskurs in der Dialektik zwischen der Unmittelbarkeit und der Vermitteltheit des Darstellungsakts gleichsam gefangen ist und sie unter ganz unterschiedlichen Gesichtspunkten immer wieder reproduzieren muss. Dass »die Gebrochenheit im Verhältnis des Menschen zu seinem Körper die Basis seines Daseins, die Quelle, aber auch die Grenze seiner Macht [ist]« (Plessner 1970: 40), wirkt insbesondere auf das schauspielerische Kunst-Tun – und das Reden darüber – befruchtend *und* irritierend: Denn dort, wo der Schauspieler die eigene, leibhaftige Existenz, seine Instinkte und Erfahrungen in seine Darstellung als ›Rohmaterial‹ einbringt und sich dem Dasein auf der Bühne ›wahrhaftig‹ und ›unmittelbar‹ überlässt, wird ihm in Teilen bewusst sein, dass sein Tun den jeweiligen inszenatorischen Rahmenbedingungen und bestimmten impliziten Darstellungsabsichten unterworfen bleibt; umgekehrt wird derjenige, der die schauspielerische Darstellung vollkommen zu planen und zu beherrschen beabsichtigt, die Erfahrung machen, dass ihr Verlauf, etwa mit Blick auf das ›Eigenleben‹ des Körpers oder die Reaktion des Publikums, in Teilen unverfügbar ist. ›Materialität und Konstruktion‹, das unkontrolliert Ereignishafte und das intentional Hergestellte, das Unsagbare und das Sagbare, das Geheimnisvolle und das Durchschaubare – alle diese begrifflichen bzw. thematischen Dichotomien spiegeln letztlich jene dynamische Struktur, jenes Paradox, das Plessner als »vermittelte Unmittelbarkeit«, als »Doppeldeutigkeit« der menschlichen Natur bezeichnet hat (Plessner 1970: 41-55).

Vor dem Hintergrund des Plessner'schen Menschenentwurfs erweist sich auch die von den Schauspielern zur Verdeutlichung ihres Tuns immer wieder ins Feld geführte Rede von der Verwandlung in die Figur auf der einen, dem Beharren auf der Darstellung des eigenen Selbst, der eigenen Lebenswirklichkeit auf der anderen Seite, als ein nur scheinbarer Gegensatz, der im Medium der schauspielerischen Darstellung immer wieder überschritten wird. Jede dieser Akzentuierungen ergibt in ihrem jeweiligen Kontext zwar dadurch Sinn, dass sie eine orthodoxe Auffassung von Rollendarstellung im Sinne einer suggestiven, d.h. psychologisch konsistenten Figurenrepräsentation tendenziell von der so genannten Selbstdarstellung unterscheidet. Im Zuge dieser gängigen Differenzierung darf jedoch nicht in Vergessenheit geraten, dass jene Schauspieler, die die Fremdheit der Figur betonen und behaupten, dass man nur das ›authentisch‹ darstellen könne, »was man nicht ist« (Voss, in Dermutz 2001: 209), selbstredend auf ihre real anwesende Person, ihre lebensgeschichtlich erworbene Körperlichkeit und ihr Erfahrungswissen angewiesen bleiben, während die anderen, die die (Neu-)Schöpfung eines ›echten‹ Selbst und Lebenswirklichkeit ›pur‹ versprechen, dabei immer auch auf bereits vorliegende Rollenversatzstücke zurückgreifen werden.

Wenn man Rolle *und* Selbst mit Plessner als zwei Seiten einer produktiven Wechselbeziehung begreift, die die schöpferische Selbstentäußerung des Menschen erst ermöglicht, dann kann man auch mit Blick auf den Schauspieler sagen, dass überall dort, wo dieser etwas zeigt oder sich darbietet, Rolle *und* Selbst gleichermaßen zur Verhandlung stehen. Der professionelle Schauspieler ist demnach immer beides, Entdecker einer »irgendwie vorbestehende[n], vorgezeichnete[n] [Äußerungsform]« (Simmel 1987: 426), also eines dramatischen Figurenkonstrukts oder eines sozialen Rollenentwurfs, *und* Entdecker seines wie auch immer gearteten Selbst in und durch diese Präformationen. Seine Aufgabe bei der Probenarbeit besteht somit in einer doppelten Suchbewegung, bei der es die vielen unterschiedlichen Gestaltungsvarianten verfügbar zu machen gilt, die »in ungelöster dialektischer Spannung zu gleicher Zeit« im Bewusstsein eines Darstellers vorhanden sind (Schechner 1990: 13). Und diese Entdeckungsreise, dies belegen auch die Redeweisen der hier zu Wort gekommenen Schauspieler, eröffnet ein breites Spektrum an Möglichkeiten: »ein Außer-sich-, ein Gegen-sich-, ein Bei-sich-Sein, ein Über-sich-Hinauswollen« (Buss 1993: 91).

Literatur

Balme, Christopher (2001): Einführung in die Theaterwissenschaft, Berlin: Schmidt.

Bayer, Veronika (1993): »In jeder Figur ist ein Stück meines Lebens«, in: Iden, Meine liebste Rolle, S. 135-140.

Berg, Jan/Hügel, Hans-Otto/Kurzenberger, Hajo (Hg.) (1997): Authentizität als Darstellung, Hildesheim: Universität Hildesheim.

Bierbichler, Josef (2001a): Verfluchtes Fleisch, Frankfurt a.M.: Verlag der Autoren.

— (2001b): »Mir fehlt der Wille zur Macht. Interview von Ole Hruschka«, in: Online-Dienst der FAZ, faz.net/book vom 23.10.2001.

Boysen, Rolf (1997): Nachdenken über Theater. Essays, Gespräche. Hg. Michael Schäfermeyer, Frankfurt a.M.: Verlag der Autoren.

Broszat, Tilmann/Gareis, Sigrid (Hg.) (2000): Global Player/Local Hero. Positionen des Schauspielers im zeitgenössischen Theater. Arbeitsbuch, München: ePodium Verlag.

Buss, Verena (1993): »Wenn Verstörung zum Impuls wird«, in: Iden, Meine liebste Rolle, S. 88-93.

Castorf, Frank (2000): »Die Freiheit ist ganz nah«, in: Theater Heute-Jahrbuch, Velber: Friedrich, S. 116-117.

Dermutz, Klaus (2001): Die Verwandlungen des Gert Voss. Gespräche über Schauspielkunst, Salzburg/Frankfurt a.M./Wien: Residenz Verlag, edition Burgtheater.

Fehling, Jürgen (1978): »Dankesrede [1960]«, in: Akademie der Künste Berlin (Hg.), Jürgen Fehling. Der Regisseur (1885-1968), Berlin, S. 224ff.

Fischer-Lichte, Erika (2001): »Verkörperung/Embodiment. Zum Wandel einer alten theaterwissenschaftlichen in eine neue kulturwissenschaftliche Kategorie«, in: Fischer-Lichte (Hg.), Verkörperung (= Theatralität, Bd. 2), Tübingen/Basel: Wilhelm Fink Verlag, S. 11-25.

Gronius, Jörg W./Kässens, Wend (Hg.) (1987): Theatermacher. Gespräche mit Luc Bondy, Jürgen Flimm, Hansgünther Heyme, Hans Neuenfels, Peter Paltzsch, Claus Peymann, Frank-Patrick Steckel, George Tabori, Peter Zadek, Frankfurt a.M.: Athenäum.

Hahn, Alois (1988): »Kann der Körper ehrlich sein?«, in: Hans Ulrich Gumbrecht/K. Ludwig Pfeiffer (Hg.), Materialität der Kommunikation, Frankfurt a.M.: Suhrkamp, S. 666-679.

Herzog, Cordula (1997): »Der Mensch zwischen Distanz und Ausdruck. Zur Bedeutung der Leiblichkeit in der philosophischen Anthropologie Helmuth Plessners«, in: Elisabeth List/Erwin Fiala (Hg.), Leib Maschine Bild. Körperdiskurse der Moderne und Postmoderne, Wien: Passagen, S. 61-71.

Hoger, Hannelore (1993): »Meine Lust zu spielen hat einen Sprung bekommen«, in: Iden, Meine liebste Rolle, S. 77-81.

Holtzmann, Thomas (1993): »Immer das Komödiantische«, in: Iden, Meine liebste Rolle, S. 170-175.

Hruschka, Ole (2005): Magie und Handwerk. Reden von Theaterpraktikern über die Schauspielkunst, Hildesheim: Olms.

Iden, Peter (Hg.) (1993): Meine liebste Rolle, Frankfurt a.M./Leipzig: Insel.

Jauß, Hans Robert (1993 [1979]): »Soziologischer und ästhetischer Rollenbegriff«, in: Uri Rapp (Hg.), Rolle, Interaktion, Spiel. Eine Einführung in die Theatersoziologie, Wien/Köln/Weimar: Böhlau, S. 216-225.

Jendreyko, Hans-Dieter (1995): »Es geht um die Wahrheit des Augenblicks«, in: Peter Iden (Hg.), Warum wir das Theater brauchen, Frankfurt a.M.: Suhrkamp, S. 83-87.

Kirchner, Ignaz (1997): »Vielleicht bin ich wirklich schamloser«, in: Schütt, Gert Voss, S. 50-55.

Kohse, Petra (1998): »Fontane wohnt hier nicht mehr. Anmerkungen zu einer neuen Subjektivität in der Theaterkritik«, in: Theater der Zeit, Heft 12, S. 103-104.

Lehmann, Hans-Thies (1999): Postdramatisches Theater, Frankfurt a.M.: Verlag der Autoren.

Lühr, Peter (1984): »Der Grad der Verwandlung«, in: Theater Heute-Jahrbuch, Velber: Friedrich, S. 71.

Minetti, Bernhard (1980): »Willst was wissen?«, in: Theater Heute, Heft 10. Velber: Friedrich, S. 19-30.

— (1985): Bernhard Minetti. Erinnerungen eines Schauspielers. Hg. Günther Rühle, Stuttgart: Deutsche Verlags-Anstalt.

Moritz, Reiner (2001): Faust. Das Theaterereignis. Interviews mit den Darstellern. 3sat, Ausstrahlung vom 18.2.2001.

Plessner, Helmuth (1970 [1953]): Philosophische Anthropologie. Lachen und Weinen, Das Lächeln, Anthropologie der Sinne. Hg. Günther Dux, Frankfurt a.M.: Fischer.

Polgar, Alfred (1997): Handbuch des Kritikers, Wien: Zsolnay.

Quadflieg, Will (1979 [1976]): Wir spielen immer. Erinnerungen, Frankfurt a.M.: Fischer.

Rois, Sophie (1997): »›Ein heiliges Zeremoniell‹. Sophie Rois über ›Jedermann‹, ihr Faible für Berlin und ihre Arbeit an den Extremen. Interview«, in: News, Österreichisches Nachrichtenmagazin, Heft 24, S. 157.

Rühle, Günther (1997): »Veränderungen«, in: Theater Heute, Heft 12, Velber: Friedrich, S. 72.

Schechner, Richard (1990): Theater-Anthropologie. Spiel und Ritual im Kulturvergleich, Reinbek bei Hamburg: Rowohlt.

Schröder, Ernst (1966): Die Arbeit des Schauspielers, Zürich: Atlantis.

Schütt, Hans-Dieter (Hg.) (1997): Gert Voss: »Ich würd' gern wissen, wie man ein Geheimnis spielt«, Berlin: Schwarzkopf & Schwarzkopf.

Selge, Edgar (1996): »Über das Scheitern menschlicher Sehnsüchte«, in: Amadeus Gerlach (Hg.), Inszenierungen in Moll. Der Regisseur Rudolf Noelte, Berlin: Ed. Hentrich, S. 126-131.

Simmel, Georg (1987 [1910]): »Zur Philosophie des Schauspielers«, in: Ders. Das individuelle Gesetz. Philosophische Exkurse. Hg. Michael Landmann, Frankfurt a.M.: Suhrkamp, S. 75-95.

Skasa, Michael (1996): »Verwandelt Natur in Kunst. Über Josef Bierbichler, den Schauspieler des Jahres«, in: Theater Heute-Jahrbuch. Velber: Friedrich, S. 8-18.

Steiger, Klaus (1993): »Komiker – als es das Fach noch gab«, in: Iden, Meine liebste Rolle, S. 109-113.

Sucher, C. Bernd (1988): »Ulrich Wildgruber: Der Clown in Zadeks Stadtzirkus«, in: Theaterzauberer. 40 Schauspieler-Porträts, München: Piper, S. 296-302.

Tabori, George (1993): Betrachtungen über das Feigenblatt. Ein Handbuch für Verliebte und Verrückte, Frankfurt a.M.: Fischer.

Thieme, Thomas (2001): »Wenn die Kuh fliegt oder wie Thomas Thieme als Faust in Weimar die eigene Ausreise noch einmal nachvollzieht. Ein Gespräch mit Anja Nioduschewski«, in: Theater der Zeit, Heft 4, S. 30-32.

Voss, Gert (1991): »Das Theater ist ein Piratenschiff. Ein Gespräch mit dem Schauspielkünstler Gert Voss. Von Klaus Dermutz«, in: Die Zeit vom 12.9.1991, S. 61-62.

— (1996): »›Ich liebe alle Leute, die keinen Stil haben!‹ Ein Gespräch mit dem Schauspieler Gert Voss. Von Peter von Becker«, in: Theater Heute-Jahrbuch, Velber: Friedrich, S. 82-90.

— (1997): »Eine Demokratie des Auges. Hans-Dieter Schütt im Gespräch mit Gert Voss«, in: Schütt, Gert Voss, S. 11-27.

—/Kirchner, Ignaz (1992): »›Willst du mich einen Virtuosen schimpfen?‹ Die ›Schauspieler des Jahres‹ im Theater Heute-Gespräch mit Peter von Becker«, in: Theater Heute-Jahrbuch, Velber: Friedrich, S. 38-49.

Wildgruber, Ulrich (2002): Der Lachszug der Wörter. Hg. Vera Wildgruber, Berlin: Alexander.

Winkler, Angela (1996): »›Ich kann wirklich Freude geben.‹ Ein Gespräch mit Angela Winkler, Schauspielerin des Jahres. Von Klaus Dermutz«, in: Theater Heute-Jahrbuch, Velber: Friedrich, S. 24-32.

»Ich habe den Herrn gesehen« (Joh 20,18) – Zur Authentizität biblischer Wirklichkeitskonstruktion am Beispiel der Auferweckung Jesu

ALOIS STIMPFLE

Die Frage nach Authentizität wird in diesem Beitrag diskutiert aus der Perspektive der katholischen Theologie. Die konfessionelle Fokussierung entspricht der Profession des Autors, repräsentiert gewissermaßen aber auch das Fehlen des Stichworts ›Authentizität‹ in den evangelischen Fachlexika – eine Leerstelle, die mit der exorbitanten kirchlichen Wirkungsgeschichte des Begriffs zu tun hat, gleichzeitig den Gehalt des angefragten Themas präfiguriert: Es geht um ein relationales Phänomen, das grundsätzlich von ›autoritativer‹ Zuschreibung lebt. Die damit unabdingbar verbundene Macht-Dimension provoziert die Frage nach dem authentifizierenden ›Autor‹ sowie nach dem Verhältnis zwischen diesem und seinen Rezipienten. Für die christliche Theologie stellt sich die Anfrage in potenzierter Form insofern, als sie selbst sich axiomatisch in normativen Offenbarungs-Texten verortet. Auf der Basis einer konstruktionsgeschichtlichen Hermeneutik wird im Rahmen einer katholischen Bibeltheologie die These vertreten, dass sich ›Authentizität‹ aus der Reziprozität von ›Materialität‹ und ›Konstruktion‹ konstituiert.

Die Polypräsenz von Authentizität

Dass Authentizität ein Phänomen der lebensweltlichen Praxis ist, das animiert, motiviert und in Bewegung bringt, zeigte sich in aller Offensichtlichkeit, als im Oktober 2009 auf der Berliner Museumsinsel das Neue Museum wiedereröffnet wurde. Der abrupte Besucherandrang galt vor allem dem neu ausgestellten Herzstück des Museums, der Büste Nofretetes. Was, wenn schon längst dem Wunsch Ägyptens entsprochen worden wäre und die Museumsbesucher stünden vor einer perfekten Imitation? Würde das von aller

Welt bestaunte Wunderwerk menschlicher Ästhetik noch jemand sehen wollen? Ist dann Authentizität nicht eine Sache des Subjekts, Phänomen der Subjektivität, Tat einer individuellen Obsession im Rahmen einer kollektiven Suggestion? Eine Frage, die sich nicht erst mit der Kopie von Rank Xerox und dem Klon der Bio-Technik und der Lifting-Praxis stellt – und nicht nur für die Theologie.

»Wer bin ich«, fragt der Philosoph, »und wenn ja, wie viele?« (Precht 2007) Und er überlegt: »Hirn als Subjekt?« (Krüger 2007) – irritiert von der neurowissenschaftlichen Deutung, die Beobachtungen der Hirnforschung auf reine Materialität reduziert und von einer autopoietischen Konstruktion ausgehend das menschliche ›Ich‹ bzw. ›Selbst‹ als eine Illusion des Gehirns interpretiert (vgl. Metzinger 2009).[1]

Aber die Authentizitätsfrage zeigt Profil schon weit diesseits aller erkenntnistheoretischer Abgründe: ob in der Welt des Ästhetisch-Künstlerischen, wo es in Zusammenhang mit adäquater Textrezeption um die leidliche Frage der Werktreue geht (vgl. nur die im Sommer 2009 von Daniel Kehlmann ausgelöste Feuilleton-Debatte), oder in der Welt des enthusiastischen Fussballfans: Als anlässlich des Länderspiels der Deutschen Nationalmannschaft gegen Finnland im Oktober 2009 der DFB-Präsident Theo Zwanziger die Erklärung »Gegen Diskriminierung im Fußball« mit unterzeichnete, monierte ein Vertreter der Aktion: »Wenn Michael Ballack, Joachim Löw oder Philipp Lahm in dieser Frage tätig würden, wäre das noch authentischer.« (SZ 15.10.2009, S. 43) Hat der Authentizitäts-Wunsch mit der größeren Autorität von Idolen zu tun?

Die dabei implizierte ›Dinglichkeit‹ von Authentizität zeigt sich auch andernorts: Die Werbeindustrie kennt eine »Authentizität der Kampagnenmotive«, die darin besteht, jene Bedürfnisse erfolgreich anzusprechen, die das limbische Gehirn-System präjudiziert.[2] Authentizität folglich, die den Dingen inhärent ist – und dem Menschen als seine eigene verkauft wird? Auf Authentizität als latente Imprägnierung deutet auch, dass im Personalmanagement z.B. Authentizität als »originärer Persönlichkeitsaspekt« gewürdigt wird, der qua seinshafter Autonomie für Außenwirkung sorgt und damit Erfolg gewährleistet.[3] Authentizität, die doch dem Menschen eigen ist?

Was die diversen Beispiele jedenfalls zeigen: Selbst wenn, wie manche meinen, die Authentizitäts-Frage nach der Kritischen Theo-

1 Bekanntlich liefern die Beobachtungen und Deutungen der neurowissenschaftlichen Hirnphysiologie illustre Indizien für die konstruktivistische Überzeugung, die gern in das Diktum gefasst wird: »Die Schönheit liegt im Auge des Betrachters.« (vgl. Siebert 2003: 14)

2 Vgl. www.klauseck.typepad.com/photos/ uncategorized/limbic_map.

3 Vgl. www.business-wissen.de/mitarbeiterfuehrung.

rie obsolet sein sollte – in der alltagstauglichen Praxis tritt sie recht lebendig auf, auch und gerade, wenn es um systemrelevantes Verhalten und individuelle Haltung geht.[4] Und wo bleibt die Theologie in diesem bunten Treiben?

Authentizität als theologisches Implikat

Als *theou lógos* – als ›Gottes-Wort‹ bzw. ›Wort Gottes‹ (genitivus subjektivus) oder als ›Wort über Gott‹ (genitivus objektivus) – ist die Theo-Logie von Anfang an mit der Frage nach der Einzigartigkeit des Originals konfrontiert. Nicht weil dieses verloren gegangen wäre (vgl. W. Benjamin), sondern weil ihr Autor qua definitionem grundsätzlich ein verborgener ist. Als solches ›Mysterium‹ ist es nur wahrnehmbar, wenn es sich offenbart. Wenn es sich aber im *lógos* äußert, steht die Theologie grundsätzlich vor der Frage, welcher *lógos* in welchem Sinne ›Gottes-Wort‹ sein soll – ein 2000-jähriger Authentizitäts-Diskurs über die Frage nach der *interpretatio authentica* der Bibel als Offenbarung Gottes!

Relevanz und Dringlichkeit dieses Diskurses hängen damit zusammen, dass es der Theologie laut Nomenklatur um Gott geht. Wo es aber um Gott geht, geht es ums Ganze – nicht nur theoretisch, sondern ganz praktisch, mit der gelebten Existenz als konkreteste Praxis. Für die Theologie geht es folglich um das Leben. Nicht nur um das Leben an und für sich, sondern um das Leben für mich – *mein* Leben als ›echtes‹ Leben, als ›wahres‹ Leben. Dieser Anspruch, so individuell bezogen er auch wirkt, ist holistisch gedacht.[5] Es geht um den *biós* in seiner Komplexität von *aisthesis* und *éthos* – um die Fülle des Lebens als *modus vivendi* (Lebens-Art) wie *ars vivendi* (Lebens-Kunst). In solchem Fragehorizont ist es nur konsequent und unabdingbar zu wissen, welches die *echte* Antwort ist, das *verlässliche* Zeugnis, das *wahre* Wort. Denn daran entscheidet sich schließ-

4 Welches Konzept von Authentizität schwebt beispielsweise jemandem wie Charlotte Roche vor, wenn sie, angesprochen auf ihre Moderatorin-Tätigkeit in der Talkshow »3nach9«, propagiert: »Ich bin dafür, dass ein Gast lieber lügt, damit es unterhaltsam wird, als eine langweilige Wahrheit zu erzählen« (SZ 30.09.2009, S. 15)? Zeigt sich hier so etwas wie eine Authentizität der Quote?

5 Der 360-Grad-Fokus nimmt das vorfindlich Offensichtliche wie das ganz und gar unoffensichtlich Nichtvorfindliche, das Transzendente, in den Blick. Und so geht es der Theologie um meine Existenz in ihrer Gänze und Ganzheitlichkeit: um das Körperlich-Sensitive, das Leibhaft-Somatische, das Geistig-Kognitive, das Seelisch-Emotive, das Geschaffen-Ästhetische wie das Geistlich-Spirituelle.

lich alles. Was wie eine romantische Hinterlassenschaft der Metaphysik klingt, ist Axiom des Religiösen!

Das plurale ›Zwischen‹ von Materialität und Konstruktion

Als ›Wort über Gott‹ am *humanum* orientiert, wird die Theologie zunächst darauf aufmerksam machen, was sie aus langer Erfahrung weiß: dass die Krise der Echtheit und der Kult des Authentischen die Tendenz haben, die Option von ›wahr‹/›falsch‹ für obsolet zu erklären und sie zu ersetzen durch die deskriptive Kategorisierung ›gelungen‹/›nicht gelungen‹ bzw. durch die Maxime ›effektiv/gewinnträchtig‹. Diese renitente Erinnerung hat natürlich mit Moralismus zu tun – nicht im Sinne einer nekrophilen Moralinsäure, sondern einer biophilen Anthropologie und Wissenschaftsethik.

Nun läge es sicherlich nicht fern zu vermuten, dass die plurale Vielfalt der Sache mit dem zweiten Pol unserer Themenstellung ›Authentizität zwischen Materialität und Konstruktion‹ zusammenhängt: die ›Konstruktion‹ als Verursacherin des Problems. Nach der Maxime: Ich konstruiere, also bin ich – *ich*! *Meine* Authentizität eben, und *ihre* und *seine*. Nach gut konstruktivistischem Motto: »Alles Gesagte ist von jemandem gesagt« (Maturana/Varela 1987: 32), bzw. »Keine Beobachtung ohne Beobachter« (ebd.). Von daher verwundert es nicht, wenn beim ersten Pol unserer Themenstellung nach Hilfe gesucht wird: ›Materialität‹ als Versprechen von Basis, Festigkeit, Originalität, Kontinuität, Konstanz, Verlässlichkeit? Doch was bedeutet dies schon aus konstruktivistischer Perspektive? Wenn »alles Gesagte von jemandem gesagt« ist – lässt sich dann von ›Materialität‹ im Sinne von objektiver Echtheit und inhärenter Eigentlichkeit überhaupt noch sprechen? »Im Grunde gibt es Materie gar nicht«, so Hans-Peter Dürr aus der Perspektive der theoretischen Physik. »Jedenfalls nicht im geläufigen Sinne. Es gibt nur ein Beziehungsgefüge [...]. Primär existiert nur Zusammenhang, das Verbindende ohne materielle Grundlage. Wir könnten es auch Geist nennen« (SZ 07.10.2009).

Vielleicht bleibt tatsächlich nur, dass wir uns bewusst beschränken: auf ›Material‹-Vorfindliches wie Sprache und Texte, Syntax und Filmsequenzen, Theaterinszenierungen und Bilder – und uns damit begnügen, diese Ausdrücke und ihre Prozesse zu dokumentieren und zu beschreiben. Und damit wir nicht ganz dem Positivismus der Oberfläche verfallen, gehen wir zumindest in den Diskurs und tauschen uns aus. Vielleicht ist dies ja das »Verbindende«, von dem Dürr spricht, was er »Geist« nennen würde – und was als das ›Zwischen‹ in der Hermeneutik Gadamers bekanntlich Verstehen und Wahrheit überhaupt erst ermöglicht.

Eine Alternative kann uns eventuell ein nochmaliger Rekurs auf Hans-Peter Dürr zeigen:

»Was wir Diesseits nennen, ist ja eigentlich die Schlacke, die Materie, also das, was greifbar ist. Das Jenseits ist alles Übrige, die umfassende Wirklichkeit, das viel Größere. Das, worin dieses Diesseits eingebettet ist. Insofern ist auch unser gegenwärtiges Leben bereits vom Jenseits umfangen.«

Wenn wir uns von der religiös gefärbten Diktion Dürrs nicht allzu sehr irritieren lassen, kann die theoretische Physik uns dabei behilflich sein, die Problemstellung unseres Sammelbandes zu modellieren: Was wir wollen, ist, Authentizität zu bedenken zwischen Materialität und Konstruktion. Was, wenn wir ›Materialität‹ als Kondensat einer Geist-›Konstruktion‹ verstehen? Das von uns Beobachtete wäre sozusagen immer schon von diesem »Jenseits« der Geist-Konstruktion »umfangen«, axiomatisch. Was würde das dann für die Authentizität bedeuten? Freilich: Liefern wir bei solcher Gleichsetzung unser heuristisches Bemühen und unser methodisches Agieren nicht der Zirkularität aus? Doch bevor der Teufel und sein Kreis bemüht werden, hilft vielleicht ein Blick zurück, und zwar in die Begriffsgeschichte von Authentizität und auf ihren etymologisch verifizierbaren semantischen Gehalt.

Zur Begriffsgeschichte von Authentizität

Da die Theologie per se mit dem Phänomen Authentizität zu tun hat und sich deshalb schon immer mit der damit verbundenen Problemfrage konfrontiert sah, vermag sie – philologisch und philosophisch geschult – auf eine lange Begriffs- und Rezeptionsgeschichte zurück zu blicken.

Der etymologische Zusammenhang

Wie die Schreibweise schon vermuten lässt, liegt dem Begriff ›Authentizität‹ ein griechisches Äquivalent zugrunde:

Das Verb *authéntein*

aus:	*autós* = ›selbst‹ + *éntēs* = ›vollenden‹
meint:	›selbst ausführen‹, ›eigenständig tun‹
bedeutet:	›Macht haben‹, ›herrschen‹ (vgl. 1 Tit 2,12)

Das Adjektiv *authentikós*

meint:	›von eigener Hand ausgeführt‹
bedeutet:	›ursprünglich‹ (vgl. 2 Clem 14,3)

Das Adverb *authentikōs*
meint: ›gemäß zuverlässigem Gewährsmann‹
bedeutet: ›ganz klar‹ (vgl. Kerygmata Petrou 4)

Das Nomen *ho authéntēs*
meint: ›der etwas mit eigener Hand/Macht tut‹
bedeutet: ›Herr‹; ›Macht-, Gewalthaber‹; ›Urheber‹
-> das lateinische Pendant:
auctor = ›Urheber‹, ›Gewährsmann‹ -> ›Autor‹
auctoritas = ›Ansehen‹, ›Ermächtigung‹ -> ›Autorität‹

Es zeigt sich eine semantische Äquivalenz: ›Authentizität‹ hat mit ›Autor‹ und ›Autorität‹ zu tun. Dieser denotative Zusammenhang zwischen ›Authentizität‹ und ›Autorität‹ ist sprachgeschichtlich belegt: Griechischsprachige Theologen des 2. Jahrhunderts übersetzen das lateinische *auctoritas* mit dem griechischen *authentia*. Das heißt: ›Authentizität‹ und ›Autorität‹ entsprechen sich. Das bedeutet: ›Authentizität‹ hat etwas zu tun mit Ansehen und Ermächtigung, mit autorisierter und damit autoritativer Gewährschaft.

Für diesen semantischen Zusammenhang spricht, dass die latinisierte Form von *authentikōs*, nämlich *authenticus*, als Adjektiv zu *auctoritas* verwendet worden ist. Wenn also etwas die Eigenschaft *authenticus* hatte, dann war es sozusagen »auctoritate plenus, vel fide dignus« (Röttgers/Fabian 1971: 691) – ›voller Autorität, bzw. glaub-würdig‹.

Die theologische Rezeption

In dieser Belegung macht das Adjektiv ›authentisch‹ als theologischer und juristischer Terminus Karriere: Eine ›*editio authentica*‹ kennzeichnet ein Dokument als ›echt‹, weil ›verbürgt‹, und damit ›verlässlich‹ und deshalb ›wahr‹ und somit ›verbindlich‹. Der Nachweis der Originalität eines Dokuments wurde ›*authenticum*‹ genannt. Diese Bezeichnung ging dann über auf das Original selbst, im Unterschied zu seiner Abschrift. Mit dem Adjektiv wurde auch die Geltung und die Rechtskräftigkeit bezeichnet (›*lex authentica*‹; ›*versio authentica*‹).

Im kirchlich-religiösen Bereich war die Frage der ›Echtheit‹, also ›Unverfälschtheit‹, und damit ›Glaubwürdigkeit‹ bedeutsam, da von der Authentizität die ›verlässliche‹ Wirksamkeit abhing: sei es eine Reliquie oder ein Text, sei es ein Amt oder eine Lehrfunktion, sei es eine Lehre oder ein Bekenntnis. Diese Vorstellung und Überzeugung betreffen vor allem auch die biblischen Bücher als »Heilige Schrift« – weswegen es einer ›*editio authentica*‹ bedarf, ›autorisiert‹ durch die kirchliche Autorität.

DER SEMANTISCHE DUKTUS

Die Etymologie zeigt, dass die semantische Basis auf dem Zusammenhang des ›*autós*‹/›Selbst‹ mit der ›*auctoritas*‹/›Autorität‹ beruht. Authentizität hat zu tun mit ›verbürgter Macht‹, mit ›verlässlicher Mächtigkeit‹. So gesehen hat es eine den Dingen inhärente Authentizität nie gegeben. Auch Personen oder Vollzüge galten nie einfach aus sich heraus als authentisch. Immer schon war Authentizität ein relationales Phänomen. Ihre phänomenologisch-praktische Eigenschaftlichkeit beruht immer schon auf einer Zuschreibung, auf einer Setzung – und zwar kraft Autorität: Autorität, die aus der Person selbst kommt, oder Autorität, die zugeschrieben wird. Die *gate keepers* gab es schon immer,[6] und zu den ›Authentifikatoren‹ gehörte immer schon ein ›Ich‹, das – kraft eigener Kompetenz und Autorität – die Setzung anerkennt.

Genau hierin scheint mir die Frage unserer Themenstellung zu wurzeln: Authentizität wird unabdingbar zum Problem, wo Autorität zur Frage wird. Und zum Problem muss Authentizität erst recht werden, wenn ›Ich‹ und ›Selbst‹ in Frage stehen – wie in der poststrukturalistischen und neurowissenschaftlichen Postmoderne.[7] In der langen Geschichte der Vormoderne ging es offensichtlich nicht um eine optional ›seins-mäßige‹ Eigentlichkeit des Subjekts. Es ging um Ermächtigung durch Autorität, um autoritative Potenz. Im theologiegeschichtlichen Rahmen ist sprechendes Beispiel hierfür die Geschichte der christlich-kirchlichen Bibelrezeption.

6 Vgl. hierzu auch den Beitrag von Rainer Schulze im vorliegenden Band (32).

7 Freilich ist diese Infragestellung so ganz neu auch nicht, wie die Literaturgeschichte zeigt – von Augustinus' »Confessiones« bis zur so genannten Kant-Krise Kleists (vgl. Kleist 1982: 634f.). Könnte unser aufgeregter heutiger Eindruck damit zusammenhängen, dass wir in der Vorstellungswelt und Sprachtradition der Existenzphilosophie groß geworden sind? Seit Heidegger setzen wir stillschweigend ›authentisch‹ mit ›eigentlich‹ gleich (Röttgers/Fabian 1971: 692f). Wenn wir ›Authentizität‹ hören, verstehen wir ›Eigentlichkeit‹. Und so denken wir Authentizität zu allererst und ausschließlich auf Individualität bezogen, und zwar auf die Potenz des ›Selbst-Seins‹, die Option der ›Jemeinigkeit‹ – und reden dann entsprechend von ›Echtheit‹, ›Unmittelbarkeit‹, ›Stimmigkeit‹, ›Wahrhaftigkeit‹ etc.! In einer Atmosphäre, in der das menschliche Subjekt dermaßen mit Eigentlichkeit und damit Eigenverantwortlichkeit aufgeladen ist, muss die postmoderne Infragestellung von ›Ich‹ notwendig einen Kollateralschaden erzeugen. Von daher kann man es beinahe schon als Menetekel verstehen, dass im »Historischen Wörterbuch der Philosophie« ›Authentizität‹ zwischen ›Autarkie‹ und ›Autismus‹ aufgeführt ist!

Authentizität in der Bibelrezeption

Die Bibellektüre in kirchlichem Kontext beruht auf dem christlichen Selbstverständnis, das konstituiert wird durch die Vorstellung, es gebe Authentizität in Orientierung an der Autorität des biblischen Textes. Höchste Autorität besitzen die biblischen Texte, weil ihr letztlicher Autor Gott selber ist. Die innere Logik dieser Vorstellung basiert auf der Reihung: Authentizität ← Autorität ← Autor.

Damit verbunden ist die Vorstellung von der ›Inspiration‹ der Schrift: Autor der Texte ist der ›Gottes-Geist‹ – weshalb die Texte wahr sind, also irrtumsfrei, als ›Gotteswort‹ deshalb normativ und sakrosankt. Natürlich beruht die innere Logik dieser Reihung und Schlussfolgerung auf einer Setzung: auf der Entscheidung, den Autor als Autorität anzuerkennen. Den Akt dieser Entscheidung nennt man gemeinhin ›glauben‹: ›glauben‹ als ›vertrauen darauf, dass‹ – nicht im Sinne eines unreflektiert-blinden Fürwahrhaltens, sondern im Sinne eines vernunftgeleiteten Einverständnisses, das geprägt ist vom Eros der Wahrhaftigkeit, Dialogizität und Kontakt- bzw. Hingabebereitschaft. Ganz offensichtlich zeigt sich hier das *Gatekeeper*-Phänomen, und zwar in dem Sinne, dass eindeutige ›Authentifikatoren‹ die ›*scriptio authentica*‹ verantworten: Erstens, die Schrift selber, die das einzelne ›Ich‹ im Rahmen des kollektiven ›Wir‹ zu einer ›*interpretatio authentica*‹ ermächtigt – und sich so als »Wort ewigen Lebens« (Joh 6,68) eröffnet (= inspiriertes Gotteswort). Zweitens, eine Lesegemeinschaft, die die Schrift approbiert, und zwar kraft eigener Kompetenz und Autorität, weil »vom Geist Gottes geleitet« (= kirchliches Lehr-Amt). Drittens, ein ›Ich‹, das die Schrift interpretiert, und zwar kraft eigener Kompetenz und Autorität, weil ›aus dem Geist Gottes wiedergeboren‹ (= konfessorische Subjektivität).

Der Zirkel der Authentifikation liegt auf der Hand: Der ›Materialität‹ des Textes ist eine ›Authentizität‹ inhärent durch die ›Konstruktion‹ des Glaubens. Der konfessorische Vorausentscheid des Glaubens wiederum wird initiiert und verifiziert durch eine Text-Materie, die als authentisch wahr- und angenommen wird.

Zum Problem wird diese theologisch reflektierte und glaubenspraktisch verantwortete Zirkularität, wenn ein Glied der Kette in Frage steht – zum Beispiel die Autorität des kollektiven ›Wir‹ (= Kirche), wie dies am nachhaltigsten in der Reformationszeit der Fall war. Der normierenden Autorität der Papst-Kirche setzte die protestantische Auffassung das *sola-fide-* bzw. das *sola-gratia*-Prinzip entgegen. An die Stelle der geistgeleiteten Lesegemeinschaft in Gestalt des autonomen (Lehr-)Amts tritt – idealiter – das Glaubens-Charisma des einzelnen ›Christenmenschen‹. Normierende Authentizität wird damit zum einen dem geistgeleiteten Individuum zugesprochen, zum anderen dem geisterfüllten Text (*sola-scriptura-*

Prinzip). Die Folge ist ein Authentizitäts-Schisma, das auf der Konkurrenz von verschiedenen Autoritäten beruht: der Autorität des kirchlichen Amtes auf der einen Seite, der Autorität des Charismas des Einzelnen auf der anderen. Die Frage nach der Authentizität des Textes stellt sich ganz neu. Freilich handelt es sich dabei um eine Ur-Frage, die in der ›katholisch‹-einheitlichen Kirche immer schon virulent war: Kirche basiert nach eigenem Verständnis auf ›Offenbarung‹, die sich literarisch objektiviert hat in Texten – und diese müssen und können konform der Offenbarung und ihr adäquat interpretiert werden.

Im Neuen Testament selbst wird diese hermeneutische Notwendigkeit von Paulus von Tarsus thematisiert. »Nicht des Buchstabens, sondern des Geistes« lautet bekanntlich seine Maxime (Röm 2,29; 7,6; 2 Kor 3,6). Sein pauschal begründendes Verdikt: »denn der Buchstabe tötet« (2 Kor 3,6).[8] Doch was meint ein Verstehen nach dem Modus »des Geistes«? In den theologischen Schulen der kirchlichen Philologie und Hermeneutik des 2. Jahrhunderts begann sich – nicht zuletzt in Anknüpfung an Philo von Alexandrien und seine allegorische Bibelauslegung – die Lehre vom so genannten ›vierfachen Schriftsinn‹ zu entwickeln. Motto und Maxime verfestigen sich im Lehrspruch: »Littera gesta docet, quid credas allegoria, moralis quid agas, quid speres anagogia.« Der ›Sinn‹ eines Textes findet sich demnach auf vier Ebenen:

(1) literarisch (»Der literarische Sinn die Geschehnisse lehrt«),
(2) geistlich (»was du glauben sollst der allegorische«),
(3) ethisch (»der moralische, was du tun«),
(4) eschatologisch (»was du hoffen sollst der anagogische«).

Die Frage der Authentizität einer Schrift entscheidet demnach die Leserschaft. Freilich ist dazu laut Selbstverständnis eine entsprechende ›Geist‹-Kompetenz nötig – und diese ist letztlich, wie bereits dargelegt, innerhalb der ›katholisch-allgemeinen‹ Kirche auf das Amt beschränkt.

Seit 300 Jahren stellt sich die Frage der Authentizität des biblischen Textes im zeitgeschichtlichen Verstehenskontext einer aufklärerischen Hermeneutik und Geschichtswissenschaft. Der Zusammenhang von ›Authentizität‹, ›Materialität‹ und ›Konstruktion‹ wird dabei folgendermaßen bestimmt: ›Material‹ ist der Text. Mithilfe des diffizilen Methodenensembles der historisch-kritischen Exegese wird der Text in einem analytischen Schritt als geschichtliches Produkt situiert, um seine Aussageabsicht zu erhellen. Seine Authentizität

8 Zum verstehenstheoretischen Hintergrund im Kontext der platonischen Schriftlichkeit-Mündlichkeit-Diskussion vgl. Stimpfle 1995.

wird zunächst also von seiner kontextuellen Verwobenheit her zu bestimmen versucht. Maßstab sind neben den klassisch-philologischen Aspekten vor allem form- bzw. gattungsgeschichtliche, traditions- und redaktionsgeschichtliche, religions- und sozialgeschichtliche sowie rezeptionsästhetische und textpragmatische Beobachtungen. Das jeweilige Ergebnis unterliegt dabei – wie in der literarisch-historischen Wissenschaft nicht anders möglich – dem Kriterium der Plausibilität. Diese geschichtlich plausible Authentizität wird dann in einem applikativen Schritt strukturanalog interpretiert, sei es in Form der Homilie, der Katechese oder der Pädagogik. In diesen Möglichkeiten der Über-Tragung konstituiert sich ›Konstruktion‹, indem die Interpreten sich selbst im Text entdecken und im Blick auf die aktuelle Adressatenschaft zur Sprache bringen. Das Ergebnis sollte eine adäquate Authentizität sein, die freilich ohne »produktives Missverstehen« (Berger 1988: 203f) nicht gedacht werden kann. Zum Tragen kommt dieser Aspekt des kreativen ›Anders-Verstehens‹ vor allem in der klassischen Methode der ›geistlichen Schriftlesung‹ (*lectio divina*). Meditative und kontemplative Praktiken zielen auf eine Begegnung mit dem Text, die die Leser in ihrer Individualität Impulse spüren und Entdeckungen machen lässt. Der spirituelle Rahmen im engeren Sinne ist bei kreativ-entdeckenden Methoden wie Bibliodrama oder Bibliotherapie geweitet auf eine dezidiert ganzheitliche Dimension des Erlebens und der Selbst-Erfahrung. Bei entsprechender Offenheit und Hin- bzw. Weggabebereitschaft kommt es zu einem ›Selbst‹-Tun im ursprünglichen Sinne von *authéntein*. Ein Text dient dabei lediglich als Spiegel und Auslöser.

Authentizität in der Bibelwissenschaft

Ziel der Bibelwissenschaft ist es, die geschichtliche Authentizität des Textes zu erheben, und zwar auf dem Weg historisch-kritischer Analyse. Demonstrationsbeispiel soll hier Joh 20,11-18 sein, eine der so genannten ›Ostergeschichten‹. Für diese Textauswahl sprechen zwei Gründe: Zum einen gehört die Auferstehung Jesu zum Zentrum christlicher Theologie, zum anderen – heißt es – glaubt das doch kein Mensch mehr! Die Brisanz für die Frage nach dem Authentischen liegt auf der Hand.

Der Demonstrationstext erzählt von Maria aus Magdala, die dem ›Auferstandenen‹ begegnet:

»11 Maria aber stand beim Grab draußen weinend. Wie sie nun weinte, vorbeugte sie sich ins Grab, 12 und sie sieht zwei Engel in Weiß dasitzend, einen beim Kopf und einen bei den Füßen, wo gelegen war der Leib von Jesus. 13

Und es sagen ihr jene: Frau, was weinst du? Sie sagt ihnen: Weil sie wegnahmen meinen Herrn, und nicht weiß ich, wohin sie ihn gelegt haben. 14 Dieses sagend, umwandte sie sich nach hinten und sieht Jesus stehend, aber nicht wusste sie, dass es Jesus ist. 15 Es sagt ihr Jesus: Frau, was weinst du? Wen suchst du? Jene, meinend, dass es der Gärtner sei, sagt ihm: Herr, wenn du ihn wegtrugst, sprich zu mir, wohin du ihn legtest, und ich werde ihn holen. 16 Es sagt ihr Jesus: Mariam! Sich umwendend sagt jene zu ihm hebräisch: Rabbuni, das heißt: Lehrer. 17 Es sagt zu ihr Jesus: Halt mich nicht fest! Denn noch bin ich nicht hinaufgestiegen zum Vater; geh aber hin zu meinen Brüdern und sprich zu ihnen: Ich steige hinauf zu meinem Vater und eurem Vater und meinem Gott und eurem Gott. 18 Es kommt Mariam, die Magdalenerin, meldend den Schülern: Ich habe den Herrn gesehen, und dies sprach er zu ihr.« (nach Hainz 1988)

Formgeschichtliche Authentizität

In der Regel lässt sich bei den bibelwissenschaftlichen Kollegen bezüglich der Auferstehung Jesu eine eigenartige Differenzierung beobachten: Während die Wunder Jesu rational irgendwie erklärbar seien, müsse man beim Wunder der Auferweckung Jesu von einem letztlich nicht erklärbaren »Handeln Gottes« ausgehen (paradigmatisch Lang 2009: 68). Im Rahmen unserer Fragestellung würde dies bedeuten, dass die Authentizität der Ostergeschichten in einem geheimnisvollen Faktum bestehe, durch welches Gott Jesus von Nazareth als seinen ultimativen Offenbarer beglaubigt habe.

Auf der Basis der gängigen geschichts- und literaturwissenschaftlichen Methoden fokussiert das heuristische Interesse speziell auf die Gattung der Erzählung. Das Ergebnis ›Epiphanie-Wundergeschichte‹ präjudiziert den pragmatischen Gehalt des Textes: Sein eschatologisch-transzendenter Inhalt muss entsprechend der antiken Wirklichkeitsauffassung und Erzählpraxis metaphorisch verstanden werden. Als Ausdruck narrativer Theologie bekennt er die gläubige Hoffnung, dass der Tod Jesu nicht das Ende Jesu bedeutet, dass Gott diesen Jesus vielmehr aus dem Tod zu sich in den Himmel ›auferweckt‹ hat.

Freilich, wenn diese Überzeugung auf den Gedanken vom ›Weiterleben nach dem Tod‹ beschränkt wird, bleibt die Maxime der analogen Adäquatheit vernachlässigt. Die Authentizität der österlichen Erscheinungs-Texte hat nichts mit der platonischen Überzeugung von der ›Unsterblichkeit der Seele‹ zu tun. Womit aber dann?

Konstruktionsgeschichtliche Authentizität

Eine konstruktionsgeschichtliche Hermeneutik[9] nimmt einen Zirkel der Authentifikation an und beruht auf den Annahmen der konstruktivistischen Erkenntnistheorie. Deren Tenor lässt sich vereinfachend kennzeichnen mit dem metaphorisch verstandenen Begriff der ›Brille‹: Jeder Vorgang menschlichen Erkennens wird aufgefasst als Wahrnehmung im Sinne eines ›Etwas als wahr annehmen‹. Wirklichkeit stellt damit das Produkt einer Interpretationsleistung dar. Diese hängt ab von den jeweiligen Bedingungen der Möglichkeit, die Realität in den Blick zu nehmen: dem historischen Rahmen, der Lebenswelt mit ihren Traditionen und Konventionen, Überzeugungen und Normen. Auf solcher erkenntnistheoretischer Basis erweist sich die alte skeptisch-aufklärerische Maxime »Ich glaube, was ich sehe« als genauso unrichtig, wie die aufgeklärt-postmoderne Überzeugung »Ich sehe, was ich weiß« zu kurz greift. Die adäquate Parole muss heißen: »Ich sehe (und weiß), was ich glaube« – und zwar in einer Gemeinschaft, die meine Überzeugungen teilt. Dabei sehen wir, was wir glauben, umso deutlicher und wirkungsvoller, je intensiver wir kognitiv und emotional in eine solche Interpretationsgemeinschaft eingebunden sind.

Für die neutestamentliche Bibelwissenschaft bedeutet dies, die antike ›Brille‹, durch die Realität wahrgenommen und Wirklichkeit erstellt wird, in den Blick zu nehmen. Konkret: Zum einen den rhetorischen und literarischen Konstruktionsmodus des Autors des Johannesevangeliums, zum anderen den lebensweltlichen Konstruktionsmodus der Zeit Jesu mit seinem Amalgam aus alttestamentlich-frühjüdischen und hellenistischen Kontextualitäten.

Der redaktionsgeschichtliche Konstruktionsmodus

Der heuristische Fokus ist auf den redigierenden Verfasser und seine Werkkonzeption gerichtet. Inhalt und Intention müssen von Struktur und Theologie des Johannesevangeliums als Gesamtwerk her plausibilisiert werden. Unter der Voraussetzung, dass der Johannes-Text die bewusste Komposition eines versierten theologischen Schriftstellers darstellt, erweisen sich literarische Konstruktionselemente als maßgeblich, die erstens innerhalb der Erzählung selbst (20,11-18) zu finden sind, zweitens im engeren Erzählzusammenhang (20,1-29) und drittens im johanneischen Gesamtwerk (Evangelium und Briefe).

9 Zur Vorstellung und Praxis einer »konstruktionsgeschichtlichen Exegese« vgl. Stimpfle 2001; 2004; 2006.

Konstruktionselemente innerhalb der Erzählung

Die Verse 11 bis 15 sind getönt durch die Begriffe ›Grab‹, ›Leichnam‹; ›weinen‹; ›wegnehmen‹, ›wegtragen‹; ›nicht wissen‹. Ein anderer Ton herrscht in den Versen 16 bis 18: ›Vater‹, ›Brüder‹; ›mein‹/›euer Gott‹; ›hinaufsteigen‹; ›Mariam‹ (namentliche Anrede); ›Rabbuni‹ (titularisches Bekenntnis); ›verkündigen‹ (persönliches Zeugnis); ›festhalten‹ (negiert).

Die Frage nach dem Grund für Marias Tränen wird von den Engeln (V 13) und von Jesus (V 15) gestellt. Die Wiederholung verstärkt den Ton der Trauer. Allerdings wird bei der Wiederholung der ›was‹-Grund personalisiert und als ›wer‹-Ziel thematisiert. Der Inhalt der Trauer erhält einen neuen Fokus – von der Fixierung auf die Grabutensilien und den entfernten Leichnam weg, hin zur Sehnsucht nach der vermissten Person.

Das semantisch ambivalente *stréphein* (›sich zuwenden‹ und ›sich abwenden‹) wird in V 14 mit dem präpositionalen Zusatz ›nach hinten‹ verwendet. Dadurch eignet ihm eindeutig der Aspekt der Abwendung in dezidiert adversativem Tenor (vgl. Joh 6,66; 18,6). Eine innerliche Distanz Marias zum Grab wird insinuiert.

Die Begegnung Marias mit Jesus bestimmen zwei Hebraismen (*Mariám; Rabbúni*; V 16), ein Aspekt, der explizit thematisiert wird (»sagt jene zu ihm hebräisch«; V 16). Im Verbund mit *María* (griechisch) in V 11 und *Mariám* (wiederum hebräisch) in V 18 sowie des ansonsten im Johannesevangelium ausschließlichen *Rábbi* drängt sich die Vermutung auf: Das palästinische Sprach-Original impliziert Authentizität.

Das zentrale Denotat ›sehen‹ meint im ersten Teil ein regelrecht blindes Sehen (V 14), lediglich registrierend (V 12) und tränenverhangen (VV 11.13.15). Im zweiten Teil steht es absolut (V 18), im Rahmen von persönlicher Begegnung (V 16), direktem Bekenntnis (V 16) und zeugnishafter Verkündigung (V 18). Gleichzeitig scheint die unbeholfen wirkende Struktur des Schlusssatzes (V 18) den Absolutheitscharakter des wahrnehmenden ›Sehens‹ syntaktisch zu prononcieren: Das Zeugnis in wörtlicher Rede beinhaltet allein das ›Sehen‹ (des Herrn).

Konstruktionselemente im mikro-textuellen Kontext

Der Name *María* (V 11) steht unvermittelt am Anfang des Textes. Vom Ende her wird deutlich, dass es sich um »die Magdalenerin« (V 18) handelt. Mit ihr beginnt in 20,1 der ›Auferstehungs‹-Abschnitt des Johannesevangeliums, nachdem sie auch in 19,25 beim Kreuz steht. Es liegt auf der Hand, dass der Textabschnitt 20,11-18 im Erzählkontext von 20,1ff zu verstehen ist.

Der Textabschnitt ist mit einem adversativen »aber« eingeleitet (V 11), das syntagmatisch *María* zugeordnet ist, wodurch diese abgesetzt wird von Petrus und dem geliebten Jünger: Anders als diese (20,2-10) bleibt Maria am Grab.

Das ›Sehen‹ ist terminologisch verzahnt mit dem vorausgehenden wie dem nachfolgenden Erzählkontext (20,1.5.6.8/ 20,20.25.27.29). Dort wird jeweils mit der pragmatischen Ambivalenz von ›sehen‹ gespielt: das inspizierend-begutachtende ›Sehen‹ des Petrus und das wahrnehmend-erkennende ›Sehen‹ des geliebten Jüngers (20,5-8) sowie das heuristisch-misstrauische ›Sehen‹ des Thomas (20,25) gegenüber einem ›Sehen‹ aus hermeneutischem Vertrauen (20,29). Maria als ›Sehende‹ steht auf der Erzählleiste dazwischen – erscheint wie mittig, zentral, wie ein Demonstrations›objekt‹ adäquaten ›Sehens‹.

Konstruktionselemente im makro-textuellen Kontext

Das erzählte Geschehen kippt, als Jesus Maria mit ihrem Namen anspricht. Das hebräische Idiom *Mariám* könnte dabei durchaus die Funktion haben, die Identität der angesprochenen Person zu unterstreichen. Die Geschichte wirkt von daher wie die narrative Entfaltung eines zentralen Aspektes der Hirtenrede (Joh 10): Wie der Hirte seine Schafe mit Namen kennt und sie mit Namen ruft und diese ihm folgen, weil sie seine Stimme kennen (10,3f.27), so kennt Jesus die Seinen (»die Meinigen«), und diese kennen ihn (10,14) – mit dem Effekt, dass »sie Leben haben und reichlich haben« (10,10). Das würde bedeuten: Indem Jesus Maria mit ihrem Namen anspricht, outet er sie als eine der Seinigen. Maria hört sich ›gerufen‹, und indem sie Jesus (als ihren »Hirten«) erkennt, erkennt sie sich als eine der Seinigen – mit dem Effekt von »Leben haben«, und zwar »reichlich« (10,10) im Sinne von »ewiges Leben«, das nach dem Johannesevangelium dem eignet, der Jesus als den Gesandten Gottes erkennt (vgl. 17,3).

Die Vorstellung, dass Jesus der von Gott gesandte Offenbarer ist, bildet einen charakteristischen Zug der johanneischen Christologie.[10] Dramaturgisch äußert sich diese Auffassung im Schema vom Ab- und Aufstieg des himmlischen Gesandten.[11] Auf den Aspekt der Rückkehr in die himmlische Welt verweist auch Jesus Maria von Magdala gegenüber (›hinaufsteigen‹), und zwar in doppelter Ausführung: als Begründung für seine Weisung »Halt mich nicht fest« (V 17b) und als Inhalt seiner Botschaft an die Jünger (V 17c). Der Grund für diese auffallende Gewichtung ist, dass das drama-

---

10 Vgl. Joh 3,17.34; 5,36.38; 6,29.57; 7,29; 8,42; 10,36; 11,42; 17,3.8.18.21.23.25; 20,21.

11 Vgl. Joh 3,13; 6,33.38.41f.50f.58.62; 13,1.3; 16,28; zum Pendant ›oben – unten‹ vgl. 3,3.31; 8,23; zur Dichotomie ›aus/von Gott‹ – ›aus/von der Welt‹ vgl. 3,2; 6,46; 8,42.47.54; 9,33; 13,3; 16,27.30 und 8,23; 15,19; 17,6.13-16; 18,36.

turgische Schema nicht als bloße Staffage der Erzähldynamik dient, sondern im Rahmen des Offenbarungsprozesses eine konstitutive theologische Überzeugung transportiert: Wahre Erkenntnis gibt es nur durch und im *pneúma* des »Parakleten« (14,16f). Dieser wird »euch lehren alles und erinnern euch an alles« (14,26). Dieser »Geist der Wahrheit« (14,17) wird aber erst kommen, nachdem Jesus »weggegangen« (16,7) ist. Jesus selbst nämlich wird ihn »senden« (16,5-7). Das bedeutet: Ein »Festhalten« (20,17) Jesu verunmöglicht wahre Christus-Erkenntnis.

Diese – nun gar nicht mehr sonderbare – Botschaft soll Maria »verkünden«, und zwar – wie sonderbar – den »Brüdern« Jesu. Im Duktus der Erzählung sind damit die Jünger Jesu gemeint.[12] Woher diese auffallende Kennzeichnung? Der Ausdruck ›Bruder‹ entstammt dem familiaren Wortfeld. Im johanneischen Soziolekt gehören zu diesem Wortfeld die Termini ›Vater‹, ›Mutter‹, ›Sohn‹ sowie ›Kinder‹. Die Vater-Sohn-Relation bleibt allein für Jesus reserviert (vgl. 3,35; 5,20.23 u.ö.). Die Mutter-Sohn-Relation wird für Jesus und den geliebten Jünger in Anspruch genommen (vgl. 2,1ff; 19,25-27). Das Kind-Verhältnis schließlich gilt für die Jünger, und zwar programmatisch (vgl. 1,12). Expressis verbis zum Ausdruck gebracht wird es freilich nur zweimal, jeweils in der summarischen Form des Plurals und im kommunikativen Duktus der Anrede (13,33; 21,5). Der Tenor von familiärer Beziehung und Intimität, der dabei mitschwingt, findet im ›Bruder‹-Begriff sein stimmiges Äquivalent – bezeichnenderweise wieder im summarischen Plural. Obwohl im Johannesevangelium einzigartig, erweist sich diese »Brüder«-Qualifizierung als stringent und plausibel: Ab Kapitel 13 ist das Verhältnis zwischen Jesus und den ›Seinigen‹ als personaler Kontakt beschrieben.[13] Dabei beruht die innige Verbundenheit auf einem gegenseitigen ›sein in‹, das auch Gott einschließt (vgl. bes. 14,11.20f; 15,9f; 17,9f.21-23). In diesem mystisch anmutenden spirituellen Einssein gründet letztlich das ›brüderliche‹ Verhältnis zwischen Jesus und den Jüngern.

Literarische (Re-)Konstruktion

Die Konstruktionselemente des johanneischen Autors propagieren als Redaktor-›Zeugnis‹: Auf der intensiven Suche nach Jesus erkennt Maria von Magdala sich selbst, als eine der ›Seinigen‹ nämlich. Diese Entdeckung setzt bei Maria eine mystagogische Haltung voraus, die sich in der spirituellen Praxis am mystischen »In«-Sein orientiert. Auf der erzählten Ebene objektiviert sich diese Christus-

12 Das Johannesevangelium kennt auch leibliche Brüder Jesu; vgl. 2,12; 7,2-10.

13 Veranschaulicht in 13,4-10 (Fußwaschung) und 15,1-8 (Weinstock-Bildwort).

Frömmigkeit darin, dass sich Maria im Augenblick der erkennenden Begegnung ›abwendet‹: Sie steht dem göttlichen Offenbarer gegenüber – was nach biblischem Verständnis vom Menschen nur dadurch überlebt werden kann, dass er aus dem direkten Kontakt geht, also sich wegdreht und damit die ›von Angesicht zu Angesicht‹-Situation beendet.[14]

Der historisch-ursprüngliche Konstruktionsmodus

Die sinnlich-empirische Erfahrung des ›Sehens‹, von der der Text erzählt, wird auf der Beobachter-Ebene der Zeitzeugen Jesu angesiedelt. Im Text des Johannes-Redaktors ist dann eine Erinnerung tradiert, die auf einer historischen Faktizität beruht: Das Zeugnis der Magdalenerin, »gesehen habe ich den Herrn« (20,18), muss wörtlich verstanden werden. Was für ein aufgeklärtes Denken und Wahrnehmen befremdlich klingt und weshalb psychologisierend erklärt oder metaphorisch literarisiert oder supranatural dogmatisiert oder konfessorisch theologisiert wird, lässt sich aus der Perspektive der konstruktivistischen Erkenntnistheorie als sinnlich-empirische ›Tatsächlichkeit‹ verstehen.[15]

Frühjüdische Konstruktionselemente

Für die sensitiv-empirische Wirklichkeit der Maria Magdalena von Joh 20,11-18 ist von einem Konstruktionsrahmen auszugehen, der sich aus dem biblisch-jüdischen Milieu Palästinas generiert. Seine konstitutiven Eckleisten sind die weltanschaulichen Sphären des Alten Testaments und des Hellenismus sowie des so genannten Frühjudentums als deren Amalgam. Die ›Brille‹, die dabei ›Auferweckung‹ bzw. ›Auferstehung‹ wahrnehmen lässt, ist justiert durch geistes- und ideengeschichtliche Indikatoren aus dem Pool

a) hebräisch-alttestamentarischer Auffassungen

- Gott ist Herr über Lebende und Tote (vgl. Dtn 32,39; Jes 25,8)[16]

---

14 Urszene dieser Gotteserfahrung ist Ex 3,6b; 33,20; 34,29-35; Dtn 5,23-27; vgl. 1 Kön 19,13; vgl. Joh 1,18. Dazu und zum kreativen Verständnis der Wendung bei Patrick Roth vgl. Schiefer (2008).

15 Vgl. das entsprechende Experiment in Stenger/Geisslinger (1991): Während einer Outdoor-Ferienfreizeit wurde auf der Basis des konstruktivistischen Zusammenspiels von Perturbation und Reframing mithilfe dosierter Interventionen von Seiten der Betreuung bei den teilnehmenden Stadt-Kindern eine nahezu beängstigende Veränderung der Wirklichkeitswahrnehmung erzeugt.

16 Tod bedeutet, in die Einheit mit den Vätern eingehen (vgl. Gen 25,8.17; 35,29; 49,29-33), also eine grundsätzliche Lebenszuversicht über den Tod hinaus. Zu Jahwe als Herr über die Scheol vgl. Am 9,2; Ps 139,8; Hiob 26,6; Spr 15,11.

- Erhöhung zu Gott (Ps 110,1; vgl. Ps 2)
- Geist Gottes, der Leben schafft (Gen 1,1-31; Ps 104.139)
- endzeitliche Ausgießung des Geistes (Joel 3,1-5; Ez 37,1-14)
- Erwartung der Auferstehung der Toten (Dan 12,2f; vgl. Hos 6,1-3)[17]
- Erscheinung himmlischer Wesen/Visionen (Jes 6,1-13 u.ö.)

b) hellenistischer Auffassungen
- Wiederbelebung von Toten im Mythos (z.B. Alkestis; Asklepios)
- Gedanke der Unsterblichkeit der Seele (z.B. Platon; Grabinschriften)
- Apotheose von Ausnahmemenschen (z.B. Asklepios; Dionysos; Kaiser)[18]
- Sterben/Auferstehen orientalischer Gottheiten (Osiris; Adonis)[19]

c) frühjüdisch-zwischentestamentarischer Auffassungen
- Entrückung/Aufnahme in den Himmel (äthHen 70f; JosAnt IV 326)
- Tun-Ergehen-Norm, postmortal (Weish 4,2; Sir 2,9; Ps 49,16 u.ö.)
- Erhöhung des leidenden Gerechten zu Gott (Weish 2,12-20 u.ö.)
- Märtyrer/Weise im Himmel (2 Makk 7; Weish 5,5.15f)
- Sendung – Martyrium – Erhöhung; Zeitmaß 3 ½ Tage (AscJes 2)
- endzeitliche Auferstehung[20]
- Gegenwart des Heils (Weish; Sir; Philo; JosAss)
- endzeitlicher Bevollmächtigter, der Gottesherrschaft vermittelt[21]

---

17 Zu unterscheiden sind: Auferstehung des Volkes Israel (Ez 37,1-10: keine individuelle Auferstehung) und Auferstehung der Toten Jahwes (Jes 26,19: leibliche, aber nicht allgemeine Auferstehung).

18 Das bedeutet ›Erhöhung‹ ohne ›Auferstehung‹ (vgl. Röm 1,4; Phil 2,6-11).

19 Das bedeutet Unsterblichkeitshoffnung für den Gläubigen, ›Eingeweihten‹.

20 Und zwar als leibliche Rückkehr (Jes 26,7-21; Dan 12,1-4), Unsterblichkeit der Seele (Weish 2,22; 3,1-4; 9,15; Ps 49,5), »Neuschöpfung« (2 Makk 7; 12,43-45; 14,46). Entsprechende Zeugnisse finden sich im apokalpytischen Schrifttum (vgl. äthHen 20,8; 22; 90,33.38; 102-104; Test XII; Sim 6,7; Jud 25,1.4; Zab 10,2; Benj 10,6-8; PsSal 3,10-12; 1 QS 4,7f; 12ff; 1 QH 11,12ff; 6,29f.34). Im rabbinischen Judentum vgl. im »Achzehnbittgebet« (1. Jh.n.) die 2. Benediktion: »Du bist mächtig in Ewigkeit, Herr, belebst die Toten, du bist stark im Helfen. Du ernährst die Lebenden mit Gnade, belebst die Toten in großem Erbarmen, stützest die Fallenden, heilst die Kranken, befreist die Gefesselten und hältst die Treue denen, die im Staube schlafen. Wer ist wie du, Herr der Allmacht, und wer gleicht dir, König, der du tötest und belebst und Heil aufsprießen lässt! Und treu bist du, die Toten wieder zu beleben! Gelobt seist du, Ewiger, der die Toten wieder belebt!«

Im Rahmen der unterschiedlichen Akzentsetzung dieser Muster wird ein Erleben möglich, das sich als ›Sehen‹ eines Verstorbenen versprachlicht. Die Vorstellung ›auferwecken‹ (vgl. Lk 24,34; Joh 2,22; Apg 3,15; 4,10; 1 Kor 6,14) bzw. ›Auferstehung‹ (vgl. Mk 12,18.23parr; Joh 5,29; 11,24f; Apg 1,22 u.ö.; Röm 1,4; 6,5; 1 Kor 15; 2 Tim 2,18; Hebr 6,2; 11,35) ist dabei *ein* Vorstellungsmodell neben anderen.[22] Sein spezifischer Akzent liegt im Gedanken der ›Neuschöpfung‹ (vgl. 2 Kor 5,17; Gal 6,15) – eine Hoffnung der apokalyptischen Eschatologie, die sich als ›Totenerweckung‹ äußert und den Beginn des »neuen Äons« markiert (vgl. 1 Kor 15,20-28). In hebräisch-biblischer Anthropologie wird sie leiblich vorgestellt (= *näfäsch*), ist Menschsein doch nur in der Ganzheitlichkeit von – hellenistisch-frühjüdisch gedacht – Körper, Seele und Geist möglich.[23] Von daher kann im hebräisch-biblischen Kontext sehr wohl von ›Auferweckung‹ auch ohne Rekurs auf ein leeres Grab gesprochen werden.[24] In der Vorstellungswelt der hellenistischen Anthropologie freilich kann das leere Grab zum Indiz für ›Auferstehung‹ werden.

Frühchristliche Konstruktionselemente

Dass innerhalb einer messianisch-eschatologischen Erneuerungsbewegung der hingerichtete und beerdigte Jesus von Nazareth als Lebender »gesehen« wird, hat mit den Erfahrungen zu tun, die der engere Kreis der Jesus-Schüler mit dem historischen Jesus und seinen Überzeugungen gemacht hat. Dazu zählen:

- die Verkündigung vom Beginn der endgültigen Heilswende (Lk 10,18; 11,20; 17,21; vgl. ferner die Exorzismen, Gleichnisse und Sündermähler);
- das Selbstverständnis des endzeitlich Bevollmächtigten (Messias/Menschensohn/Sohn Davids);
- der Glaube an die Erweckung eines Propheten (Mk 6,14-16);
- der Glaube an die Auferstehung (Mk 12,25);
- die Teilnahme am eschatologischen Festmahl (Mk 14,25);

21 Sei es als himmlische Gestalt (Qumran) oder Messias (PsSal 17) oder Menschensohn (Dan 7) oder Mischgestalt (Sib; 4 Esra).

22 Die Phänomene ›Sehen‹ (vgl. Mt 28,17; Lk 24,39 u.ö.) bzw. ›Erscheinen‹ (vgl. Lk 24,34; Apg 9,17; 26,16; 1 Kor 15,5-8) bzw. ›Offenbaren‹ (vgl. Joh 21,1.14; Gal 1,16; 2 Tim 1,10) lassen sich beispielsweise auch im Kontext der Vorstellung ›Erhöhung‹ verorten.

23 Bei Jesus ist die neue Leiblichkeit als engelhafte gedacht, und Paulus gibt sich alle nur erdenkliche Mühe, sie für die griechischen Korinther als ›pneumatische‹ verstehbar zu machen (vgl. Mk 12,25parr; 1 Kor 15,35-44).

24 Zum Nebeneinander von begrabenem Leichnam und auferwecktem leibhaftigem Leben im apokalyptischen und pharisäischen Judentum vgl. 2 Makk 7,1-29; Ps 73,23-26; Jub 23,31; äthHen 102-104.

- die Ankündigungen des eigenen Todes (Mk 14,25; Lk 12,49; 13,31);
- die Propagierung eines Glaubens, der Gott auch Unmögliches zutraut (Mt 17,20; Mk 11,22f).

Maria von Magdala lebt als Schülerin Jesu mit dieser Fokussierung auf Jesus. Infolge der entsprechend konditionierten und imprägnierten Bewusstseinskonstitution ›*sieht*‹ sie Jesus. Sie sieht, was sie glaubt! Wovon sie zutiefst überzeugt ist: Mit Jesus hat die Herrschaft Gottes begonnen, wird konkrete Wirklichkeit. Die ›Erscheinung‹ Jesu ist Ausweis des Beginns der ›Erweckung der Toten‹ durch Gott. Wurde Marias Überzeugung, dass Jesus der endgültige Gottes-Bote ist, durch dessen Hinrichtung perturbiert, so ist diese jetzt (wieder) viabel durch ihre ›Seh‹-Erfahrung.

Konstruktionsgeschichtliche (Re-)Konstruktion

Die Authentizität unseres Textes besteht auf der Ebene der historisch-ursprünglichen Erfahrung auf einer Audio-Vision als einer sinnlich-empirischen Konstruktion. Diese uns fremde sensitive Erfahrung wird ein aufgeklärt-postmodernes Wirklichkeitsverständnis als ›Halluzination‹ verstehen – was für ein adäquates Verstehen der Text-Authentizität kein Hindernis sein muss. Macht die Vorstellung ›Halluzination‹ doch darauf aufmerksam, dass menschliche Wahrnehmung eine Konstruktionsleistung ist, konstituiert durch den für alle Wirklichkeit entscheidenden Aspekt der ›Beobachtung‹. Das Halluzinationsphänomen – in dieser Konnotation erkenntnistheoretisch rehabilitiert (vgl. Reichardt 1999: 89-151) – bringt die jeweiligen Bedingungen menschlicher Wahrnehmung ins Spiel und mit ihnen die konstruktiv belegten Klassifizierungen ›Bewusstseinserweiterung‹ bzw. »alternated [gegenüber altered] states of consciousness« (Craffert 2007: 101) und damit die Plausibilität von ›Vision‹ und ›Audition‹.

Das authentische Konstruktions-Angebot des frühen Christentums, wie es uns in der Erfahrung Maria Magdalenas entgegentritt, lautet dann: Jesus, der Bote, Repräsentant und Gewährsmann der »Königsherrschaft Gottes«, wurde von Gott »auferweckt«, d.h. der »neue Äon« hat begonnen, d.h. Jesus von Nazareth hatte Recht, sein Lebenskonzept ist wahr: sein Vertrauen auf die Herrschaft Gottes in der Welt, seine Spiritualität der Bergung Gottes im Herzen, seine Haltung der gelassenen Sorglosigkeit und nachsichtigen Toleranz, sein Engagement für die Gotteskindschaft aller.

Biblisch-theologische Authentizität

Authentizität im bibel-theologischen Verständnis ist letztlich ein Phänomen der Ästhetik im ursprünglichen Sinne des Wortes *aistesis*: Es geht um ›Wahrnehmung‹. Nicht allein als ein umfassend beobachtendes, deskriptiv exaktes Erkennen, sondern auch und vor allem als ein sympathetisches Vernehmen und empathetisches Aufnehmen. Je mehr das Individuum als ›Selbst‹ involviert ist, umso echter, stimmiger die Wirklichkeit – seine Wirklichkeit, sein Leben. Authentizität hat konstitutiv mit Ethik zu tun – mit meinem Verhalten. Das wiederum generiert sich aus meinem ›Ins-Verhältnis-setzen‹. Der Möglichkeiten diesbezüglich sind viele. Christliche Theologie orientiert sich maßgeblich an der biblischen Norm. »Zwischen Materialität und Konstruktion« besteht diese nicht in einem mysteriös-ominösen Geschehen, das in seiner wunderhaften Ganzandersheit das spezifische Nonplusultra darstellte. Sie ist vielmehr als ein mystisch-spirituelles Geschehen zu begreifen, das in der Begegnung mit der Person des Jesus von Nazareth auf Gottes-Kontakt zielt. Ein ohne Zweifel nahezu hybrishafter Anspruch! Die Authentizität eines Zeugnisses wie das von Joh 20,11-18 empfiehlt ihn dennoch.

Maria Magdalena sah, was sie glaubte, weil sie glaubte! Es ist ihre Bezogenheit auf diesen Jesus, was – laut Text – den Initialpunkt für ihr Erleben ausmacht: ihr Name. Sie hört ihn nicht nur als Anrede, sondern als Ausdruck von ›Erkannt-Sein‹ – ›erkannt‹ im biblisch-archaischen Sinne von ›wahrgenommen‹, ›gesehen‹, ›anerkannt‹, ›in Kontakt‹, ›in Verbindung‹. In dieser Gemeinsamkeit und Vertrautheit und Dazugehörigkeit gehen ihr die Augen auf. Im Gegenüber gewinnt sie Identität – wird sie ›authentisch‹ – und wird sofort auf Distanz gewiesen: *»mē mou hâptou«* (»Halt mich nicht fest!«). Der Auferstandene verweigert sich der nahtlosen Vereinigung, der Verschmelzung, vielleicht auch der Vereinnahmung. Er besteht auf einer Polarität, einem ›Zwischen‹. Ein Rezeptionsmodus nach dem Motto: »Lass dich ansprechen! Aber halte mich nicht fest!« Die Spannung, die damit entsteht und erhalten bleibt, führt zu einer entsprechenden Performance des Lebens. Und damit zu einer Authentizität, deren Basis eine ›Selbst‹-Erkenntnis ist, die sich aus einem ›Erkannt-Sein‹, ›Anerkannt-Sein‹ speist. Die Authentizität der Auferstehungswirklichkeit, von der Johannes spricht, ist eine sozusagen intrinsische Größe.

Die praktische Konsequenz für eine entsprechende *ars vivendi* ist markant. Paulus von Tarsus fasste sie ins Motto *»hos mē«* (›als ob‹) – leben als ob! Und dies im Kontext einer Gesellschaft, die als Lebensmaxime propagierte:

»Die Welt ist eine Bühne und das Leben ein Spielzeug:
Verkleide dich und spiel deine Rolle,
doch verbanne jeden ernsthaften Gedanken,
sonst droht dir das Herz zu zerbrechen.« (Beckby 1965ff.: X 72)

Das spezielle Profil der christ-theologischen Anschauung von Authentizität wird offensichtlich – und genauso offensichtlich fällt die ›Performance‹-Authentizität der Postmoderne unter das Verdikt Kohelets (Koh 1,9), wonach da »nichts Neues unter der Sonne« ist.

Literatur

Beckby, Hermann (Hg.) (1965ff.): Anthologia Graeca, griechisch/deutsch, 4 Bde. (2. Aufl.), München: Heimeran. [Antologia Palatina]

Augustinus, Aurelius (2002): Die christliche Bildung (De doctrina christiana), Ditzingen: Reclam.

Benjamin, Walter (1963 [1935]): Das Kunstwerk im Zeitalter seiner technischen Reproduzierbarkeit. Drei Studien zur Kunstsoziologie, Frankfurt a.M.: Suhrkamp.

Berger, Klaus (1988): Hermeneutik des Neuen Testaments, Gütersloh: Gütersloher Verlagshaus.

Craffert, Peter (2007): »Neutestamentliche Forschung nach der Revolution in den Neurowissenschaften. Ungewöhnliche menschliche Erfahrungen ins Bewusstsein rufen«, in: Gerd Theißen/ Petra v. Gemünden (Hg.), Erkennen und Erleben. Beiträge zur psychologischen Erforschung des frühen Christentums, Gütersloh: Gütersloher Verlagshaus, S. 91-117.

Hainz, Josef (Hg.) (1988): Münchener Neues Testament, Düsseldorf: Patmos.

http://www.business-wissen.de/mitarbeiterfuehrung v. 8.10.2009.

http://www.klauseck.typepad.com/photos/%20uncategorized/limbic_map vom 08.10.2009.

Kleist, Heinrich v. (1982): Sämtliche Werke und Briefe, Bd. 4, München: Hanser.

Krückeberg, Edzard (1971): »Authentizität«, in: Historisches Wörterbuch der Philosophie, Bd. 1, Basel: Schwabe, Sp. 693.

Krüger, Hans-Peter (Hg.) (2007): Hirn als Subjekt? Philosophische Grenzfragen der Neurobiologie, Berlin: Akademie Verlag.

Lang, Michael (2009): »Viel mehr als ein Wunder«, in: Antike Welt 2, S. 68-70.

Maturana, Humberto/Varela, Francisco (1987): Der Baum der Erkenntnis. Die biologischen Wurzeln des menschlichen Erkennens, Bern/München: Scherz.

Metzinger, Thomas (2009): Der Ego-Tunnel. Eine neue Philosophie des Selbst. Von der Hirnforschung zur Bewusstseinsethik, Berlin: Berlin Verlag.

Nietzsche, Friedrich (1980): »Jenseits von Gut und Böse«, in: Giorgio Colli/Mazzino Montinari (Hg.), Friedrich Nietzsche. Kritische Studienausgabe, Bd. 5, München: de Gruyter.

Precht, Richard David (2007): Wer bin ich – und wenn ja, wie viele? Eine philosophische Reise, München: Goldmann.

Reichardt, Michael (1999): Psychologische Erklärung der paulinischen Damaskusvision?, Stuttgart: Katholisches Bibelwerk.

Röttgers, Kurt/Fabian, Rainer (1971): »Authentisch«, in: Historisches Wörterbuch der Philosophie, Bd. 1, Basel: Schwabe, Sp. 691f.

Schiefer Ferrari, Markus (2008): »›Leerstellen-Lektüre‹ am Beispiel von Joh 20«, in: Katechetische Blätter 1, S. 62-67.

Siebert, Horst (2003): »Lernen ist immer selbstgesteuert – eine konstruktivistische Grundlegung«, in: Udo Witthaus/Wolfgang Wittwer/Clemens Espe (Hg.), Selbstgesteuertes Lernen. Theoretische und praktische Zugänge, Bielefeld: Bertelsmann, S. 13-26.

Stenger, Horst/Geisslinger, Hans (1991): »Die Transformation sozialer Realität. Ein Beitrag zur empirischen Wissenssoziologie«, in: Kölner Zeitschrift für Soziologie und Sozialpsychologie 43, S. 247-270.

Stimpfle, Alois (1995): »Buchstabe und Geist. Zur Geschichte eines Missverständnisses von 2 Kor 3,6«, in: Biblische Zeitschrift 39, S. 181-202.

— (2001): »Fremdheit und Wirklichkeit. Überlegungen zu Joh 6,16-21 aus konstruktivistischer Perspektive«, in: Johannes Frühwald-König/Ferdinand R. Prostmeier/Reinhold Zwick (Hg.), Steht nicht geschrieben? Studien zur Bibel und ihrer Wirkungsgeschichte, Regensburg: Pustet, S. 263-281.

— (2004): »Wie wirklich ist die biblische Wirklichkeit? Die Bibel konstruktionsgeschichtlich gelesen«, in: Religionsunterricht an Höheren Schulen 47, S. 133-143.

— (2006): »Von Mächten und Gewalten. Konstruktionsgeschichtlich orientierter Lernzirkel zum biblischen ›Wunder‹-Phänomen«, in: Gerhard Büttner (Hg.), Lernwege im Religionsunterricht. Konstruktivistische Perspektiven, Stuttgart: Calwer, S. 98-115.

Künstl(er)i(s)che Strategien von Authentizitätskonstruktion – Beispiele aus Literatur, Film und bildender Kunst

STEFANIE KREUZER

Im Hinblick auf ein idealisiertes ›Echtheitskriterium‹ einerseits sowie Fiktionalität, Phantasie und Konstruktion andererseits stellt Authentizität in den Künsten eigentlich ein Paradox dar. Basierend auf dieser Einsicht wird eine fünfteilige Typologie künstl(er)i(s)cher Strategien zur Authentizitätserzeugung in Literatur, Film und bildender Kunst entwickelt. Vor dem Hintergrund von Fiktionalität wird dabei – ausgehend vom Ideal der mimetischen Darstellung von ›Wirklichkeit‹ – eine sukzessive Distanzierung vom pragmatisch-konkreten Wirklichkeitsbezug und eine Betonung autonomer künstlerischer Tendenzen angenommen. Anhand dreier Beispiele steht im Anschluss die erste typologische Kategorie, die ›Nähe zum Authentischen‹, im Fokus, die den anscheinend konkretesten Wirklichkeitsbezug aufweist. Die exemplarische intermediale Gegenüberstellung von Peter Handkes »Publikumsbeschimpfung« (1966), Michael Glawoggers Dokumentarfilm MEGACITIES *(1998) sowie Foto-Text-Arbeiten des wandernden Gegenwartskünstlers Hamish Fulton zeigt eine selbstreflexiv-kritische Authentizität auf, die durch künstlerisch-erfinderische Strategien eine authentische Annäherung an die Erfahrungswirklichkeit leistet.*

»Künstl(er)i(s)che Strategien von Authentizitätskonstruktion« – dies ist ein Titel, der in der Konstellation und dem Zusammendenken von Authentizität und künstlerischen Verfahrensweisen nicht selbstverständlich sein dürfte. Dem Untersuchungsinteresse scheint gar ein Paradoxon zugrunde zu liegen. So mutet die Annahme von Authentizität im Kontext künstlerischer Darstellungsformen eigentlich widersprüchlich – oder gar künstlich – an.[1]

1 Auch Susanne Knaller konstatiert: »Authentizität ist [...] ein Begriff, der seine paradoxale Position zwischen subjektiver Legitimierung und objektiver Aussage nicht aufgibt.« (Knaller 2006: 35)

Authentizität allgemein verstanden als ›Echtheit‹, ›Zuverlässigkeit‹ und ›Glaubwürdigkeit‹ ist prinzipiell nur schwer mit dem Fiktionalitätscharakter der Künste in Verbindung zu bringen. Dem Ideal authentischer Wirklichkeitswiedergabe stehen die künstlerischen Verfahrensweisen des Erdichtens und Erfindens sowie die in den Künsten positiv konnotierte Phantasie und Kreativität diametral gegenüber. Zentrale Antriebsmomente künstlerischer Prozesse scheinen gar unvereinbar mit dem gängigen und mitunter ubiquitär gebrauchten Authentizitätsverständnis der Echtheit und Wirklichkeitstreue.

Etymologisch leitet sich ›Authentizität‹ von lateinisch *authenticus* (= eigenhändig, verbürgt) ab und ist auf griechisch *authéntēs* (= Urheber) zurückzuführen.[2] Christoph Deupmann folgend (2007: 57) kommen Authentizität zwei zentrale Bedeutungen zu: Zum einen ist Authentizität auf die Echtheit einer textuellen Überlieferung in editionswissenschaftlichen Kontexten bezogen und bezeichnet »die originale Textgestalt«, die der Autor- resp. Urheberintention so gut als möglich entspricht. In der Antike und im Mittelalter war Authentizität in diesem Sinne auf künstlerische Originale bezogen. Zum anderen bezieht sich Authentizität »einerseits auf den glaubwürdigen Ausdruck der Autor-Subjektivität im lit. Text« sowie in künstlerischen Arbeiten und »andererseits auf dessen ›unverfälschten‹ Darstellungsbezug zur außerlit. Wirklichkeit« (ebd.). In der Erlebnisliteratur sowie der Genieästhetik im 18. Jahrhundert ging es im Sinne dieses Authentizitätsverständnisses beispielsweise um »einen ursprünglich-echten Selbstausdruck[...]« (ebd.).[3] In diesen Denotationen erscheint Authentizität als relationales Phänomen.

Im 20. Jahrhundert wird schließlich im Anschluss an Theodor W. Adorno die Auffassung einer spezifisch ästhetisch geprägten Authentizität etabliert.[4] Dieser Bedeutungsaspekt von Authentizität

2 In den Beiträgen von Birgit Nübel und Alois Stimpfle wird in diesem Band ausführlicher auf die Etymologie des Begriffs eingegangen.

3 Deupmanns Authentizitätsverständnis, wie es sich in diesem Zitat widerspiegelt, ist normativ und überzeitlich geprägt. Susanne Knaller hingegen hat in ihrer »etymologisch und historisch begründeten Begriffs- und Verwendungsgeschichte von Authentizität« (Knaller 2006: 17) attestiert, dass in der Genieästhetik »der vorromantischen und romantischen Phase [...] Einbildungskraft, Enthusiasmus und Originalität« entscheidend waren, wodurch »Werk wie Autor [...] in dieser Konstellation niemals ›authentisch‹ sondern original« (ebd. 30) waren; »die Übersetzung des Authentizitätsbegriffs auf künstlerische Werke und theoretische Konzepte vor dem 20. Jh.« treffe »deren Gehalt nicht« (ebd. 31).

4 In diesem Kontext sei exemplarisch auf Harro Müllers Lesart von Adornos »Ästhetischer Theorie« (1970) als »Theorie des authentischen Kunstwerks« verwiesen (Müller 2006: 57, 65f.).

ist für künstlerische Kontexte zentral. Der Titel des von Erika Fischer-Lichte und anderen herausgegebenen Sammelbandes »Inszenierung von Authentizität« (2007) kann gar als Indikator für einen Paradigmenwechsel gelesen werden. Authentizität wird nicht mehr im engen Sinne einer mimetischen, möglichst genauen Abbildung der außerfiktionalen ›Realität‹ begriffen, sondern als eine bewusste künstlerische Strategie, als eine kalkulierte artifizielle Technik.[5] In einem normativ überzeitlichen Verständnis ist Authentizität somit nichts Ursprünglich-Echtes, sondern vielmehr etwas künstlich zu Inszenierendes.[6] Einerseits könnte dies – negativ betrachtet – die Qualität des Authentischen schmälern und den Grad der künstlerischen Glaubwürdigkeit reduzieren. Andererseits – positiv bewertet – wird den Künsten aber auch eine beachtliche Fähigkeit zugebilligt, indem davon ausgegangen wird, dass die Künste Authentizität und damit (Lebens-)Echtheit darzustellen vermögen. Somit käme nicht nur dem Wirklichkeitsnahen ein Authentizitätsanspruch zu, sondern ebenso dem gleichermaßen künstlich wie künstlerisch Konstruierten.

Ausgehend von der Prämisse, dass Wirklichkeit an sich in den Künsten per se nicht erreicht werden kann, da alles Konstruktion ist, kann es sich stets nur um einen authentisch erscheinenden Selbstausdruck und damit um einen ›Gefühlswert‹ handeln. In diesem Spannungsfeld von Authentizität und Kunst sind spezielle künstlerische Strategien zur Herstellung oder Inszenierung von Authentizität exemplarisch und interdisziplinär zu untersuchen. Die zwei zentralen Leitfragen lauten: Wo wird Authentizität in den Künsten thematisiert? Was ist Authentizität in den Künsten?

Typologie zur Authentizität in den Künsten

Im Rahmen eines heuristischen Ansatzes sei der Versuch einer typologischen Systematisierung der unterschiedlichen Konstellationen von Authentizitiät in den Künsten unternommen. Die intermediale Gegenüberstellung ist auf die Bereiche Literatur, Film und bildende Kunst bezogen und soll exemplarisch an einem möglichst breiten Gattungs- bzw. Genrespektrum demonstriert

5 Auch Müller stellt im Rekurs auf Adorno heraus: »Authentische Kunst verbindet mimetisch-expressive mit konstruktiven Verfahren. [...] So versuchen authentische Kunst und authentische Philosophie auf unterschiedliche Weise dem Nichtidentischen konstellativ, konfigurativ zum Ausdruck zu verhelfen.« (Müller 2006: 65)

6 Eleonore Kalisch hat in ihrer etymologisch angeregten Untersuchung ›Darstellung‹ gar als konstitutives Merkmal von ›Authentizität‹ herausgestellt (vgl. Kalisch 2007: insbes. 31).

werden. Orientiert ist die Auswahl an den Kriterien von Fiktionalität im weitesten Sinne und der damit einhergehenden Distanz zu einem primär pragmatisch ausgerichteten Wirklichkeitsbezug.

Grundsätzlich sollen fünf Vorkommensweisen von Authentizität differenziert werden. Dabei wird ausgehend von der Nähe zum so genannten ›Echtheitskriterium‹ auf der Darstellungsebene sukzessive eine Distanzierung vom pragmatisch-konkreten Wirklichkeitsbezug sowie eine Tendenz zur künstlerischen Autonomie angenommen. Es ergibt sich die folgende Reihe:

(1) die Nähe zum Authentischen als einem idealisierten Echtheitskriterium
(2) fingierte Authentizität auf der rezeptionsästhetischen Ebene
(3) fingierte Authentizität auf der Handlungs- resp. Inhaltsebene
(4) antimimetische Authentizitätsdarstellungen
(5) reduktionistische Authentizitätsdarstellungen.

Ad (1): Die *Nähe zum Authentischen* kann im Sinne eines idealisierten Echtheitskriteriums bestimmt werden. In diesem Kontext wird mit der Darstellbarkeit von Wirklichkeit experimentiert und werden verschiedene künstlerische Strategien im Rekurs auf mimetische Traditionen im Sinne referentieller Bezugnahmen auf die nichtkünstlerische Erscheinungswelt sowie Erfahrungswirklichkeit erprobt. Exemplarisch genannt seien Peter Handkes Sprechstück »Publikumsbeschimpfung« (1966), Michael Glawoggers ästhetisch auffällig gestaltete und deutliche Fiktionalisierungstendenzen aufweisende Dokumentarfilm MEGACITIES (1998) sowie Foto-Text-Arbeiten des wandernden Künstlers Hamish Fulton, die als symbolische Relikte künstlerischer Aktionen fungieren.

Ad (2): Mitunter wird ein Spiel mit fingierter Authentizität auf der *rezeptionsästhetischen Ebene* betrieben – sei es im Sinne von ›*Authentizitätsfiktionen*‹ oder *Fakes*. Es handelt sich um Texte, Filme oder künstlerische Arbeiten, die ihren Wirklichkeitscharakter vortäuschen und – zumindest bis zu einem gewissen Grad oder Zeitpunkt – als authentisch rezipiert werden wollen. Als deutschsprachiges Beispiel für ein spielerisch literarisches Fingieren von Authentizität ist Klaus Hoffers Hörspiel »Am Magnetberg« (1988) zu nennen. Das an Hoffers gleichnamige Erzählung angelehnte Hörspiel ist in Zusammenarbeit mit Urs Widmer beim Südwestfunk entstanden und steht als Authentizitätsfiktion in der Tradition von Orson Welles' Hörspiel »The War of the Worlds« (1938; dt.: »Krieg der Welten«). Im filmischen Bereich kann Daniel Myricks und Eduardo Sánchez' Low-Budget-Produktion THE BLAIR WITCH PROJECT (1999) als prominentes Fake eines ›wahren‹ Filmdokuments angeführt werden, das rezeptionsgeschichtlich mitunter tatsächlich als faktual und damit als ›wirklichkeitsecht‹ rezipiert worden ist. In der bildenden Kunst sei exemplarisch auf Sophie Calles photographische Arbeit »The Detective« (1981) verwiesen. Bei den Photographien handelt es sich um tatsächliches, doch zweckentfremdetes Recherche-Material, das im Rahmen ihrer Beschattung durch einen Detektiv von diesem erstellt worden ist.

Ad (3): Das *Vortäuschen von Authentizität* – im Sinne des manipulierten oder subjektiv verzerrten Glaubens an Wirklichkeitsechtheit – wird auch auf der *Handlungs-* resp. *Inhaltsebene* thematisiert und selbstreflexiv problematisiert. Verwiesen sei auf Hugo von Hofmannsthals lyrisches Drama »Der Tod des Tizian« (1892), in dem die individuelle Wirklichkeitssicht des Protagonisten oder auch seine subjektivistische Authentizität in der Ekphrasis einer nicht sichtbar werdenden Leinwand anschaulich beschrieben ist. Peter Weirs THE TRUMAN SHOW (1998) führt filmisch – quasi in umgekehrter Weise – eine für den Protagonisten trügerische, simulierte Wirklichkeit vor, die von diesem letztlich als solche entdeckt und entlarvt wird. Jochen Gerz schließlich spielt in seinen frühen, irritierenden Foto-Text-Arbeiten (vgl. Kreuzer 2005b) mit dem indexikalischen Potential des photographischen Mediums, indem er widersprüchliche Propositionen auf Bild- und Textebene miteinander konfrontiert und dadurch die Glaubwürdigkeit beider infrage stellt.

Ad (4): Künstlerische Authentizität kann ferner jenseits eines auf die äußere Erscheinungswelt bezogenen Mimesis-Ideals im Sinne eines ›Gefühlswerts‹ verstanden werden. Diese Qualität künstlerischer Authentizität ist jenseits des Kriteriums einer möglichst genauen Abbildung der als ›objektiv‹ idealisierten, außerfiktionalen ›Realität‹ angesiedelt. Stattdessen sind referentielle Bezugnahmen auf die innere, subjektive Erlebnis- und Erfahrungswirklichkeit sowie die Frage, »was geschehen könnte«, von zentraler Bedeutung. Im Sinne der »Poetik« des Aristoteles können die »Regeln der Wahrscheinlichkeit und Notwendigkeit« (Aristoteles 1982: 29) durch Entwürfe von Alternativwelten in so genannten *›antimimetischen‹ Darstellungen* überschritten werden – wie es etwa in aporetischen Parabeln oder im Magischen Realismus geschieht. Konkret sind Ilse Aichingers frühe parabolisch-rätselhafte Erzählungen, wie »Wo ich wohne« (1955) (vgl. Aichinger 2002), oder auch Texte Franz Kafkas zu nennen. Filmisch ist auf die bizarre Diegese von Luis Buñuels UN CHIEN ANDALOU (1929) zu verweisen, die ein Beispiel für die Darstellung einer traumhaft strukturierten Innensicht repräsentiert und auf diese Weise eine ›höhere‹ Wirklichkeit jenseits der physisch sichtbaren Wirklichkeit quasi auf einer Metaebene darstellt. Außerdem können Videoarbeiten von Bill Viola angeführt werden, die mit subtilen Verfremdungseffekten arbeiten – etwa wenn der Schwebezustand menschlicher Körper im Wasser vorgeführt wird und

Größenverhältnisse verändert sind, die Bildachse verkehrt wird, extreme Zeitlupe und Realzeit miteinander kontrastiert sind und Filmaufnahmen rückwärts ablaufen. Diese Arbeiten sind wiederholt als metaphorische Inszenierungen existentieller anthropologischer Konstanten interpretiert worden. Exemplarisch sei auf die Installation »Five Angels for the Millennium« im Gasometer in Oberhausen aus dem Jahr 2003 verwiesen (vgl. Schmitz/Volz 2003).

Ad (5): Schließlich sind *reduktionistische Authentizitätsdarstellungen* zu nennen. Im Gegensatz zu allen anderen Versuchen, Authentizität künstlerisch zu inszenieren, kann die Einsicht in die Unmöglichkeit einer überzeugenden Authentizitätskonstruktion auch zu Darstellungsformen ex negativo führen. Sei es das ›Verstummen‹ in der Literatur wie beispielsweise in Eugen Gomringers konkret-poetischem Text »Schweigen« (1960) (vgl. Gomringer 1977). Seien es experimentelle Filme, die etwa auf der Bildspur Sichtbarkeit verweigern oder mit dem Filmmaterial mechanisch experimentieren. Beispielhaft angeführt sei Derek Jarmans autobiographisch motivierter Film BLUE (1994), in dem der Regisseur sein Erblinden [illegible]nkung durch die konstant monoch[illegible]ualisiert.[7] In der bildenden Kunst [illegible]raditionellen Darstellungsprinzipie[illegible]ätsform verstanden werden. Exe[illegible]hs »Weißes Quadrat« (1919) als [illegible]obert Rauschenbergs »White« u[illegible]en Gegenstandslosigkeit als Proj[illegible]er tatsächlichen Umgebung im Bi[illegible]

Die Nähe zum Authentischen

Vor dem Hintergrund der skizzierten heuristischen Typologie stehen nachfolgend künstlerische Authentizitätskonstruktionen im Fokus, die sich durch ein anscheinend besonders enges Relationsverhältnis zur (Alltags-)Wirklichkeit auszeichnen. Exemplarisch für die erste Kategorie, die Nähe zum Authentischen, werden Peter Handkes Sprechstück »Publikumsbeschimpfung«, Michael Glawoggers Dokumentarfilm MEGACITIES sowie Arbeiten des wandernden Künstlers Hamish Fulton analysiert und im intermedialen Vergleich gegenübergestellt.

7 Auch Marguerite Duras' L'HOMME ATLANTIQUE (1982) ist als Filmbeispiel für reduktionistische Authentizität zu nennen. In diesem etwa vierzigminütigen Film ist ungefähr 30 Minuten lang die Bildspur schwarz gehalten.

Peter Handkes Sprechstück »Publikumsbeschimpfung«

Peter Handkes Theaterpersiflage »Publikumsbeschimpfung« (1966) basiert auf einem von vier Schauspielern vorzutragenden Text, in dem traditionelle Theaterformen reflektiert werden (vgl. Honsza 1983). Handkes Sprechstück stellt eine umfassende Metanarration über das klassische Illusionstheater und die Guckkastenbühne ebenso wie über Bertolt Brechts episches Theater dar. Zwar wird der Theaterraum in der traditionellen Trennung in Bühne und Zuschauerraum noch genutzt, die konventionell bestimmten und funktionalisierten Raumgrenzen aufrechterhalten und damit das Schema der klassischen Illusionsbildung bedient. Doch Bühnenvorhang und Theateratmosphäre fungieren als Kontrastfolie, vor der sich die Negation des Bekannten abzeichnet. Zu Beginn heißt es:

»Wir zeigen Ihnen nichts. Wir spielen keine Schicksale. Wir spielen keine Träume. Das ist kein Tatsachenbericht. Das ist keine Dokumentation. Das ist kein Ausschnitt der Wirklichkeit. Wir erzählen Ihnen nichts. Wir handeln nicht. Wir machen Ihnen nichts vor. Wir sprechen nur.« (Handke 1966: 17)

Glaubte man den Figurenreden, so müsste eine Thematisierung von Handkes »Publikumsbeschimpfung« im Kontext von Authentizität verfehlt erscheinen. Schließlich handelte es sich dann weder um eine auf Authentizität abzielende Dokumentation noch einen Tatsachenbericht, der einen Wirklichkeitsausschnitt abbildet. Es würde vielmehr nur gesprochen. Fände indes tatsächlich ein ›bloßes‹ und dezidiert nicht-zeichenhaftes Sprechen auf der Bühne statt, so würde zur Bestimmung des Authentischen als einem relationalen Phänomen die notwendige Vergleichsebene fehlen. Doch bereits im folgenden Satz tritt ein Widerspruch in der Figurenrede hervor, der prototypisch für die Gesamtanlage des Stückes ist. So heißt es: »Wir spielen, indem wir Sie ansprechen.« (Ebd. 17) Einerseits wird somit der Illusionscharakter negiert. Andererseits wird dieser durch das Spiel aber zugleich wieder etabliert.

Diese Widersprüchlichkeit der Repräsentation setzt sich fort. Im Folgenden wird über die Bühne gesagt:

»Diese Bretter bedeuten keine Welt. Sie gehören zur Welt. Diese Bretter dienen dazu, daß wir darauf stehen. Dies ist keine andre Welt als die Ihre.« (Ebd. 18)

Dieser Aussage zufolge wird der Unterschied zwischen illusionistischem Theaterraum und außerfiktionaler Wirklichkeit – zumindest verbal – aufgehoben. Eine solche Nivellierung der Wirklichkeit auf der Bühne und im Zuschauerraum würde schließlich im umgangssprachlichen Sinne eine authentische Situation im Theater etablieren. Das Theater wird mitten in der Lebenswirklichkeit verortet und als ›tatsächlich‹ verstanden. Es soll nicht länger etwas Uneigentliches, etwas Über-sich-hinaus-Verweisendes darstellen. Dieser, wenngleich signifikanterweise nicht konsequent durchgehaltene Versuch, das Geschehen im Theater als Wirklichkeit verstehbar zu machen, rückt Handkes »Publikumsbeschimpfung« somit doch in die Nähe des Authentischen.

Im Theater auf der Bühne wird selbstredend der Versuch unternommen, kein Theater zu inszenieren. So wird apodiktisch konstatiert: »Hier werden die Möglichkeiten des Theaters nicht genutzt.« (Ebd. 20) Gleichzeitig wird aber im Widerspruch zu dieser Aussage die metareflexive Dimension des Stücks sogar explizit thematisiert:

»Sie haben sich bereits Ihre Gedanken gemacht. Sie haben erkannt, daß wir uns widersprechen. Sie haben erkannt, daß dieses Stück eine Auseinandersetzung mit dem Theater ist.« (Ebd. 24)

Die Beschreibung des Verhältnisses zwischen außerfiktionaler Wirklichkeit und Theater, Realität und Fiktionalität ist somit komplizierter als bisher dargestellt. Obwohl die Theaterform negiert wird, wird dennoch ein ›(Theater-)Stück‹ präsentiert. Obwohl es keine Charaktere gibt, obwohl kaum eine Handlung ersichtlich wird und die theatralen Mittel – paralinguistische Zeichen, Mimik, Gestik und Proxemik ebenso wie Maske, Frisur, Kostüm und Raum, Dekoration, Requisiten, Licht, Geräusche und Musik (vgl. Fischer-Lichte 1988: 25-179) –, wie aus dem Nebentext hervorgeht, weitgehend reduziert sind, so ist doch auch deren Zurücknahme im Rahmen des theatralen Zeichensystems zeichenhaft. Die Differenz zwischen Bühnengeschehen und der Umgebung wird auf diese Weise gleichermaßen kalkuliert wie bedeutsam nivelliert. Der weitgehende Verzicht auf den Einsatz traditioneller theatraler Mittel rückt das dargebotene Geschehen zwar in die Nähe des extrafiktional Wirklichen. Doch dies geschieht wiederum mit theatralen Mitteln. Schließlich handelt es sich um eine planvolle Inszenierung. Es finden Rollenübernahmen statt, wenngleich diese ohne eine deutliche individuelle Konturierung einzelner Figuren oder Charaktere erfolgen. Auf einer theoretischen Ebene kann im Sinne Erika Fischer-Lichtes attestiert werden: »Um nun X darzustellen, nimmt A ein bestimmtes Äußeres an (1) und agiert auf bestimmte Weise (2) in einem bestimmten Raum (3).« (1988: 16) Die zwei konstitutiven Komponenten des Theaters – Schauspieler und Zuschauer – sind somit vorhanden, und auch die Minimaldefinition des Theaters nach Fischer-Lichte, dass »Person A […] X verkörpert, während S zuschaut« (ebd.), ist eindeutig erfüllt.[8]

8 Helmut Motekat beklagt die traditionell geprägte Form von Handkes Sprechstücken sogar emphatisch und betont dadurch die theatrale Grund-

Die Nähe des Authentischen ergibt sich somit nicht trotz der Inszenierung, sondern gerade durch die spezifische Art und Weise derselben. Der Zuschauer fühlt sich durch die Anrede zwar im Idealfall direkt angesprochen und angeregt, den Realitätsstatus der aktuellen (Theater-)Situation zu reflektieren. Bei dem Text des Sprechstücks handelt es sich aber selbstverständlich um keine natürliche, spontane und auch nicht um eine improvisierte Rede und direkte Zuschaueransprache. Der Text ist vielmehr kalkuliert konstruiert und antizipiert eine idealisierte Rezeptionsinstanz – ist im konventionellen Sinne dramatischer Haupttext.

Peter Handke problematisiert die traditionelle Theaterform, indem er die Aussetzung der theatralen Situation suggeriert, indem er versucht, Wirklichkeitsechtheit zu erzeugen, und vorgibt, kein Theater zu spielen. Die inszenierte Nähe zum Authentischen auf der Bühne nutzt er, um die Erwartungshaltung der Zuschauer, die auf traditionelles Illusionstheater eingestellt sind, zu zerstören.[9]

MICHAEL GLAWOGGERS »MELODRAMATISCHER DOKUMENTARFILM« *MEGACITIES*

Im Bereich des Films steht genretypisch der Dokumentarfilm am ehesten in der Nähe des Authentischen. Um Dokumentation von Wirklichkeit bemüht, vermittelt indes auch dieses prinzipiell faktual angelegte Filmgenre stets eine spezielle Sichtweise auf die vorgeführte Welt. So ist an den Akt des Zeigens gleichzeitig eine Perspektivierung gebunden. Zwar kann der Film als indexikalisch-ikonisches Zeichensystem im semiotischen Sinne von Charles Sanders Peirce verstanden werden, da die foto-technischen Verfah-

situation: »Alle für das traditionelle Theater typischen ›gewohnten‹ Elemente haben sich decouvriert als durch ständige Wiederverwendung abgegriffene, längst verbrauchte Versatzstücke. [...] Ein neues, anderes, überzeugenderes Theater aber ist bisher nicht erfunden und erprobt. Auch Handkes ›Sprechstücke‹ bleiben auf die traditionelle Bühne und ihre verschlissenen Versatzstücke angewiesen.« (Motekat 1983: 11)

9 Im Gegenwartstheater können beispielsweise Theater- und Performance-Projekte von Rimini Protokoll als eine Variation des Spiels mit Authentizität auf der Bühne angesehen werden, wenn Theater-Laien als ›Darsteller ihrer selbst‹ auftreten (vgl. die Projektsdarstellungen auf der offiziellen Homepage: http://www.rimini-protokoll.de/website/de/projects_date.php). Im Gegensatz zu Handkes »Publikumsbeschimpfung« ist das Spiel mit Authentizität und Theatertradition allerdings anders gelagert. So wird die Theatersituation genutzt, um einen Rahmen für autobiographische Geschichten zu geben, die zwar in ihrer spezifischen Präsentationsweise inszeniert sind, jedoch bewusst nicht professionell standardisiert, sondern vielmehr individuell ›authentisch‹ vorgetragen werden sollen.

rensweisen auf objektiven chemisch-physikalischen Prozessen beruhen und qua Analogie funktionieren.[10] Doch bereits die Auswahl des zu zeigenden Ausschnittes, die spezielle Einstellungsperspektive und -größe, Kamerabewegung, Schnittfrequenz und Montagecode sowie etwa die Wahl des filmischen (Träger-)Mediums beeinflussen die Wirkung des dokumentarischen Materials. Ebenso stellt die auditive Ebene einen zusätzlichen Einflussfaktor dar. Die Verständlichkeit der Umgebungsgeräusche, der Einsatz von diegetischer oder nicht-diegetischer Sprache und Musik prägen die Darstellung.

Als ein umstrittener Dokumentarfilm sei MEGACITIES von dem österreichischen Regisseur Michael Glawogger angeführt. In MEGACITIES werden Fiktionalisierungstendenzen im Dokumentarfilm idealtypisch deutlich. So steht Glawoggers Film einerseits in der Tradition des ›klassischen‹ Dokumentarfilms und referiert assoziativ auf Topoi des frühen Films. Zu Beginn des Films wird das Kino – verstehbar als Hommage an den frühen Stummfilm – im wörtlichen Sinne als ein fahrender Zug inszeniert (vgl. 0:00,55-0:05,13).[11] Zudem rekurriert Glawogger implizit auf Filmreisen um 1900.[12] Trotz der Bezüge zu Dokumentarfilmtraditionen liegen andererseits jedoch offenkundige Fiktionalisierungstendenzen vor.[13] Authentizi-

---

10 Photographie und Film können in der zeichentheoretischen Terminologie von Peirce in der Regel als indexikalisch erzeugte ikonische Zeichen verstanden werden. So stellen beide Medien einerseits indexikalische Reflexe der Realität qua ihrer chemisch-physikalischen Erzeugung auf einem lichtempfindlichen Trägermaterial dar. Andererseits stehen Photographie und Film in einem ikonischen Ähnlichkeitsverhältnis zu dem Abgelichteten, indem sie – wenngleich zweidimensional und meistens in einem anderen Maßstab – Form- und Farbanalogien sowie ggf. Veränderungen und Bewegungen eines ›Originals‹ widerspiegeln (vgl. Peirce 1998: 43).
Auch Lorenz Engell hat die Photographie in seinem Aufsatz »Teil und Spur der Bewegung« als »iconisch-indexikalisch« charakterisiert und »das Funktionieren der Photographie als Icon« als »unabdingbare Voraussetzung dafür« verstanden, »dass die Indexikalität überhaupt wirksam werden kann« (Engell 2007: 23f.). Er verweist zudem auf die »dokumentarische Kraft [der Photographie], die auf ihrer Indexikalität beruht und sie durch die Einbettung dieser Indexikalität in der Wahrnehmung und somit in der Iconizität sogar besonders wirksam macht« (ebd. 24).

11 Sämtliche Zeitangaben zu MEGACITIES beziehen sich auf die in der Filmographie angegebene DVD-Version.

12 Assoziiert werden können etwa die so genannten *phantom rides* sowie das im frühen Film zur Zeit der Industrialisierung beliebte Zugmotiv. Beispielhaft erwähnt seien der frühe Kurzfilm Louis Lumières DÉPART DE JÉRUSALEM EN CHEMIN DE FER (1897) sowie die gleichnamigen Produktionen THE KISS IN THE TUNNEL von George Albert Smith sowie James Bamforth (beide 1899).

13 Allerdings steht Glawogger auch mit diesen Fiktionalisierungstendenzen in der Tradition des frühen Films, der ebenfalls mit Inszenierung gearbeitet

tät und Fiktion, Echtheit und Inszenierung ist somit das spezifische Spannungsfeld, in dem MEGACITIES zu betrachten ist.

MEGACITIES präsentiert zwölf Geschichten des Überlebens von Menschen überwiegend unterer sozialer Schichten aus vier Millionenstädten in Asien, Europa, Nord- und Südamerika. In Mumbai sind etwa die Geschichten des Farbpigment-Siebers Babu Khan (vgl. 0:17,53-0:20,30) und des Bioskop-Mannes Shankar Loutakke angesiedelt. In Mexiko-City wird Mariana »Cassandra« Parra Gonzàlez' Leben als Striptease-Tänzerin im Teatro Garibaldi gezeigt. In Moskau wird ein Einblick in den Alltag der Kranfahrerin Larissa Tartarowa sowie kleinkrimineller Kinder und Jugendlicher gegeben. In New York reichen die Dokumentationen von den Betrügereien eines Drogenabhängigen bis hin zur Arbeit des DJ Chris Tsakis. Ferner sind einige Schicksale miteinander verbunden – so werden Hemden in Mumbai gefertigt und in New York verkauft (vgl. 0:09,00-0:10,22).

Glawoggers Selbstverständnis zufolge – wie aus einem Interview mit Marcy Goldberg hervorgeht – möchte er mit MEGACITIES keine Botschaften vermitteln, zumal er »an Botschaften im Film« grundsätzlich nicht glaubt. Seine Idealvorstellung eines Dokumentarfilms ist allerdings durchaus ambivalent. So propagiert er einerseits ein direktes Sehen und Beobachten, wenn er herausstellt: »Ich sehe darauf, was da draußen ist und füge es zusammen.« Andererseits räumt Glawogger aber ein: »Eine Bedeutung, oder eine Botschaft lässt sich in jeder Kameraeinstellung finden, oder in den Verbindungen zwischen den Einstellungen« (Goldberg 2006). Auf diese Weise steht das unverstellte, objektive und neutrale Beobachten als Ideal des Dokumentarischen unvermittelt neben dem bereits medial bedingt Zeichenhaften und Inszenierten. Die außerfilmische Wirklichkeit kann filmisch niemals an sich gezeigt werden,[14] da bereits die spezifische Art und Weise des Betrachtens sowie in besonderem Maße die mediale Vermittlung zwangsläufig eine zusätzliche Bedeutungsdimension etablieren.

Das Verständnis von Authentizität in MEGACITIES ist somit keines, das auf Echtheit und Wirklichkeitswiedergabe im direkten Sinne beruht. Das Authentizitätsverständnis ist vielmehr aufgrund der

---

hat. Als prominentes Beispiel sei Louis Lumières SORTIE D'USINE (1885) angeführt. Um die Alltäglichkeit des Feierabends möglichst ›authentisch‹ zu präsentieren, waren die aus der Fabrik kommenden Arbeiter instruiert, nicht in die Kamera zu schauen.

14 Glawogger ist sich dieser Tatsache bewusst. In einem Interview zu WORKINGMAN'S DEATH (2004) hat er es als seinen Traum resp. sein Ideal bezeichnet, einmal etwa 80 bis 90 Prozent des Gesehenen und Recherchierten filmisch einzufangen. Vgl. das Bonusmaterial im »Making of Nigeria« der in der Filmographie angegebenen DVD-Edition (vgl. 6,59-8,01).

Einsicht in die Unerreichbarkeit dieses Ideals sehr komplex strukturiert. Grundsätzlich können vier Strategien zur Erzeugung von filmischer Authentizität in MEGACITIES herausgestellt werden, die Glawogger nutzt und die gleichzeitig nicht selbstverständlich für das Genre sind. (a) So sind die Protagonisten der Filme wissentlich als so genannte ›Darsteller‹ in die Produktion einbezogen. (b) Einige Sequenzen sind gezielt vorbereitet und inszeniert. (c) Das Filmmaterial wird in einer kalkulierten Filmästhetik präsentiert. (d) Der Film reflektiert sich als Dokumentarfilm auf einer Metaebene selbst.

Ad (a) – Einbezug von ›Darstellern‹: Es ist Glawoggers dokumentarischer Anspruch, die Begegnungen mit Menschen, die er in den Millionen-Metropolen getroffen hat, zu »reproduzieren«. Dieser Intention folgend lässt er die Personen – wie etwa den so genannten ›Kodak-Man‹ Babu Khan (vgl. 0:17,54-0:20,35) – im wörtlichen Sinne »für sich selbst sprechen« (Goldberg 2006). Die Dokumentierten erhalten auf diese Weise das Wort und werden zu Erzählern ihrer Geschichten. Als Mitwirkende am Film sind sie im Abspann namentlich aufgeführt.

Glawogger bezeichnet diese Menschen in seinem Audiokommentar zum Film als »Darsteller«, aber explizit nicht als »Schauspieler«. Ferner bezahlt Glawogger seine Protagonisten sogar oftmals für die Einblicke in ihr Leben, die sie ihm gewähren, und versteht dies als einen »einfachen« Umgang mit den Menschen im Rahmen seiner Dreharbeiten. Im Wissen um die »Scheidelinie«[15] zwischen Dokumentieren und Inszenieren rechtfertigt er sein Vorgehen damit, dass 100 Jahre nach der Erfindung des Films kein naiver Umgang mit dem Medium mehr angenommen werden könne. Zur Rechtfertigung dieser Praxis kann zudem angeführt werden, dass auch in anderen Situationen eine Dreherlaubnis einzuholen ist, Kamerateams erst akkreditiert werden müssen, um ihre Arbeit aufnehmen zu dürfen, und der Pressekodex grundsätzlich eine journalistische Sorgfaltspflicht bei der Berichterstattung vorgibt. Die Unmittelbarkeit und Authentizität des Dokumentarischen ist daher – sobald die Präsenz einer Kamera ersichtlich wird – zwangsläufig eine Illusion. Wenn Glawoggers ›Darsteller‹ demnach bewusst vor die Kamera treten und ausgehend von der Frage nach ihren Träumen im Leben erzählen, entsprechen diese Antworten schließlich doch einem Anspruch auf Authentizität, und zwar im Rahmen eines dem medialen Zeitalter angepassten Dokumentations- und Dokumentarfilmverständnisses.

15 Diese Aussage Michael Glawoggers entstammt dem Audiokommentar zum Film. Es handelt sich um ein Gespräch, das Alexander Horwath, der Direktor des Österreichischen Filmmuseums in Wien, im Frühjahr 2005 mit Glawogger geführt hat (vgl. Audiokommentar 0:19,24-0:22,49).

Ad (b) – Inszenierung: Glawogger legitimiert bewusste Inszenierungen, um einen dokumentarischen Film zu realisieren, was für ihn bedeutet zu zeigen, was gezeigt werden soll:

»Ich versuche nicht, einen Stil zu bekämpfen, oder eine bestimmte Art nicht inszenierten Dokumentarfilmens. Im Gegenteil. Ich habe mir nur selbst die Freiheit erlaubt, Dinge darzustellen, die ich darstellen will und nach den angemessenen filmischen Mitteln zu suchen, um das machen zu können.« (Goldberg 2006)

Kann Glawogger etwa einen Strichjungen mit seinem Freier nicht beim Geschlechtsverkehr zeigen, ohne die Situation durch seine Anwesenheit zu beeinflussen, sucht er andere Darstellungsmöglichkeiten. So hat der drogenabhängige Hustler Mike »Tone« Ross mit einem nicht eingeweihten so genannten ›Freund‹ in einem zuvor mit Kamera ausgestatteten Hotelzimmer gezeigt, wie er bei potentiellen Freiern gewaltsam das Geld für seinen nächsten Schuss erpresst (vgl. Audiokommentar 1:07,11-1:08,41). Glawogger begreift diese Sequenz als »wahrhaftig« und hat sie in seinen Film aufgenommen. Seinem Verständnis folgend sind nur Handlungen »peinlich oder fürchterlich«,

»die die Leute nicht tun. Und die, die sie tun, die kommen dann vielleicht manchmal, wenn du sie wieder inszenierst, ein wenig ›batscherter‹ als die Wirklichkeit. Aber sie sind wahr und für mich auch so wahrhaftig.« (Audiokommentar 1:08,04-1:08,22)

Derartige Darstellungsprobleme und Überwindungsstrategien zeigen die Grenzen des Dokumentarischen auf und machen gleichzeitig die fließenden Übergänge zur Inszenierung und Fiktionalisierung deutlich. Als authentisch oder auch dokumentarisch wird verstanden, was geschehen könnte oder in ähnlicher Weise geschieht. Glawoggers Arbeitsauffassung entspricht der »Poetik« des Aristoteles zufolge somit den Verfahren des Dichters, der erzählt, »was geschehen könnte, d.h. das nach den Regeln der Wahrscheinlichkeit und Notwendigkeit Mögliche«, wohingegen der »Geschichtsschreiber [...] das wirklich Geschehene mitteilt« (Aristoteles 1982: 29).

Entsprechend verhält es sich mit der New Yorker Radiosendung zum Überleben, deren Thema Glawogger selbst angeregt hat. Wenn Chris Tsakis als DJ von WFMU seine Radiohörer fragt: »What about you? What have you done to guarantee to survive?« (1:18,41-1:18,47), so wird in der letzten der zwölf Geschichten das zentrale Thema von MEGACITIES explizit angesprochen. Dass die Talk-Radio-Show – Glawogger zufolge – »einigen Response und sehr viele Call-Ins gehabt« (Audiokommentar 1:22,00-1:22,04) hat, zeigt, dass das Thema authentisch war und dadurch funktionieren konnte.

Ad (c) – kalkulierte Filmästhetik: Glawoggers Filmsprache zeichnet sich durch eine Form der Ästhetisierung aus, die – zumindest vordergründig – im Widerspruch zu den Authentizitätsbestrebungen des dokumentarischen Filmgenres zu stehen scheint. Die Komposition des Films basiert auf einem übergeordneten Erzählzusammenhang, der die Einzelgeschichten narrativ miteinander verknüpft. Zudem sind die jeweiligen Episoden formal durch ein dichtes Netz von wiederkehrenden Motiven und Analogien verbunden.[16]

Die zwölf Geschichten sind durch die Frage nach dem Überleben in den Megacities in Beziehung zueinander gesetzt. Entsprechend der strukturellen Anlage des Films treten Glawoggers ›Darsteller‹ alle als Erzähler in Erscheinung, die über ihr Leben und Überleben berichten. So gängig Interviews in Dokumentarfilmen sind, so sehr erwecken einige Erzählungen in MEGACITIES einen ungewöhnlich stark inszenierten Eindruck. Zwar gibt es durchaus Statements, die im klassischen Sinne als dokumentarisch zu bezeichnen sind – beispielsweise wenn Augustin Garcia Alba seine typisch mexikanischen Küchenrezepte vorstellt (vgl. 0:13,26-0:14,00). Doch im Gegensatz dazu steht etwa die Geschichte eines als Superman verkleideten wohlbeleibten Mexikaners, der auf einer öffentlichen Straße einem an einer Schreibmaschine sitzenden Mann seine Geschichte der Menschheit diktiert (vgl. 0:33,59-0:35,28) und sich als »Superbarrio Gómez, fantasma real i le profesión héroe« vorstellt – also als »reales Fantasma und professioneller Alltagsheld« (0:34,00-0:34,07).

Ferner sind der Einsatz von Musik und Gesang im On sowie das Vorkommen von diegetischem Tanz in MEGACITIES ungewöhnlich. So singen und musizieren in Mumbai ebenso wie in Moskau Straßenmusikanten in Zügen. In Moskau wird eine Sequenz aus dem polizeilichen Ausnüchterungsgewahrsam in Parallelmontage zu Gesangseinlagen russischer Frauen in ihren Wohnräumen gezeigt (vgl. 1:13,30-1:15,45). In Mexico-City tanzt ein Ehepaar zuerst allein, dann im öffentlichen Saal. Im Abspann präsentieren Schuljungen auf Hochhausdächern, Müllkippen und zwischen Versorgungsrohren eine Choreographie. Die Musik ist dabei – aufgrund fehlender Umgebungsgeräusche und eines hohen Perfektionsgrades – oft deutlich als nicht-diegetisch und nachbearbeitet erkennbar. Andererseits handelt es sich stets um regional typische Lieder und Tänze, die dadurch der Charakterisierung der einzelnen Protagonisten und kulturellen Kontexte dienen. Auf diese Weise wirken Musik, Gesang und Tanz gleichermaßen inszeniert wie ursprünglich.

---

16 Michael Glawogger selbst spricht in seinem Audiokommentar zum Film in dieser Hinsicht von »Verdichtungen« (vgl. 0:28,16-0:32,12).

Auf der Ebene der erzählten Geschichte, der *histoire*, finden sich zudem wiederkehrende Motive – etwa Hühner, Hunde oder Abfall. Diese Leitmotive bewirken formal eine Verknüpfung der Einzelgeschichten. In Mexico wird aus Hühnerfüßen Suppe hergestellt (vgl. 0:11,06-0:15,14). Aus dem Auto heraus werden Küken an vorbeikommende Kinder verkauft (vgl. 0:15,14-0:17,07). In Mumbai werden Hühner in arbeitsteiliger Handarbeit getötet (vgl. 0:24,22-0:26,53). In Moskau berichtet die Tochter der Kranfahrerin von einer Schullektüre, die von Küken handelt (vgl. 0:56,10-0:56,25). Hunde sind ebenso auf Müllkippen zu sehen (vgl. 0:26,55-0:27,14) wie in den Vorstadtgrundstücken oder wenn sie einander im blutigen Schau-Kampf zum Publikumsvergnügen zerfleischen (vgl. 0:31,32-0:32,26). Abfall wird sowohl in Mexiko-City gesammelt als auch in den schmutzigen Gewässern von Mumbai (vgl. 0:20,19-0:20,43).

Abb. 1/2: kalkulierte Filmästhetik – Hühner als Leitmotiv

Quelle: MEGACITIES *0:03,42 u. 0:17,02*

Durch effektvolle Montagen werden die verschiedenen Schicksale schließlich miteinander in Beziehung gesetzt (vgl. 0:20,19-0:20,43).

Sowohl das Thema des Überlebens in den Millionenstädten als auch die analoge Präsentation der Geschichten sowie die Leitmotive stellen eine spezifische Art des Zeigens dar und stehen im Zeichen einer Ästhetisierung des Gezeigten. Eine wirklichkeitsgetreue Dokumentation wäre mit einer ästhetizistischen, die Wirklichkeit verklärenden Perspektive indes unvereinbar. Bei MEGACITIES geht es jedoch nicht primär um eine Ästhetik des Schönen, sondern ebenso um die Ästhetik des Hässlichen, Schmutzigen, Blutigen, Ekligen, der Resignation, des Leids oder des moralisch Verwerflichen.[17]

17 In seinem späteren, ebenfalls global angelegten Dokumentarfilm WORKINGMAN'S DEATH über körperliche Schwerstarbeit am Beispiel von illegalen Kohlegruben in der Ukraine, Schwefelabbau in Indonesien, dem Treiben auf Schlachtplätzen in Nigeria, Schiffsabwrackarbeiten in Pakistan sowie der Stahlindustrie in China hat Glawogger diese Thematik nochmals aufgegriffen und exemplarisch an diesen fünf Schauplätzen dokumentiert.

Exemplarisch genannt seien Schlachthofsequenzen mit zappelnden, blutspritzenden Hühnerkadavern, dampfende Müllhalden oder der drogenabhängige Mike, der geifernd ins Delirium fällt. Ferner wird in der Sequenz mit der Striptease-Tänzerin »Cassandra«, die sich von den sie umgebenden Männern intim berühren lässt, ein ausgestellter Voyeurismus präsentiert. Schließlich werden Diebe und Betrüger bei ihren Verbrechen gezeigt. Im Zusammenhang von mitunter grenzüberschreitender Intimität, von Massentötung, Schmutz, Exhibitionismus, geistiger Unzurechnungsfähigkeit und Verbrechen scheint eine stilisierte Filmästhetik notwendig, um die Geschichten und Bilder des Films ansehbar zu machen – um das Gesehene überhaupt zu kommunizieren.

Abb. 3/4: kalkulierte Filmästhetik – Müllkippe und Cassandra

Quelle: MEGACITIES 0:27,08 u. 0:50,38

Ad (d) – Metareflexivität: MEGACITIES reflektiert auf unterschiedlichen (Meta-)Ebenen auch das eigene filmische Genre. Im zweiten Kapitel »Mumbai – Der Bioskop-Mann« wird etwa assoziativ auf frühe Filmtechniken angespielt. So ist zuerst in der statischen Einstellung einer Halbtotalen ein Versorgungsrohr im Vordergrund zu sehen sowie im Hintergrund eine vermutlich abendliche Stadtansicht. In diese *Mise en Scène* läuft ein Filmvorführer mit geschulterter Apparatur – zuerst in Echtzeit, dann, akustisch untermalt durch das Rasseln einer Filmspule, stakkatoartig im Zeitraffer. In einer Reihe folgt ihm eine Gruppe von Kindern und Erwachsenen. Nach einem harten Schnitt wird zuerst die laufende Filmspule – nun mit diegetischem Ton – im Bild gezeigt. In der nächsten Einstellung ist dann auch der Bioskop-Mann zu sehen (vgl. 0:05,15-0:06,05). Er näht weggeworfene Filmschnipsel von Bollywood-Produktionen aneinander und führt sie begeisterten Kindern gegen ein geringes Entgelt vor. Die Faszination am Film wird somit bereits zu Beginn im Film thematisiert und im Fortgang wiederholt aufgegriffen, etwa wenn ein Hafenarbeiter von Kinobesuchen berichtet (vgl. 0:23,55-0:24,08) oder wenn auf Filmhandlungen rekurriert wird.

Kino ist jedoch nicht nur als Hommage an frühe Filmvorführtechniken inszeniert. In einer Sequenz wird die Produktion des

Dokumentarfilms MEGACITIES selbst zum Thema. So hören sich Moskauer Jugendliche, die in der Kanalisation leben und an das Interesse von Kamerateams gewöhnt sind, Tonbandaufzeichnungen zu Glawoggers Filmprojekt an und kritisieren diese abfällig (vgl. 0:38,22-0:39,00). Sie sprechen über den Besuch eines Fernseh-Kamerateams aus Deutschland, das ihnen nichts habe zahlen wollen und daher von ihnen bestohlen worden ist (vgl. 0:40,35-0:40,57). Indem Glawogger zeigt, wie die kleinkriminellen Jugendlichen abwertend über Filmteams und Dreharbeiten sprechen, wird deutlich, dass eine vordergründig Mitleid heischende Dokumentation über die elenden Lebensumstände und das Unglück dieser Kinder unangemessen wäre. Denn diese Jugendlichen haben ihr Leben mittlerweile international zu vermarkten begonnen und gehen mit dem Interesse der Filmleute berechnend und sarkastisch um. Da die Medienpräsenz bereits gegenwärtig ist, darf diese in einer authentischen Darstellung medial nicht verhehlt werden. Auf diese Weise ist eine zusätzliche Reflexionsebene entstanden, auf der einerseits eine unzeitgemäß gewordene Dokumentarfilmpraxis implizit kritisiert wird. Andererseits werden aber auch Argumente für einen neuen Umgang mit filmischen Dokumentationsformen geliefert, die ihre Inszenierungsqualitäten durch filmische und kinematographische Codes nicht verbergen, sondern offen präsentieren.

Abb. 5/6: filmische Metareflexivität – Bioskop-Mann u. ›Life in Loops‹

Quelle: MEGACITIES 0:06,05 u. 0:08,18

Schließlich ist die Gesamtkonzeption von MEGACITIES als ein filmischer Loop im Sinne einer Wiederholungsschleife zu verstehen. Konkrete Hinweise auf dieses Filmverständnis finden sich im metareflexiven Kapitel des Bioskop-Mannes. Hier werden nicht nur die Filmschleifen in einer dauernden Wiederholung gezeigt. Im Anschluss an diese metadiegetische Filmvorführung präsentiert, reflektiert und dokumentiert der Film auch sich selbst als Loop. So beschreibt eine Mädchenstimme aus dem Off das sich tagtäglich wiederholende Arbeitsleben eines Barbiers, eines Geflügelhändlers und eines Schneiders als »Life in Loops« (vgl. 0:08,11-0:08,59). Auf der Bildebene werden die drei nebeneinander liegenden Läden – realisiert durch Zeitrafferaufnahmen, Überblendungen und Montagen – über mehrere Tage gezeigt und die Erzählung des Mädchens somit illustriert.

Diese Sequenz kann einerseits idealtypisch für die Selbstreflexivität von MEGACITIES angesehen werden, da der Film seine Medialität offensichtlich ausstellt. Andererseits repräsentiert diese Sequenz aber auch die betont narrative Anlage des Dokumentarfilms, in dem neben dem Erzählen der ›Darsteller‹ und den Anspielungen auf Filmerzählungen auch das Lesen von Geschichten durchgängig von Bedeutung ist – und zwar egal, ob es sich um Einschlafgeschichten für Kinder (vgl. 1:01,34-1:02,06), um Comics oder Romane handelt, die in der Moskauer Metro (vgl. 0:38,26-0:39,10; 0:43,28-0:45,33) oder in mexikanischen Bussen (vgl. 0:32,08-0:32,27) gelesen werden. In diesem Zusammenhang ist eine These von Dietmar Kämmerer interessant, der MEGACITIES als Vorreiter eines neuen Genres erwägt:

> »Vielleicht hat Glawogger mit diesem Film das unmögliche Genre erfunden: den melodramatischen Dokumentarfilm, den Versuch einer Versöhnung der Maßlosigkeit der Wirklichkeit mit sich selbst.« (Kämmerer 2006)

MEGACITIES ist ein stark stilisierter und kalkuliert inszenierter Dokumentarfilm, der im Hinblick auf den Einsatz filmästhetischer Stilisierung und durch seine Metanarrativität in der filmgeschichtlichen Tradition von Dziga Vertovs DER MANN MIT DER KAMERA (1929; russ.: TSCHELOWEK S KINOAPPARATOM) steht – einem Film, der die sowjetischen Großstädte Moskau, Kiew und Odessa filmisch miteinander verbindet, filmtechnisch innovativ und experimentell Trickeffekte nutzt und mit Zeitraffer, Zeitlupe, Doppelbelichtung, einer zur Entstehungszeit ungewöhnlich hohen Schnittfrequenz sowie auffälliger Montage arbeitet.[18] Überdies weist MEGACITIES deutliche Fiktionalisierungstendenzen auf, durch die die Geschichten seiner Protagonisten erzählerisch effektvoll präsentiert und miteinander in Beziehung gesetzt werden. So wenig das pathetisch inszenierte Melodramatische und das auf Wirklichkeitsnähe bedachte Dokumentarische für gewöhnlich miteinander vereinbar sind, so gelungen spielt MEGACITIES genau mit diesen Ambivalenzen. Durch bewusste Inszenierung wird eine reflektierte Nähe zum Wirklichen auf paradoxale Weise ›authentisch‹ erreicht.

---

18 Diese implizite filmische Referenz ist auch im Hinblick auf Glawoggers intertextuelles Verfahren in WORKINGMAN'S DEATH motiviert. Diesen Film rahmt er nämlich durch Dokumentarfilmzitate etwa aus Dziga Vertovs SINFONIJA DONBASSA (1930) und Georges Franjus LE SANG DES BÊTES (1949). Im Booklet zur DVD (S. 2; vgl. Filmographie) verweist er auf diese Referenzen.

Hamish Fultons künstlerische Arbeiten – zwischen Authentizitätsbezeugung und Unsagbarkeit

Hamish Fulton ist ein britischer Gegenwartskünstler, der wandert.[19] Er unternimmt seit Jahrzehnten teils monatelange Wanderungen, oft tagelang ohne zu schlafen und zu reden. Er wandert in Europa, Asien, Amerika und Australien, in Industrienationen wie Entwicklungsländern. Dennoch versteht sich Fulton nicht als Weltreisender, sondern würde es – seinen Aussagen zufolge – stets vorziehen, einen Tag zu wandern, anstatt mehrere Wochen zu reisen. Wanderungen durch gewöhnliche Gegenden misst er sogar eine besondere Bedeutung bei (vgl. Fulton 1995: 81). Im Anschluss dokumentiert Fulton seine Wanderungen in Künstlerbüchern,[20] durch Texte und Photographien,[21] Zeichnungen,[22] Foto-Text-Arbeiten, typographische Wandgestaltungen oder Rauminstallationen.[23]

Abb. 7: Foto-Text-Arbeit »Road Kill« von Hamish Fulton

Quelle: http://www.hamish-fulton.com/ (Nr. 48)

Dass Hamish Fulton als Künstler derartig viel Zeit mit Wandern verbringt und sogar versucht, nicht mehr Zeit auf die Herstellung seiner Kunstwerke und die Organisation von Ausstellungen zu verwenden als auf seine Wanderungen (vgl. Fulton 1995: 81), läuft einem konventionellen Künstlerverständnis zuwider. Im Kunstkontext wird das Verhältnis seiner künstlerischen Arbeiten zu den Wanderungen dementsprechend auch konträr diskutiert. Einige Interpreten verstehen Fulton als Photographen, Maler, Zeichner oder

19 Zum Verhältnis von Kunst und Wandern vgl. Kreuzer 2005a.

20 Vgl. exemplarisch Fulton 1999.

21 Vgl. die ›klassisch‹ wirkenden Schwarz-Weiß-Photographien Fultons 2001b.

22 Vgl. etwa graphische Arbeiten im Ausstellungskatalog »Hamish Fulton« (1992: 28f.). Vgl. auch Fulton (1995: 56).

23 Zu einem Überblick der künstlerischen Arbeiten vgl. Fulton 2001a.

Poeten und bewerten seine Bild-Text-Arbeiten als eigenständige Kunstwerke. Andere betrachten sie indes als bloße Dokumentation der Wanderungen, der eigentlichen Kunstform des Aktionskünstlers Fulton (vgl. Langer 1996).

Die Bestimmung des Verhältnisses von Fultons Wanderungen zu seinen in Ausstellungen, Künstlerbüchern oder auf der Homepage präsentierten Mixed-Media-Arbeiten steht in engem Verhältnis zur Frage nach Authentizität. So ist es entscheidend, ob zwischen den Aktionen des Wanderns und den künstlerischen Arbeiten eine authentische Relation angenommen wird oder nicht.

Fulton selbst ist davon überzeugt, dass die körperliche Anstrengung ihn »für die Landschaft empfänglicher macht« (1995: 79) und er nicht künstlerisch arbeiten könnte, wenn er nicht wandern würde (ebd. 81). Die Kunst und das Wandern sind für ihn untrennbar miteinander verbunden. Im Gegensatz zu diesem künstlerischen Selbstverständnis ist indes der Unterschied zwischen dem ideellen Wert der Wanderung und der materiellen Beschaffenheit des ›Kunstwerks‹ offensichtlich. Die Wanderung ist ein subjektives Erlebnis, das zwar wochenlang dauern kann, von dem aber – sobald es *vergangen* ist – kein sichtbares Resultat mehr zeugt. So geht es Fulton auch nicht um Spuren in der Landschaft. Vielmehr distanziert er sich von Tendenzen der Land Art, indem er die Photographie zu einer geführten Gipfelbesteigung in Alaska im Jahr 2004 apodiktisch mit der Überschrift »THIS IS NOT LAND ART« versieht und betont, dass er auf Straßenwanderungen per se keine Spuren hinterlasse (vgl. Fulton 2001a: 11). Im offensichtlichen Kontrast zum Erfahrungswert der Wanderungen stehen die Materialität der künstlerischen Arbeiten und ihre betonte Sachlichkeit. Zwar sind Zeit, Dauer und Routenverlauf einer Wanderung exakt zu bestimmen, was Fulton auch oftmals tut. Doch diese Angaben vermögen die individuelle Erlebnisqualität nicht zu vermitteln.

Fulton hat die Diskrepanz zwischen seinen Aktionen des Wanderns und den künstlerischen Arbeiten wiederholt selbstreflexiv thematisiert. Zum Ausdruck bringt er diese Einsicht etwa in der auf seiner aktuellen Homepage präsentierten Foto-Text-Arbeit mit der Aufschrift »AN OBJECT CANNOT COMPETE WITH AN EXPERIENCE«.[24] Bereits 1995 hat er im Ausstellungskatalog »Thirty One Horizons/Einunddreißig Horizonte« des Lenbachhauses in München herausgestellt, dass das »Kunstwerk [...] die Erfahrung einer Wanderung nicht darstellen« (Fulton 1995: 80; vgl. Fulton 2001a: 8.) könne. Fulton schreibt dem Wandern eine ›realere‹ Intensität als dem Kunstwerk zu, da die Wanderung tatsächlich existiere, das

24 Fulton (o.D.): Nr. 11; vgl. auch Fulton (2001: 12).

Kunstwerk hingegen lediglich davon handele.[25] Durch dieses Selbstverständnis scheint Fulton die Bedeutung seiner künstlerischen Arbeiten allerdings zu diskreditieren.

Abb. 8: Hamish Fultons Foto-Text-Arbeit
»AN OBJECT CANNOT COMPETE WITH AN EXPERIENCE«

Quelle: http://www.hamish-fulton.com/ (Nr. 11)

Andererseits hat Fulton jedoch auch konstatiert, dass – wenngleich »Bewegung [...] eine wichtige Dimension in [s]einer Kunst« sei – Bewegung stets nur in »Relation zu ihrem augenscheinlichen Gegenteil, der Ruhe« (Fulton 1995: 80), existiere. Somit ist die Relation zwischen den Wanderungen und den in Ausstellungen und Künstlerbüchern präsentierten Arbeiten im Hinblick auf ihre Gegensätzlichkeit von besonderer Bedeutung. Wenn Fulton überdies von seinen künstlerischen Arbeiten als »Kunst *über* das Wandern« (Fulton 2001a: 11; Herv. i.O.) spricht, so stellt er explizit eine Vergleichsdimension heraus, wie sie zur Beurteilung von Authentizität entscheidend ist. Ausgehend von der Differenz der für den Kunstbetrachter unsichtbar bleibenden Erfahrung der Wanderung einerseits und dem im Kunstkontext Präsentierten andererseits stellt sich die Frage nach dem spezifischen Zeichenverhältnis zwischen beiden. Im Hinblick auf das photographische Medium könnte vermutet werden, dass Roland Barthes' »Noema des ›*Es-ist-so-gewesen*‹« (Barthes 1989: 87) entscheidend sei. Die Photographien fungierten dementsprechend als chemisch konservierte Lichtreflexe im indexikalischen Sinne und stünden für die neutrale Widerspiegelung des Gewesenen, die Repräsentation der gesehenen Landschaft, die Sichtbarkeit einzelner Momente. Gleichzeitig wären diese Interpretationsbemühungen aber wiederum unzulänglich, da von dem synästhetischen Erleben einer Wanderung lediglich ein Sekundenbruchteil dokumentiert wird und dieser zudem auf die visuelle Ähnlich-

25 Vgl. Fultons Statement in »foto text text foto« (1996: 13).

keitsdimension reduziert ist. Außerdem muss – etwa im Sinne von Nelson Goodmans »Weisen der Welterzeugung« (amerik.: »Ways of Worldmaking«, 1978) – die Ähnlichkeitsdimension von bildlichen Repräsentationen kritisch hinterfragt werden.[26] Denn das Kriterium der Ähnlichkeit ist stets relativ und nicht im Ganzen, sondern nur partiell als Vergleichsrelation zu verstehen.[27]

Fultons künstlerische Arbeiten sind daher einschließlich der Foto-Text-Arbeiten und trotz deren indexikalischer Zeichenhaftigkeit symbolisch nur als »Wirklichkeitsversprechen«[28] zu verstehen – als Relikte seiner Wanderungen oder als abstrakte symbolische Hinweise darauf. Weder die Photographien und Bild-Text-Arbeiten noch die typographischen Wandgestaltungen und Zeichnungen stellen Versuche dar, den performativen Charakter der Aktion abzubilden. Es handelt sich vielmehr um individuelle Symbole, die als arbiträre Zeichen lediglich auf die Aktion verweisen. Fulton steht dieser Interpretation zufolge in der Tradition der ›Individuellen Mythologien‹ wie sie 1972 durch die documenta 5 unter Harald Szeemann etabliert worden ist. Im Sinne Individueller Mythologien versucht Fulton, subjektive Wahrnehmungen durch betont individuelle Darstellungsformen auszudrücken, wobei die Subjektivität seiner Erfahrungen in ihrer Hochschätzung mythologisiert wird. Zwar scheint durch Fultons Photographien ebenso wie durch seine exakten Datierungen, die geographischen Angaben oder die kartographischen Darstellungen eine Nähe zum Faktualen, Dokumentarischen und Authentischen auf. Doch im Wissen um die Unmöglichkeit einer den Echtheitskriterien entsprechenden Abbildbarkeit und eines »›unverfälschten‹ Darstellungsbezug zur [...] Wirklichkeit« ist die zweite relationale Bedeutung von Authentizität entscheidender, nämlich der »glaubwürdige[...] Ausdruck der Autor-Subjektivität« (Deupmann 2007: 57).

26 Vgl. Goodman 1990. Exemplarisch sei ein Zitat aus Kapitel »I.7. Erfindungen« angeführt: »Wenn Repräsentation eher eine Frage des Klassifizierens als des Nachahmens von Gegenständen, eher eine Frage des Charakterisierens als des Kopierens ist, dann ist es keine Angelegenheit passiven Berichtens.« (Ebd. 40)

27 Zur Diskussion unterschiedlicher semiotischer und philosophischer Ansätze zur Bestimmung von Ähnlichkeit und Ikonizität vgl. Blanke (2003).

28 Volker Wortmann spricht von einem verlockenden »Wirklichkeitsversprechen der Fotografie«, das uns wider besseres Wissen »die vermeintliche Wirklichkeit hinter dem Bild« sehen und »das Bild also als authentische Darstellung einer Wirklichkeit, die uns auf dem Bildträger unmittelbar zugänglich erscheint« (Wortmann 2006: 163), begreifen lässt.

Fazit

Da künstlerische Darstellungen und fiktionale Ausdrucksformen Teil der Wirklichkeit sind, können sie diese nicht in einem mimetischen 1:1-Verhältnis abbilden, sondern stellen zwangsläufig etwas Neues dar. In künstlerischen Darstellungsformen kann dementsprechend nicht das Authentische als Original oder als das ›Echte‹ und ›Unverfälschte‹ gesucht werden, sondern ist stets eher die Nähe zum Authentischen als einem Gefühlswert zu konstatieren. Ganz im Sinne realistischer Literatur – in deren Kontext der Wirklichkeitsbezug künstlerischer Ausdrucksweisen prominent diskutiert wird – stellt Authentizität in der Literatur, im Film und in der bildenden Kunst somit keine Verdoppelung einer kognitiv erfassbaren Erscheinungswelt dar, sondern bedeutet ein reflektiertes Gestalten und Verändern der Erscheinungswelt mit künstlerischen Mitteln.[29]

Die Nähe zum Authentischen, wie sie an Beispielen aus der Literatur, dem Dokumentarfilm sowie der bildenden Kunst untersucht worden ist, ist geprägt durch das Wissen um die Unmöglichkeit einer mimetischen 1:1-Abbildung und angemessenen Darstellbarkeit des ›Echten‹ und ›Wirklichen‹. Ausgehend von dieser Einsicht wird weder an eine Aufhebung der Repräsentation im literarischen sowie theatralen Kontext, noch an eine unverfälschte, faktuale Berichterstattung im Dokumentarfilmbereich oder an eine ›echte‹ Abbildung von individueller Erfahrung im Kunstkontext geglaubt. Peter Handke, Michael Glawogger und Hamish Fulton haben stattdessen selbstreflexiv versucht, durch inszenierte Widersprüche (vgl. scheinbare Durchbrechung von Fiktionalität auf der Bühne, ›Darsteller‹ im Dokumentarfilm, Gegensatz zwischen Aktion und Materialität künstlerischer Arbeiten) sowie durch ein Spiel mit literarischen, filmischen und künstlerischen Traditionen (vgl. Reduktion von theatraler Zeichenhaftigkeit, Fiktionalisierung/Ästhetisierung im Dokumentarfilm, Abkehr von traditionellen Repräsentationsprinzipien) eine bewusste Abgrenzung von den so genannten ›Echtheitskriterien‹ zu erreichen. Das Ergebnis kann als selbstreflexiv-kritische oder – im überzeitlichen Sinne – als ›aufgeklärte‹ Authentizität bezeichnet werden. Es handelt sich um künstlerische Strategien zur Inszenierung von Authentizität, bei der die Betonung des Authentischen als artifizielle, künstliche Konstruktion zentral ist.

Künstlerische Authentizität wird als Paradox deutlich. Wenn Peter Handke seine theatralen Figuren negativ verkünden lässt:

29 Für künstlerische Authentizitätskonstruktionen gilt somit in gewissem Maße, was Hugo Aust für die literarische Epoche des Realismus herausgestellt hat: »Dass […] nicht Wirklichkeit wider[ge]spiegelt, sondern Illusionen her[ge]stellt [werden], die aber wie Wirklichkeit wirken« (Aust 2006: 90).

»Das ist kein Ausschnitt der Wirklichkeit«, wenn Michael Glawogger inszenierte Filmaufnahmen zwar als »ein wenig ›batscherter‹ als die Wirklichkeit«, aber dennoch als »wahrhaftig« beschreibt und wenn Hamish Fulton davon überzeugt ist, dass künstlerische Arbeiten mit Erfahrungen nicht zu konkurrieren vermögen, so können diese Einsichten mit den Worten Nelson Goodmans zusammengefasst und positiv gewendet werden: »Kurz, wirkungsvolle Repräsentationen erfordern Erfindungen. Sie sind kreativ.« (Goodman 1990: 42)

Authentizität in den Künsten ist demnach weniger durch den Versuch eines ›getreuen Abbildens‹ des ›Wirklichen‹ geprägt, sondern vielmehr durch künstlerisch-erfinderische Strategien, die im Zeichen einer authentischen Annäherung an die Erfahrungswirklichkeit stehen.

Literatur

Aichinger, Ilse (2002): »Wo ich wohne«, in: Richard Reichensperger (Hg.), Ilse Aichinger. Werke, Bd. 2: Der Gefesselte. Erzählungen (1948–1952) (5. Aufl.), Frankfurt a.M.: Fischer, S. 93-98.

Aristoteles (1982): Poetik. Hg. u. übers. Manfred Fuhrmann, Stuttgart: Reclam.

Aust, Hugo (2006): Realismus. Lehrbuch Germanistik, Stuttgart: Metzler.

Barthes, Roland (1989): Die helle Kammer. Bemerkung zur Photographie. Übers. Dietrich Leube, Frankfurt a.M.: Suhrkamp.

Blanke, Börries (2003): Vom Bild zum Sinn. Das ikonische Zeichen zwischen Semiotik und analytischer Philosophie, Wiesbaden: DUV.

Deupmann, Cristoph (2007): »Authentizität«, in: Dieter Burdorf/ Christoph Fasbender/Burkhard Moennighoff (Hg.), Metzler Lexikon Literatur. Begriffe und Definitionen (3. Aufl.), Stuttgart: Metzler, S. 57.

Engell, Lorenz (2007): »Teil und Spur der Bewegung. Neue Überlegungen zu Iconizität, Indexikalität und Temporalität des Films«, in: Daniel Sponsel (Hg.), Der schöne Schein des Wirklichen. Zur Authentizität im Film, Konstanz: UVK, S. 15-40.

Fischer-Lichte, Erika (1988 [1983]): Semiotik des Theaters, Bd. 1: Das System der theatralischen Zeichen (2. Aufl.), Tübingen: Narr.

—/Pflug, Isabel (Hg.) (2007 [2000]): Inszenierung von Authentizität, Bd. 1. (2. Aufl.), Tübingen: Francke.

foto text text foto. Synthese von Fotografie und Text in der Gegenwartskunst (1996). Ausstellungskatalog MUSEION – Museum für Moderne Kunst Bozen.

Fulton, Hamish (1999): Hill Walk. Bergwanderung. Übers. Ingeborg Springenschmid. Ausstellungskatalog Künstlerhaus Palais Thurn und Taxis Bregenz.

— (1995): Thirty One Horizons/Einunddreißig Horizonte. Übers. Brigitte Kalthoff. Ausstellungskatalog Kunstbau Lenbachhaus München.

— (2001a): Walking Artist. Übers. Angela Vettese/Antje Longhi (ital./dt.)/Brigitte Kalthoff (engl./dt.), Düsseldorf: Richter.

— (2001b): The Way To The Mountains Starts Here. Ausstellungskatalog Museu de Arte Contemporânea de Serralves Porto.

— (o.D.): »Hamish Fulton« (o.D. – In Version 01), http://www.hamish-fulton.com/ vom 01.07.2010.

Goldberg, Marcy (2006): »Fragen der Einstellung: ›Ein Film über das Überleben im Alltag‹: Michael Glawogger über ›Megacities‹« (28.11.2006). http://derstandard.at/fs/2618292/Fragen-der-Einstellung/ vom 06.01.2010.

Gomringer, Eugen (1977): »schweigen« [1960], in: konstellationen. ideogramme. stundenbuch, Stuttgart: Reclam, S. 77.

Goodman, Nelson (1990): Weisen der Welterzeugung. Übers. Max Looser, Frankfurt a.M.: Suhrkamp.

Hamish Fulton (1992). Ausstellungskatalog Staatliche Kunsthalle Baden-Baden.

Handke, Peter (1966): »Publikumsbeschimpfung«, in: Publikumsbeschimpfung und andere Sprechstücke, Frankfurt a.M.: Suhrkamp, S. 5-47.

Honsza, Norbert (Hg.) (1983a): Zu Peter Handke. Zwischen Experiment und Tradition, Stuttgart: Klett.

— (1983b): »Publikumsbeschimpfung«, in: Honsza, Zu Peter Handke, S. 12-15.

Kämmerer, Dietmar (2006): »Fremde Spiegelbilder. ›Megacities‹ – ein melodramatischer Dokumentarfilm« (28.11.2006). http://derstandard.at/fs/2618298/Fremde-Spiegelbilder vom 08.01.2010.

Kalisch, Eleonore (2007): »Aspekte einer Begriffs- und Problemgeschichte von Authentizität und Darstellung«, in: Fischer-Lichte/Pflug, Inszenierung von Authentizität, S. 31-44.

Knaller, Susanne (2006): »Genealogie des ästhetischen Authentizitätsbegriffs«, in: Knaller/Müller, Authentizität, S. 17-35.

—/Harro Müller (Hg.) (2006): Authentizität. Diskussion eines ästhetischen Begriffs, München: Fink.

Kreuzer, Stefanie (2005a): »Die durchwanderte Zeit in den Foto-Text-Arbeiten Hamish Fultons«, in: Alexander Karschnia et al. (Hg.), Zum Zeitvertreib. Strategien – Institutionen – Lektüren – Bilder, Bielefeld: Aisthesis, S. 271–284.

— (2005b): »Fotografie : Text. Zu den frühen visuell-poetischen Arbeiten von Jochen Gerz«, in: Ulrich Schmitz/Ursula Renner (Hg.), Sehflächen lesen (Der Deutschunterricht 57.5), S. 25-37.

Langer, Freddy (1996): »Im Zweifelsfalle weiterwandern. Fulton, Long, Abramovic: Unterwegssein als Kunst«, in: Frankfurter Allgemeine Zeitung vom 07.03.1996, S. R1 (Reiseblatt).

Motekat, Helmut (1983): »Theater ohne Drama oder das ›Sprechstück‹«, in: Honsza, Zu Peter Handke, S. 5-11.

Müller, Harro (2006): »Theodor W. Adornos Theorie des authentischen Kunstwerks«, in: Knaller/Müller, Authentizität, S. 55-67.

Peirce, Charles Sanders (1998): »Neue Elemente«, in: Dieter Mersch (Hg.), Zeichen über Zeichen. Texte zur Semiotik von Peirce bis Eco und Derrida, München: dtv, S. 37–56.

Rimini Protokoll (2010): [offizielle Homepage] http://www.rimini-protokoll.de/website/de/projects_date.php vom 10.11.2010.

Schmitz, Jeanette/Volz, Wolfgang (Hg.) (2003): Five Angels: Bill Viola im Gasometer. Ein Projekt der RuhrTriennale, Essen: Klartext.

Wortmann, Volker (2006): »Was wissen Bilder schon über die Welt, die sie bedeuten sollen? Sieben Anmerkungen zur Ikonographie des Authentischen«, in: Knaller/Müller, Authentizität, S. 163-184.

Filmographie

BLUE (1994) (GB, R: Derek Jarman).

THE BLAIR WITCH PROJECT (1999) (USA, R: D. Myrick/E. Sánchez).

UN CHIEN ANDALOU (1929) (F, R: Luis Buñuel).

L'HOMME ATLANTIQUE (1982) (F, R: Marguerite Duras).

THE KISS IN THE TUNNEL (1899) (GB, R: George Albert Smith).

THE KISS IN THE TUNNEL (1899) (GB, R: James Bamforth).

DÉPART DE JÉRUSALEM EN CHEMIN DE FER (1897) (F, R: Louis Lumière).

DIE DONBASS-SINFONIE (1930; russ.: SINFONIJA DONBASSA) (UdSSR, R: Dziga Vertov).

DER MANN MIT DER KAMERA (1929; russ.: TSCHELOWEK S KINO-APPARATOM) (UdSSR, R: DzigaVertov).

MEGACITIES (1998) (A/CH, R: Michael Glawogger) DVD: Der Österreichische Film | Edition Der Standard, 2006.

LE SANG DES BÊTES (1949) (F, R: Georges Franju).

SORTIE D'USINE (1885) (F, R: Louis Lumière).

THE TRUMAN SHOW (1998) (USA, R: Peter Weir).

WORKINGMAN'S DEATH (2004) (A/D, R: Michael Glawogger) DVD: Edition FILMladen.

Adaption als Filmgenre? – Die Gattungsdiskussion in den *Adaptation Studies* unter dem Blickwinkel der Authentizität

LUCIA KRÄMER

Da Werktreue lange als dominantes Analysekriterium von Adaptionen und insbesondere Literaturverfilmungen in den so genannten Adaptation Studies *fungierte, weisen die Diskurse zu Adaption und Authentizität viele Parallelen auf. Dieser Beitrag schlägt auf der Grundlage einer kritischen Auseinandersetzung mit jüngsten Vorschlägen, Literaturverfilmungen als ein eigenes Filmgenre zu betrachten, einen Entwurf einer solchen Filmgattung vor, welche sich durch den Prozess der Adaption sowie die sich dadurch eröffnende Möglichkeit der für Adaptionen typischen vergleichenden Rezeptionshaltung definiert. Das Genre wird dabei als Pakt zwischen Produktions- und Rezeptionsseite betrachtet, als dessen zentrale Vertragsklausel die Größe ›Authentizität‹ fungiert. Anhand diverser Filmbeispiele erläutert der Beitrag verschiedene Authentisierungsstrategien und betont die besondere Rolle epitextueller Mittel. Ob bzw. wie diese Authentisierungsstrategien letztlich als Authentizitätseffekt beglaubigt werden, entscheidet sich auf der Ebene der Rezeption. Eine Untersuchung dieser Beglaubingungsprozesse legt nahe, die Adaption als sekundäres Filmgenre zu klassifizieren.*

Einleitung

Jeder kennt wohl das Gefühl: Man sitzt im Kino oder – heute wahrscheinlicher – vor dem Fernseher oder Computermonitor, um eine Verfilmung eines geschätzten Werkes zu sehen, und ist entweder verärgert oder angetan, vielleicht sogar so sehr, dass man entweder abschalten oder vor Enthusiasmus (zumindest innerlich) jubeln möchte. Wenn wir Verfilmungen tatsächlich als Adaptionen, d.h. im Bewusstsein um deren Prätext(e) rezipieren (vgl. Hutcheon 2006: 6), beruhen solche Reaktionen zumeist nicht alleine auf unserer Betrachtung der Filme als Filme, sondern auf unserem positiven oder negativen Bauchgefühl bezüglich ihres Umgangs mit der Vorlage. Das Vergnügen der Rezipienten an Adaptionen besteht ja in der Verknüpfung von bereits Bekanntem und Neuem (ebd. 4). Ob wir diese Verknüpfung letztlich als erfolgreich beurteilen, hängt allerdings weitgehend von unseren jeweils individuellen Erwartungen ab, wobei, wie sich anhand vieler Kommentare belegen lässt, das Kriterium der Werktreue im Sinne einer trotz des Medienwechsels authentischen Reproduktion des Textes bzw. seines ›Geistes‹ (ebd. 10) – womit in der Regel die ebenso problematische Größe der Autorenintention gemeint ist (Cardwell 2002: 22) – für viele Rezipienten eine zentrale Rolle spielt.

Da der Vergleich zwischen Adaption und Vorlage bei der Betrachtung von Adaptionen als Adaptionen also ganz automatisch eintritt (so auch Geraghty 2009: 94; Cardwell 2002: 9), überrascht es nicht, dass die Herangehensweise an Adaptionen unter dem Aspekt der Werktreue in Form eines *fidelity criticism* lange Zeit in den so genannten *Adaptation Studies* vorherrschend war (vgl. Cardwell 2002: 51-69). In den vergangenen 15 Jahren hat dort aber ein inhaltlicher und methodischer Paradigmenwechsel weg von vergleichender Textanalyse und dem Kriterium von Werktreue hin zu neuen, häufig stärker kontextorientierten Ansätzen stattgefunden, auch wenn, wie Christine Geraghty ganz richtig bemerkt hat, »The fidelity model [...] still persists as a default mode.« (2009: 94) Einer der jüngsten dieser Ansätze ist Thomas Leitchs Konzeption von Adaption(en) – im Sinne von Literaturverfilmung(en) – als Genre, welche er in seinem Aufsatz »Adaptation, the Genre« (2008a) formuliert hat. Ziel des vorliegenden Beitrags ist es, Leitchs Vorschlag und weitere Beiträge zur Genrediskussion in den *Adaptation Studies* kritisch zu beleuchten, wobei dem Aspekt der Authentizität besonderes Gewicht zukommen soll. Obwohl die Referenzauthentizität (vgl. Knaller/Müller 2006: 13) bezogen auf die Vorlage dabei eine besonders wichtige Rolle spielt, ist auch die Subjektauthentizität eine nicht zu vernachlässigende Größe.

Insbesondere vor dem Hintergrund der Tatsache, dass die Erfahrung des Rezipienten in den vergangenen Jahren in den *Adaptation Studies* zu einer wichtigen Diskussions- und Analysegröße geworden ist, die als zentral für das Funktionieren einer Adaption als Adaption erachtet wird (vgl. Krämer 2010: 168f.), erscheint es angebracht, den Aspekt der Rezeption auch in Bezug auf das Konzept eines möglichen Filmgenres ›Adaption‹ angemessen zu gewichten. So wird hier die These vertreten, dass das Filmgenre der Adaption sich zumindest auf Produktions- und Distributionsebene durch die versuchte Konstruktion eines Authentizitätseffekts konstituiert. Der vorliegende Beitrag erläutert anhand ausgewählter Beispiele einige dieser Authentisierungsstrategien, wirft dann aber auch einen Blick darauf, wie bzw. ob diese auf der Rezeptionsebene verhandelt und schließlich in Form eines Authentizitätseffekts beglaubigt werden. Bevor ich zu dieser Diskussion übergehe, sind allerdings einige Bemerkungen zu den *Adaptation Studies* allgemein angebracht, um zu verdeutlichen, vor welchem Hintergrund sich die dort geführte Genrediskussion entwickelt hat.

Hintergründe der Gattungsdiskussion in den *Adaptation Studies*

Während Phänomene des Medienwechsels in der deutschsprachigen wissenschaftlichen Diskussion in erster Linie unter den Schlagworten von ›Intertextualität‹ und ›Intermedialität‹ verhandelt werden, spielt im anglo-amerikanischen Wissenschaftsbetrieb das Konzept der Adaption eine sehr viel größere Rolle als hierzulande. Seit George Bluestones grundlegender Studie »Novels into Film« (1957) hat sich nach und nach eine Disziplin der *Adaptation Studies* herausgebildet, welche sich der wissenschaftlichen Analyse dieses Phänomens widmet, wobei ›Adaption‹ anfangs (und teilweise noch heute) primär als ›Literaturverfilmung‹ verstanden wurde. Diese eingeschränkte Sicht von Adaptionen sowie die methodische Konzentration auf den Vergleich von Adaptionstext und vermeintlichem ›Original‹ unter dem Aspekt der Werktreue hatten ein akademisches Schattendasein der *Adaptation Studies* zur Folge, die unklar verortet irgendwo zwischen Literatur- und Filmwissenschaft dahin dümpelten und weder von der einen noch der anderen Nachbardisziplin als eigenständig anerkannt waren[1] – eine Situation, aus welcher sie sich erst im 21. Jahrhundert emanzipieren konnten.

Um die Disziplin besser als solche zu legitimieren, gab es seit der zweiten Hälfte der 1990er Jahre verstärkte Bemühungen, die *Adaptation Studies* von ihrer ursprünglichen Fixierung auf die Adaptionen von *literarischen* Texten zu lösen,[2] eine größere Bandbreite von Medien abzudecken (z.B. TV, Computerspiele, Oper, *Tie-in*-Produkte) und endlich das lange Zeit dominante Analysekriterium der Werktreue abzuschütteln.[3]

1 Vgl. Cartmell/Corrigan/Whelehan 2008 für einen konzisen Überblick über die wichtigsten Gründe für die akademische Vernachlässigung von Adaptionen.

2 Trotz des Titels findet z.B. im »Cambridge Companion to Literature on Screen« (Cartmell/Whelehan 2007) eine bewusste Ausweitung des früheren Verständnisses von Literatur in den *Adaptation Studies* in Richtung von Comics, Historiographie und dem Phänomen des Romans zum Film statt.

3 Eine konzise Zusammenfassung der Lage liefert Leitch 2008b.

Der wohl einflussreichste unter der bemerkenswerten Gruppe von Texten,[4] welche diese Entwicklung vorantrieben, ist Linda Hutcheons Buch »A Theory of Adaptation« (2006), das grundlegende Fragestellungen zum Phänomen Adaption an einer sehr großen Zahl von Beispielen aus verschiedensten Medien diskutiert und deshalb Leser aus diversen Disziplinen erreicht hat. Die meisten Texte aus den *Adaptation Studies* beschäftigen sich dagegen immer noch fast ausschließlich mit Literaturverfilmungen. So etwa die drei von Stam bzw. unter seiner Beteiligung veröffentlichten Bände (vgl. Stam 2005; Stam/Raengo 2004; 2005), die einen wichtigen Beitrag zur Diskussion geleistet haben. Stam gehört zu jenen Kritikern, die vor dem Hintergrund poststrukturalistischer und dekonstruktivistischer Theorien für eine genaue Analyse der intertextuellen Verortung von Adaptionen plädieren, welche über den einzelnen Text und seine vermeintlich zentrale Vorlage hinaus blicken muss.

Wendet man diesen Ansatz zusammen mit einem erweiterten Textbegriff an, so rücken die systemischen Kontexte und die Bedingungen, unter denen Adaptionen entstehen, stärker in den Blickpunkt des Interesses. Dass man die Vorlage als Untersuchungsgegenstand weitgehend vernachlässigen und trotzdem äußerst aufschlussreiche Aussagen über Adaptionen erbringen kann, hat z.B. Geraghty bewiesen, die sich in ihrer Studie »Now A Major Motion Picture« (2008) auf kontextuelle Faktoren der Entstehung von ausgewählten Literaturverfilmungen konzentriert und somit zumindest ansatzweise Dudley Andrews schon 1984 formulierter Forderung nach einer stärker soziologischen Ausrichtung der *Adaptation Studies* (Leitch 2008b: 72) nachkommt.

Als besonders zentral für die jüngere Entwicklung der Disziplin kann außerdem Kamilla Elliotts Studie »Rethinking the Novel/Film Debate« (2003) gelten, in welcher die Autorin mit akribischer Genauigkeit die verschiedenen Varianten heraus arbeitet, wie Film, Literatur sowie deren Verhältnis und Mischformen in der wissenschaftlichen Diskussion in der Vergangenheit diskursiv konstruiert wurden. Durch ihre Hinwendung zu kognitionspsychologischen Methoden als Untersuchungsansatz für Adaptionen hat sie außerdem einen wichtigen Vorschlag für eine methodische Weiterentwicklung im Feld geleistet.

Mit ihren Ansätzen sind Elliott und Geraghty repräsentativ für jüngere Tendenzen in den *Adaptation Studies*, die letzlich eine Interpretation der *Bedeutung* des Adaptionstextes vermeiden, um sich

4 Siehe insbesondere Cardwell 2002, Cartmell/Whelehan 1999; 2007, Elliott 2003, Geraghty 2008, Hutcheon 2006, Leitch 2003; 2007a; 2008b, McFarlane 1996, Sanders 2006, Stam 2005, Stam/Raengo 2004; 2005, Welsh/Lev 2007 und die Zeitschriften »Adaptation« und »Journal of Adaptation in Film and Performance« (beide seit 2008).

der Gefahr zu entziehen, dem Analysekriterium Werktreue zu erliegen.[5] Thomas Leitchs Vorschlag, die Literaturverfilmung als Genre zu konzipieren, kann als ein weiterer Versuch interpretiert werden, die *Adaptation Studies* dergestalt zu bereichern und zu ihrer wissenschaftlichen Legitimierung beizutragen.

Adaption als Filmgenre

Anders als z.B. der Western, das Musical, der Film noir oder das Melodram gehört die Adaption (auch als Literaturverfilmung) nicht zum etablierten Kanon von Filmgenres in der anglo-amerikanischen Filmwissenschaft. Im Gegenzug war auch die Auseinandersetzung mit dem Thema Genre in den *Adaptation Studies* bislang relativ selektiv. So findet man in Einzelfallstudien immer wieder die Fragestellung, ob bzw. wie die Gattungszugehörigkeit eines Werkes in ein anderes Medium transferiert wurde – worin sich auch ein grundlegendes Interesse für die Unterschiede zwischen den Gattungssystemen einzelner Medien manifestiert (vgl. z.B. Cartmell/Whelehan 2010; Geraghty 2008). Im Gegensatz dazu schlägt Leitch vor, Adaptionen – wobei er sich in seinen Ausführungen auf Literaturverfilmungen beschränkt – als eigenes Filmgenre zu betrachten. Grundlage dieses Konzepts ist seine mittels verschiedener Zitate von ihm überzeugend belegte These:

> »Even if it has been an invisible genre, there is abundant precedent for adaptation as a category widely recognized by filmgoers in both high theory and low theory« (Leitch 2008a: 106).

Filmgenres konstituieren eine spezifische Beziehung zwischen Industrie, Publikum und Text. Den Produzenten sind sie Mittel der Produktdifferenzierung und Verkaufsargument – eine Möglichkeit also, ein Publikum an einen Film zu binden. Für den Zuschauer bedeutet die Zugehörigkeit eines Films zu einem bestimmten Genre ein Versprechen von Bekanntem und Vertrautem (Langford 2005: 1).

Altman nimmt eine sehr nützliche Unterscheidung von vier Bedeutungen des Begriffs ›Genre‹ bezogen auf Filme vor, die vier miteinander verknüpfte Dimensionen des Konzepts differenzieren. Danach kann ›Genre‹ erstens im Sinn von ›Plan‹ bzw. ›Entwurf‹ (*blueprint*) verstanden werden, als ein Instrument der Produzenten also, den Output der Filmindustrie zu strukturieren. ›Genre‹ fun-

5 Auch McFarlanes (1996) strukturalistisch-narratologische Herangehensweise an Adaptionen kann bereits als Schritt in diese Richtung verstanden werden.

giert aber zweitens auch als formales Gerüst (*structure*) für die Gestaltung von Filmen. Drittens ist eine Genrebezeichnung ein Etikett (*label*), mittels dessen Filme z.B. klassifiziert und verkauft werden können. Und viertens fungiert das Genre als Vertrag (*contract*), der eine bestimmte Leistung seitens der Filmemacher verspricht und gleichzeitig implizit eine bestimmte Haltung der Rezipienten gegenüber dem Film einfordert (Altman 1999: 14), ihnen aber auch ein Instrument, welches das Filmverständnis erleichtert, an die Hand gibt (vgl. Neale 2003: 161).[6]

Leitch nun konzentriert sich in seinem Versuch, die Literaturverfilmung als Genre zu konzipieren, auf Altmans Begriffsdimension der *structure* und geht dabei von der Annahme aus, dass ähnlich wie im Film noir oder Western »there must be textual markers that identify adaptation as such« (Leitch 2008a: 108). Als spezifische Gattungsmerkmale von »adaptations that invite audiences to recognize them as adaptations« (ebd.), d.h. als Signale, welche auf den Status eines Werkes als Literaturverfilmung hinweisen, nennt er folgende Merkmale (ebd. 111-114):

- ein historisches Setting
- historische bzw. historisierende Musik
- einen obsessiven Hang zu Autoren, Büchern und Worten
- eine spezifische Art von (deiktischen) Zwischentiteln

Darüber hinaus betont Leitch ausdrücklich, dass angesichts der großen Zahl von Literaturverfilmungen, die sich bewusst und explizit von ihrer Vorlage entfernen, das Kriterium der »reverence for the source text« gerade *nicht* als Genremerkmal gelten könne (edb. 114).

Geraghty schließt sich zwar Leitchs Konzeption der Literaturverfilmung als eigenem Genre ausdrücklich nicht an (vgl. 2009: 95; 2008: 8), geht aber trotzdem davon aus, dass Adaptionen, welche als solche erkannt werden möchten, ihren Status durch textinterne Merkmale signalisieren. Ihre These:

»An adaptation is an adaptation not just because it is based on an original source but because it draws attention to the fact of adaptation in the text itself and/or in the paratextual material that surrounds it.« (Geraghty 2009: 95)

Adaptionen sind nach Geraghty also Werke, welche die eigene mediale Vielschichtigkeit reflektieren, und zwar nicht nur (wie bei Leitch) auf der textintrinsischen, sondern auch auf der textextrinsischen Ebene. Leider beschränkt Geraghty die Demonstration dieser

6 Zum Verständnis von Genre als Vertrag vgl. z.B. auch Grant (2003b: 116) und Schatz (2003: 94).

These aber auf nur ein Beispiel, den Film ATONEMENT (Joe Wright, 2007) nach Ian McEwans gleichnamigem Roman.

Dass diese theoretischen Vorgaben von Leitch und Geraghty von Einigen mittlerweile schon als gefestigte Erkenntnisse anerkannt sind, zeigte ein Vortrag von Deborah Cartmell zum Thema »*Pride and Prejudice* and the Adaptation and Biopic Genre« im Rahmen einer Konferenz über »Adaptation and Cultural Appropriation« in Bayreuth im Februar 2010. Cartmell nahm dort die von Leitch und Geraghty genannten typischen Merkmale von Literaturverfilmungen als eine »adaptation formula« auf. Wie so häufig wurde dabei das Konzept des Genres auch gleich für normative Zwecke appropriiert, als Cartmell diejenigen Filme, die ganz genau den Vorgaben von Leitch und Geraghty entsprachen, als ›Malen-nach-Zahlen-Adaptionen‹ (»paint-by-numbers adaptations«) bezeichnete.

In der bisherigen Diskussion über den Genrestatus der Literaturverfilmung fällt die starke Gewichtung textintrinsischer Merkmale auf. Anstelle von Elementen, welche in Altmans Schema der Begriffsdimension der *structure* zugeordnet sind, erscheinen im Kontext der Literaturverfilmung allerdings Aspekte der Dimensionen von *blueprint*, *label* und *contract* eine stärkere genrekonstituierende Funktion zu erfüllen. Sowohl der Status der Adaption als ökonomische Kategorie als auch der Aspekt der Adaption als Prozess verdienen größere Beachtung. Insbesondere Letzterer konstituiert nämlich die Familienähnlichkeit innerhalb der Gruppe der Adaptionen. So erscheint die signalisierte extensive Bezugnahme auf eine Textvorlage (jenseits des Drehbuchs), das Anzeigen also, dass eine Vorlage dem Prozess der Adaption unterworfen wird, als jene Eigenschaft, welche beim Rezipienten die typische vergleichende Erwartungshaltung an eine Verfilmung und somit den Vertrag zwischen Produzent und Rezipient konstituiert.

Obwohl ästhetische Merkmale für die Klassifizierung eines Werkes als Verfilmung durchaus eine Rolle spielen können, rangieren sie als Definitionsmerkmal also hinter der paratextuellen Markierung der Adaption als Adaption und deren potentiellem Effekt auf den Zuschauer.[7] Demnach ist eine Herangehensweise an Adaptionen vonnöten, die sowohl den Prozess als auch den Effekt der Adaption in den Blick nimmt. Dies würde außerdem den bisherigen Fokus der Gattungsdiskussion auf Literaturverfilmungen erweitern, welche eine erhebliche Verkürzung des Untersuchungsgegenstandes darstellt. Wo bleiben z.B. die so beliebten Comic- und Gameverfilmungen in der Genrediskussion? Wie steht es mit Adaptionen

7 Vgl. z.B. Horrorfilm und Thriller als weitere Genres, welche sich primär durch ihren potentiellen Effekt auf den Zuschauer konstituieren.

nicht fiktionaler oder gar non-verbaler Texte, wie z.B. Peter Greenaways NIGHTWATCHING (2007) oder den PIRATES OF THE CARIBBEAN-Filmen, Adaptionen eines Themenpark-Fahrgeschäfts? Auch diese Werke konstituieren sich (als Adaption) letztlich durch den *Prozess* der Adaption und durch den sich daraus ergebenden möglichen *Effekt* auf den Rezipienten.

Wenn wir die tatsächlichen spezifischen Merkmale der Adaption als Filmgenre bestimmen möchten, müssen wir also über den Filmtext hinaus gehen.[8] Untersuchen wir nun allerdings den Einsatz epitextueller Elemente im Zusammenhang mit Verfilmungen genauer, so wird schnell deutlich, dass dieser sich im Vergleich zu anderen Genres tendenziell durch eine Betonung der Authentizität der Verfilmung auszeichnet. Auf der Ebene der Filmdistribution wird auf diese Weise eine Vertragsklausel ›Authentizität‹ konstruiert, welche dem Rezipienten zumindest als Interpretationsangebot zur Verfügung steht. Die Dimension der Adaption als Vertrag (*contract*) zwischen Produzent und Rezipient, steht dabei in enger Beziehung zur Dimension der Adaption als *blueprint*, denn wie auch die anderen Filmgenres ist die Adaption (zumindest in westlichen Filmindustrien) ein Instrument, welches der strategischen Gestaltung der Filmproduktion dient.[9] Auch wenn der Rezipient in der Verhandlung der auf der Produktionsseite angelegten Authentisierungsstrategien letztlich die entscheidende Instanz ist, dürfen wir nicht vergessen, dass das Genre der Adaption auch Resultat eines »Producer's Game« (vgl. Altman 1999: 38) ist.

Adaption und Authentizität

Aufgrund der Tatsache, dass Authentizität im Sinne von Werktreue lange Zeit konstituierendes Merkmal des Diskurses um das Phäno-

8 Dieser Ansatz ist durchaus in Leitchs Hinweisen auf die Rolle paratextueller Elemente für die Konstituierung des Genres angelegt. So erwähnt er verschiedene Arten von Peritexten, deren Funktion es sei, den Bezug des Films zu einer literarischen Quelle zu unterstreichen (2008a: 113). Er weist auch auf die Rolle des graphischen Designs von Filmpostern und DVD-Hüllen für die Herausbildung einer Ikonographie von Filmadaptionen hin.

9 Dass die Adaption in der Filmindustrie eindeutig als Produktionskategorie (*blueprint*) fungiert, belegen z.B. die engen Kontakte, welche Filmproduzenten mit Verlegern und Produzenten von Computerspielen unterhalten, um sich schon vor dem Erscheinen von neuen Werken die Filmrechte an potentiell lukrativen Stoffen sichern zu können. Vgl. in diesem Zusammenhang auch die Rolle bestimmter Literaturverfilmungen als so genannte ›Prestige-Filme‹, welche bei Nominierungen und Preisverleihungen überproportional häufig vertreten sind.

men der Adaption war – und es im außerwissenschaftlichen Diskurs auch immer noch ist – überrascht wenig, dass die Konzepte von Authentizität und Adaption viele diskursive Parallelen aufweisen. Wie an anderer Stelle in diesem Band im Zusammenhang mit der Begriffsgeschichte ausgeführt wird (z.B. Stimple 161f.; Schulze 27-29), ist die Vorstellung von Authentizität zentral an die Konzepte Autor und Autorität gekoppelt und trägt deshalb semantische Konnotationen von ›Gehorsam‹ und ›Respekt‹ in sich. In der Diskussion um Werktreue im Zusammenhang mit Adaptionen ist der Gedanke von der Autorität des Autors der Textvorlage ebenso zentral. Letztere wird in der Tradition der romantischen Genieästhetik zumeist als ein ›Original‹ betrachtet, geschaffen von einem Individuum, das als autonomes Bedeutungszentrum fungiert (vgl. Schulze 28). Dieses Erbe der Genieästhetik, wonach Text und Autor-Subjekt untrennbar verknüpft sind, stellt ein erhebliches Hindernis für die diskursive Legitimierung der Adaption dar, denn sie ist in einem *double bind* gefangen: Versucht sie, das Original im Rahmen des Medienwechsels einfach nur zu reproduzieren, so läuft sie Gefahr, dass ihr Originalität abgesprochen wird; legt sie aber eine eigenständige Interpretation des Prätextes vor, so setzt sie sich dem Vorwurf mangelnden Respekts aus.

Sowohl seitens der Produzenten als auch der Rezipienten sind Adaptionen auf beide Arten als ›authentisch‹ konstruiert worden. Authentisch können Adaptionen demnach sein, wenn sie dem vermeintlichen Willen, Geist oder Stil des Autors des Originals entsprechen, und/oder aber wenn sie mehr oder weniger radikal mit dem Original brechen und eine eigenständige, wahrhaftige, der Originalität des Adaptierenden entspringende Interpretation vorlegen. Einer grundsätzlich negativen Sicht von Adaption, welche Mediation als unvermeidliche Zerstörung von Authentizität interpretiert, steht hier also ein Verständnis von Adaption gegenüber, welches Mediation als *Voraussetzung* für Authentizität begreift, für das Verwirklichen des emanzipatorischen Potentials von Appropriation im Dienst von Selbstverwirklichung, Aufrichtigkeit und Kreativität.

Die Diskussion um Authentizität im Kontext von Adaptionen vereint demnach Fragen der Subjekt- und Referenzauthentizität, wobei der Schwerpunkt allerdings eindeutig auf der Referenzauthentizität liegt. Diese bezieht sich in erster Linie auf den Umgang mit der vermeintlichen Essenz des adaptierten Werkes und erst in zweiter Linie auf die Wiedergabe der dargestellten Realität (Objektauthentizität). Authentizität fungiert dabei sowohl als eine ästhetische wie auch als moralisch-ethische und normative Kategorie (vgl. Zeller 2010: 1), weshalb der Diskurs über Adaptionen stark moralisierende Tendenzen aufweist (vgl. z.B. Hutcheon 2006: 2f.; Cardwell 2002: 62f.).

Welche Rolle kommt nun bei der Konstruktion von Authentizität und Adaption den Ebenen von Produktion und Rezeption zu? In der Forschungsliteratur zur Authentizität wird immer wieder betont, dass Authentizität als *Effekt* einer bestimmten Darstellung und somit der Rezipient als die entscheidende Authentisierungsinstanz zu bewerten sei. Schlich z.B. vertritt die Meinung, dass Authentizität primär ein rezeptionsästhetisch zu deutendes Phänomen sei (2002: V),[10] während Kreuzer im Sinne von Lethen, der Authentizität als ein Ereignis begreift, welches sich durch einen ›Intensitätswert‹ auszeichnet (zit. in Schlich 2002: 18), sie im vorliegenden Band als einen »Gefühlswert« (183) bezeichnet. Angesichts der engen Verknüpfung der Diskurse über Authentizität und Adaption überrascht es vor diesem Hintergrund nicht, dass z.B. Catherine Grant die Adaption ebenfalls als rezeptionsästhetisches Phänomen konzipiert (vgl. Geraghty 2008: 3).

Während für Schlich die wirkungs- und produktionsästhetischen Aspekte von Authentizität von sekundärer bzw. tertiärer Bedeutung sind (Schlich 2002: V), schreibt Knaller diesen allerdings zumindest implizit einen gleichwertigen Status zu, wenn sie Authentizität als Effekt eines Rezeptions*paktes* zwischen Werk und Rezipient (Knaller 2007: 33; Herv. v. L.K.) charakterisiert. Ebenso ist Verfilmung als ein Pakt bzw. Vertrag zu verstehen, in dessen Rahmen mittels paratextueller und textueller Elemente eine Vertragsklausel der Authentizität etabliert, d.h. die Adaption diskursiv als wahrhaftig inszeniert wird (vgl. Schulze 35f. in diesem Band).

Jeder Hinweis auf den Adaptionsstatus eines Textes kann dabei als authentisierendes Moment gewertet werden, sowohl in dem Sinne, dass die Adaption sich dadurch (trotz der Anerkennung des Bezugs auf eine Vorlage) des Vorwurfs des geistigen Diebstahls entledigt, als auch insofern, als ein Text dadurch als das Ergebnis eines Medienwechsels und somit eines kreativen Aktes charakterisiert werden kann. In der Regel gehen die Authentisierungsstrategien im Falle von Verfilmungen, wie im Folgenden noch gezeigt wird, allerdings weit über dieses Basis-Niveau hinaus. Ob bzw. wie dieses Angebot sich letztlich auch als Authentizitätseffekt manifestiert, ob bzw. wie das reziproke Verhältnis zwischen Inszenierung, paratextueller Mediation und Erfahrung also in einer Beglaubigung resultiert (vgl. Knaller 2007: 26), bleibt dem Rezipienten überlassen, der somit als die ultimative Authentisierungsinstanz fungiert.

10 Für die Charakterisierung von Authentizität als ästhetischer Effekt vgl. auch Knaller (2007: 32f.), Zeller (2010: 17), Fischer-Lichte (2000: 26), Amrein (2009: 11), Anton (1995: 134) und die Beiträge von Kreuzer und Funk in diesem Band.

Authentisierungsstrategien und Authentizitätseffekt

Wie spielen nun aber die Produzenten von Verfilmungen das »Producer's Game« der Adaption, und wie verhalten sich dazu die Rezipienten? In welchem Maße authentisierende Elemente verwendet werden, kann stark variieren. Im Fall des ersten PIRATES OF THE CARIBBEAN-Films z.B. beschränkte sich die Markierung des Films als Adaption[11] auf ein Mindestmaß. Zwar wurde die Inspirationsquelle im Abspann angezeigt, spielte aber in der Werbung für den Film so gut wie keine Rolle. Als wichtigste Authentisierungsmerkmale dienten somit der Titel und die Tatsache, dass Ursprungstext und Adaption aus demselben Konzern (Walt Disney) stammten. Aufgrund der Art der Vorlage, des Medienwechsels sowie des Genrewechsel in den Actionfilm, welche die Notwendigkeit mit sich brachten, auf der Grundlage des bereits existierenden Materials eine neue Handlung zu konstruieren, stellte sich die Frage der Werktreue auch für die Rezipienten nur am Rande.

Das andere Extrem bezüglich der paratextuellen Markierung des Adaptionsstatus' stellen Verfilmungen von kanonischen Texten dar, die außerdem über eine große Fangemeinde verfügen, also verschiedene Formen von Bekanntheit und Prestige vereinen. Paradebeispiele dafür sind z.B. die Romane von Jane Austen, Emily Brontës »Wuthering Heights« oder Charlotte Brontës »Jane Eyre«. In solchen Fällen wird der Verweis auf die Vorlage in der Regel besonders deutlich markiert, damit der Film potentiell vom Renommee *und* der Beliebtheit seiner Vorlage profitieren kann (vgl. Geraghty 2008: 15ff.). Dies erfolgt z.B. durch Verweise auf die Autoren der adaptierten Texte im Titel, Vor- und Abspann (Leitch 2008a: 113) oder durch andere paratextuelle Verweise auf die Vorlage im Film. Eine zentrale Rolle spielen die Epitexte zum Film, d.h. das Werbematerial (z.B. Trailer, Teaser, Poster, Anzeigen, Presseheft, Websites, *Tie-in*-Produkte) und die Verlautbarungen (z.B. in Making-of, Interviews, Featurettes, Berichten) am Film beteiligter oder auch außenstehender Personen (z.B. Regisseur, Produzent, Drehbuchautor, Autor der Vorlage, Schauspieler, historische oder literarische Experten), in denen gerne über die Art des Umgangs mit der Vorlage informiert wird. Wie Geraghty richtig betont, sind es gerade solche paratextuellen Mittel, welche die Spezifik der Klassiker-Adaption ausmachen:

11 Fehlt eine solche Markierung, so ist ein Werk nicht Teil des Genres der Verfilmung nach den Vorgaben des »Producer's Game«.

»It is in this explicit referencing of the original that the classic adaptation distances itself most clearly from the other genres with which it has strong overlaps – the costume drama, for instance, or the historical romance.« (2008: 15)

Selbst ein kursorischer Blick auf die über die Internet Movie Database (imdb.com) zugänglichen Kommentare zu verschiedenen Verfilmungen klassischer literarischer Stoffe zeigt,[12] dass die Frage nach dem Umgang mit der Vorlage für viele Rezipienten solcher Filme eine (wenn nicht sogar die) zentrale Rolle in der Auseinandersetzung mit dem Film spielt. Während professionelle Filmkritiker solche Werke zumindest heute zumeist nicht mehr notwendigerweise bezüglich ihrer Werktreue beurteilen (vgl. Cardwell 2002: 29; Krämer 2010: 170), bleibt diese das wichtigste normative Kriterium für die Bewertung von Adaptionen populärer Klassiker bei jenen nicht-professionellen Rezipienten, welche die Filme tatsächlich als Adaptionen konsumieren. Dabei spielen die Charakterisierung der Figuren und das Festhalten am Handlungsgerüst der literarischen Vorlage eine herausragende Rolle. Als noch wichtiger erweist sich aber – wie bei allen Verfilmungen von Werken mit großer Fangemeinde – zumeist die Frage, ob es der Adaption aus Sicht der Rezipienten gelingt, die emotionalen Effekte und damit die Erfahrungsqualität der Vorlage zu reproduzieren (vgl. Krämer 2010: 173). Dieser Erwartungshaltung wird auf der Ebene der Distribution dadurch begegnet, dass man den Versuch der Filmemacher betont, die angeblich vom Autor intendierte Essenz des adaptierten Werkes zu bewahren, d.h. eine angesichts des Medienwechsels möglichst ideale Transposition der Schlüsselelemente der Vorlage durchzuführen und ihre Leerstellen stimmig zu füllen (vgl. Cardwell 2002: 27).

Unterstützt wird dieser Diskurs sehr häufig durch Elemente der Inszenierung auf der Textebene, wie ja die Ausführungen von Leitch und Geraghty verdeutlichen. Ob eine Adaption als solche erfahren wird, ist also häufig auch (aber eben nur auch) an Modi der Inszenierung gebunden (vgl. Zeller 2010: 28), die Zuverlässigkeit im Umgang mit der Vorlage signalisieren sollen. Abgesehen von wörtlichen und visuellen Zitaten aus oder Anspielungen auf das verfilmte Werk, fungiert dabei der visuelle Gesamteindruck des Films als stärkster Marker von Authentizität, wenn durch die Kombination von Kostümen, Make-up, Ausstattung, Kameraarbeit, Montage und eventuellen Spezialeffekten die fiktive Welt der Textvorlage schein-

12 Vgl. z.B. die Kritiken und Nutzerkommentare zu Julie Taymors Shakespeare-Adaption TITUS (1999), Joe Wrights PRIDE AND PREJUDICE (2005) oder der jüngsten TV-Adaption der BBC von »Jane Eyre« (2006) unter der Regie von Susanna White.

bar zum Leben erweckt wird.[13] Obwohl dieser Look immer ein artifizielles Konstrukt ist, leistet dabei insbesondere in historischen Filmen die vermeintliche Geschichtstreue, mit welcher das historische Setting re-konstruiert wird, einen nicht zu unterschätzenden Beitrag zur Beurteilung der Authentizität der Darstellung. Eine wichtige Rolle kommt außerdem den Schauspielern zu, deren doppelte Präsenz als Schauspieler *und* Figur Momente von Authentizität und Nicht-Authentizität vereint. Gerade in Adaptionen, deren Authentizität im Marketing weniger als Bezug auf die Textvorlage, sondern im Sinne von Autonomie, Originalität und Einmaligkeit der Interpretation konstruiert wird, wird diese Gleichzeitigkeit von Mediation und Wahrhaftigkeit häufig betont.[14]

Um beispielhaft drei verschiedene Arten vorzustellen, auf welche die auf der Ebene von Produktion und Distribution lancierten Authentizitätsstrategien auf der Rezeptionsebene verhandelt werden können, möchte ich im Folgenden drei Filme näher betrachten. Es handelt sich dabei um SIN CITY (Robert Rodriguez, Frank Miller 2005), GIRL WITH A PEARL EARRING (Peter Webber 2003) sowie Ang Lees vielfach preisgekrönten BROKEBACK MOUNTAIN (2005). Grundlage dieser Auswahl war die Annahme, dass obwohl diese Filme viele Authentisierungsstrategien aufweisen, die auch typisch für Klassiker-Verfilmungen und somit für die zentralsten Filme des Genres sind, diese Strategien von den Rezipienten tendenziell anders verhandelt würden, weil die Filme auf nicht kanonischen Vorlagen beruhen.

Der Film SIN CITY (2005) basiert auf der in Comic-Kreisen Kultstatus genießenden gleichnamigen Serie von Graphic Novels von Frank Miller. Obwohl man das Werk auch einfach als modernen Film noir oder als eine weitere Comicverfilmung vermarkten hätte können, versuchte man angesichts der relativ großen Fangemeinde von Millers Werk, die Genauigkeit des Werkes im Umgang mit der Vorlage zu betonen. Garant dafür war einerseits Frank Millers Status als Co-Regisseur, aufgrund dessen die Autorität der Vorlage quasi automatisch auch auf den Film überging, was zumindest in den USA durch den Zusatz von Millers Namen im Filmtitel (FRANK MILLER'S SIN CITY) angezeigt wurde. Dafür dass der Film allerdings auch als Ausdruck einer originellen filmischen Vision rezipiert werden würde, sorgten die Namen von Regisseur Robert Rodriguez und Gastregisseur Quentin Tarantino, die beide als moderne Filmauto-

13 Insbesondere für die filmische Konstruktion von Schauplätzen ist darüber hinaus die Tonebene von größter Bedeutung.

14 Diese Tendenz ist bei Adaptionen klassischer Dramen außerdem stärker ausgeprägt als bei Romanverfilmungen.

ren in der Tradition der *politique des auteurs* der Nouvelle Vague anerkannt sind.[15]

Die enge Bezugnahme des Films auf die Comicserie wurde darüber hinaus im Werbematerial zum Film ausdrücklich unterstrichen. Die farbliche und graphische Gestaltung der Website und Poster orientierte sich (wie der Film) an Millers Vorlage, und im Trailer wurden Zeichnungen verschiedener Figuren aus dem Comic mit den entsprechenden Bildern von Schauspielern aus dem Film gegengeschnitten, um die visuelle Ähnlichkeit zwischen Vorlage und Adaption zu unterstreichen.

Der Look des Films reproduzierte bewusst den visuellen und narrativen Stil der Vorlage: In weitestgehend schwarz-weiß gehaltenen Bildern mit gelegentlichen grellen Tupfern in rot, gelb oder grün erzählt der Film voller Schockeffekte drei geschickt verknüpfte Geschichten aus der sexistischen und ultragewalttätigen Welt der »Sin City« Serie. Sowohl die harten Schnitte als auch die Cadrage der Bilder, für welche Millers Vorlage gleichsam als Storyboard fungierte, rufen dabei immer wieder die Gattungszugehörigkeit der Vorlage zur Graphic Novel ins Gedächtnis und implizieren so den Respekt der Filmemacher für den Ausgangstext.

In den Nutzerkommentaren zum Film in der Internet Movie Database findet man denn auch sehr viele Kommentare zur Gewaltdarstellung und den moralischen Themen des Films sowie deren Gesellschaftsrelevanz, welche die Zuschauer offensichtlich stark polarisierten. Als für viele ebenso wichtiges Thema erweist sich aber die Ästhetik des Films, insbesondere dann, wenn die Zuschauer sich dem Film als Adaption nähern. So betonen viele Benutzerkommentare die Tatsache, dass SIN CITY eine Verfilmung ist, betrachteten den Film dabei aber zumeist weniger im Kontext der unmittelbaren Textvorlage, sondern im Kontext des Genres der Comicverfilmung.

Die Referenzauthentizität des Films (bezogen auf die Vorlage) war für einige dennoch ein wichtiges Bewertungskriterium, wie z.B. der Titel des Kommentars von SteakTheCow unterstreicht, der SIN CITY als »Quite Possibly the Most Accurate Comic Adaptation. Ever« bezeichnete. Ähnlich schreibt zardoz74_2000 :

> »With Hellboy, Guillermo Del Toro [...] set [...] a new *benchmark* for adaptations that *respect* their source material. With Sin City, however, co-directors Robert Rodriguez and Frank Miller have done more than just recreate the brutal chiaroscuro of Miller's stark post-modern noir artwork, they've captured the *essence* and the aesthetic of Basin City« (imdb.com; Herv. v. L.K.).

15 Dass das Filmwerk beider Regisseure eine Tendenz zu Misogynie und überzogener Gewaltdarstellung aufweist, kann speziell bei Millers Vorlage als weiterer Aspekt der Authentisierung gelten.

Nun kann der Zuschauer natürlich die Rezeption einer Verfilmung als Adaption verweigern, ebenso wie er nicht markierte Adaptionen, die es ja immer wieder gibt, trotzdem als solche rezipieren kann. In den häufigsten Fällen wird dem Rezipienten die Vorlage einer Adaption außerdem gar nicht erst bekannt sein. Selbst dann aber wirken die Strategien, welche auf Autorisierung durch Authentisierung abzielen, und welche im Fall von SIN CITY genau wie bei den meisten Klassikeradaptionen unter den Vorzeichen werkgetreuer Wiedergabe der vermeintlichen Essenz des Originals erfolgte. Der Versuch der Autorisierung betrifft im Fall von SIN CITY dabei nicht zuletzt auch die Gattungszugehörigkeit von Vorlage und Adaption, jenen Aspekt also, der sich in der Rezeption des Films als Adaption letzlich als wichtigster Kommentarpunkt erwies.

GIRL WITH A PEARL EARRING (2003), der erste Spielfilm des britischen Regisseurs Peter Webber, basiert auf dem gleichnamigen Roman von Tracy Chevalier aus dem Jahr 1999, in welchem diese eine fiktive Entstehungsgeschichte von Vermeers Gemälde »Das Mädchen mit der Perle« entwirft. Bereits die Buchvorlage des Films ist also eine Adaption. In der Tat ist Vermeers Gemälde auch für den Film mindestens so wichtig wie Chevaliers Buch. Dieses liefert zwar Titel und Handlungsgerüst, und in ihren Produktionsnotizen, die als Informations- und Werbematerial auf der Website und im Presseheft zum Film zu finden sind, betonen die Filmemacher ihren Wunsch, »to be true to the spirit of the book« und »to capture the story she [Chevalier, L.K.] had written«. Zu diesem Zwecke arbeitete Drehbuchautorin Olivia Hetreed, wie ebenfalls auf der Website erzählt wird, eng mit Chevalier zusammen. Gleichzeitig wird aber in diesen Epitexten auch deutlich, dass der Film nicht nur als werkgetreue Romanverfilmung, sondern in einer Art von Dreifachstrategie auch noch als Adaption des Bildes und historischer Film vermarktet wurde. Eine Sektion »About Vermeer« auf der Website, welche über die wenigen verbürgten biographischen Fakten informiert, etabliert GIRL WITH A PEARL EARRING als historischen und biographischen Film; gleichzeitig unterstreichen die Standfotos aus dem Film (wie auch das Plakat), dass sich der visuelle Stil des Films an den Gemälden Vermeers orientiert.

Eine Einblendung von Vermeers Gemälde am Ende von GIRL WITH A PEARL EARRING unterstreicht zwar den Fiktionsstatus des Films und problematisiert dadurch die Authentizität seiner Geschichtsrekonstruktion; dem wirken aber Ausstattung und vor allem Kameraarbeit entgegen. Eduardo Serra hat mittels Licht und Cadrage ein visuelles Pastiche der Werke der Delfter Schule erschaffen, welches im Kontext des Filmtextes gesehen zwar durchaus ambivalent wirkt, in den Epitexten zum Film aber als authentische

Geschichtsrekonstruktion verkauft wurde. Die Werke der Delfter Schule wurden für den Film als historische Quellen interpretiert.

Die Authentisierungsstrategien für GIRL WITH A PEARL EARRING beschränkten sich also ausschließlich auf die Kategorie der Referenzauthentizität. Von den drei Bezugsgrößen dieser Referenzauthentizität (Buch, Gemälde, historische Wirklichkeit), zündete bei den Rezipienten nur eine wirklich: das Gemälde. Chevaliers Roman wird zwar sowohl in Rezensionen als auch gelegentlich in Benutzerkommentaren über den Film erwähnt; wenn eine Auseinandersetzung mit dem Film als Adaption stattfindet, dann aber in Bezug auf Vermeers Malerei. Auch hier manifestiert sich dann wieder das Interesse am Respekt im Umgang mit der Vorlage, etwa wenn der Kritiker Peter Bradshaw (2004) den Film als »a tremendously intelligent and detailed homage« bezeichnet. Trotz des Authentisierungsangebots bezüglich des Romans betrieben die Rezipienten die Verhandlung der Authentisierungsstrategien in Text und Paratext im Hinblick auf den klassischeren, kanonischen Text: Vermeers Malerei.

Im Gegensatz zu SIN CITY und GIRL WITH A PEARL EARRING, deren Bezugstexte auch visueller Natur waren, lässt in BROKEBACK MOUNTAIN, Ang Lees Verfilmung der gleichnamigen Kurzgeschichte von Annie Proulx (1997), die Ästhetik des Films keine Rückschlüsse auf dessen Adaptionsstatus zu. Im Filmtext selbst wird lediglich im Abspann auf die Provenienz des Stoffes hingewiesen – dies aber an durchaus prominenter Stelle: auf den ersten Credit für Regisseur Ang Lee folgt derjenige für die Drehbuchautoren Larry McMurtry und Diana Ossana und dann gleich der dritte mit der Information »Based on the short story by Annie Proulx«.

Dementsprechend wurde in den Epitexten zum Film die literarische Vorlage besonders herausgestellt, wobei man das Renommee von Drehbuchautor McMurtry und von Annie Proulx (beides Pulitzer-Preisträger) als Qualitätsversprechen einsetzte. Dieselbe Funktion erfüllte der Name Ang Lee, der als vielfältiger, origineller und auch preisgekrönter Regisseur bekannt ist und schon vor BROKEBACK MOUNTAIN Erfahrungen mit Literaturverfilmungen gesammelt hatte. Dass auch die literarische Vorlage des Films verschiedene Auszeichnungen erhalten hatte, wurde natürlich ebenfalls erwähnt. Als *Tie-in*-Produkt zum Film erschien sogar ein Buch, das sowohl Proulx' Text, das Drehbuch sowie kurze Begleittexte der drei Autoren enthielt. Stets wurde dabei unterstrichen, dass der Film sich möglichst genau an die Vorgaben in Proulx' Geschichte gehalten habe (vgl. Geraghty 2008: 152f.).

Trotz der ausdrücklichen Betonung des literarischen Stammbaums in den Epitexten zu BROKEBACK MOUNTAIN spielte die Kurzgeschichte in der allgemeinen Rezeption des Films aber so gut wie keine Rolle. Selbst wenn Rezensenten auf Proulx' Geschichte verweisen, so verblasst dieser Bezug angesichts der emotionalen Wucht der Filmerfahrung. In den Benutzerkommentaren auf imdb.com äußert sich dies in drastischen Formulierungen. undone001 etwa meint: »I'm 23, and I find it hard to write this review. I saw the film exactly one week ago today and not a moment has gone by when I don't ache«, und nick rostov fragt: »Why am I awash in an aching flood of longing?« Der Ausdruck der Erlebnisqualität des Films ist in solchen Benutzerkommentaren spontaner und impulsiver formuliert als in den Rezensionen der Berufskritiker, doch auch dort lässt sich dieselbe Tendenz beobachten.

BROKEBACK MOUNTAIN stellt also einen Fall dar, in dem der Film ganz eindeutig (auch) als Adaption positioniert wurde, wobei die Subjektauthentizität der Vorlage und die Referenzauthentizität des Films in Bezug auf die Vorlage besonders betont wurden. Diese Authentisierungsstrategien wurden von den Zuschauern aber weitgehend verworfen, das Angebot, den Text als Adaption zu rezipieren, zugunsten seiner übergeordneten Eigenschaften als Drama und Tragödie ausgeschlagen. Die aggressive Vermarktung des literarischen Bezugs des Films und seiner Werktreue hat dem Prestige des Films allerdings sicher keinen Abbruch getan und dazu beigetragen, dass BROKEBACK MOUNTAIN sich einen festen Platz in Kursen zur amerikanischen Literatur und zu Literaturverfilmungen gesichert hat. Ein solcher Status ist angesichts der Tatsache, dass der Bildungssektor einen nicht zu unterschätzenden Markt für ›anspruchsvolle‹ Literaturverfilmungen darstellt, nicht nur lukrativ. Er unterstützt darüber hinaus die Kanonisierung solcher Filme, was deren ökonomisches Potential wiederum perpetuiert.

Fazit

Insbesondere die Beispiele GIRL WITH A PEARL EARRING und BROKEBACK MOUNTAIN haben gezeigt, dass die Markierung des Adaptionsstatus einer Verfilmung sowie die Betonung ihrer Referenzauthentizität auf der Produzentenseite auf der Ebene der Rezeption häufig nur selektiv aufgegriffen oder sogar zugunsten anderer Reaktionen verworfen werden. Der Grund dafür ist der sekundäre Status der Verfilmung: Verfilmungen sind *niemals nur* Adaptionen, sondern – wie die besprochenen Filme zeigen – z.B. auch Tragödien, historische Filme oder moderne Western oder schwarze Filme.

Dennoch wäre es falsch, die Adaption bzw. die Verfilmung lediglich als einen Modus anstelle eines Genres zu klassifizieren. Nicht nur fungiert die Verfilmung (zumindest in den westlichen Filmkulturen) als wichtige Produktionskategorie (*blueprint*) mit eindeutig ökonomischer Funktion; das Etikett (*label*) ›Verfilmung‹ stellt außerdem eine wichtige Größe im Vertrag (*contract*) über die Eigenschaften eines Textes aus dem gleichnamigen Genre dar. Als wichtigste Vertragsklausel zwischen der Produktionsebene und jenen Rezipienten, die die Adaption tatsächlich als solche konsumieren, erweist sich dabei die Größe der Authentizität. Durch paratextuelle (insbesondere epitexuelle) Mittel wird auf Produzentenseite zumeist besonders die Referenzauthentizität der Adaption unterstrichen. Stilistische Mittel, wie z.B. der Look eines Films, können diesen Anspruch unterstützend bekräftigen. Die Subjektauthentizität der Adaption dient ebenfalls als Beglaubigungskriterium, spielt aber im Diskurs auf Produzentenseite eine weniger wichtige Rolle – was wohl auch auf den kollektiven Schaffensprozess von Spielfilmen zurückzuführen ist. Insofern als im Falle von Verfilmungen eine Behauptung von Referenzauthentizität letztlich die Subjektauthentizität des Autors der Textvorlage betont, erweist sich das Genre zumindest in der Art, wie es seitens der Produzenten diskursiv konstruiert wird, bezüglich seines Kunst- und Autorenkonzeptes als zutiefst konservativ.

Literatur

Altman, Rick (1999): Film/Genre, London: BFI.

Amrein, Ursula (2009): »Einleitung«, in: Amrein (Hg.), Das Authentische. Referenzen und Repräsentationen, Zürich: Chronos, S. 9-24.

Anton, Annette C. (1995): Authentizität als Fiktion. Briefkultur im 18. und 19. Jahrhundert, Stuttgart/Weimar: Metzler.

Bluestone, George (1957): Novels Into Film, Baltimore, MD: Johns Hopkins University Press.

Bradshaw, Peter (2004): »Girl With a Pearl Earring«, in: The Guardian vom 16.01.2004, http://www.guardian.co.uk/film/2004/jan/16/dvdreviews.shopping vom 20.08.2010.

Cardwell, Sarah (2002): Adaptation Revisited. Television and the Classic Novel, Manchester/New York: Manchester University Press.

Cartmell, Deborah/Whelehan, Imelda (Hg.) (1999): Adaptations. From Text to Screen, Screen to Text, London/New York: Routledge.

— (Hg.) (2007): The Cambridge Companion to Literature on Screen, Cambridge: Cambridge University Press.

— (2010): Screen Adaptation. Impure Cinema, Houndmills: Palgrave Macmillan.

Cartmell, Deborah (2010): »*Pride and Prejudice* and the Adaptation and Biopic Genre«, Vortrag im Rahmen der Konferenz Adaptation and Cultural Appropriation (Bayreuth, 25.02.2010).

—/Corrigan, Timothy/Whelehan, Imelda (2008): »Introduction to ›Adaptation‹«, in: Adaptation 1.1, S. 1-4.

Elliott, Kamilla (2003): Rethinking the Novel/Film Debate, Cambridge et al.: Cambridge University Press.

Fischer-Lichte, Erika (2000): »Theatralität und Inszenierung«, in: Fischer-Lichte/Isabel Pflug (Hg.), Inszenierung und Authentizität (= Theatralität, Bd. 1), Tübingen/Basel: Francke, S. 11-27.

Geraghty, Christine (2008): Now a Major Motion Picture. Film Adaptations of Literature and Drama, Lanham et al.: Rowman & Littlefield.

— (2009): »Foregrounding the Media: ATONEMENT (2007) as an Adaptation«, in: Adaptation 2.2, S. 91-109.

Grant, Barry Keith (Hg.) (2003a): Film Genre Reader III, Austin: University of Texas Press.

— (2003b): »Experience and Meaning in Genre Films«, in: Grant, Film Genre Reader III, S. 115-129.

Hutcheon, Linda (2006): A Theory of Adaptation, New York/London: Routledge.

http://www.imdb.com vom 20.08.2010.

http://www.girlwithapearlearringmovie.com/site.html vom 20.08.2010.

Knaller, Susanne (2007): Ein Wort aus der Fremde. Geschichte und Theorie des Begriffs Authentizität, Heidelberg: Winter.

—/Müller, Harro (2006): »Einleitung«, in: Knaller/Müller (Hg.), Authentizität. Diskussion eines ästhetischen Begriffs, München: Fink, 7-16.

Krämer, Lucia (2010): »Adaptation, Experience and Authority. Reflections on the State of Adaptation Studies«, in: Jörg Helbig/René Schallegger (Hg.), Anglistentag 2009 Klagenfurt. Proceedings, Trier: wvt, S. 167-177.

Langford, Barry (2005): Film Genre. Hollywood and Beyond, Edinburgh: Edinburgh University Press.

Leitch, Thomas (2007a): Film Adaptation and Its Discontents. From Gone with the Wind to The Passion of the Christ, Baltimore, MD: Johns Hopkins University Press.

— (2003): »Twelve Fallacies in Contemporary Adaptation Theory«, in: Criticism 45.2, S. 149-171 [via http://lion.chadwyck.co.uk vom 03.06.2005].

— (2007b): »Literature vs. Literacy. Two Futures for Adaptation Studies«, in: Welsh/Lev, The Literature/Film Reader, S. 15-34.

— (2008a): »Adaptation, the Genre«, in: Adaptation 1.2, S. 106-120.

— (2008b): »Adaptation Studies at a Crossroads«, in: Adaptation 1.1, S. 63-77.

McFarlane, Brian (1996): Novel to Film. An Introduction to the Theory of Adaptation, Oxford: Clarendon.

Neale, Steve (2003): »Questions of Genre«, in: Grant, Film Genre Reader III, S. 160-184.

Proulx, Annie/McMurtry, Larry/Ossana, Diana (2005): Brokeback Mountain. Story to Screenplay, New York et al.: Scribner.

Sanders, Julie (2006): Adaptation and Appropriation, London/New York: Routledge.

Schatz, Thomas (2003): »The Structural Influence. New Directions in Film Genre Study«, in: Grant, Film Genre Reader III, S. 92-102.

Schlich, Jutta (2002): Literarische Authentizität. Prinzip und Geschichte, Tübingen: Niemeyer.

Stam, Robert/Raengo, Alessandra (Hg.) (2004): A Companion to Literature and Film, Oxford/Malden, MA: Blackwell.

— (Hg.) (2005): Literature and Film. A Guide to the Theory and Practice of Film Adaptation, Oxford/Malden, MA: Blackwell.

Stam, Robert (2005): Literature Through Film. Realism, Magic, and the Art of Adaptation, Oxford/Malden, MA: Blackwell.

Welsh, James M./Lev, Peter (Hg.) (2007): The Literature/Film Reader. Issues of Adaptation, Lanham, MD/Toronto/Plymouth: Scarecrow Press.

Zeller, Christoph (2010): Ästhetik des Authentischen. Literatur und Kunst um 1970, Berlin/New York: de Gruyter.

Filmographie

ATONEMENT (2007) (UK/F, R: Joe Wright).

BROKEBACK MOUNTAIN (2005) (Can/USA, R: Ang Lee).

GIRL WITH A PEARL EARRING (2003) (UK/Lux, R: Peter Webber).

JANE EYRE (2006) (UK/USA, R: Susanna White).

NIGHTWATCHING (2007) (UK et al., R: Peter Greenaway).

PIRATES OF THE CARIBBEAN. THE CURSE OF THE BLACK PEARL (2003) (USA, R: Gore Verbinski).

PRIDE AND PREJUDICE (2005) (UK/F, R: Joe Wright).

SIN CITY (2005) (USA, R: Robert Rodriguez, Frank Miller).

TITUS (1999) (USA/UK/It, R: Julie Taymor).

Seltsame Schleifen und wahrhaftiges Erzählen – Authentizität im zeitgenössischen englischsprachigen Roman

Wolfgang Funk

Im folgenden Beitrag wird Authentizität als ästhetisches Leitmotiv in zeitgenössischer Kunst verstanden. Ausgehend von der Erkenntnis, dass verschiedene Epochen in der Geistesgeschichte des Menschen immer neue Konfigurationen des Verhältnisses von Subjektivität und Authentizität gezeitigt haben, wird die Frage gestellt, ob die gegenwärtig zu beobachtenden Versuche, dieses Verhältnis neu zu kalibrieren, als Anzeichen für einen möglichen Paradigmenwechsel im Selbstverständnis von Literatur und Kunst gewertet werden können. Um diesen Wandel theoretisch zu fassen, analysiert dieser Beitrag Dave Eggers autobiographischen Text »A Heartbreaking Work of Staggering Genius« im Hinblick auf die Verwendung metareferentieller Elemente, da diese als strukturelle Grundlagen einer neuen Ästhetik verstanden werden. In einem weiteren Schritt wird versucht, die gewonnenen Erkenntnisse mit den Veränderungen der medialen Landschaft in Verbindung zu setzen, die durch die integrative Wirkung des Web 2.0 bewirkt werden.

Einleitung: Autorschaft und Authentizität

Um die verwickelte Problematik hinsichtlich Autorschaft, Authentizität und Interpretationshoheit einzuführen, zu deren Entwirrung dieser Aufsatz ein wenig beitragen möchte, will ich mit einem Beispiel aus der bildenden Kunst beginnen. Es handelt sich um ein Projekt des amerikanischen Künstlers Michael Mandiberg (*1977) mit dem Namen »AfterSherrieLevine.com«. Sherrie Levine (*1947) zählt zur künstlerischen Bewegung der *Appropriation Art*, welche die teilweise oder komplette Kopie schon bestehender Kunstwerke selbst zur Kunstform erhöht. Sherrie Levine ist dabei vor allem mit zwei Werken einer breiteren Öffentlichkeit bekannt geworden: 1991 goss sie Marcel Duchamps wohl berühmtestes ›*Ready-Made*‹, das

Urinal »Fontaine«, in Bronze und warf dadurch die Frage auf, inwiefern der Kunstcharakter eines Objekts eine Funktion von Tradition, Neuartigkeit, Material oder vielmehr einer Aura im Sinne Walter Benjamins ist.[1] 1980 trat sie mit einer Soloausstellung unter dem Namen »After Walker Evans« in der New Yorker Metro Pictures Gallerie auf. Hierfür photographierte sie Bilder des amerikanischen Photographen Walker Evans[2] (1903-1975) ab und stellte sie ohne weiteren Kommentar als ihre eigenen Werke aus. Wie die teilweise heftigen Reaktionen auf die Ausstellung zeigen – ein Kritiker spricht von »Piraterie« (zit. in Römer 2001: 86) – stand der scheinbar rein reproduktive Charakter dieser Werke dem Authentizitätsanspruch im Sinne künstlerischer Originalität entgegen und disqualifizierte sie damit als ›Nicht-Kunst‹.

Michael Mandiberg nimmt 2001 diesen offensichtlich unfertigen Diskurs über Autorschaft und Authentizität wieder auf. Sein Projekt »AfterSherrieLevine.com« macht die Bilder von Evans im Internet zugänglich und stellt sie als jpg-Dateien zum Download bereit. Mandiberg versucht nun, den Konflikt zwischen Originalität, Kopie und Authentizität dadurch aufzulösen, dass er auf seiner Homepage eine Authentifizierungsurkunde mitliefert, die genaue Anweisungen mitliefert, unter welchen Bedingungen das ausgedruckte Foto als authentisch gelten kann. Beispielsweise macht er klar, welche Größe der Ausdruck haben muss oder welche Art von Rahmen vonnöten ist. Auch ist die Urkunde nur nach Unterschrift gültig.

Es stellt sich hier zum ersten Mal die Frage (und wir werden dieser Frage in diesem Aufsatz noch öfter begegnen), ob das alles nur ein Scherz ist, eine Form höheren Unsinns allenfalls, der keinerlei akademische Beschäftigung rechtfertigt, oder ob dieses Projekt nicht tatsächlich sinnfällige Fragen aufwirft, die uns im Bezug auf Grundfragen von Authentizität (vor allem auch vor dem Hintergrund einer medial neu strukturierten Kunstproduktion und

1 Dieses Auratische der Kunst, das Benjamin als »das Hier und Jetzt des Kunstwerks – sein einmaliges Dasein an dem Orte, an dem es sich befindet« (Benjamin 1963: 13) definiert, welches sich der Reproduktion entzieht und daher potentiell sowohl Opfer des technischen Fortschritts wie dessen unerreichbare Sehnsucht ist, zieht sich seither als roter Faden durch eine Rezeptionsästhetik (angeblich) authentischer Kunst; vgl. hierzu auch Rainer Schulzes Beitrag in diesem Band.

2 Evans war 1936 zusammen mit dem Schriftsteller James Agee im Auftrag der Zeitschrift »Fortune« im amerikanischen Süden unterwegs, um möglichst ungeschminkt und realistisch die Situation der Landbevölkerung zu dokumentieren. Das daraus resultierende Buch »Let Us Now Praise Famous Men« (1941) avancierte zu einem klassischen Dokument der Gesellschaftsphotographie und zu einem Paradebeispiel für photographischen Realismus.

-rezeption) neue Erkenntnisse liefern und neue Wege weisen kann. Dieser Beitrag neigt der zweiten Lesart zu, weist sie doch recht unvermittelt zu der Grundproblematik dieses Bandes, der Frage nämlich, inwiefern Authentizität vermittelbar ist oder ob ihr ästhetisches und ethisches Alleinstellungsmerkmal gerade in ihrer Unvermittelbarkeit undUnvermitteltheit besteht. Bezug nehmend auf Jonathan Culler weist Rainer Schulze in seinem Beitrag auf dieses dem Begriff der ›Authentizität‹ inhärente Paradox hin. Jochen Mecke beschreibt den Sachverhalt folgendermaßen:

»Authentizität hat [...] im modernen literarischen Feld eine doppelte Funktion: Zunächst sorgt sie als *double-bind* des kategorischen Imperativs der Moderne für eine fundamentale Paradoxie, welche unter anderem für die permanente Proliferation ästhetischer Lösungsversuche verantwortlich ist, gleichzeitig unterminiert sie jedoch gerade diese Lösungsversuche, weil es unmöglich ist, der in sich widersprüchlichen Aufforderung ›Sei authentisch!‹ Folge zu leisten.« (2006: 108)

Etwas allgemeiner könnte man in leichter Abwandlung von Homer Simpson die Suche (*quest*) nach Authentizität als die Lösung *und* die Ursache aller Probleme moderner Befindlichkeit (im Leben wie in der Kunst) verstehen, einer Suche, deren Ursprung und (im vorgegebenen Rahmen unerreichbares) Ziel durch die paradoxe Aporie der vermittelten Unvermitteltheit motiviert ist.[3] Dieses Konzept der unerfüllbaren Suche[4] prägt sowohl den wissenschaftlich-abstrakten wie den alltäglich-konkreten Diskurs, von theoretischen Konzepten wie Derridas ›Iterabilität‹ zu Persönlichkeitsratgebern wie Philip McGraws »Authentisch Leben – Aber wie? Entdecken Sie was in Ihnen wirklich steckt« (2004). Eine klassische ästhetische Formulierung dieses Paradoxes findet sich in einem der kanonischen Texte in Sachen künstlerischer Authentizität: Kleists »Aufsatz über das Marionettentheater«.

Ich werde im Folgenden versuchen, einen möglichen Ausweg aus diesem Paradox zu skizzieren, indem ich die Frage stelle, ob die Auflösung traditioneller Rollenmuster in der Literatur (und generell in der Kunst), exemplifiziert im ›*metareferential turn*‹ (ein Begriff von Werner Wolf), einen Paradigmenwechsel darstellen kann weg von einer auf Autorität und Kohärenz gegründeten Ästhetik der Wahr-

3 Für eine detaillierte ästhetische Einordnung von ›Authentizität‹ als Phänomen vermittelter Unmittelbarkeit, vgl. Zeller (2010: 1-20).

4 Schulze spricht in seinem Beitrag nicht zu Unrecht von einer ›*quest*‹ nach Authentizität, also einer mythisch-religiösen Suche nach Ursprüngen und letzten Wahrheiten (31); zu dieser Begrifflichkeit vgl. auch Handler/Saxton 1988.

heit und hin zu einer auf Reziprozität und Aufrichtigkeit basierenden Ästhetik der Authentizität.

Zur Rechtfertigung dieser These werde ich zuerst einen kulturgeschichtlichen Abriss des Konzepts ‹Authentizität› leisten, der sich primär mit den jeweiligen kontextuellen Bedingung befasst, unter denen verschiedene Formen von Authentizität möglich sind. Im Anschluss daran möchte ich auf Douglas Hofstadters Konzept der ›*tangled hierarchy*‹ (im Deutschen meist als ›seltsame Schleife‹ wiedergegeben) eingehen und anhand dessen die wirkungsästhetischen Implikationen künstlerischer Metareferenz darstellen, bevor ich versuchen werde, mittels ausgewählter Romananalysen meine Ideen zu illustrieren.

Eine kleine Geschichte der Authentizität

Authentizität, so wird in fast allen Beiträgen dieses Bandes explizit oder implizit festgestellt, ist ein relationaler Begriff. Das heißt, dass sich die Bedeutung dieses Begriffs notwendigerweise an bestimmten kontextuellen Parametern orientieren muss. Ich möchte nun einen kurzen Abriss der Kulturgeschichte des Untersuchungsgegenstands versuchen, der besonderes Augenmerk auf die jeweiligen soziokulturellen Voraussetzungen legt, unter denen verschiedene Ausprägungen des Begriffs ›Authentizität‹ zu Stande kamen, um anschließend zu fragen, ob die Tatsache, dass wir uns heute in solch verstärktem Maße mit eben jenem Konzept beschäftigen, ein Anzeichen dafür ist, dass wir uns gerade selbst in einem tief greifenden soziokulturellen Wandel befinden.

Ausgehen möchte ich dabei von der These, dass der Begriff der ›Authentizität‹ immer eine doppelte Stoßrichtung impliziert, eine nach innen gerichtet, die andere nach außen. Diese Zweiteilung funktioniert dabei sowohl bei der Subjektauthentizität (also der Frage nach der Authentizität einer Person im Allgemeinen wie eines Produzenten von Kunst im Besonderen) wie bei der Objektauthentizität (also der Frage nach der Authentizität beispielsweise eines Kunstwerks).[5] Was allen Formen der Authentizität nämlich gemein ist, ist die Annahme eines ›wahren Selbst‹ oder ›wahren Kerns‹ (bei Personen) oder eines ›wirklichen Ursprungs‹ oder einer ›genuinen Echtheit‹ bei Gegenständen. Ein Beispiel für diese nach innen gewandte Perspektive der Authentizität stellt der oben erwähnte Selbsthilfe-Ratgeber Philip McGraws dar, dessen englischer Originaltitel »Self Matters: Creating your Life from the Inside Out« noch

5 Für eine eingehende Darstellung dieser grundlegenden Dichotomie, vgl. Knaller (2006: 22).

deutlicher die Richtung des erfolgreichen Lebens vorgibt, geht es doch darum, das Leben von innen nach außen zu schaffen, den intrinsischen Kern des wahren Ich also möglichst ohne Reibungsverluste an die Oberfläche der Außenwirkung zu transportieren. »Nach innen geht der geheimnisvolle Weg« und die geheimnisvolle Suche nach dem authentischen Selbst, um Novalis' berühmte Maxime zu gebrauchen, und erst wer sich im Inneren des eigenen Selbst gefunden hat, kann ein ganzheitliches und erfülltes Leben führen. Die diesem durchwegs romantischen Ansatz inhärente Problematik ist evident, genügt es doch nicht, sich eines wahren Kerns gewärtig zu sein, selbiger muss vielmehr als Lebensmaxime dienen. Somit muss er in welcher Form auch immer in ein Repräsentationssystem eingebracht werden, und so ist man bald wieder in der theoretischen Aporie gefangen, die Mecke oben stellvertretend formuliert hat. Sobald wir also die Innerlichkeit, das Selbst oder das Auratische kommunizieren oder repräsentieren müssen, fällt das Konzept der ›Authentizität‹ scheinbar in sich zusammen.

Es ist nun genau dieses Spannungsverhältnis zwischen Innen und Außen, welches ich im Folgenden genauer betrachten will, denn auch wenn diese Binäropposition, wie eben gesehen, strukturell das Konzept notwendigerweise unterläuft, gilt paradoxerweise gleichzeitig, dass der Sinngehalt von ›Authentizität‹, wie wir ihn heute verstehen, überhaupt erst durch diese Spaltung entstehen konnte. Um das zu verdeutlichen, möchte ich auf einige Beispiele aus der Geschichte verweisen, die oft als prototypische Äußerungen für eine authentische Geisteshaltung herangezogen wurden.

»Gnothi seauton« (»Erkenne dich selbst«) soll die Antwort der Pythia gewesen sein auf die Frage, was das Wichtigste sei, das der Mensch lernen solle. Es wäre nun aber falsch, diese von Aristoteles wie von Platon tradierte Maxime der Selbstergründung im McGraw'schen Sinne ontologisch gleichzustellen. Bei aller Unstimmigkeit, was denn das *Gnothi seauton* genau zu bedeuten habe,[6] ist doch klar, dass diese Selbst-Erkenntnis auf die korrekte Einschätzung der eigenen Rolle im größeren kosmischen Zusammenhang, quasi *sub specie aeternitatis*, abzielt, also gerade nicht auf die Individualisierung menschlicher Erfahrung, sondern auf die Begrenztheit eben dieses Erfahrungsraums. Ähnliches gilt für die »Confessiones« des Augustinus, deren tief greifende Selbsterforschung auch ›nur‹ Mittel zum höheren Zweck ist, nämlich der letztendlichen Erfahrung Gottes. Die Grundvoraussetzungen für authentisches Streben in unserem Sinne sind in beiden Fällen nicht

6 Für eine umfassende Darstellung von Interpretation, Überlieferung und Kontextualisierung dieser Maxime, vgl. Tränkle 1985.

gegeben, da das Selbst immer in das Beziehungsgefüge eines überindividuellen Identifikationssystems eingebettet ist. Daran ändert sich bis zur frühen Neuzeit wenig.

Als Übergangsfigur für eine Zeit, in der die Grundvoraussetzungen für die Herausbildung unseres zeitgenössischen Begriffs der Authentizität geschaffen werden, soll hier ein hinlänglich bekannter Prinz von Dänemark dienen, in dessen Figur mehr als nur ein Konflikt zwischen Handlung und Prokrastination, zwischen Sein und Nichtsein verhandelt wird. Vielmehr ist in Hamlets Charakter der Grundkonflikt jeder Form authentischen Daseins angelegt, da er aufgrund innerer Beweggründe (als deren äußere Manifestation wir gerne den Geist seines Vaters verstehen dürfen) nicht in der Lage ist, die Erwartungen des Lebens zu erfüllen. Wenn Polonius seinem Sohn Laertes die guten Worte »to thine own self be true« (I, 3) mit auf den Weg nach Paris gibt, ermahnt er ihn gerade nicht dazu, ohne Rücksicht auf Verluste sich selbst zu verwirklichen, sondern rät ihm vielmehr, die Verhaltensregeln der Gesellschaft zu internalisieren, um möglichst jedem Menschen gerecht zu werden. Diese Haltung, die Lionel Trilling (1971) in seiner epochalen Untersuchung in Abgrenzung zur Authentizität mit dem Begriff der ›*sincerity*‹ bezeichnet, endet bei Laertes in einer völligen Aufgabe eigenständigen Denkens, so dass er schließlich zum willfährigen Werkzeug von Claudius' Machenschaften werden kann. Hamlet hingegen steht deutlich neben der Gesellschaft, und in ihm flackert jener Zug radikaler Eigenbestimmtheit auf, der ihn zwischen allen Stühlen positioniert und an dem er schließlich notwendig zugrunde gehen muss. Es ist seine Weigerung, jedes ihm angebotene Rollenmuster zu übernehmen (Rächer seines Vaters, liebender Sohn, dankbarer Erbe, treuer Liebhaber, Wahnsinniger...), die ihn als Märtyrer authentischer Existenz qualifiziert; sein »I have that within which passeth show« (I,2) gibt Zeugnis von seiner Unfähigkeit sich zu verstellen. Dass Hamlet mit dieser Einstellung sich selbst und die ihn umstellende Gesellschaft ins Verderben zieht, hat durchaus prophetischen Charakter.

Genuin authentisches Verhalten ist für Hamlet (noch) nicht möglich, da in der Vorstellung des 16. Jahrhunderts noch keine Trennung in innere und äußere Persönlichkeit angelegt ist. Auch wenn der Mensch der frühen Neuzeit sich langsam (im Sinne eines Greenblatt'schen ›*self-fashioning*‹) als Individuum zu betrachten lernt, dauert es noch eine geraume Zeit, bis sich dieses Individuum auf und in sich selbst zurückziehen kann. Der Rationalitätsglaube der frühen Neuzeit, der schließlich in der Aufklärung kulminiert, zwingt den Menschen dazu, alles ans Licht der Vernunft zu ziehen, und sich selbst und die ihn umgebende Natur als Mechanismus zu begreifen, der keine Rückzugsräume (auch nicht im Inneren des eigenen Selbst) zulässt. Erst in der Romantik wird dieser Raum geschaffen, und hier gedeiht das, was in unserem Authentizitätsbegriff heute noch nachklingt. Als Gewährsmann soll hier Rousseau dienen, dessen herausragende Rolle in der Ausbildung des aktuellen Authentizitäts-Diskurses in Birgit Nübels Beitrag zu diesem Band dargestellt wird. Dies aufnehmend möchte ich mit Charles Guignon (2004: 51) argumentieren, dass es vor allem drei Aspekte romantischen Denkens und Fühlens sind, die den Authentizitäts-Diskurs bis heute prägen:

- die Erfahrung, dass die rationale Einordnung des Individuums in ein von außen vorgegebenes System als inadäquat empfunden wird;
- die Überzeugung, dass es eine ›echte Wahrheit‹ nur im Fühlen und nicht im Denken gibt;
- die Entdeckung des Selbst als unzureichende aber dennoch umfassendste Repräsentation aller menschlichen Erfahrung.

Man kann also zweifellos behaupten, dass unsere Vorstellung von Authentizität ein romantisches Erbe ist, das in der Privilegierung einer wie auch immer gearteten Innerlichkeit über die äußeren Gegebenheiten des Lebens besteht. Die Aufteilung menschlicher Erfahrung in ein Innen und Außen wiederum ist das Ergebnis der Individualisierung des Menschen seit der frühen Neuzeit.

Ich denke aber, dass wir auch dieses Denkmuster mittlerweile hinter uns gelassen haben, da in Zeiten der Postmoderne diese Aufteilung in Innen und Außen kaum noch praktikabel erscheint. Wenn alle Repräsentation nur Oberfläche und Simulation ist, wird man schwerlich ein unveräußerliches Selbst als Referenzpunkt postulieren können. Dennoch ist das Konzept von ›Authentizität‹ allen Unkenrufen zum Trotz auch in der Postmoderne noch diskursfähig, wird jedoch einer Umwertung unterzogen. Nicht das wahre Selbst wird zum Referenz- und Kristallisationspunkt der Welterfahrung, sondern gerade das Nichtvorhandensein eines solchen Selbst und dessen kreative Umsetzung. Postmoderne Authentizität begründet sich also in einer ironischen und im Idealfall freudigen Annahme der Paradoxie allen menschlichen Erfahrens oder, wie es Charles Guignon formuliert: »We are really true to ourselves, in other words, when we unflinchingly face the fact that there is nothing to be true to.« (Ebd. 120)

Hier sind wir also nun angekommen und stehen an einer Weggabelung. Mehrere Alternativen scheinen möglich. Akzeptieren wir Lyotards *›condition postmoderne‹* und betrachten wir Authentizität somit im Sinne Bachtins als inhärent dialogisch und multipel, als dezentriert und aufgeschoben, als postmodernes *self-fashioning*, wo jeder seine privaten Narrative entwirft, deren Authentizität sich eben daraus speist, dass Wahrheit als Kategorie nicht mehr zur Verfügung steht? Oder gehen wir den Weg, den zum Beispiel Charles Taylor (1991; 2007) oder Alessandro Ferrara (1993; 1998) beschreiten, indem wir Authentizität nicht mehr als persönliches Phänomen betrachten, sondern es gleichsam im Rückgriff auf antike Vorstellungen wieder zum sozialen Phänomen und damit zum ethischen Grundwert erheben? Wieder Guignon:

»To be authentic, on this account, is to take a wholehearted stand on what is of crucial importance for you, to understand yourself as defined by the unconditional commitments you undertake, and, as much as possible, to steadfastly express those commitments in your actions throughout the course of your life.« (2004: 139)

Wo auch immer der Weg hingehen wird, eines ist klar geworden: Jede Epoche im Denken des Menschen hat sich ihre eigene Authentizität geschaffen. Ich möchte im Folgenden ein paar Überlegungen anstellen, ob nicht vielleicht die Tatsache, dass wir dem Begriff der ›Authentizität‹ mit traditionellen Denkmustern offensichtlich nicht mehr beikommen können, ihn quasi nicht zwischen Materialität und Konstruktion dingfest machen können, uns dazu zwingt, auch überkommene Epochenbegriffe neu zu denken.

Metareferenz und die verwickelte Hierarchie

Die ästhetisch-formale Grundvoraussetzung, die ein mögliches Neudenken von Authentizität im Rahmen von Literatur und Kunst ermöglicht, scheint mir in dem von Werner Wolf (2009) so genannten ›*metareferential turn*‹ angelegt. Mit diesem Begriff versucht Wolf, der von ihm beobachteten Tatsache Rechnung zu tragen, dass Selbstbezüglichkeit (die er als ›Metareferenz‹ bezeichnet) seit der zweiten Hälfte des 20. Jahrhunderts eine Grundkonstante in allen Formen künstlerischen Schaffens darstellt. ›Metareferenz‹ wird dabei definiert als

»a special, transmedial form of usually non-accidental self-reference produced by signs or sign configurations which are (felt to be) located on a logically higher level, a 'metalevel', within an artefact or performance; this self-reference, which can extend from this artefact to the entire system of the media, forms or implies a statement about an object-level, namely on (aspects of) the medium/system referred to«. (Wolf 2009: 31)

Ich will an dieser Stelle nicht auf die unzähligen – manchmal mehr, manchmal weniger sinnvollen – Typologien eingehen, die zum Thema Metafiktion oder Metareferenz mittlerweile existieren,[7] sondern versuchen, die zentralen Punkte dieses Phänomens und insbesondere seine Bedeutung im Zusammenhang mit einer neuen Form von Authentizität anhand eines scheinbar völlig unverwandten Konzepts zu erörtern: Douglas Hofstadters Untersuchungen zu den so genannten ›seltsamen Schleifen‹ (*strange loops*), die er in seinem bahnbrechenden Werk »Gödel, Escher, Bach« (1979) aufnimmt und in dem 2007 erschienenen »I am a Strange Loop« weiterführt. Hofstadters zentrale Annahme dabei ist, dass Selbstreferentialität und die darauf resultierende ›verwickelte Hierarchie‹ (*tangled hierarchy*) eine unveräußerliche Grundvoraussetzung für jedwedes komplexe System darstellen. Hofstadters wichtigstes Beispiel ist das menschliche Bewusstsein, das seiner Ansicht nach auf Signifikationsprozessen beruht, deren Ziel nicht die logische und hierarchische Ordnung und Kategorisierung von Information (was Nassim Nicholas Taleb in seinem bemerkenswerten Buch »The Black Swan« als ›*platonicity*‹ bezeichnet; 2008: 15) ist. Vielmehr, so Hofstadter, beziehe das menschliche Bewusstsein seine Konzeption des Selbst aus einer ständigen Verschiebung und Aufschiebung von Eindeutigkeit, die er mit dem Begriff der ›seltsamen Schleife‹ beschreibt und folgendermaßen definiert:

»A Tangled Hierarchy occurs when what you presume are clean hierarchical levels take you by surprise and fold back in a hierarchy-violating way. The surprise element is important; it is the reason I call Strange Loops ›strange‹.« (Hofstadter 1979: 691)

In »I am a Strange Loop« präzisiert er dies. Die verwickelte Hierarchie bezeichnet

»an abstract loop in which, in the series of stages [...] there is a shift from one level of abstraction (or structure) to another, which feels like an upwards movement in a hierarchy, and yet somehow the successive ›upward‹ shifts turn out to give rise to a closed cycle« (Hofstadter 2007: 101f.).

Entscheidend ist also das Vorhandensein zweier oder mehrerer ontologisch unterscheidbarer Ebenen. Einige willkürlich gewählte Beispiele, die gerade durch ihre Transdisziplinarität die Allgemeingültigkeit dieser These verdeutlichen sollen, mögen dies veranschaulichen. Das erste, der Linguistik entlehnte Beispiel stammt

7 Für detaillierte Typologien sowie eine begriffs- und wirkungsgeschichtliche Analyse dieses Phänomens im deutschen akademischen Kontext, vgl. Wolf 1993, Reinfandt 1997, Nünning 2004 und Hauthal et al 2007. Als ›Klassiker‹ der theoretischen Behandlung dieses Genres gelten Waugh (1984) und Hutcheon (1984).

von Hofstadter selbst (2007: 142) und illustriert, bei aller formalen Fragwürdigkeit doch sehr gut, wie Selbstreferenz auf einer höheren ontologischen Ebene Sinn hervorbringen kann. Es scheint unstrittig, dass folgende Aneinanderreihung von Wörtern keinen grammatikalisch korrekten Satz darstellen:

»preceded by itself in quote marks yields a full sentence«

Dieser fehlende Sinn lässt sich erzeugen, indem das *item* gedoppelt und auf einer anderen Ebene in das System eingespeist wird:

»›preceded by itself in quote marks yields a full sentence‹ preceded by itself in quote marks yields a full sentence«.

stellt tatsächlich einen grammatikalisch korrekten Satz dar.

Das wohl bekannteste Beispiel für eine verwickelte Hierarchie stellt Maurits Cornelis (M.C.) Eschers Zeichnung »Drawing Hands« (1948) dar, die auch von Hofstadter selbst zur Illustration seiner Idee herangezogen wird. An diesem Beispiel lässt sich eines der Grundprobleme der verwickelten Hierarchien veranschaulichen, denn die grundlegende Hierarchie zwischen Autor (in diesem Fall Illustrator) und Rezipient bleibt unberührt und um in das Spiel der seltsamen Schleifen einzusteigen, muss der geneigte Rezipient diese ausblenden, bevor das Kunstwerk »sucks us so effectively into its paradoxical world, it fools us, at least briefly, into believing in its reality« (Hofstadter 2007: 103).

Ehe ich mich nun den literarischen Fallstudien zuwende, möchte ich noch zwei weitere Konzepte erwähnen, die ihrerseits oft Manifestationen seltsamer Schleifen sind und die uns für die weitere Betrachtung nützliche theoretische Hilfsmittel an die Hand geben. Zum einen ist dies die *mise-en-abyme*, ein Begriff, der ursprünglich aus der Heraldik stammt. Durch André Gide wurde er in den kulturwissenschaftlichen Diskurs eingeführt, wo er die Verdopplung oder Spiegelung der Makrostruktur eines Gegenstandes in der Mikrostruktur desselben Gegenstandes beschreibt oder, wie Lucien Dällenbach in der wohl definitiven Abhandlung über dieses Thema schreibt, »any aspect enclosed within a work that shows a similarity with the work that contains it« (1989: 8). Beispiele reichen dabei von Velazques' »Las Meninas« (1656) über Laura Knights »Self Portrait« (1913) zu den Werbebildern der französischen Marke *La Vache Qui Rit* und dem Kinderlied »Ein Mops kam in die Küche«.

Das zweite, eng verbundene Konzept ist das der Metalepse. Ursprünglich eingeführt von Gérard Genette (1980), bezeichnet der Begriff den Wechsel zwischen zwei oder mehreren eigentlich ontologisch getrennten Ebenen in einem Kunstwerk, wie zum Beispiel in

Woody Allens Film THE PURPLE ROSE OF CAIRO (1985), wo die Filmfigur Tom Baxter eines Tages von der Leinwand heruntersteigt und sich in die Kellnerin Cecilia verliebt, also sozusagen von der sekundären fiktionalen Ebene (des Films im Film) auf die primäre überwechselt. Ein anderes metaleptisches Bild ist das durch seine Verwendung sowohl als Titelblatt der von Werner Wolf (2009) herausgegebenen Sammlung zum Thema ›Metareferenz‹ wie als Plakat für die Ausstellung »Täuschend Echt – Illusion und Wirklichkeit in der Kunst« (Bucerius Forum Hamburg, 13.2.–14.5.2010) mittlerweile kanonische »Escapando de la Critica« (1874) des Spaniers Pere Borrell del Caso (1835-1910).[8]

»A Heartbreaking Work of Staggering Genius« und die Ästhetik der Authentizität

Ich möchte nun versuchen, die beiden oben eingeführten theoretischen Aspekte (Authentizität, Metareferenz) in der Analyse ausgewählter Literaturbeispiele zusammenzuführen, wobei das Hauptaugenmerk auf einem Buch liegt, welches in vielfacher Hinsicht paradigmatisch zu nennen ist, da es zahlreiche metareferentielle Strategien aufweist, die man allesamt unter dem Gesichtspunkt einer ›Ästhetik der Authentizität‹ betrachten kann. Diese Ästhetik speist sich aus der Verwicklung traditioneller Hierarchien und Erwartungsmuster in der Rollenverteilung der literarischen Kommunikation. Es handelt sich um den Roman »A Heartbreaking Work of Staggering Genius« von Dave Eggers, der selbst folgende Warnung betreffs der kritischen Auseinandersetzung mit seinem Text ausspricht:

»This book cannot win. For some, at least. And when this book is not winning, attached to it are labels: Post this, meta that. Gosh. Where to start? These are the sort of prefixes used by those without opinions...Oh, we should free ourselves from these terms, used only to make confusing something that we already understand.« (2001b: 34)

Ich werde trotz dieser Ermahnung versuchen, Eggers Text auf die Verwendung metareferetieller Elemente hin zu untersuchen. Diese lassen sich grob in drei Gruppen aufteilen. Zuerst geht es um die Materialität des Buchs an sich, dann um paratextuelle Elemente und abschließend um die intratextuellen Selbstbezüge.

Dass es sich bei »A Heartbreaking Work of Staggering Genius« um einen unkonventionellen Text handelt, verrät schon der erste

8 Des Weiteren verwenden auch Hollmann und Tesch (2004), Gubar (2009) sowie Giusti (2010) dieses Bild auf dem Titel ihrer Bücher.

Blick. Wir sehen uns nicht nur mit einem, sondern mit zwei Texten konfrontiert. Von vorne gelesen erzählt das Buch die autobiographische Geschichte des Protagonisten Dave Eggers, der in kurzer Folge seine beiden Eltern an Krebs verliert und danach mit seinem 8-jährigen Bruder Toph in San Francisco zusammenlebt. Dreht man das Buch herum, findet sich ein weiterer Text, inklusive Autorenname, Verlagsrechtseite, Widmung etc. Dieser Text nennt sich »Mistakes we Knew we Were Making« und Eggers nutzt ihn, um Ereignisse aus dem Hauptteil klar- oder richtig zu stellen, näher zu erläutern oder darzustellen, wie sich die Dinge tatsächlich abgespielt haben.[9] Kurz gesagt, er deckt auf, welche fiktionalen Mittel er in der Abfassung seines (angeblich) autobiographischen Berichts zu welchem Behufe verwendet hat. Man könnte sagen, er öffnet einen Blick in seine Schreibwerkstatt, wenn er zum Beispiel den Kontext der Entstehung von »Mistakes we Knew we Were Making« beschreibt: »I'm sitting here, in late September of 2000, and I have at this moment four days to finish whatever revisions I'd like to make.« (2001b: 8)

Im Hinblick auf meine grundsätzliche Argumentation würde ich diese Miteinbeziehung des Lesers in den kreativen Prozess als erstes Anzeichen für die Verwicklung der Hierarchie zwischen Autor und Rezipient interpretieren. Dies lässt sich weiter dadurch belegen, dass sich an der Schnittstelle der beiden Texte zwischen Seite 437 von »A Heartbreaking Work of Staggering Genius« und Seite 48 von »Mistakes we Knew we Were Making« sieben leere Seiten befinden, die ich als explizite Manifestation einer Leerstelle im Iser'schen Sinn verstehe, die die Verbindung zwischen den beiden Texte (sowohl was den inhaltlichen als auch was den fiktionalen Zusammenhang angeht) schlussendlich dem Leser überlässt.

Eine zweite, mit der ersten durchaus eng verbundene Erscheinungsform metareferentieller Elemente lässt sich auf der paratextuellen Ebene verorten, also dort, wo traditionell Informationen zu finden sind, die nichts mit der erzählten Handlung zu tun haben, wie etwa Copyright-Seite, Vorwort oder Danksagung. Eggers nutzt auch diese, um seinen Spaß mit den konventionellen Erwartungen des Lesers zu treiben.

»The author wishes to reserve the right to use spaces like this, and to work within them, for no other reason than it entertains him and a small coterie of readers. It does not mean that anything ironic is happening. It does not mean that someone is being *pomo* or *meta* or *cute*. It simply means that someone is writing in small type, in a space usually devoted to copyright information, because doing so is fun.« (2001b: copyright page)

---

9 Dieser zweite Teil des Buchs existiert erst seit der ersten Taschenbuchausgabe bei Vintage 2001.

Hier ist ein kritisches Veto vonnöten, denn es scheint mir, dass sich in diesem scheinbar und traditionell marginalen Text eines der zentralen Anliegen von Eggers Projekt findet: »[N]ot everything that is truthful must fall within well-known formal parameters« (ebd.). Im Umkehrschluss ließe sich dann behaupten, dass sich gerade durch die Verwicklung oder Enthierarchisierung traditioneller Parameter eventuell eine neue Form von ›*truthfulness*‹ erzielen ließe, die ich in diesem Fall als ›Authentizität‹ bezeichnen möchte.

Aus den zahllosen weiteren Beispielen für metareferentielle Elemente im Vorwort zu »A Heartbreaking Work of Staggering Genius« will ich nur noch zwei erwähnen. Eggers stellt dem Leser einen Katalog der wichtigsten Analyseaspekte des Textes zur Verfügung, von denen ich die Punkte »C) THE PAINFULLY; ENDLESSLY SELF-CONSCIOUS BOOK ASPECT« (2001a: xxix) und »C.2 THE KNOWLEDGE ABOUT THE BOOK'S SELF-CONSCIOUSNESS ASPECT« (ebd. xxx) herausgreifen möchte, da sie exemplarisch die beiden fundamentalen Strategien von Eggers aufgreifen: eine Offenlegung der dem Text zugrunde liegenden Mechanismen und die Anerkennung der theoretisch aporetischen Grundstruktur dieser Selbstreflexion, denn es ließen sich problemlos unendlich viele weitere Ebenen der Selbstreflexion der eigenen Selbstreflexion einziehen. Aber auch hier ist sich Eggers dessen bewusst, dass ihm diese unendliche *mise-en-abyme*, denn um nichts anderes handelt es sich hier, leicht als postmoderne Spielerei ausgelegt werden könnte, ein Vorwurf, den er mittels des Insistierens auf einen dunklen Kern seiner Geschichte abzuwenden versucht: »[T]he gimmickry is simply a device, a defense, to obscure the black, blinding, murderous rage and sorrow at the core of this whole story« (ebd. xxx). Wir werden zu diesem dunklen Kern noch zurückkehren müssen.

Zuletzt möchte ich auf metareferentielle Elemente auf der intratextuellen Ebene eingehen, die sich also auf der Ebene der *histoire* befinden. Immer wieder lösen sich Figuren von ihrer Rolle in der Geschichte, um Dave Eggers direkt zu konfrontieren. Ein besonders eindrucksvolles Beispiel soll hier genügen. Dave Eggers, der Protagonist der Geschichte, besucht seinen Freund John am Krankenbett. John hatte versucht, sich das Leben zu nehmen:

»Then he [John, W.F.] gets up. He is awake and he is standing, and pulling the tubes from his mouth, from his arms, the nodes and electrodes, barefoot. I jump.

›Jesus fucking Christ. What are you doing?‹

›Fuck it‹

›What do you mean, fuck it?‹

›I mean fuck it, asshole. I'm leaving.‹

›*What*?‹

›Screw it, I'm not going to be a fucking anecdote in your stupid book.‹« (Ebd. 272)

Es schließt sich eine Diskussion an, mit welchem Recht der Autor sich realer Personen bedienen darf, um symbolische Aussagen zu kreieren. John fordert: »Find someone else to be symbolic of, you know, youth wasted or whatever« (ebd. 273), lässt sich aber endlich doch überreden, als Figur im Buch zu erscheinen. In dieser Szene wird aus dem Protagonisten Dave Eggers metaleptisch der Autor Dave Eggers, und eine weitere traditionelle Rollenhierarchie wird (scheinbar) verwickelt. Auch hier gilt, dass diese Verwicklung den Leser explizit in den kreativen Prozess integriert, indem der Schaffensprozess des Autors Dave Eggers durch einen fiktionalen Dialog zwischen ihm und seiner Romanfigur John manifestiert wird.

Doch es ist nicht nur die Offenlegung des kreativen Prozesses, den die metareferentiellen Verwicklungen zu Folge haben. Auch die Interpretationshoheit wird in diesem Prozess neu verhandelt. Eggers benutzt dafür den Begriff des ›*lattice*‹, das sich vielleicht am ehesten mit Deleuze und Guattaris Rhizom-Struktur vergleichen lässt. Entscheidend ist jedenfalls die Dezentralisierung der Interpretationshoheit und damit die Auflösung der traditionellen Kommunikationsstruktur in der literarischen Kommunikation, die den Autor mit einer Autorität der Sinnstiftung ausgestattet hat und ihm den Rezipienten gegenüberstellte, der sich – in welcher Form auch immer – mit der Sinnsuche zu beschäftigen hatte. Funktionieren kann diese neue Ästhetik nur, wenn sowohl Autor wie Leser die Autorität einer ganz anderen Instanz anerkennen, nämlich die der Geschichte ›an sich‹, jenes dunklen Kerns eben, der in der Anerkennung der Tatsache begründet ist, dass sich jede Form menschlicher Erfahrung letztendlich der Repräsentation entzieht und gerade durch ihre Unmittelbarkeit per definitionem nicht darstellbar ist, im romantischen Sinn also über die Repräsentation erhaben ist: »The core is the core is the core. There is always the core, that can't be articulated« (ebd. 270), wie es Eggers formuliert. Eggers kollabiert in »A Heartbreaking Work of Staggering Genius« also nicht nur die Grenze zwischen Autor und Leser, sondern auch die zwischen Wirklichkeit und Fiktion, und die einzige verbleibende Grenzziehung ist die zwischen Erfahrung und Repräsentation. Die von mir postulierte ›Ästhetik der Authentizität‹ basiert nun genau auf der expliziten und demütigen Anerkennung dieser Beschränkung, gewissermaßen also auf dem Aufgeben einer autoritären Auffassung des Autorbegriffs, und die daraus resultierende Erzählhaltung zielt mehr auf glaubwürdige denn auf realistische Darstellung ab. Eggers selbst weist uns in diese Richtung:

»So instead of lamenting the end of unmediated experience, I will *celebrate* it, revel in the simultaneous living of an experience and its dozen or so echoes in art and media, the echoes making the experience not cheaper but *richer*, aha! being that much more layered, the depth luxurious, not soul-sucking or numbing but edifying, ramifying.« (Ebd.)

Die Aufgabe von authentischer Kunst ist es in dieser Sichtweise, sich den Echos menschlicher Erfahrung zu widmen und sich in der paradoxen Form der unendlichen Selbstreferenz einem dunklen, nicht repräsentierbaren und dennoch umso glaubwürdigeren Kern menschlicher Existenz anzunähern.

Die Existenz eines einzelnen Werks, sei es auch noch so außergewöhnlich, wäre nun nicht ausreichend, um eine derartige Ästhetik der Authentizität zu begründen. Es erscheint mir aber durchaus auffällig, dass sich seit den 80er und 90er Jahren des 20. Jahrhunderts eine ganze Reihe von Werken (sowohl in der Erzählliteratur wie im Drama) benennen lassen, die sich unter das beschriebene Paradigma einordnen ließen, von denen ich stellvertretend einige weitere Vertreter benennen möchte. Im englischsprachigen Roman wäre Matthew Kneales »English Passengers« von 2001 zu nennen, ein metareferentieller historischer Roman,[10] der die Kolonialisierung Tasmaniens zum Thema hat und dessen Besonderheit darin liegt, dass die Ereignisse von mehr als 20 verschiedenen Ich-Erzählinstanzen wiedergegeben werden, was zur Folge hat, dass die auktoriale Interpretationshoheit regelrecht fragmentiert wird.

Einen anderen Zugang bietet die »Thursday-Next«-Reihe von Jasper Fforde, und dabei besonders die Bände 1 (»The Eyre Affair«) und 5 (»First Among Sequels«). Hier wird ein Aspekt der Metareferenz in den Vordergrund gerückt, der in diesem Aufsatz nicht theoretisiert wird, der aber sowohl synchron wie diachron eine bedeutende Rolle spielt, nämlich die intertextuelle Selbstbezüglichkeit von literarischen Texten. Fforde kehrt in seinen Romanen die Einflussrichtung von Parodie und Quelltext um, indem er beispielsweise das berühmte Happy End des Romans »Jane Eyre« erst als Ergebnis der Handlung seines Romans »The Eyre Affair« präsentiert und damit die Hierarchie zwischen kanonischem und parodistischem Werk verwickelt.

In der deutschsprachigen Literatur möchte ich auf Wolf Haas verweisen, dem es in Romanen wie »Das Wetter vor 15 Jahren« (2006) oder »Das ewige Leben« (2003) gelingt, traditionelle Kommunikationsmuster auf überraschende Weise neu zu interpretieren. »Das Wetter vor 15 Jahren« ist durchgängig in der Form eines

10 Für eine ausführliche Darstellung des Genres ›*historiographic metafiction*‹, vgl die grundlegenden Ausführungen von Hutcheon (1988), Engler/Müller (1994), Fludernik (1994) und Nünning (1995).

Interviews der Figur Wolf Haas mit einer Literaturzeitung geschrieben. »Das ewige Leben« springt der bis dato nur auf der Ebene des *discours* in Erscheinung getretene Ich-Erzähler (dessen ironisch-distanzierter Ton gleichsam das Markenzeichen der Brenner-Romane ist) auf die *histoire*-Ebene und rettet dem Protagonisten Brenner das Leben, indem er sich in den Lauf einer Kugel wirft. Mit seinem Tod endet auch der Roman.

Authentizität/Reziprozität? – Schlussbetrachtung über ein aktuelles Medien-Phänomen

Der Trend zur Auflösung traditioneller Rollen aus Produzent und Konsument, den ich für die Literatur zu skizzieren versucht habe und den ich als konstitutiv für eine ›Ästhetik der Authentizität‹ sehe, ist vor allem eine Konsequenz aus der medialen Revolution der letzten beiden Jahrzehnte und speziell der Entwicklung des so genannten Web 2.0 der letzten fünf Jahre. Das markanteste Merkmal dieser Neuentwicklung ist die Möglichkeit (für alle Menschen mit Internet-Zugang), selbst schaffend tätig zu werden und – das ist das wirklich Neue – sofort ein millionenfaches potentielles Publikum ansprechen und sich mit diesem unmittelbar austauschen zu können. Dabei reicht das Spektrum für die Kreativität von der Verbreitung von Texten (über blogs oder wikis) und Fotos (flickr, snapfish) über die Verbreitung von Videoclips pornographischen (pornhub, youporn) oder nicht pornographischen (youtube) Inhalts bis hin zur Neugestaltung von Identitäten (World of Warcraft, Second Life).[11] Jenseits aller Werturteile bleibt festzuhalten, dass durch die medialen Voraussetzungen unserer Zeit ein ästhetisch neuer Umgang mit Kulturgütern (im weitesten Sinne) zu beobachten ist, den ich mit Axel Bruns (2008) mit dem Begriff der ›Produsage‹ bezeichnen möchte. Der ›Produser‹ oder ›Prosumer‹, um Alvin Tofflers schon etwas angegrauten, aber immer noch topaktuellen Begriff zu bemühen (1980), zeichnet sich eben dadurch aus, dass er gleichzeitig Konsument und Produzent von Kultur ist. Als Beispiel können hier das immer stärker wachsende Genre der *Fan Fiction* oder die unzähligen, zum Teil durchaus amüsanten und gelungenen Klassikeradaptionen gelten, die man auf youtube bewundern kann.

11 Ich will mich an der Debatte, inwiefern diese Proliferation von Verbreitungs- und Interaktionsmöglichkeiten mehr Qualität oder ausschließlich mehr Quantität produziert, nicht beteiligen und empfehle dafür die vergleichende Lektüre von Chris Andersons »Free: The Future of a Radical Price« (2009) und Andrew Keens »The Cult of the Amateur« (2007).

Vielleicht liegt hier in der Welt der gar nicht mehr neuen Medien auch der Schlüssel zu einer neuen Form der Authentizität als einer Ausdrucksform, die möglicherweise sogar in der Lage ist, die alte Dichotomie von Objekt- und Subjektauthentizität aufzuheben, indem sie dem Einzelnen eine unendliche Zahl von Identifikations- und Repräsentationsangeboten offeriert, die dann individuell benutzt, kombiniert und weiterverarbeitet werden können. Vielleicht wäre die These zu wagen, dass die eigenhändige Konstruktion eines dialogischen Selbst im reziproken Spiel mit anderen Identitäten auch wieder als authentisch zu betrachten wäre. Führt die Hyperdemokratie des weltweiten Netzes zu willenlosen, unauthentischen Medien-Cyborgs, die das eigene Selbst vor lauter Identifikationsmöglichkeiten nicht mehr erkennen können, oder eröffnet sie im Gegenteil dem Selbst eine nie gekannte Bandbreite an Ich-Strategien, deren schlussendlicher Effekt ein verstärktes Ich-Gefühl und damit ein (durchaus authentisch zu nennendes) ethisches Selbst-Bewusstsein ist? Die Antwort auf diese Frage liegt, so denke ich, beim Einzelnen, aber wie die einzelnen Individuen, aus denen sich unsere Gesellschaft zusammensetzt, diese Frage beantworten, wird unsere Welt in den nächsten Jahrzehnten prägen.

Abschließend möchte ich noch einmal zur Kunst zurückkehren. Vielleicht lässt sich Michael Mandibergs Projekt im Hinblick auf das gerade Gesagte in neuem Licht betrachten. Der Künstler legt seinen Schaffensprozess offen und stellt quasi das Rohmaterial zur Erstellung des Kunstwerks zur Verfügung, überlässt aber letztendlich dem Konsumenten durch dessen eigenhändige Unterschrift erst den eigentlichen Akt der Authentifizierung. Ein ähnlicher Fall von authentischer Reziprozität von Künstler und Produzent war im Sommer 2009 an prominenter Stelle in London zu bewundern. Antony Gormleys Projekt »One and Other« stellte das traditionell leere vierte Podest am Trafalgar Square, das seit 2005 im jährlichen Wechsel zeitgenössische Kunstwerke ausstellt, der Öffentlichkeit im wahrsten Sinne des Wortes als Plattform zur Verfügung. Jeweils für eine Stunde konnte jeder und jede die exponierte Position zur Inszenierung des eigenen Selbst benutzen[12] und trotz – oder vielleicht gerade wegen, das ist möglicherweise die entscheidende Frage, die diesem Aufsatz und vielleicht dem gesamten Band zugrunde liegt – aller Serialität und Beliebigkeit konnte den dabei entstandenen Momentaufnahmen bei aller offensichtlichen Inszeniertheit ein authentisches Moment nicht abgesprochen werden.

12 Eine ausführliche Beschreibung des Projekts sowie zahlreiche Fotos finden sich unter UK Web Archive.

Literatur

Anderson, Chris (2009): Free. The Future of a Radical Price (06.07.2009), http://www.netzpolitik.org/2009/chris-anderson-free-als-download/ vom 15.09.2010.

Benjamin, Walter (1963 [1935]): Das Kunstwerk im Zeitalter seiner technischen Reproduzierbarkeit. Drei Studien zur Kunstsoziologie, Frankfurt a.M.: Suhrkamp.

Bruns, Axel (2008): Blogs, Wikipedia, Second Life, and Beyond. From Production to Produsage, New York: Peter Lang.

Culler, Jonathan D. (1988): Framing the Sign. Criticism and its Institutions, Oxford: Blackwell.

Dällenbach, Lucien (1989): The Mirror in the Text, Cambridge: Polity Press.

Eggers, Dave (2001a): A Heartbreaking Work of Staggering Genius, London: Vintage.

— (2001b): Mistakes We Knew We Were Making, London: Vintage.

Engler, Bernd/Müller, Kurt (Hg.) (1994): Historiographic Metafiction in Modern American and Canadian Literature, Paderborn: Schöningh.

Ferrara, Alessandro (1993): Modernity and Authenticity. A Study in the Social and Ethical Thought of Jean-Jacques Rousseau, Albany: State University of New York Press.

— (1998): Reflective Authenticity. Rethinking the Project of Modernity, New York/London: Routledge.

Fforde, Jasper (2001): The Eyre Affair, London: Hodder & Stoughton.

— (2007): First Among Sequels, London: Hodder & Stoughton.

Fludernik, Monika (1994): »History and Metafiction. Experientiality, Causality, and Myth«, in: Engler/Müller, Historiographic Metafiction, S. 81-101.

Genette, Gérard (1980): Narrative Discourse, Ithaca, NY: Cornell University Press.

Giusti, Annamaria (2010): Art and Illusions. Masterpieces of Trompe l'oeil from Antiquity to the Present Day, Regensburg: Schnell und Steiner.

Gubar, Marah (2009): Artful Dodgers. Reconceiving the Golden Age of Children's Literature, New York et al.: Oxford University Press.

Guignon, Charles (2004): On being Authentic, London/New York: Routledge.

Haas, Wolf (2003): Das Ewige Leben, Hamburg: Hoffmann und Campe.

— (2006): Das Wetter vor 15 Jahren, Hamburg: Hoffmann und Campe.

Handler, Richard/Saxton, William (1988): »Dyssimulation. Reflexivity, Narrative, and the Quest for Authenticity in ›Living History‹«, in: Cultural Anthropology 3, S. 242-260.

Hauthal, Janine et al. (2007): Metaisierung in Literatur und anderen Medien. Theoretische Grundlagen – Historische Perspektiven – Metagattungen – Funktionen, Berlin/New York: de Gruyter.

Hofstadter, Douglas (1979): Gödel, Escher, Bach. An Eternal Golden Braid, New York: Basic Books.

— (2007): I am a Strange Loop, New York: Basic Books.

Hollmann, Eckhard/Tesch, Jürgen (2004): Die Kunst der Augentäuschung, München et al.: Prestel.

Hutcheon, Linda (1984): Narcissistic Narrative. The Metafictional Paradox, New York: Methuen.

— (1988): A Poetics of Postmodernism. History, Theory, Fiction, New York/London: Routledge.

Keen, Andrew (2007): The Cult of the Amateur. How Today's Internet is Killing our Culture, New York et al.: Doubleday.

Kleist, Heinrich von (1810): »Über das Marionettentheater«, in: Berliner Abendblätter 1, S. 247-261.

Knaller, Susanne (2006): »Genealogie des ästhetischen Authentizitätsbegriffs«, in: Knaller/Müller, Authentizität, S. 17-35.

—/Müller, Harro (Hg.) (2006): Authentizität. Diskussion eines ästhetischen Begriffs, München: Fink.

Kneale, Matthew (2001): English Passengers, London: Penguin.

Mandiberg, Michael (2001): »AfterSherrielevine« (ohne Datum), http://www.aftersherrielevine.com/texts.html, vom 25.08.2010.

McGraw, Philip (2001): Self Matters. Creating Your Life from the Inside Out, New York: Simon and Schuster Source.

Mecke, Jochen (2006): »Der Prozess der Authentizität. Strukturen, Paradoxien und Funktion einer zentralen Kategorie moderner Literatur«, in Knaller/Müller, Authentizität, S. 82-114.

Nünning, Ansgar (1995): Von historischer Fiktion zu historiographischer Metafiktion, Trier: wvt.

— (2004): »On Metanarrative. Towards a Definition, a Typology and an Outline of the Functions of Metanarrative Commentary«, in: John Pier (Hg.), The Dynamics of Narrative Form, Berlin/New York: de Gruyter, S. 11-59.

Reinfandt, Christoph (1997): Der Sinn der fiktionalen Wirklichkeiten. Ein systemtheoretischer Entwurf zur Ausdifferenzierung des englischen Romans vom 18. Jahrhundert bis zur Gegenwart, Heidelberg: Winter.

Römer, Stefan (2001): Künstlerische Strategien des Fake. Kritik von Original und Fälschung, Köln: DuMont.

Taleb, Nassim Nicholas (2008): The Black Swan. The Impact of the Highly Improbable, London: Penguin.
Taylor, Charles (1991): The Ethics of Authenticity, Cambridge, MA/London: Harvard University Press.
— (2007): A Secular Age, Cambridge, MA/London: Belknap Press.
Toffler, Alvin (1980): The Third Wave, London: Pan Books.
Tränkle, Hermann (1985): »Gnothi seauton. Zu Ursprung und Deutungsgeschichte des delphischen Spruchs«, in: Würzburger Jahrbücher für die Altertumswissenschaft 11, S. 19-31.
Trilling, Lionel (1971): Sincerity and Authenticity, New York/London: Harcourt Brace Jovanovich.
UK Web Archive (23.02.2010), http://www.webarchive.org.uk/wayback/archive/20100223121732/http://www.oneandother.co.uk/ vom 15.09.2010.
Waugh, Patricia (1984): Metafiction. The Theory and Practice of Self-Consious Fiction, London: Routledge.
Wolf, Werner (1993): Ästhetische Illusion und Illusionsdurchbrechung in der Erzählkunst, Tübingen: Niemeyer.
— (Hg.) (2009): Metareference across Media. Theory and Case Studies, Amsterdam et al.: Rodopi.
Zeller, Christoph (2010): Ästhetik des Authentischen. Literatur und Kunst um 1970, Berlin et al.: de Gruyter.

Beinahekrimis – Fragmente fingierter Authentizität

Sigrid Thielking

Kriminalliteratur hat den Ruf, vor allem luzide Schemaliteratur zu sein. Sie wird mit Blick auf ihre narrativen Baugesetze und Konstruktionsprinzipien von der Leserschaft als schnell durchschaubar eingestuft. Dieser Beitrag zeigt nun, dass gerade im Falle der Abweichung von dieser Gesetzmäßigkeit und der Überschreitung dieser Normen der ›Beinahekrimi‹ ein hohes Maß an Authentizität, an poetologischer Qualität und an spielerischer Freiheit gewinnt.

Kriminalliteratur gilt als transparente, hinsichtlich ihrer Materialität und der Mechanismen ihrer Konstruktion schnell durchschaubare Schemaliteratur. Dort, wo sie allerdings abzuweichen beginnt oder über den herkömmlichen Zusammenhang hinaus will, dort scheint sie dann umso mehr authentisch mit einem hohen Surplus und weitgehenden Freiheiten ausgestattet. Oder anders ausgedrückt, der Kriminalroman ist als Form und Format höchst anschlussfähig und wandelbar. Gerade seine Hybridformen, also diejenigen unter den Krimis, die entweder nur blass das Genre durchschimmern lassen oder nur teilweise dessen Strategien imitierend nutzen, fallen fast ausnahmslos durch ausgezeichnete poetologische Qualität auf. Besonders viele derjenigen unter den Romanen der Moderne, die eigentlich und bei Lichte besehen Züge eines verkappten Krimi-Settings aufweisen, können in der Regel ästhetisch überzeugen.

So sind gerade Mischungen und Übergangsformen erfolgreich; das gilt z.B. wenn Charles Brockden Browns »Wieland oder Die Verwandlung« am Ende des 18. Jahrhunderts ein Schauerroman ist, der, wie Rolf Vollmann bemerkt, »dadurch besticht, daß die Erzählerin ins Geschehen verstrickt, beinahe selber zur Totschlägerin wird« (Vollmann 1997: 19). Und es gilt auch, um ein jüngeres Beispiel anzuführen, wenn in experimentellen Werken, wie Patricia Highsmiths »Das Zittern des Fälschers«, etwa gefragt wird, wer das eigentliche Opfer ist bzw. ob es überhaupt eines gibt? Ähnlich verhält es sich in B. Travens Abenteuerroman »Der Schatz der Sierra Madre«, wo es die Schilderung eines Mordes gibt, die, wie bereits Kurt Tucholsky lobte, »an das beste Vorbild der angelsächsischen Literatur, an die geniale Novelle Stevensons, ›Markheim‹, erinnert und sie nahezu erreicht« (Tucholsky 1985: 301) – und es doch kein Krimi im vollen und schematischen Sinne ist. Vielmehr erinnerte das Vorgehen dabei nicht nur Tucholsky viel eher an die Finessen des ›schwarzen Realisten‹ Wilhelm Raabe. Der Connaisseur Tucholsky mag dabei an Raabes »See- und Mordgeschichte«, mit dem Titel »Stopfkuchen«, gedacht haben, die auch dem Kriminalroman verwandte Züge trägt, aber im strengen Sinne kein solcher ist, sondern die langwierige Aufdeckungs- und Verfolgungsgeschichte einer lange zurückliegenden Perfidie, bei der persönliche Erinnerungszwänge eine späte Erzählfolter aufrufen und beide Gefühlslagen ein terroristisches Bündnis eingehen. Im Sujet der überlegenen Faulheit und Indolenz des Helden wird das im Übrigen mit Gontscharows Roman »Oblomow« verbindbar.

Ähnlich verhält es sich im Schlesien-Amerika-Doppelszenario in Theodor Fontanes Roman »Quitt«, der eher eine Läuterungsgeschichte denn ein genuiner Kriminalroman ist, worin der Protagonist, der junge Förstermörder Lehnert Menz, übrigens eher eine Art früher Vorläufer von Thomas Manns Hans Castorp denn ein Nachkomme des auf den ersten Blick nur näherliegenden Schiller'schen kriminellen Wilddiebs in »Der Verbrecher aus verlorener Ehre« ist.

Mit anderen Worten: Die Erinnerungen an solche reizvollen und erzähltechnisch oftmals raffinierten Hybridformen bestehen in ihrer Markierung als Abweichungen, ja, das Zutrauen zu ihren Verwerfungen ist wohl gerade deshalb in der lesebiographischen Literatur fast zu einem Beglaubigungstopos für Qualitätssteigerung geworden. So befand vor einigen Jahren z.B. der amerikanische konservative Kritiker Harold Bloom über Fjodor Dostojewskijs Roman »Verbrechen und Strafe«, der etliche Züge des ›Beinahekrimis‹ aufweist: »Auch mehr als einhundertdreißig Jahre nach dem Erscheinen 1866 ist dieser Roman die beste aller Mordgeschichten.« (Bloom 2000: 176)

Professionelle Rätselrater und Beinahe-Kriminalisten

Es gibt unter den Schriftstellern eine erstaunliche Vielzahl berühmter leidenschaftlicher Krimileser; ich greife aus der Fülle nur einige beispielhaft heraus: Hannah Arendt, Ingeborg Bachmann, Bertolt Brecht, Hans Henny Jahnn, Uwe Johnson, Ernst Jünger, Anna Seghers oder auch Italo Calvino; sie alle verband diese seltsame

Leidenschaft für die Lektüre erzählten Verbrechens. Ob dieses Phänomen einer Begeisterung für den Krimi, einer teilweisen Übertragung oder gar Identifikation jeweils eher auf einer Affinität mit dem Täterspektrum, den Opferrollen oder den Ermittlerkonstellationen beruht, ist noch kaum erforscht, geschweige denn empirisch untersucht und belegt worden und wäre von Fall zu Fall zu prüfen und gesondert zu beantworten.

Gelegentlich scheinen ausgerechnet die großen Verbrecher und Sadisten eine besondere Anziehungskraft auf schriftstellerisches und intellektuelles Interesse ausgeübt zu haben, ist ›big size‹ besonders dort attraktiv, wo geschärft authentische Wirklichkeit dem Milieu, dem Lebensstil und den Gewohnheiten nachgebildet scheint.

So wurde es z.B. David W. Maurer, dem Autor eines Buches mit dem Titel »The Big Con – The Story of the Confidence Man and the Confidence Game«, das 1940 in Indianapolis und New York erschien, in einem Brief des renommierten Literaturkritikers Edmund Wilson an Nabokov vom 9. Mai 1950 nachgesagt, sich in dieser Szene auszukennen und folglich ein regelrechtes Faible für die Gangster ausgebildet zu haben und zu hegen (vgl. Karlinsky 1997: 523). In einem Brief an Mamaine Koestler vom 3. April 1950 berichtet Wilson über dieses sonderbare Phänomen (vgl. Wilson 1985: 338) und stellt David Maurer dort in einer Anmerkung vor als »wißbegierigen Professor für Linguistik, der wahrscheinlich der größte nichtkriminelle Spezialist für die amerikanische Unterwelt ist und dessen bewundernde Einstellung zu Hochstaplern beinahe so pervers ist, als handele es sich um seine Lieblingsverbrecher« (Karlinsky 1997: 526).

Was genau das Faszinosum einer solch affizierenden Lektüre mit Konträrfaszination ist, wissen wir gesichert bis heute nicht; möglicherweise spielt das Interesse an Mechanismen der Übertragung und Fingierung und an unterstellter Authentizität bzw. die Fiktion derselben eine ganz wesentliche Rolle. Krimis haben quasi in allen ihren Bausteinen Angebote solcher gesteigerten Authentizität zu machen; einige Beispiele mögen das skizzieren. So werden diejenigen Kommissare als besonders nachhaltig, eben als authentisch eingestuft und genossen, die entweder charakterliche Originale, also Menschen mit Ecken und Kanten, sind oder eine besonders eigenwillige Vorgehensweise in der Aufklärung der Fälle bzw. der Gewinnung von Täterprofilen an den Tag legen. Auch die in Anwendung genommenen Instrumentarien verfolgen dieses Ziel, indem sie gleichsam die ›Toolbar‹ der Detektion darstellen, erzeugen sie Nachweislichkeit und in höherem Maße auch Evidenz: die feinsten Spuren und Indizien, die DNA-gestützten und biometrischen Daten, die per Abgleich zur Überführung entscheidend beitragen, aber auch solche ›Authentica‹, wie Handschriftenechtheit, Fingerabdrücke, Fuß- und andere Körperspuren, ballistische Zuordnung von Waffenmaterial, Sichtung durch ein Phantombild und Gegenüberstellungen. Alles dies lanciert eine Atmosphäre von stückweise möglich werdender, erzeugter Authentizität, selbst dort noch, wo sie völlig fehlleiten und sich in der Schlussfolgerung als falsch erweisen. Sie bedienen, wenn man so will, vorerst die materiale Seite jener handhabbar werdenden, sich materialisierenden Sehnsucht nach Authentizität.

Das führt zu meiner weiterführenden Frage: Könnte das Faszinierende entweder in Genremerkmalen oder in gängigen Schemaabläufen selbst beschlossen liegen? Oder könnte es eben nachgerade in der Übergängigkeit verborgen sein, womöglich in dem, was ich hier ›Beinahekrimi‹ getauft habe? Dann wäre wohl Dekonstruktion gefragt und am Platze. Und was wäre dann das ›missing link‹, was das Verbindende und Anschlussfähige dieses ›Beinahe-wie-ein-Krimi-Seins‹? Welche Gratifikationen verspricht der Krimi in seinen Vollversionen – und eben seinen Teil- und Beinahevariationen? Ist es vielleicht nicht zuletzt doch dessen raffiniert arrangiertes und darin irreführendes Spiel mit der stückweisen Suche nach Authentizität?

Ist es das milieugestützte Nischendasein, das Anwesendsein in allem (Stichwort: nichts Menschliches ist ihm/ihr fremd), ist es das Luxurierende des Gelingens und Überführens – und dann eben doch nicht so sehr das Wiederfinden und Abarbeiten eines Schemas? Dass es freilich ein Schema gibt, das entlastet in mancherlei Hinsicht, und hilft dabei, sich auf das Andere, das Übergängige zu konzentrieren. Ist es also der Kern oder sind es eher die Peripherien bzw. die vielen Zwischenräume, die ansprechen? Und entlastet – in einem didaktischen Sinne verstanden – gerade die Schemaliteratur auf der einen Seite, um ggf. umso umtriebiger zur Suche und Fahndung nach fingierter Authentizität in den Abweichungen oder Normüberschreitungen aufbrechen zu können?

Zur Klärung dieser Hypothesen soll zunächst ein Blick in die Korrespondenz eines Profilesers, der selbst ein gestandener Schriftsteller ist, einige Anhaltspunkte geben. Als Ausgangspunkt deshalb nun eine längere Briefpassage, die der Krimileser Italo Calvino anfangs der 1970er Jahre unmittelbar nach Abschluss seiner privaten Buchlektüre des schmalen Bändchens mit dem Titel »Tote Richter reden nicht«[1] an den befreundeten Verfasser in Palermo, den Schriftsteller Leonardo Sciascia, in einem Brief vom 14.09.1971 übermittelt hat (vgl. Calvino 2007: 316ff.). Darin berichtet er unter anderem über seine Einlassung mit der Fingierung und sein

1 Italienischer Originaltitel: »Il contesto. Una parodia«, Turin: Einaudi, 1971.

Vergnügen am erzählten Verbrechen und dessen Einwirken auf sein Leserverhalten, und er berichtet über seine Gefühlsdisposition als emphatischer Leser – die Fachdidaktik würde heute sagen: über eine Dokumentation seiner Entwicklung von angemessenen Lesestrategien:

»in diesem Moment habe ich ›Tote Richter reden nicht‹ ausgelesen, voller Vergnügen und Spannung. Der fingierte Krimi, aufgebaut wie eine Schachpartie im Stil Stevenson-Chesterton-Borges, das ist ein Genre, für das ich eine Vorliebe habe, und Du hast es mit meisterlicher Hand durchgehalten [...]. Der ironische Filter funktioniert: Nur in ein paar seltenen Fällen bewegst Du Dich zu weit in Richtung Komik, scheint mir [...], kurz, man muss immer wissen, daß man in einem Spiel ist, man sollte es aber auch ernst nehmen dürfen. Die eingefügten literarischen Anspielungen funktionieren ausgezeichnet [...]. Und dann hat ja alles seine Notwendigkeit, [...] ist äußerst geschickt aufgebaut und für die Handlung fundamental. [...] Wenn man gerade ausgelesen hat, ist da natürlich ein kleines Gefühl der Frustration, weil keine explizite Aufklärung des Falls gegeben wird, aber auch das gehört mittlerweile zu den Regeln des Genres, und es ist richtig, daß der Leser sich die Mühe macht, noch einmal nachzudenken, und notfalls nachzulesen, wie ich es getan habe, um den Mechanismus klar zu erkennen. Ich weiß natürlich nicht, ob ich alles verstanden habe und ob das, was ich nicht verstanden habe, Geheimnis bleiben soll oder ob ich es hätte verstehen müssen, und das ist mir ein wenig unangenehm. [...] Ich bin neugierig zu erfahren, ob ich in allen Punkten richtig geraten habe oder ob mir etwas entgangen ist. [...] Hab ich's erfaßt?« (Ebd. 316ff.)

Die im Brief aus Calvinos Perspektive konsequent angewendeten Strategien, die er auf das eben durchgelesene Werk anwendet, lassen die Konstruktionsprinzipien offenbar werden. Deutlich wird, dass dies eine der wichtigsten verabredeten Voraussetzungen des Fiktionsvertrags bezeichnet: »man muß immer wissen, daß man in einem Spiel ist«, und es gerade damit ernst nehmen. Seriosität muss sich also als Nachvollziehbarkeit, Plausibilität, Einholbarkeit und Stringenz der komplementären Gedankenführungen erweisen. Auf diese Verabredungen einer Evidenz hin kann sich letztlich ein Gepacktsein, wie es hier aufgezeigt wird, ereignen. Daran wirkt offenbar ein »ironische[r] Filter« – und die Tatsache, dass man ihn erkennt – entscheidend mit, der, wie Calvino betont, funktionieren muss, und bis zum Übergang zu Pamphlet und Satire reichen kann; ergo, es müssen sich hier Konstruktionsspielräume eröffnen. Das danach verhandelte, interne machiavellistische Spiel mit der Macht wird mit Anspielungslust verbunden.

Es weist den Weg, wie ›Beinahekrimis‹ mit ihrer Reduktion und ihren literarischen Reminiszenzen optimal zu lesen sind, so dass eine kooptierende anverwandelnde Haltung eines ›*reading my crime*‹ eine mögliche Folge ist. Diese Abstand verringernde Mischung eröffnet es, spielerisch authentische Optionen und Zusammenhänge zu sehen. Wo diese vom poetologischen Programm her verweigert werden – in unserem Fall unterbleibt die explizite Auskunft über die Aufklärung des Falls –, stellt sich leicht Frustration ein, die durch Kenntnis der veränderten Konvention eher geduldet wird. Schließlich steht die Gratifikation des richtigen Ratens am Ende in Aussicht bzw. ist Teil des begonnenen Spiels, wenn es, wie im vorliegenden Beispiel, etwa keine klare Auflösung des Falls gibt. Gerade in der Spannung einer Zumutung wird dies als besondere Eigentümlichkeit einer Variante von ›Beinahekrimis‹ akzeptiert. Nicht die Lösung am Ende, sondern das genaue Nachprüfen und Ausspähen und die Diskussion der Konstruktion, also weniger das deskriptive Was als vielmehr das gemachte, analytische Wie wird favorisiert. Die reflektierte und mühsame eigene Arbeit am Text tritt an die Stelle schneller Belohnung einer nachhaltigeren Herausforderung jener Lust am Rätselraten. Didaktisch modelliert ist an diesem Verständigungsprozess interessant, dass hierbei auf Verifikation insistiert wird, indem Calvino abschließend seine Lektüre durch den Glücksfalls einer erfragbar werdenden Autorintention absichern will: »Ich bin neugierig zu erfahren, ob ich in allen Punkten richtig geraten habe oder ob mir was entgangen ist.«

Die Gretchenfrage der Genrebestimmung: Kriminalroman – Philosophischer Roman?

Auch in dem Beispiel eines weiteren ›Beinahekrimis‹ der 1950er Jahre, in Carlo Emilio Gaddas in der Hauptstadt Rom spielendem Roman »Die gräßliche Bescherung in der Via Merulana«[2] ist für die zentrale Ermittlerfigur das Verbrechen zu einem Knäuel von Ursachen stilisiert, über die der aktuelle Fall ins Vergessen gerät. Auf diese Weise schwindet aber die Struktur des eigentlichen Kriminalromans. Sie büßt damit schematische Bestimmungselemente ein und geht nach und nach in einen ›Beinahekrimi‹ über, diesmal im Stil und Gewand eines sich ins Absurde und Groteske auflösenden Philosophischen Romans. Das Verbrechen wird nun zweit- und nachrangig, die Weltdeutung, als letztlich aber unausdeutbare, gewinnt stattdessen die Oberhand.

Es handelt sich um eine Art von bewusster Umgehung oder richtiger eine Verschiebung im Genre, wie Calvino in seiner Besprechung des Romans als ein von dem dissoziierenden Versuch einer Durchbrechung faszinierter Connaisseur des ›Beinahekrimis‹ betont, »im erzählerischen Aufbau, wo die kleinsten Details sich zu

2 Italienischer Originaltitel: »Quer pasticciaccio brutto de via Merulana«, Mailand: Garzanti, 1957.

gigantischer Größe auswachsen, um schließlich das ganze Blickfeld einzunehmen und den Gesamtentwurf zu verdecken oder zum Verschwinden zu bringen« (Calvino 2003: 231f.). Das mag von Ferne an Musils flächiges Erzählexperiment, aber auch an die Spielformen des Nouveau Roman erinnern. Und, wie Calvino unterstreicht, weicht dieses Format in ein Vernachlässigen, ja Aufgeben des eigentlichen Krimiformats aus:

»So geschieht es in diesem Roman, wo die Krimihandlung nach und nach vergessen wird: Vielleicht sind wir eben im Begriff zu entdecken, wer gemordet hat und warum, doch die Schilderung eines Huhns und der Exkremente, die dieses Huhn auf dem Boden ablegt, werden wichtiger als die Lösung des Rätsels. Es ist der brodelnde Hexenkessel des Lebens, es ist die unendliche Vielschichtigkeit der Wirklichkeit, es ist das unauflösliche Knäuel der Erkenntnis, was Gadda darstellen will.« (Ebd. 232)

Auf diese Weise wird in Gaddas grässlichem Fall durch eine eingeschobene Nebensächlichkeit als schließlich Überhand nehmende Wirklichkeit die Dynamik des eigentlichen kriminalistischen Verhörs und seines Rituals penetrierend durchbrochen, überlagert, nahezu verdrängt:

»Nunmehr am Boden gelandet, und nach einem letzten Keckeckeck, sei's von unheilbarem Ärger oder auch wiedergefundenem Seelenfrieden, wiedergefundener Freundschaft, pflanzte sie [die Henne, S.T.] sich mit festen Beinen vor den Schuhen des verduzten Brigadiers auf, indem sie ihm den ganz und gar nicht federbuschigen Schwanz zuwendete: hob den Rest desselben, entblößte die Bürzelöffnung, gab dem Zwerchfell einen minimalen Druck, bei völliger Öffnung der rosaroten Rose des Schließmuskels, versteht sich, und plaff, kackte drauflos: nicht als Zeichen der Verachtung, im Gegenteil wahrscheinlich: der Hühneretikette zufolge als Zeichen der Verehrung für den wackeren Unteroffizier und mit der größten Ungeniertheit der Welt: ein grünes Riesenpraliné à la Borromini, gekeltert mit Bröseln von Schwefelkolloid wie die Batzen auf den Schwefelquellen von Acque Albule: und ganz oben drauf ein Schaumklecks aus Kalk, im Kolloid-Zustand auch dieser – eine hellhäutige Creme, wie blasse pasteurisierte Milch, die auch damals schon im Handel war. Von all dieser Aerodynamik, und dem anschließenden Ausklinken des Nougatbonbons profitierte natürlich die Zamira: und sparte sich die Antwort: indes war etwas zurückgeblieben von gelockten Federchen, schneeig und zart wie von einem jungen Entlein, in halber Höhe, und wiegte weich in der Luft, weich wie vergehende Rauchringe einer Zigarette. In diesem neuen Wunder zerfloß die Befehlsgewalt des Pestalozzi.« (Gadda 1998: 254f.)

Die Authentizität der sich diversifizierenden ›anderen‹ Wirklichkeit marodiert und überbietet, ja sie überspringt oder überformt hier gewissermaßen die einfachen sachlogischen Zwänge des Verhörs ebenso wie die schematische Regelpoetik des Kriminalromans, die sich folglich nicht länger als erforderlich und verbindlich erweist. In seiner extremen Form suspendiert der ›Beinahekrimi‹, wo er gelingt, sich selbst und erst recht seinen anfänglichen Geburtshelfer, den konventionellen Kriminalroman.

›Beinahekrimis‹ können, einer ersten Zusammenschau nach, also rudimentäre Krimis sein, die keine solchen in Gänze sind oder zu sein brauchen, und wegen ihrer nur partiellen Berührung und Befolgung von Genrestandards weniger Stereotypien aufweisen. Oder es können Romane sein, die keiner für solche, genuine Krimis nämlich, hält, die aber durchaus einzelne Winkelzüge und Eigenschaften von der Konvention herleiten oder mit ihnen teilen und sie für die Schürzung ihrer episch-dramatischen Konstruktion sich zunutze machen. Oder aber es handelt sich um Werke, die kriminalistische Strukturen vorgeben und für den Rezipienten fingieren, also das Spiel mit dem Genre von Anfang an evozieren und auf einer Metaebene kommentieren oder auch als artifiziell durchschaubare Konstruktionen halten wollen

Damit wird mit der Bezeichnung ›Beinahekrimi‹ im Grunde der Übergangsbereich in andere Genres erfasst, aber nur lose arrondiert. Es sind die Besonderheiten, das Zwitterwesen, die Überformungen und Abweichungen, welche diese produktiven hybriden Formen markieren. Es gilt, dass Romane nicht immer und überall spartenfest sind und dass diese ihnen immanente Beweglichkeit und Transformation in aller Regel ein Qualitätsmerkmal ist. Ebenso akzeptieren wir auch für das anwachsend weite Feld der populären Spannungsliteraturen diese Übergängigkeit im Genre als gegeben, ja sogar zielführend. Leserschaft wie Produzentenseite, die ihre Lektüre- oder Schreibpraxis und deren Einordnung reflektierten, kamen auf diesem Feld übereinstimmend zu immer neuen und veränderten Zuordnungen in der Ontologie eines und desselben Werkes. Die biographischen Reflexionen in Relektüren sind voll davon. Beispielhaft zitiere ich dazu die Angaben über wechselnde Zuordnung und Kategorien aus Italo Calvinos Leseeindrücken über Werke Joseph Conrads und der vorläufigen und beweglichen Sortierung seines imaginären Bücherschranks:

»Ich glaube, bei vielen von uns war es ein Rückfall in die Jugendliebe zu Abenteuerschriftstellern, was uns Conrad nähergebracht hat, aber nicht zu reinen Abenteuerschriftstellern, sondern solchen bei denen das Abenteuer dazu dient, etwas Neues über den Menschen auszusagen, und die Ereignisse und fremden Länder dazu dienen, ihre Beziehung zur Welt deutlicher erkennbar zu machen. Auf meinem geistigen Bücherregal hat Conrad seinen Platz neben dem luftigen Stevenson, fast sein Antipode, was Leben und Stil angeht. Dennoch war ich mehr als einmal versucht, ihn auf ein anderes Bord zu stellen – ein für mich weniger gut zugängliches –, nämlich das der analytischen, psychologischen Romanschriftsteller wie James oder Proust, der unermüdliche Verwahrer jedes

Krümels einer vergangenen Empfindung; oder sogar auf das der mehr oder weniger verruchten Ästheten wie Poe, voller heimlicher Leidenschaften; wenn seine düsteren Ahnungen von der Absurdität des Universums ihn nicht sogar für das Bord, mit den ›Schriftstellern der Krise‹ prädestinieren – das aber noch nicht wirklich gesichtet und geordnet ist.« (Calvino 2003: 202f.)

Was wäre nun die Position von solchen ›Beinahekrimis‹ im Sichtungsfeld? Nach meinem persönlichen Favoriten gefragt, würde ich einer Reihe von Literaturexperten folgen und konkret ihre Wahl bekräftigen wollen, dass neben dem schon als Kronzeugen angeführten Dostojewski besonders Charles Dickens vielleicht einer derjenigen überzeugenden Grenzgänger ist, dem diese Ehre des gekonnten ›Beinahe‹ vollends gebührt:

»Selten war ein Autor prädestinierter als dieser späte Dickens für das Schreiben, nun ja, nicht eigentlich von Kriminal-, sondern von wirklichen Verbrechensromanen, deren Aufklärung dann viel mehr noch als ihre Entdeckung ein Gehen ins immer Dunklere der menschlichen Seele ist.« (Vollmann 2002: 189)

Denn es sind eben die kleinen, aber feinen Details und Schachzüge, die strukturell an Krimis erinnern, und indem sie dieses tun und anregen, für den Kenner gerade in deren Überschreitung interessant werden. Und was Sigmund Freud an Schlussfolgerungen für die richtige Einschätzung in Sachen Eros beobachtete und anmerkte, das könnte unter Umständen ein zentrales Strukturprinzip dieses Grenzformats bezeichnen:

»Aus welchen geringfügigen Anzeichen schließen Sie, die jungen Männer unter Ihnen, daß Sie die Neigung einer Dame gewonnen haben? Warten Sie dafür eine ausdrückliche Liebeserklärung, eine stürmische Umarmung ab, oder reicht Ihnen nicht ein von anderen kaum bemerkter Blick, eine flüchtige Bewegung, eine Verlängerung des Händedrucks um eine Sekunde aus? Und wenn Sie als Kriminalbeamter an der Untersuchung einer Mordtat beteiligt sind, erwarten Sie dann wirklich zu finden, daß der Mörder seine Photographie samt beigefügter Adresse an dem Tatorte zurückgelassen hat, oder werden Sie sich nicht notwendigerweise mit schwächeren und undeutlicheren Spuren der gesuchten Persönlichkeit begnügen? Lassen Sie uns also die kleinen Anzeichen nicht unterschätzen; vielleicht gelingt es von ihnen aus Größerem auf die Spur zu kommen.« (Freud 1982: 52f.)

Die genaue Beobachtung, das Sammeln und Eruieren kleiner Signale verweist auf implizit narrative und didaktische Qualitäten, die es aufzuspüren und freizulegen gilt. So schrieb Vladimir Nabokov beschwörend im Motto über ein Movens seiner legendären Literaturvorlesungen an der New Yorker Cornell University: »Meine Vorlesung ist unter anderem eine Art detektivischer Arbeit, die das

Geheimnis literarischer Strukturen entschleiern will.« (Nabokov 1997: 23)

Auch für den ›Beinahekrimi‹ gilt, dass Enigma und Entdeckung zusammen gehören und einander bedingen; keines von beiden funktioniert ohne sein Pendant. Gerade in den Zwischenräumen und Übergängen des Genres oder auch allein schon in sich wiederholenden Teilstücken, kommt es – im Sinne eines ›*deconstructing crime*‹ – dabei zu jenem Aufspüren einzelner verräterischer und veritabler ›Mordsstücke‹, die zwischen Entdeckung, Transformation und Beglaubigungsfiktion ihre Wirkung tun. Sie führen zu kleinen Kunstformen des Authentischen. Auch beim späten Charles Dickens sind es die im freudianischen Sinne wirksamen Anzeichen, die, wie zuvor angedeutet, es ausmachen, dass zum Beispiel mit dem umfänglichen Justizroman »Bleakhaus« (1852-53) einer der besten und subtilsten ›Beinahekrimis‹ der englischen Literatur vorliegt. In diesem Fall handelt es sich um das Teilstück einer abrollenden ›Entdeckungsgeschichte‹, eines ungewöhnlichen Leichenfundes.

Sich hinters Licht führen lassen und Entdeckungen bewusst inszenieren

Nicht die Tatsache der eigentlichen sukzessiven Fallaufklärung oder gar der finalen Sühnung steht im Falle des ›Beinahekrimis‹ im Zentrum des Interesses, sondern die auf höchst alltägliche, wenn auch kunstvoll verschlüsselte, und darin grausige Art des Erkennens steht im Vordergrund. Sie erlaubt es gleichsam, mit in die Rolle der Entdecker dieser Ungeheuerlichkeit zu schlüpfen und ungeahnt, ohne jede Vorwarnung physisch einen äußerst seltsamen Fall erst nach und nach und durch sinnliche Erfahrungen und synästhetische Verfahren zu dekuvrieren. Kurz: es geht darum, die Brisanz nach und nach subjektiv im Beisein, genauer eines Autopsierens fast nebenhin, zu erfassen und quasi am eigenen Leibe zu bemerken bzw. nacherlebbar zu machen. Dieser Trick sensitiver unfreiwilliger Anteilnahme ist – eindringlich und abstoßend in einem – literarisch in Charles Dickens' »Bleakhaus», gekonnt arrangiert und inszeniert. Es finden sich authentische Spuren, deren Allgegenwart selbst das Buchlesen an dieser Stelle haptisch fragwürdig, ja abscheulich macht. Sinnlich, fast zu materiell sinnlich, scheint man an die Authentizität des Beinahe im Beisein des Vorfalls mit herangekommen. Hier bekommt der Beinahekrimi noch eine andere, sinnliche Komponente, die sich dem Gedächtnis einprägt, und dazu angetan scheint, jedem Oblivionismus zu trotzen. Über Dickens' enorme Sensibilität im Arrangieren eines solchen ungeheuerlichen und unvergesslichen Vorfalls, der zudem mit dem zähen Londoner Nebelsmog des berühmten Romananfangs lose verbunden und vorerst anfangs gar nicht intentional und notwendig verknüpft erscheint, erläutert der Kritiker Vollmann folgendermaßen:

»Dickens' Bitternis über die Welt, eine sehr wache gezielte Bitternis, keine über die neuen Reichen und ein wenig über die neuen Schönen, wird stärker und unversöhnlicher, der Nebel über London wird immer dichter, kein Nebel schon mehr, mehr ein Smog, eine Verschmutzung des Lebens, und seine menschliche Anteilnahme wird genauer, weil sie jetzt gar nicht mehr die sentimentalen Züge von früher trägt; die story ist glänzend (kein Detektivroman der Welt kann es an Leichenfund mit dem Anfang dieses Romans aufnehmen), und der Stil folgt, wie der Altersstil Thackerays, immer weniger dem Üblichen, und wird immer eigenwilliger und in seiner, man sollte sagen: präzisen Verschwommenheit immer genauer« (Vollmann 1997: 463).

Erst im Nachhinein realisiert der Leser die faktische Verbindung zwischen dem düsteren Eingangstableau und dem ungewöhnlichen, rauchig-rußigen, zähen, kurzerhand alles in Beschlag nehmenden Londoner Nebel samt eines »feinen schwarzen Regens« (Dickens 2003: 106), der alles durchdringt, und – erst etliche Kapitel später – sich explizit mit einer grausigen Entdeckung in Beziehung zu setzen beginnt. Doch beginnen wir von vorn:

»London. Der Michaelitermin ist vorüber, und der Lordkanzler sitzt in der Lincoln's-Inn-Hall. Abscheuliches Novemberwetter. So viel Schmutz in den Straßen, als ob die Wasser des Himmels sich eben erst von der neugeschaffenen Erde verlaufen hätten und es gar nichts Wunderbares wäre, wenn man einem vierzig Fuß langen Megalosaurus begegnete, wie er gerade – ein Elefant unter den Eidechsen – Holborn Hill hinaufwatschelt. Der Rauch senkt sich von den Schornsteinen nieder, ein dichter schwarzer Regen von Rußbatzen, so groß wie ausgewachsene Schneeflocken, die in schwarzen Kleidern den Tod der Sonne betrauern wollen. Hunde, unkenntlich vor Schmutz, Pferde, nicht viel besser dran, bis an die Scheuklappen mit Kot bespritzt. Fußgänger drängen sich, von der allgemeinen Seuche übler Laune angesteckt, mit Regenschirmen aneinander vorbei und glitschen an den Straßenecken aus, wo bereits Zehntausende vor ihnen den trüben Tag über ausgerutscht sind und neue Schichten zu den Schmutzkrusten hinzugefügt haben, die an diesen Stellen zäh am Pflaster kleben und sich anhäufen mit Zinseszinsen.« (Dickens 2003: 7)

Was anfangs den Sumpf der juristischen Misswirtschaft und Korruption andeutet, das wird jetzt weg von der klimatischen Seite der Meteorologie geführt und bleibt vorerst undeutbar so stehen. Wabert es anfangs hier in der »präzisen Verschwommenheit« – diese Vokabel Vollmanns liefert ein weiteres Kriterium hinsichtlich des forensischen Spiels mit Authentizität, so verflüchtigt sich im Fall von Dickens' Beinahekrimi »Bleakhaus« Materialität in kleinste

Schwebstoffe – deren Herkunft solange unklar verbleibt, bis die Wahrheit sukzessiv und sinnlich erfahrbar wird, während in den Seiten davor die Hintergründe gedehnt und langsam angebahnt sind, dann in Umrissen erahnbar und schließlich Gewissheit werden. Die beiden mediokren Handlanger bei der Entdeckung des Horrors, Mr. Snagsby und Mr. Weevle – beide werden im Sinne Nabokovs zu »Perries«, zu deutsch: »Diensttuern« (Nabokov 1997: 139), zu Detektiven und Entdeckern wider Willen; sie sind dazu Testpersonen, welche die Leserschaft nun stellvertretend mit auf ihren Gang des lugubren Erkennens nehmen. Ich komme damit zum berühmten 32. Kapitel von »Bleakhaus«, welches Nabokov mit Vorleserkommentar versehen in »Die Kunst des Lesens« folgendermaßen präsentiert:

»›Merken Sie nicht‹, sagt Mr. Snagsby und hält inne, um die Luft ein wenig mit Nase und Mund zu kosten, ›merken Sie nicht, Mr. Weevle, daß es hier etwas – um nicht durch die Blume zu sprechen –, etwas brenzlig riecht, Sir?‹ ›Hm, ich habe selbst schon wahrgenommen, daß heute abend ein seltsamer Geruch im Hof herrscht‹, entgegnet Mr. Weevle; ›ich vermute es gibt Rippenstückchen in der *Sonne*.‹ ›Rippenstückchen, meinen Sie? Oh! Rippenstückchen, he?‹ Mr. Snagsby schnuppert und schmeckt wieder. ›Nun, wohl möglich, Sir. Aber ich möchte raten, der Köchin in der *Sonne* ein wenig auf die Finger zu sehen. Sie hat sie verbrannt, Sir! Und ich glaube nicht‹ – Mr. Snagsby riecht und schmeckt wieder, spuckt dann aus und wischt sich den Mund – ›ich glaube nicht – um nicht durch die Blume zu sprechen – , daß sie ganz frisch waren, als sie den Rost sahen.‹ Die beiden Freunde gehen zu Weevles Zimmer hinauf und unterhalten sich über den geheimnisvollen Krook und den Schrecken, den es für Weevle bedeutet, in diesem Zimmer und in diesem Haus zu leben. Er beklagt sich bei Guppy über die – bildlich und wörtlich – drückende Atmosphäre dieses Raumes. Man beachte die Kerze, die ›wie ein großer Kohlkopf auf einem langen Leichenhemd‹ mühsam auf dem Tisch brennt. Es hat gar keinen Sinn, Dickens zu lesen, wenn man sich das nicht vor Augen führen kann. Guppys Blick fällt zufällig auf seinen Rockärmel. ›Aber Tony, was in aller Welt passiert denn heute nacht in diesem Haus? Brennt ein Kamin?‹ ›Ein Kamin brennen?‹ ›Ah!‹ entgegnet Mr. Guppy. ›Sieh doch, wie der Ruß fällt! Hier auf meinem Arm! Hier auf dem Tisch! Verdammtes Zeug!‹ ›Es läßt sich nicht wegblasen – es haftet wie schwarzes Fett!‹ Sie sehen einander an; dann geht Tony horchend an die Tür, steigt ein paar Stufen die Treppe hinauf und ein paar Stufen die Treppe hinab, kommt zurück und berichtet, alles sei in Ordnung, und alles sei still; und er führt seine Äußerung an, die er vor kurzem gegenüber Herrn Snagsby getan hat, daß sie in der *Sonne* Rippenstückchen bereiten. ›Und bei dieser Gelegenheit‹, nimmt Mr. Guppy den Faden wieder auf, besieht sich aber immer noch mit sichtlicher Abneigung seinen Rockärmel, während sie ihre Unterhaltung am Feuer weiterspinnen, jeder über eine Seite des Tisches gebeugt und die Köpfe nahe zusammengerückt. [...] Das Gespräch geht eine Weile weiter, doch als Weevle das Feuer schürt, fährt Mr. Guppy auf. ›Pfui! Da hängt noch mehr von diesem abscheulichen Ruß‹, sagt er. ›Wir wollen das Fenster ein wenig öffnen und einen Mund voll Luft schöpfen. Es ist zu dumpf hier.‹....Sie unterhalten sich weiter, lehnen sich dabei aufs Fensterbrett, auf das Guppy angelegentlich klopft, bis er hastig die Hand zurückzieht. ›In drei Teufels Namen, was ist das?‹ ruft er. ›Sieh meine Finger!‹ Ein dicker, gelber Saft befleckt sie, der widerlich anzurühren, anzusehen und noch widerlicher zu riechen ist. Ein klebriges, ekelhaftes Öl von einer natürlichen Widerlichkeit, die beide schaudern läßt. ›Was hast du da gemacht? Hast du etwas aus dem Fenster geschüttet?‹ ›Ich aus dem Fenster geschüttet‹ ›Nichts, schwöre ich dir. Nie, seit ich hier bin!‹ ruft der Mieter. ›Und doch, sieh hier - und sieh da!‹ Als er das Licht bringt, träufelt und kriecht es langsam von der Ecke des Fensterbretts auf die Ziegeln hinunter; und da liegt es in einer kleinen, dicken, ekelhaften Pfütze. ›Das ist ja ein gräßliches Haus‹, sagt Mr. Guppy und schließt das Fenster. ›Gib Wasser her, oder ich schneide mir die Hand ab.‹ Er wäscht und reibt und schabt und riecht und wäscht wieder, so daß er sich noch nicht lange mit einem Glas Branntwein gestärkt und schweigend am Feuer gestanden hat, als die St. Pauls-Glocke zwölf schlägt und all die anderen Glocken von ihren Türmen, die verschieden hoch in die dunkle Luft ragen, in ihren verschiedenen Tönen zwölf schlagen. Weevle geht die Treppe hinab, [...] kehrt aber voller Schrecken zurück. ›Ich bekam keine Antwort, als ich rief, öffnete leise die Türe und sah hinein. Und der brandige Geruch ist da - und der Ruß und das Öl - und er ist nicht da!‹ - Tony schließt mit einem Stöhnen. Mr. Guppy nimmt das Licht. Mehr tot als lebendig gehen sie hinunter und stoßen, sich aneinander festhaltend, die Tür zum Hinterraum des Ladens auf. Die Katze hat sich bis dicht an die Tür zurückgezogen und faucht etwas an - aber nicht sie; etwas auf dem Boden vor dem Feuer. Auf dem Rost flackert nur noch ein sehr kleines Feuer, aber das ganze Zimmer erfüllt ein schwerer, erstickender Rauch, und ein dunkler, schmieriger Überzug bedeckt Wände und Decke. Rock und Mütze des Alten hängen auf der Lehne seines Stuhls, vor dem der dünne rote Bindfaden auf dem Boden liegt, der die Briefe zusammengehalten hatte, doch sie selbst sind nicht zu sehen: nur ein verkohltes schwarzes Ding. ›Was ist mit der Katze?‹ fragt Mr. Guppy. ›Sieh doch nur!‹ ›Wahrscheinlich verrückt. Kein Wunder an diesem unheimlichen Ort.‹ Sie gehen langsam weiter vor und besehen alles. Die Katze bleibt, wo sie sie gefunden haben, und faucht immer noch das Etwas auf dem Boden vor dem Feuer zwischen den zwei Stühlen an. Was ist es? Hebe das Licht hoch! Hier ist ein schmaler, verbrannter Fleck auf der Diele; hier sind die verkohlten Reste eines kleinen Bündels Papier, aber nicht so leicht wie gewöhnlich, denn sie scheinen von etwas befeuchtet zu sein; und hier - ist es die Schlacke eines kleinen verkohlten und zerbrochenen Holzscheits, mit weißer Asche überstreut, oder ist es Steinkohle? O Entsetzen; es ist er! Und das, wovor wir ausreißen, so daß das Licht auslöscht und einer über den anderen weg und auf die Straße stürzt, ist alles, was von ihm übriggeblieben ist.« (Nabokov 1997: 114ff.)

Der von dieser Passage begeisterte Nabokov zollt Dickens höchstes Lob, was die lang angebahnte Durchführung in »Bleakhaus« angeht, in dessen Handlungsgerüst er »ein abenteuerliches Gewirr aus Spuren« (ebd. 103) ausmacht, um schließlich gar eine »Art Sherlock Holmes-Vorläufer« (ebd. 102) darin zu wittern. Nabokov selbst wird, da kann man der Kritik (Vollmann 1997: 217) zustimmen, zum kongenialen Erklärer von Dickens' Werk, indem er sein eigenes Mitgerissen-Sein zum Ausdruck bringt, wenn er z.B. in der zitierten Passage die Erzählperspektive wechselt und vom ›er‹ bzw. ›sie‹ der Protagonisten nahtlos zum vereinnahmenden und miterlebenden ›wir‹ übergeht. Und zugleich könnte man fragen, ob Dickens zur Erzeugung von Grusel vielleicht Kleists »Bettelweib von Locarno« kannte: In beiden ist die tierische Kreatur näher an der Dekuvrierung des Lugubren. Der sich nahezu vollständig entmaterialisierte und aufgelöste, in einer Luft von klebriger Konsistenz in winzige Bestandteile atomisierte Mr. Krook bzw. die nur mit Mühe autopsierbaren, geringen Überreste von ihm, sind nur durch die überall vorhandenen klebrigen Flocken und Batzen von Leichenbrandfetzen, angekokelt und verschmolzen zu nicht mehr als menschliche Substanz erkennbares Aschefett überhaupt noch erfahrbar. Das ist es, was von dem mit Gin durchtränkten Krook authentisch wahrgenommen wird. Entdeckt werden die einer Selbstentzündung anheimgefallenen Überreste des Lordkanzlers – und die letztendliche Verheerung seiner im juristischen Sinne bisherigen Körperschaft gewordenen Herrschaft.

Dickens' Leserschaft wurde danach, und wir heute nicht anders, gezielt am Bande von Ahnungen geleitet. Wir sind ja Zeuge der sukzessiven Ent-Deckung, an uns vollzieht es sich mit – die Neugier, das Enigmatische, die frappanten Einzelbeobachtungen, der aufsteigende und überhand nehmende Ekel, schließlich der Schock des Realisierens. Wir haben es hier in dieser Szene mit einem berühmten, narrativ erzeugten Fall erzählter Authentizität zu tun, zumal niemals ein schlagender empirischer Beweis für eine solche Selbstentzündung erbracht werden konnte, wie Nabokov in seiner Cornell-Vorlesung abschließend kommentiert:

> »Wir spüren das alles körperlich, und es spielt selbstverständlich nicht die geringste Rolle, ob die Naturwissenschaft es für möglich hält, daß jemand, dessen Körpergewebe mit Gin getränkt ist, auf diese Weise ums Leben kommt. Dickens bezieht sich bei der Einleitung seines Buchs und auch im Text voll beredten Hintersinns darauf, dass es solche Fälle von Selbstentzündung tatsächlich gegeben habe, bei denen Schnaps und Sünde einen Mann in hellen Flammen aufgehen ließen.« (Nabokov 1997: 117)

Der spekulative Umgang mit der umstrittenen Thematik der Selbstverbrennung und ihres ›Wahrheitsgehaltes‹ scheint die Schriftsteller wegen der physikalischen Machbarkeit wie der moralischen Angreifbarkeit, also wegen der Stellung zwischen Wissenschaftszweifel und Prohibitionsabsicht, jedenfalls mehrfach im Medium von Erzählliteratur beschäftigt zu haben. So scheint bereits der Autor Charles Brockden Brown, dem in Literaturgeschichten zumeist die Gestaltung des ersten amerikanischen Romans zugeschrieben wird, den literarischen Reiz dieser die Fantasie beflügelnden Thematik (ich erwähnte bereits den »Wieland«-Roman) gekannt zu haben.

Es ist nahe liegend anzunehmen oder vorauszusetzen, dass der ›Beinahekrimi‹, wie sein konventionalisierter Zwilling, über eine geneigte und eingeschworene Leserschaft verfügt, ähnlich wie sie der Vollkrimi hat, der mittlerweile immerhin über 25% Marktanteile am Verkauf von Belletristik verfügt (vgl. Dannecker 2008: 171ff.). Beiden wird womöglich eine ähnliche und verbindende Disposition unterlegt, die Methoden des literarisch Authentischen anzunehmen bzw. zu simulieren: »Krimileser lassen sich nun mal gern hinters Licht führen« (Nabokov 1997: 154), behauptet Nabokov kühn in seinem Essay und scheint als Autor selbst und mehr noch als berühmter Vorleser von der Manipulation dieser Klientel begeistert. Lebten doch seine eigenen rasch legendären Vorlesungen über europäische und russische Literatur an amerikanischen Universitäten über weite Strecken genau von dieser Bereitschaft zu rezeptiver Verführung und abseitig erwartetem Kitzel.

Authentizität als Diktum von der Wahrheit, die an den Tag kommt

Nabokov hat über die pragmatische Relevanz von Wahrheit und Wahrhaftigkeit in der an sich trüglichen Literatur nachgedacht, er hat deren Bedeutung allerdings relativiert, insofern als Literatur des Wahrheitsgehaltes entweder nicht bedarf bzw. selbst ohne ihn am authentischsten wird, wo sie nämlich eine Art von höherem Wahrheitsgehalt referentiell erst erzeugt und sich so selbst Lizenz gibt, was sie in ihrem Status von der Alltagspraxis abzuheben vermag. Nicht die Frage der Glaubwürdigkeit wird also zur entscheidenden Frage für das Problem der Authentizität. Vielmehr verleiht erst die fingierte Authentizität, die Literatur ist und wesentlich ausmacht, dieser Dauer und Präsenz. Und da Nabokov selbst sich vehement für ein Konzept der einzig sinnvollen, zerebral gestützten Lektürerezeption ausspricht, so wird er im Lugubren bei Dickens in besonderer Weise fündig und prämiert die unverzichtbar hohen sensorischen und mitreißenden Qualitäten des Werkes:

»Beim Lesen von ›Bleakhaus‹ brauchen wir uns lediglich zu entspannen, alles übrige erledigt unser Rückenmark. [...] Der kleine Schauer, der uns über den Rücken läuft, ist gewiß die höchste Form innerer Bewegung, welche die Menschheit bei der Entwicklung zweckfreier Kunst und Wissenschaft erreicht hat. [...] Wenn wir nicht fähig sind, dies Erschauern zu genießen, wenn wir Literatur nicht genießen können, wollen wir die ganze Sache aufgeben« (Nabokov 1997: 98).

Als Sensualist stellt Nabokov einen engen Zusammenhang von Genussfähigkeit und Authentizitätsgelingen her. Ist es bei Dickens vor allem das Zusammenspiel haptischer Gewissheit mit intellektueller Reizung, so gilt über diesen Einzelfall hinaus, dass es Authentizität nicht per se gibt und sie literarisch gelingt, wo sie sinnlich erzeugt wird.

Es ist gleichgültig, von welchem Teilstück aus der ›Beinahekrimi‹ dem Krimi etwas entleiht und für sich das ›Beinahe‹ aktiviert und fortschreibt. Sei es, dass es das Problem der Rekonstruktion, das der Adaptation des Verbrechers, das der glaubwürdigen Auflösung oder sonst irgendein Teilstück krimineller Handlung betrifft, auffällig ist, dass, wie Calvino für Pasternak zeigt, der Versuch einer »Darstellung der Wirklichkeit immer stärker deren negative Seiten betont« (Calvino 2003: 16). Auch der Erzählvorgang selbst, also die Nähe von Narration als Verfahren zum stückweisen ›Erzählen als Enttöten‹ (vgl. Klotz 1982) ist in diese Richtung gedeutet worden, doch das verdiente eine separate Behandlung, die anderorts geleistet werden muss.

Diverse Splitter aus Fachdiskursen, seien es hygienische, medizinische, psychologische, soziale, politische und andere Diskurse mit Wahrheitsannahmen bzw. Wahrheitsunterstellungen, tropfen dann ein und sind in ›Beinahekrimis‹ fast regelmäßig anzutreffen, so steht z.B., wie in »Bleakhaus«, im Hintergrund die schaurige Frage, ob die Selbstentzündung eines ständig alkoholisierten, menschlich wenig gepflegten, aufgeblähten Körpers denkbar und möglich wäre.

Das Festhalten solcher Vorstellungen und das Bohren in ihnen kann damit selbst Teil des Diskurses werden – auch als ein authentisches Moment versuchter Aufarbeitung eines Phänomens. Gerade aktuelle Krimis und auch ›Beinahekrimis‹ thematisieren mit Vorliebe solche und ähnliche gesellschaftliche Marginalbereiche und immer wieder Tabufragen (vgl. Thielking 2005; 2009), wie Jochen Vogt das etwa auch für die Entwicklung der ›Tatort‹-Fernsehserie als populärmediale, überaus erfolgreiche Genre-Surrogate, als eigentlichen deutschen Gesellschaftsroman bezeichnet hat (vgl. Vogt 2005: 121f.). ›Beinahekrimis‹ setzen demnach an bestimmten Sollbruchstellen an, indem sie bewusst auf isolierte Szenarien ›fingierter Authentizität‹ im Erzählvorgang abzielen und ihre Leserschaft zur Akzeptanz dieser Teilsichten anhalten, sie gleichsam im Rätselvergnügen sukzessive gratifizieren.

Als vorläufiges Fazit lassen sich folgende Punkte festhalten:

1. ›Beinahekrimis‹ usurpieren die schematischen Formatierungsmuster des herkömmlichen Krimis im Extremfall bis zur Hohl-

form, finden in ihr oder in einzelnen Handlungssträngen oder Bausteinen von ihr eine oftmals faszinierendere Modellierungsform für Überschreitung und Grenzgängigkeit.

2. ›Beinahekrimis‹ nehmen die Materialität des Krimis als quasi-authentische auf und überführen sie teilweise in andere Sphären, die unter Umständen weit entfernt vom Ursprungszusammenhang liegen.
3. Der ›Beinahekrimi‹ beerbt den schematischen Krimi basal als wirksames Baukastensystem – und nutzt diesen gleichsam als bekannte ›Toolbar‹ für seine Wirkungen und künstlerischen Zwecke.
4. ›Beinahekrimis‹ segmentieren kriminalistisch komplexe Konstruktionen und selektieren weit mehr als herkömmliche Krimis. Oftmals halten sie nur wenige, ausgewählte Teilprozesse forcierter im Blick und eignen sich deshalb ausgezeichnet für eine herauslösende didaktische Arbeit mit diesen Fragmenten (man vergleiche das Beispiel aus »Bleakhaus« als Überspielungsform ins Format des Lugubren).
5. In ›Beinahekrimis‹ lassen sich exzellente Muster von singulärer poetologischer Qualität isolieren, selektieren und auf Konstruktionsmechanismen des Authentischen hin untersuchen und als Genuss am Spiel des Analysierens auskosten (man vergleiche Calvinos intellektuell und affektiv hohes Beteiligt-Sein).
6. ›Beinahekrimis‹ halten grundsätzlich die Anschlussfähigkeit an andere Romansparten offen; sie garantieren für das Verständnis fingierter Authentizität überschaubare und insofern didaktisch relevante Schleuserfähigkeiten. Sie können sowohl als Vorformen zum Krimi als auch als dessen Potenzierungsformen aufgefasst werden und lohnen sich als narratives Material zur Übung und Überbietung einer Diskussion der Ausgangsform.

Literatur

Bloom, Harold (2000): Die Kunst der Lektüre. Wie und warum wir lesen sollten, München: Bertelsmann.

Calvino, Italo (2003): Warum Klassiker lesen?, München/Wien: Hanser.

— (2007): »Ich bedaure, daß wir uns nicht kennen.« Briefe 1941-1985. Ausgewählt und kommentiert von Franziska Meier. Übers. Barbara Kleiner, München: Carl Hanser.

Dannecker, Wiebke (2008): »›Wir sterben für gute Krimis!‹ Zur Frage nach der Beliebtheit von Kriminalliteratur«, in: Sigrid Thielking/Ulrike Buchmann (Hg.), Lesevermögen. Lesen in allen Lebenslagen, Frankfurt a.M. et al.: Lang, S. 171-183.

Dickens, Charles (2003): Bleakhaus, Waltrop/Leipzig: Zweitausendeins.

Freud, Sigmund (1982): Vorlesungen zur Einführung in die Psychoanalyse, in: Sigmund Freud: Studienausgabe, Bd. 1, Frankfurt a.M.: Fischer.

Gadda, Carlo Emilio (1998 [1971]): Die gräßliche Bescherung in der Via Merulana. Übers. Toni Kienlechner, Berlin: Klaus Wagenbach.

Karlinsky, Simon (Hg.) (1997): Vladimir Nabokov. Briefwechsel mit Edmund Wilson 1940-1971, Reinbek bei Hamburg: Rowohlt.

Klotz, Volker (1982): »Erzählen als Enttöten. Vorläufige Notizen zum ›zyklischen‹, ›instrumentellen‹ und ›praktischen‹ Erzählen«, in: Eberhard Lämmert (Hg.), Erzählforschung, Stuttgart: Metzler, S. 319-339.

Nabokov, Vladimir (1997): Die Kunst des Lesens. Meisterwerke der europäischen Literatur, Frankfurt a.M.: Fischer.

Thielking, Sigrid (2005): »Mörderkinder – Tatort Mediensozialisation«, in: Vogt, MedienMorde, S. 204-217.

— (2009): »›Prinzessin Vogelfrei‹ oder mit dem Mordwerkzeug philosophiert. Über die Kriminalautorin Thea Dorn«, in: Literatur im Unterricht. Texte der Moderne und Postmoderne in der Schule 10.2, S. 107-117.

Tucholsky, Kurt (1985): »B. Traven«, in: Kurt Tucholsky: Gesammelte Werke, Bd. 8, Reinbek bei Hamburg: Rowohlt.

Vogt, Jochen (Hg.) (2005): MedienMorde. Krimis intermedial, München: Fink.

— (2005): »›Tatort‹ – der wahre deutsche Gesellschaftsroman. Eine Projektskizze«, in: Vogt, MedienMorde, S. 110-129.

Vollmann, Rolf (1997): Die wunderbaren Falschmünzer. Ein Roman-Verführer 1800-1930, Frankfurt a.M.: Eichborn.

— (2002): Der Roman-Navigator, Berlin: btb.

Wilson, Edmund (1985): Edmund Wilson. Briefe über Literatur und Politik 1912-1972, Berlin: Ullstein.

»Alles sagen« – Autobiographik zwischen Authentizität und Fiktionalisierung

BIRGIT NÜBEL

»[...] das Wissen, daß Unmittelbares nicht unmittelbar zu sagen, sondern nur durch alle Reflexion und Vermittlung hindurch noch auszudrücken sei« (Adorno 1961: 116)

*Im folgenden Beitrag wird Authentizität als Relationsbegriff und als Funktion von Differenz verstanden. Am Beispiel der autobiographischen Texte Jean-Jacques Rousseaus wird das Verhältnis von Authentizitäts- und Autobiographiediskurs im letzten Drittel des 18. Jahrhunderts untersucht. Der Authentizitätsanspruch des autobiographischen Textes leitet sich weder aus der Identität von Subjekt und Objekt der Aussage noch der Referenzialisierbarkeit des Dargestellten (Objektauthentizität) ab. Sie beruht vielmehr auf dem Anspruch der Wahrhaftigkeit bzw. Aufrichtigkeit des schreibenden Subjekts (Subjektauthentizität), die Wahrheit zu sagen, sowie einem rhetorisch produzierten ›authentischen‹ Stil des Alles-Sagens (*tout dire*). Die Authentizität der Darstellung lässt sich wiederum nur als Differenz zwischen der Ebene der Darstellung (*discours*) und der Ebene des Dargestellten (*histoire*) herstellen. Das Versprechen einer Wahrhaftigkeit im Sinne einer Authentizität der Darstellung erweist sich in modernitätstheoretischer Hinsicht als sentimentalische Kategorie, die mit einer Stilisierung des Dargestellten und einer Fiktionalisierung der Darstellung einhergeht.*

Einleitung: Authentizität und Autobiographik

Im ersten Band des »Reallexikons der deutschen Literaturwissenschaft« von 1997 finden sich – unmittelbar hintereinander stehend – die beiden Einträge ›Authentizität‹ und ›Autobiographie‹. Klaus Grubmüller und Klaus Weimar bestimmen ›Authentizität‹ als die »Echtheit und Originalität des in einer Edition vorgelegten Textes«: Zum einen komme einem Text »[d]as Prädikat ›Authentizität‹ (Echtheit, Originalität, Unverfälschtheit) [...] dann und nur dann zu, wenn er [...] in allen seinen Einzelheiten von seinem Autor stammt«. Zum anderen meine »[d]er Begriff des ›Authentischen‹ [...] stets ›Echtheit‹ im Sinne der Übereinstimmung [des Textes, B.N.] mit dem Willen eines Urhebers« (Grubmüller/Weimar 1997: 168).[1] Die Gattung Autobiographie dagegen steht für eine weitgehende referentielle Übereinstimmung von Leben und Text. ›Autobiographie‹, so erfahren wir folglich im direkt anschließenden Artikel Jürgen Lehmanns, sei eine »Gattung nichtfiktionalen Erzählens lebensgeschichtlicher Fakten des Autors« (Lehmann 1997: 169).[2]

Der lexikalische (Zufalls-/Be-)Fund folgt lediglich einem alphabetischen Ordnungssystem und verweist doch auf einen Zusammenhang von extratextueller Referenz, Text und Autorschaft. Das leitende Editionsprinzip der Authentizität im Sinne einer Rückführung der Textgestalt auf die Autor-Absicht bzw. -Intention allerdings ist mittlerweile innerhalb der Editionswissenschaft selbst kritisch diskutiert und auf der Grundlage der Invektiven Roland Barthes (1968) und Michel Foucaults (1969) theoretisch auf die Zuschreibung eines Autor-Namens und pragmatisch auf die möglichst weitgehende Übereinstimmung eines Textes mit seinem Original revidiert worden: »Kriterium der Authentizität« sollte, so Gunter Martens, »nicht die Nähe zu einem Autor, zu dem Verfasser eines Textes« sein, sondern »[d]ie überlieferte Textgestalt« (2004: 41). Bei einer authentischen Textgestalt stimmt demnach die Textwiedergabe genau mit dem Original-Text überein. ›Authentisch‹ in diesem Sinn meint Originaltreue, Übereinstimmung mit dem Original« (ebd. 44f.). Christoph Deupmann geht in der aktuellen Ausgabe des »Metzler Lexikon Literatur« über die engere editionsphilologische Bestimmung von ›Authentizität‹ im Sinne der »Echtheit bzw. Zuverlässigkeit einer überlieferten Äußerung oder eines Textes [...] gemäß [...] der Autorintention« hinaus (2007: 57) und benennt als zweite Bedeutungsvariante die – allerdings nicht weniger problematische – »Wahrhaftigkeit a) des subjektiven Selbstausdrucks oder b) des objektiven Weltbezugs im lit[erarischen] Text«:

»Als lit[erarisch]-theoretischer Begriff bezieht sich ›A[uthentizität]‹ einerseits auf den glaubwürdigen Ausdruck der Autor-Subjektivität im lit[erarischen] Text,

1 Vgl. »Die ›authentischen Texte‹ sind die ›eigentlichen‹, die ›wahren‹ Ursprungs-Texte, die allein vom Autor kommen« (Oellers 1998: 44).

2 Vgl. auch Lejeune: »Im Gegensatz zu allen Formen der Fiktion sind die Biographie und die Autobiographie *referentielle* Texte: genau wie die wissenschaftliche oder historische Rede geben sie vor, eine Information über eine außerhalb des Textes liegende ›Realität‹ zu geben und sich somit einer Prüfung der *Verifizierbarkeit* zu unterziehen.« (1989: 244; Herv. i.O.)

andererseits auf dessen ›unverfälschten‹ Darstellungsbezug zur außerlit[erarischen] Wirklichkeit.« (Ebd.)

Die Autobiographie-Forschung, zumindest wie sie sich in den maßgeblichen lexikalischen Einträgen niederschlägt, geht dementsprechend – auf der Grundlage einer Unterscheidung von Autor-Subjektivität (Subjektauthentizität) und Referenzialisierbarkeit (Objektauthentizität) von einer kategorischen Unterscheidung zwischen fiktionaler Kunstform und autobiographischer Zweckform aus. Die Bestimmung der Autobiographie als Zweckform beruht zum einen auf einer Identitätssetzung von Autor-Name und -Intention im Sinne einer Referenzialisierbarkeit des Dargestellten und zum anderen auf einer Übereinstimmung von: a) textexternem Subjekt der Aussage (Autor), b) textinterner Erzählinstanz (›Erzähler‹ bzw. erzählendem autobiographischem Ich auf der Ebene des *discours*) und c) ausgesagtem Objekt (›Protagonist‹ bzw. erzähltem auto-biographischem Ich auf der Ebene der *histoire*). Diese Übereinstimmung von Autor, erzählendem und erlebendem Ich des autobiographischen Diskurses finde in der ersten Person Singular ihren grammatischen wie identitätstheoretischen Niederschlag (vgl. Lejeune 1989: 216f.; dagegen Nübel 1994: 58-81 sowie Holdenried 2000: 38-44).

Der Konnex von Subjekt- und Objektauthentizität lässt sich in historischer Perspektive auf eine diskursive Konfiguration zurückführen, welche die *Authentizität* des Ich wie seiner Rede begründet. Im letzten Drittel des 18. Jahrhunderts formiert sich ein autobiographischer Diskurs, welcher das Gebot des *Alles-Sagens* über die architextuellen Vorgaben der traditionellen Heiligen-Vita und des pietistischen Tagebuchs stellt (vgl. Niggl 1977). Das Ich, das hier *alles* sagt, ist dabei nicht mehr durch eine dem eigenen Text voraus liegende und auf diese hinzielende göttliche Instanz legitimiert, sondern vielmehr ein im modernen Sinne ›problematisches‹. Denn dieses Ich muss die Einheit seines Lebens wie seines Textes im autobiographischen Vertextungsprozess erst herstellen. Die beglaubigende wie autorisierende Instanz verschiebt sich dabei zum einen von der *Wahrheit Gottes* (und der diesen auf Erden vertretenden Institutionen) zu der *Wahrhaftigkeit des Textes* und zum anderen vom Postulat mimetischer Referenz des Dargestellten (Objektauthentizität) zur Aufrichtigkeit des Autobiographen (Subjektauthentizität). Das Kriterium der Subjektauthentizität verweist jedoch anders als die programmatische Autonomie des Subjekts und der von ihm geschaffenen ›Werke‹ nicht auf sich selbst, sondern bedarf des Lesers, der die Stelle des Jüngsten Gerichtes substituiert, das autobiographische Ich freispricht und die Textstrategie der ›Aufrichtigkeit‹ (*Authentizität*) beglaubigt. Gott tritt außerhalb des religiösen Diskurses allenfalls noch als Nebenkläger auf. Nicht mehr vor einer transzendentalen göttlichen Instanz, sondern allein vor sich selbst und den anderen Menschen versucht sich der Einzelne in der minutiösen Aufzeichnung seiner ›inneren Geschichte‹ zu rechtfertigen[3] – in der Hoffnung auf Freispruch durch ein ›menschliches‹ (Leser-)Publikum.

Im Literatursystem des 18. Jahrhunderts wird die Autobiographie durch die Horizontalisierung der vertikalen Rechtfertigungsstruktur zum Ort individueller Selbstbeschreibung und Subjektkonstitution. Innerhalb der bürgerlichen Öffentlichkeit fungiert der autobiographische Diskurs als Konstitutionsmedium der Individualisierung im Modus der ›Subjektivität‹. Zugleich lassen sich die autobiographischen Texte der Umbruch- bzw. ›Sattelzeit‹ (Koselleck 1979: XV) als Dokumente des Zivilisations- und Individualisierungsprozesses lesen. Denn sie verbinden im Wandel der Verhaltensstandards von der höfischen *honnêteté* zur bürgerlichen Empfindsamkeit die ›individuelle‹ Funktion der Identitätsbildung qua textueller Selbstkonstitution mit der ›gesellschaftlichen‹ Funktion der Individualisierung dieser (Selbst-)Erfahrungs- und Vertextungsmuster. Vor dem Hintergrund der Transformation der gesellschaftlichen Fremdzwänge in individuelle Selbstzwänge und der damit verbundenen Herausbildung einer intrapsychischen Selbstzwangapparatur erfüllt die Autobiographie die Funktion eines ›Zivilisationsgerätes‹, welche die geforderte Anpassung an den sozialen Habitus der relativen Selbststeuerung und -disziplinierung (›Bildung‹) propagiert. Die modellhafte Explikation emphatischer Subjektivität, welche auf einer Unterscheidung zwischen dem Ich und dem Nicht-Ich, dem Eigenen und den Anderen, Innen und Außen, Individuum und Gesellschaft, Ursprünglichem und Künstlichem beruht, lässt sich vor dem Hintergrund der Zivilisationstheorie Norbert Elias' als Funktion der automatisierten Selbstkontrollen, also internalisierten gesellschaftlichen Fremdzwänge verstehen. Das autobiographische Ich, das sein Leben rückblickend in der autobiographischen Vertextung konstituiert und dem Leser dabei verspricht, *alles* zu sagen, folgt dem Selbstwahrnehmungsmuster des *homo clausus* (Elias 1979: IL), das der autobiographische Text als ›innerstes‹, ›wahres‹, ›eigentliches‹ Ich generiert und den Lesern als Modell und zur Nachfolge anbietet. Die Behauptung einer Authentizität des Subjekts wie seines Textes ist aus dieser wissens- bzw.

3 Vgl. Marquard: »der Mensch wird *der absolute Angeklagte*, und das ist – in nuce – der Befund, den ich als die ›Übertribunalisierung‹ der menschlichen Lebenswirklichkeit bezeichnet habe: *daß fortan der Mensch als wegen der Übel der Welt absoluter Angeklagter – vor einem Dauertribunal, dessen Ankläger und Richter der Mensch selber ist – unter absoluten Rechtfertigungsdruck, unter absoluten Legitimationszwang gerät*« (1980: 199; Herv. i.O.). Vgl. zu Rousseau auch Jauß (1982: 232-243).

figurationssoziologischen Perspektive eine Funktion der affektiven Selbstpanzerung bzw. Selbstzwangapparatur des modernen Menschen.[4]

Zugleich werden dem menschlichen Individuum und seinem (Lebens-)Text in der diskursiven Formation der Autobiographik in der zweiten Hälfte des 18. Jahrhunderts gerade *die* Prädikate des Originellen, Echten, Unverfälschten und Ursprünglichen zugesprochen, welche dieses im Prozess der Zivilisierung bzw. beginnenden Modernisierung soeben erst verlustig gegangen zu sein glaubte. Die Konstruktion des ›Authentischen‹ (wie auch die des ›Naiven‹) im Ausgang des 18. Jahrhunderts erfolgt dabei aus der Perspektive des *Sentimentalischen*, welches die Einheit von Ich und Welt, Innen und Außen als eine des ›ursprünglichen‹ Naturzustandes, als verlorenes Arkadien behauptet, das es im gesellschaftlichen Zustand der Depravation und im individuellen Zustand der Zerrissenheit in der Einheit des Textes (wie des Lebens) erst wiederzuerlangen gelte.[5]

Meine Ausführungen gehen von den folgenden Grundannahmen aus:

- *Sentimentalisierung*: Die Beglaubigung eines Textes wie eines Lebens über die Kategorie des Authentischen vollzieht sich innerhalb der diskursiven Formation der Autobiographik aus einer ›sentimentalischen‹ Perspektive, welche die Einheit von Zeichen und Ding, Schrift und Ich als verloren gegangene Unmittelbarkeit, Einheit, Ursprünglichkeit hypostasiert.
- *Authentifizierung*: Das Authentizitätspostulat einer Evidenzerfahrung erfolgt als Übereinstimmung von erzählendem und erlebendem Ich der Aussage in der grammatikalischen Identität der ersten Person Singular nicht als eine dem autobiographischen Vertextungsprozess vorgängige, sondern wird erst durch diesen konstituiert.
- *Fiktionalisierung*: In dem Versuch, sich der Authentizität des eigenen Ich in Form der autobiographischen Vertextung zu vergewissern, zerfällt das Subjekt der Aussage auf der Ebene des Textes in eine Vielzahl von Stimmen, welche Subjekt wie Objekt des autobiographischen Diskurses dezentrieren und somit eine

4 Schneider (1986) führt die Geschichte des menschlichen Gedächtnisses, die sich an der Autobiographie ablesen lasse, auf den »historischen Stand [...] der Speichertechnologien« (39f.) zurück: »es gibt keine Innerlichkeit ohne die Drucktechnik« (ebd. 10). Die »modernen Wahrheitsmaschinen« (ebd. 28) der Selbstzeugnisse als »Schriftwerdung des neuzeitlichen Über-Ich« (ebd. 19) seien als »eine Praxis öffentlicher Selbstkontrolle« (ebd. 18) im Dienste der polizeilichen Überwachung zu verstehen.

5 Vgl. hierzu den Beitrag von Rainer Schulze in diesem Band (29).

Fiktivierung der gesamten autobiographischen Kommunikationssituation bewirken.

In der Verschiebung des Authentizitätspostulats vom Text und seiner philologischen, theologischen oder juristischen Beglaubigung auf die Authentizität (Originalität, Unmittelbarkeit, Echtheit) des Verfasser-Subjekts (Subjektauthentizität) vollzieht sich zugleich ein unendlicher Aufschub. Authentizität kann nicht mehr qua Autorität zugesprochen werden, sondern nur als Übereinstimmung von Leben, Text und Subjekt sowie als *Strategie der Authentifizierung* (Wahrhaftigkeit, Aufrichtigkeit) hergestellt und behauptet werden und muss zudem vom jeweiligen Leser im Sinne eines offenen Deutungsprozesses beglaubigt werden. Der *pacte autobiographique* (Lejeune 1989) zwischen Autor, ›Erzähler‹ (*discours*) und Protagonisten (*histoire*) gewinnt seine Berechtigung erst vor dem Hintergrund, dass die Identität von textexternem und textinternem autobiographischem Ich ebenso wenig vorausgesetzt werden kann wie die Einheit von ›Urheber-‹ und ›Täterschaft‹ Gottes in Bezug auf eine Welt, die als beste aller möglichen zur Disposition steht.

Cornelia Klinger zufolge bilden »Autonomie, Authentizität und Alterität« zusammengenommen die »ästhetische Ideologie der Moderne« (2002: 150):

»Entlassen aus [...] der Verpflichtung, eine als absolut geltende Wahrheit zur Darstellung zu bringen [...], wird Kunst mit dem ursprünglichen und wahrhaften Ausdruck des Subjekts, des Ich und seiner Innerlichkeit identifiziert. ›[...] Das verhüllte Innere der Seele wird offenbar, das Verborgene kommt zu sinnlicher Erscheinung.‹ [...] Das bezeichnet eine Wendung von [göttlicher, B.N.] *Wahrheit* zu [subjektiv-menschlicher, B.N.] *Wahrhaftigkeit*« (ebd. 154; Herv. v. B.N.).

Die Analogie zwischen Gefühlsevidenz und ›natürlicher‹ Ordnung der Welt ist dabei eine erst zu generierende – und zwar von einem Subjekt, das sich der Attribute des Göttlichen zunehmend bemächtigt und zum ›Selbstvollbringer‹ wird. Die Internalisierung des Prinzips göttlich garantierter (legitimierter und verantworteter) Realität vollzieht sich dabei als intrapsychische Gefühlsevidenz im Modus eines »*Ich fühle mich! Ich bin!*« (Herder 1892: 96; Herv. i.O.)

Im Folgenden geht es darum, die Einsicht, dass erst der mögliche »Abstand zum Ursprünglichen, die Differenz gegenüber dem Original [...], die Frage nach der Authentizität« rechtfertigt (Martens 2004: 44), auf die Autobiographie anzuwenden.

- Authentizität wird dabei als *Relationsbegriff* verstanden, welcher sich im Spannungsfeld von Identität und Differenz, Original und

Kopie, Echtheit und Fälschung, Aufrichtigkeit und Verstellung, Eigentlichkeit und Inszenierung vollzieht.[6]

- Authentizität ist nicht nur ein Effekt von Darstellung (vgl. Berg/Hügel/Kurzenberger 1997)[7] bzw. Inszenierung (vgl. Fischer-Lichte/Pflug 2000), sondern – auf der Text- wie Beobachter-Ebene – eine *Funktion von Differenz*, aus welcher heraus das jeweils Eigene, Echte, Ursprüngliche etc. überhaupt erst erfahrbar bzw. erkennbar wird.

Authentizität oder der ›authentische‹ Selbstmord und die Geburt des Autors

Die Zuschreibung bzw. zugeschriebene Urheberschaft des Authentizitätsdiskurses im 18. Jahrhundert (vgl. Knaller 2007: 147) in Bezug auf den Autornamen Jean-Jacques Rousseau geht zurück auf dessen vermeintlichen Wahlspruch »Zurück zur Natur!« Nur – der Rat, »in die Wälder zu den *Orang-Utangs* und den übrigen *Affen*, ihren *Brüdern*, zurückzukehren, aus welchen sie [die Menschen] eine unselige Kette von Zufällen zu ihrem Unglücke heraus gezogen habe« (Wieland 1796: 91f.; Herv. i.O.), ist eben nur bedingt dem Autor(-Namen) Rousseau zuzuschreiben. Vielmehr handelt es sich bei der zitierten Stelle um eine Anmerkung, welche Rousseau seinem zweiten Diskurs »Über die Ungleichheit unter den Menschen« (1755) beigefügt hat, um auf polemische Weise die bewusste Verfälschung der ›Autor-Intention‹ im Sinne eines ›Zurück zur Natur!‹ durch seinen Widersacher Voltaire zurückzuweisen. Für Rousseau hat es die Möglichkeit eines solchen ›Zurück‹ nach dem gesellschaftlichen Sündenfall von Ausdifferenzierung und Arbeitsteilung nämlich nicht gegeben, zumindest ist er in seinen zivilisationstheoretischen Schriften nicht zu belegen, also nicht ›authentifizierbar‹. Hinzu kommt der Befund, dass Rousseau, der »Gründungsvater von Subjektauthentizität« (Knaller 2007: 147), den Begriff ›Authentizität‹ selbst nicht verwendet hat (vgl. ebd. 30). »Programmatische Individualität« ist in der zweiten Hälfte des 18. Jahrhunderts noch untrennbar mit der »Exemplarität des Indi-

6 Vgl. im vorliegenden Band die Beiträge von Rainer Schulze (36), Eva Koethen (117-120), Stefanie Kreuzer (180f.) sowie Wolfgang Funk (228) zu Authentizität als Relationsbegriff/relationales Phänomen.

7 In ihrer Einleitung zum Sammelband »Authentizität als Darstellung« gehen die Herausgeber von der These aus, »daß Authentizität in medialer, ästhetischer wie nichtästhetischer Kommunikation grundsätzlich als Form, Resultat bzw. Effekt medialer Darstellung verstanden werden muß« (Berg/Hügel/Kurzenberger 1997: 5).

viduellen« verbunden (Nübel 1994: 30), deshalb sei – so folgern Susanne Knaller und Harro Müller – »ein Entwurf von radikaler Individualauthentizität nicht zu erkennen« (2005: 49; vgl. Knaller 2007: 146). In Anschluss an den italienischen Soziologen Alessandro Ferrara (1998), nach welchem Rousseau die ›reflexive Authentizität‹ vorbereitet habe, verstehen Knaller und Müller Rousseau als »Vorläufer« (Knaller/Müller 2005: 49) des modernen Konzepts von Authentizität, welches erst im 20. Jahrhundert mit der Ästhetik Adornos zu einem Schlüsselbegriff der Moderne geworden sei.

In begriffsgeschichtlicher Perspektive leitet sich ›authentisch‹ von griech. *authós* (also ›selbst‹) und einem – laut Kluges »Etymologischem Wörterbuch« – »nicht eindeutig bestimmbaren zweiten Bestandteil« ab. Das Nomen Agentis auf griech. ›-tēs‹, also *authéntēs* kann als »Selbstvollbringer« (Kluge 2002: 77) im Sinne von »Herr, Gewalthaber, jemand, der etwas mit eigener Hand, dann auch aus eigener Gewalt vollbringt« (Röttgers/Fabian 1971: 691) bzw. ›Urheber‹, ›Ausführer‹ oder ›Selbstherr‹ (vgl. Knaller/Müller 2005: 40) verstanden werden. Das latein. *authenticus* von griech. *authentikós* (›zuverlässig, richtig‹) (Kluge 2002: 77) bedeutet ›eigenhändig, verbürgt, rechtsgültig‹. *Authenticum* bezeichnet im Lateinischen das Original einer Handschrift. Im Deutschen ist das »Wort aus der Fremde« (Adorno 1961) ›aut(h)entisch‹ seit der zweiten Hälfte des 16. Jahrhunderts in der Kanzleisprache belegbar, wo es die juristische Bedeutung eines zuverlässig verbürgten Dokuments hatte (Schlich 2002: 13). Seit dem 18. Jahrhundert ist ›Authentizität‹ ein Begriff der philologischen Kritik (Krückeberg 1971: 692): Mithilfe philologischer Methoden sollte die Authentizität der Heiligen Schrift bestätigt werden (Schlich 2002: 12). »Mit der [...] Unterscheidung von ›authentischer‹ und ›doktrinaler‹ (exegetischer) Auslegung wird A[uthentizität] auf die ›buchstäbliche‹ Autorabsicht festgelegt« (Deupmann 2007: 57) und im Bereich der Jurisprudenz als authentische Auslegung des Gesetzes durch den Gesetzgeber bestimmt (Knaller 2007: 12):

»Objektauthentizität resultiert aus der Rückführung auf einen Urheber/eine Urheberin oder auf Zugehörigkeit. Sie ist nachweis- und garantierbar durch Institutionen oder Autoritäten, welche die Echtheit von Urheberschaft bzw. Zugehörigkeit bestätigen.« (Knaller/Müller 2005: 45)

Lionel Trilling hat in »Sincerity and Authenticity« (1972) gezeigt, dass man erst seit der Mitte des 18. Jahrhunderts, als das persönliche Ideal der Aufrichtigkeit durch das der Authentizität abgelöst worden ist, von einem ›Authentizitätsdiskurs‹ sprechen kann (Strub 2009: 39ff.). »Allerdings sind diese [Authentizitätskonzepte] weder im Begriff selbst noch in den einschlägigen Synonymen innerhalb der Begriffskonstellationen des 18. Jahrhunderts zu finden.« (Knaller/Müller 2005: 49) In den ästhetischen Diskursen des 18. Jahrhunderts findet ›authentisch‹/›Authentizität‹ noch keine Verwendung, im Umlauf sind vielmehr »sincérité, naïveté, transparence, intimacy, Empfindsamkeit, sentiment d'être, moral sense« (ebd. 44), Originalität etc.

Die »antike Bedeutungsfacette des Selbstdestruktiven« (Knaller/Müller 2005: 42) im Authentizitätsbegriff, also »Mörder« (Kluge 2002: 77), genauer »Selbst- oder Verwandtenmörder« (Knaller 2006: 18), ist »im aktuellen Authentizitätsverständnis nicht mehr enthalten« (Knaller/Müller 2005: 42). Jutta Schlich (2002: 77) verweist in diesem Zusammenhang allerdings auf einen Roman, der in der Nachfolge von Rousseaus multiperspektivischem Briefroman »Julie, ou la Nouvelle Héloïse« (1761) das Thema individueller Unmittelbarkeit des Gefühls mit dem gesellschaftlichen Tabuthema Selbstmord zusammenführt: Johann Wolfgang Goethes »Die Leiden des jungen Werthers« (1774). Der zu weiten Teilen monoperspektivische Briefroman, dessen ebenso unglücklich liebender wie erfolglos dilettierender Protagonist zwischen unmittelbarem (Natur-)Gefühl und Attitüden der (Selbst-)Stilisierung schwankt, weist nicht nur zahlreiche (markierte wie unmarkierte) intertextuelle Referenzen (u.a. zu Rousseaus Roman) auf, sondern setzt sich zu weiten Teilen aus autobiographischen Erlebnissen bzw. Texten Goethes und Karl Wilhelm Jerusalems zusammen. In der Triangulierung der Gefühle zwischen Werther, Lotte und Albert (bzw. St. Preux, Julie und Herrn von Wolemar) wird Autorschaft zum Diskurs (vgl. Kittler 1980), der sich auf *authentisch* (bzw. selbst) Erlebtes gründet und wiederum selbst authentizitätsbegründende Strategien generiert: In der Nachfolge Werthers hob eine (ungezählte) Reihe von Blauberockten und Gelbbehosten (selbst-)destruktiv die Differenz von Text und Leben auf. Die Beglaubigung des (authentischen) Goethe-Textes als ›Fälschung‹ (bzw. Fiktion authentischen Leidens) erfolgt hier durch den (authentischen) Tod des Lesers: »Kein Geistlicher hat ihn begleitet.« (Goethe 1999: 276) Dem Selbstmörder kommt auf der Handlungsebene des Romans allerdings nicht jene Beglaubigung (Autorisation) zu, welche dem Autor Goethe als Texturheber später widerfahren wird: So hat Goethe anlässlich der Herausgabe seiner zu Lebzeiten erschienen Werkausgabe das Urheberrecht für Autoren für sich beansprucht (vgl. Bosse 1981). Dieses lässt ihn in Zeiten des Nach- und Raubdrucks nicht nur zum Verfasser, sondern auch zum Text-›Ausführer‹ und ›Selbstherrn‹ (Herrn über seinen Text) werden. Zugleich bedingt das Recht der Autoren auf ihren eigenen Text mit der rechtlichen Institutionalisierung der ästhetisch-normativen Kategorie der ›Originalität‹ wiederum die Produktion weiterer ›origineller‹, sich durch Subjektauthentizität auszeichnender Werke.

Die Genieästhetik des Sturm und Drang prägt im letzten Drittel des 18. Jahrhunderts den Authentizitätsbegriff im Sinne eines ursprünglich-echten (›originalen‹) Subjektausdrucks der Dichtung (vgl. Deupmann 2007: 57). Das im Modus eines ›Ich fühle, also bin ich‹ emphatisch begründete Konzept der Subjektauthentizität ist wiederum auf zwei *Autornamen* zurückzuführen: Shakespeare und Ossian (vgl. Herder 1773). Während die Autorschaft des Ersteren an seinen Texten nach wie vor umstritten ist, handelt es sich bei den Gesängen des Letzteren eindeutig um ein ›Fake‹, eine Fälschung des Schotten James Macpherson (1736-1796). Das heißt, Genieästhetik wie Authentizitätsdiskurs der ›Selbstvollbringer‹ gründen sich wiederum auf Autor-Fiktionen bzw. fiktive Autorschaften. Angesichts von Frühlingsgewittern und inneren Gefühlsstürmen äußert sich das ›authentische‹ Gefühl der Liebenden in der bloßen Nennung des Autornamens: »Klopstock!« (Goethe 1999: 52; vgl. Kittler 1980: 150)

Im Folgenden wird das Verhältnis von Authentizitäts- und Autobiographiediskurs im letzten Drittel des 18. Jahrhunderts an jenem Autor und seinen autobiographischen Vertextungen aufgezeigt, der als ›Urheber‹ (bzw. Vorläufer) und ›Begründer‹ der modernen (Subjekt-)Authentizität wie der modernen Autobiographik gleichermaßen gilt: Jean-Jacques Rousseau (1712-1778). Der Autor des »Émile« und des »Contract social« (beide 1762) entwirft in seinem zivilisationskritischen zweiten »Discours« (1755) den ›natürlichen‹ Menschen (*homme naturel*) und in seinen autobiographischen Texten[8] sein »wahres Wesen« (R,754=P,I,1095) am »Scheidepunkt zwischen Fiktion und Wirklichkeit« (R,701=P,I,1048).

Jean-Jacques Rousseau oder das ›authentische‹ Ich als Selbstgericht autobiographischer Vertextung

»Ich habe bei diesem Unternehmen nur eines zu fürchten: nicht etwa zuviel oder die Unwahrheit zu sagen, sondern *nicht alles zu sagen* und Wahrheiten zu verschweigen.«
(C,261=P,I,175; Herv. v. B.N.)

Den Ruhm des Autors Jean-Jacques Rousseau und somit auch die Grundlage eines (Subjekt-)Authentizitätskultes haben jedoch ohne

8 Im Folgenden werden die Zitate aus Rousseaus Briefroman »Julie ou La nouvelle Héloïse« (J) und den autobiographischen Texten »Les Confessions« (C) und (B), »Rousseau juge de Jean Jacques. Dialogues« (D) und »Les rêveries du promeneur solitaire« (R) im Text in runden Klammern in den deutschen Übersetzung belegt sowie die entsprechenden Band- und Seitenzahlen der Pléiade-Ausgabe (P) angegeben.

Zweifel die »Briefe zweier Liebenden« begründet: »Julie oder Die neue Héloïse«.[9] Rousseau, der sich auf dem *autographischen* Titelentwurf seines Briefromans (1761) selbst als Herausgeber ausgibt, kann sich im ersten Vorwort an die Leser für die Authentizität der von ihm gesammelten und edierten Briefe im Sinne einer Referenzauthentizität *nicht* verbürgen: »habe ich doch selbst mit an dem Buch gearbeitet [...]. Habe ich es darum ganz verfertigt, und ist der ganze Briefwechsel erdichtet? [...] Was liegt euch daran?« (J,5=P;II,5)

Dieses »Wen kümmert's, wer spricht?« (Foucault 1969: 7) in Bezug auf das Verhältnis von Referenz- und Subjektauthentizität spricht den Autor mittelbar von der Verantwortung für seinen Text frei. Denn ein fiktiver Herausgeber, der hier *nicht* vorgibt, »alles« zu sagen,[10] übernimmt Verantwortung für die vorliegende Textsammlung. Die Authentizität des Textes beruhe vielmehr auf dem *Stil* der Briefe, die eine ›Sprache des Herzens‹, der Kindheit/Jugendlichkeit und Ländlichkeit sprächen. Das zweite, umfangreichere Vorwort ist ein »erdichtete[s] Gespräch« (J,7=P,II,9) zwischen »N.« und »R.[ousseau]« zu der Frage »Ist dies ein wirklicher Briefwechsel; oder ist es eine Erdichtung?« (J,8=P,II,11)[11] Der fiktive Leser und Dialogpartner N. fordert ›dokumentarische Authentizität‹ im Sinne von Referenzialisierbarkeit (vgl. Schlich 2002: 6; Knaller 2007: 63):

»Gewiß, wenn das alles nur Erfindung ist, so haben Sie ein schlechtes Buch geschrieben; wenn Sie aber sagen, daß diese beiden Frauenpersonen gelebt

9 Von Rousseaus Briefroman erschienen zwischen 1761 und 1800 »mindestens hundert legale Ausgaben und illegale Nachdrucke« (Holmsten 1972: 95). Die Fiktionalisierung der amourösen Ambitionen des empfindsamen Autors Rousseau in Bezug auf die Schwägerin seiner Patronin (Madame de Épinay), die Comtesse d'Houdetot, vollzieht sich dabei zum einen gleichzeitig zu der Stilisierung der Lebenswelt des Protagonisten nach dem Modell des selbst verfassten empfindsamen Liebesromans und zum anderen auf der Grundlage einer intertextuellen Referenz auf den fiktiven Briefwechsel Abaelardus' mit Héloïse sowie auf Richardsons empfindsame Tugendromane.

10 Vgl. »Dies ist alles, was Sie von mir zu diesem Punkte erfahren werden; und seien Sie versichert: Andere werden das nicht aus mir herausbringen, was ich Ihnen zu sagen mich geweigert habe.« (J,27=P,II,29)

11 Vgl. »R. [...] Ich bin Herausgeber dieses Buches; und ich werde mich darin als Herausgeber nennen. / N. Sie wollen sich darin nennen? Sie? / R. Ja, ich. / N. Wie? Sie wollen Ihren Namen auf den Titel setzen? / R. Ja, mein Herr. / N. Ihren wahren Namen? ›Jean-Jacques Rousseau‹, mit allen Buchstaben? / R. ›Jean-Jacques Rousseau‹ mit allen Buchstaben. N. Das denken Sie doch nicht im Ernst? Was wird man von Ihnen sagen? / R. Was man will. Ich nenne mich auf dem Titel dieser Sammlung, nicht um sie mir *anzueignen*, sondern um dafür *einzustehen*.« (J,24=P,II,26; Herv. v. B.N.)

haben, so lese ich diese Sammlung alle Jahre wieder bis an das Ende meines Lebens.« (J,26=P,II,29)

Am Ende des Dialogs kommen der (fiktive) Herausgeber R. und der (fiktive) Leser N. des Briefwechsels überein: »Lassen Sie alles so, wie es ist.« (J,27=P,II,30) Es ist der Triumph literarischer Text-Authentizität, welche sich nicht über die Referenzialisierbarkeit des Dargestellten konstituiert, sondern über die Ambivalenz[12] von Referenzauthentizität und Fiktivität. Performativer Charakter von Authentizität auf der Ebene des Dargestellten und rhetorisches Kalkül von Authentizitätseffekten (vgl. Knaller 2007: 35) fallen zusammen und begründen den Kult der Empfindsamkeit wie des Autors gleichermaßen. Zugleich werden die »propagierten Natürlichkeits- und Empfindsamkeitseffekte der Literatur« (Knaller/Müller 2006b: 28) auf der Ebene des Diskurses, das heißt im dialogischen Vorwort des fiktiven Herausgebers R.[ousseau] reflektiert und dadurch – zumindest teilweise – wieder aufgehoben.

Das autobiographische »Unternehmen« (*entreprise*) Jean-Jacques Rousseaus beginnt im Spätherbst 1761 – während eines akuten, von wahnhaften Zuständen begleiteten Krankheitsausbruchs – und endet im Frühjahr 1778, weniger als drei Monate vor seinem Tod am 2. Juli desselben Jahres. 1770/71 hält der Autobiograph öffentliche Vorlesungen seiner »Bekenntnisse« innerhalb kleinerer Gesellschaften ab: »Als ich dieses Werk [...] vorlas, fügte ich die folgenden Worte hinzu: ›Ich habe die Wahrheit gesagt [...].‹ – und jedermann schwieg.« (C,900=P,I,656) Es ist dieses Schweigen der Anderen, gegen das der Autobiograph Rousseau bis zum Ende seines Lebens anschreiben wird. Diesem Schweigen wird er mit proteischen Stilisierungen, mit immer wieder neuen Entwürfen der Erzählsubjekte, mit unterschiedlichen Rollenbesetzungen des Richters, des Anklägers und Verteidigers innerhalb des autobiographischen Tribunals und mit verschiedenen Vertextungsversionen der Geschichte seines Lebens und seiner Seele antworten.

Um eine Bestätigung des authentischen/autobiographischen Ich durch die Anderen zu erzielen, muss derjenige, der spricht, derjenige, der ›ich‹ sagt, die *Wahrheit*, das heißt *alles* sagen (*tout dire*):

»Bei meinem Unterfangen, mich der Welt von Grund auf zu offenbaren, darf nichts, was mich angeht, dunkel oder verborgen bleiben. Ich muß mich unaufhörlich ihren Blicken aussetzen, damit sie mir in alle Irrungen meines Herzens,

12 Von einem »*Spiel* mit Authentizitätseffekten« (Knaller/Müller 2005: 48; Herv. v. B.N.) zu sprechen, geht nach meiner Einschätzung zu weit und entspricht eher einer postmodernen Lesart von Identitätskonstruktionen.

in alle Winkel meines Lebens folgen könne[n], ohne mich jemals auch nur für einen Augenblick aus dem Gesicht zu verlieren.«

Das autobiographische Ich *muss* alles sagen, um der Anklage des Lesers zuvorzukommen, »ich hätte nicht *alles sagen* wollen« (C,108=P,I,59; Herv. v. B.N.).

Die Zuhörer/Leser jedoch werden zu teilnehmenden Beobachtern, zu Richtern und zu Geschworenen, zur einzigen und letzten Instanz der Beglaubigung des Erzählten. Der Sinn der erzählten Lebensgeschichte wird damit zur Aufgabe des Lesers, das Subjekt der autobiographischen Rede im Modus des *tout dire* (Alles-Sagens) liefert nur das Material und spricht sich – anders als der fiktive Herausgeber der »Neuen Héloïse« – von jeglicher Verantwortung für sein im Medium der autobiographischen Vertextung entworfenes Selbstbild frei.[13]

Der Wahnsinnige im Zeitalter der Vernunft schreit ganz laut »ich«: genau 26 mal allein auf der ersten Seite seiner »Confessions«.[14] Diese fungiert als eine Art autobiographisches Vorwort und gibt sowohl das Thema (Natur des Menschen) als auch das Ziel (Menschenkenntnis), die Methode (*intùs, et in cute*) und die Adressaten (Gott und die Mitmenschen) eines »Unternehmens« (*entreprise*) an, »das kein Vorbild hat und dessen Ausführung auch niemals einen Nachahmer finden wird« (C,37=P,I,5).

Wer spricht? – »Einzig und allein ich« (*Moi seul*). Erst mit dem 27. »ich« wechselt die Narration vom Erzählerdiskurs auf die Ebene der Handlung und setzt den Anfang dieser einzigartigen Geschichte, die zugleich die Geschichte einer Einzigartigkeit ist, setzt den Anfang dieser (Lebens-)›Geschichte‹ – unter Nennung von Zeit und Ort, Namen des Vaters und der Mutter – mit der Geburt des erzählten Ich an: »Ich bin in Genf dem Bürger Isaak Rousseau und der Bürgerin Susanna Bernard im Jahre 1712 geboren worden.« (C,38=P,I,5) 1749, also fast 40 Jahre später, erfolgt im Illuminations-Erlebnis auf dem Weg nach Vincennes die *Geburt des Autors* Rousseau,[15] der 1755, also im Erscheinungsjahr des zweiten »Discours«, *authentisch* zu leben versucht, um »seine Lebensführung seinen philosophischen Überzeugungen anzupassen [...], um künftig kleinbürgerliche Kleidung zu tragen und von seiner Hände Arbeit (als Notenkopist) zu leben« (Fetscher 1985: 478).[16] »Ich begann die

13 Vgl. »[...] das Ergebnis soll sein Werk sein, und wenn er sich dabei irrt, so liegt eben der ganze Irrtum bei ihm« (C,260f.=P,175).

14 Nach der Pléiade-Ausgabe; anders als im Deutschen wird im Französischen zwischen dem ›*je*‹ (ich) als Subjekt einer Äußerung und dem ›*moi*‹ (Ich) als Bezeichnung für die Instanz des Ich unterschieden.

15 Vgl. »[...] und von diesem Augenblick an war ich verloren« (C,494=P,351).

16 Vgl. hierzu auch die Darstellung in den »Rêveries« (R,663=P,1014f.).

Umwandlung meiner Lebensweise an meiner Tracht, ich tat alles Gold und meine weißen Strümpfe und meinen Degen von mir, trug fortan eine runde Perücke und verkaufte meine Uhr.« (C,510f.=P,I,363)[17] Mit dem Umzug auf die Eremitage von Montmorency, dem Rückzug aus der Gesellschaft, ist aber zugleich auch der Beginn des ›paranoiden Zustands‹ anzusetzen:

»Die Decke, unter der ich atme, hat Augen, und die Mauern, die mich umgeben, haben Ohren. Von Spionen und wachsamen, übelwollenden Aufpassern umgeben, kann ich nur ängstlich und zerstreut in aller Hast ein paar unterbrochene Worte aufs Papier werfen, und kaum bleibt mir die Zeit, sie noch einmal durchzulesen, geschweige denn, irgend etwas daran zu verbessern.« (C,396=P,I,279)

Es ist der Versuch, unter den Bedingungen der Paranoia die Übereinstimmung von erzählendem und erzähltem Ich als *écriture authentique* im Medium des autobiographischen Vertextungszusammenhangs zu konstruieren, es ist das bis zum Lebensende nicht abreißende Bemühen, die Identität dieses Ich, die Einheit seines ›Werkes‹ und die Einheit von Autor und ›Werk‹, in der autobiographischen Vertextung herzustellen. Doch die Zirkelstruktur einer endlosen Selbstaussage – in den »Confessions« (1772), in den »Dialogues« (1772-76) und in den »Rêveries« (1776-78) – findet ihre Begründung allein in der Stimme, die spricht und immerzu »ich« sagt. Es ist ein Ich, das von sich selbst sagt, dass es anders sei als alle Anderen. Allein in dieser Einzigartigkeit des autobiographischen »Unternehmen[s]« (*entreprise*), kann die Identität von erzählendem und erzähltem Ich begründet werden, deren einziger Garant die Erinnerungsfähigkeit und *Aufrichtigkeit* des erzählenden Ich sowie die Flüchtigkeit und Uneinheitlichkeit seines ›authentischen‹ Stils ist:

»Ich werde mich also mit dem Stil ganz nach den Dingen richten. Ich werde nicht danach streben, ihn einheitlich zu machen, sondern immer den haben, der mir eben zufällt, und ihn ungescheut nach meiner Stimmung wechseln, ich werde jede Sache so sagen, wie ich sie empfinde, wie ich sie sehe, ohne Nachforschung, ohne Scham, ohne mich an dem Stilgemisch zu stören.« (P,I,1153f.)[18]

---

17 Von seinen 42 »Hemden aus dem schönsten Linnen« trennte sich Rousseau allerdings nur unfreiwillig: Sie wurden nach dem Waschen aus dem Trockenraum gestohlen (C,511=P,364).

18 Rousseau: Ébauches des Confessions; zitiert nach der Übersetzung Raulffs (Starobinski 1988: 289f.).

Dieses »Ja, ich, ich allein« (*Oui, moi, moi seul*) (P,I,1149)[19] steht am Anfang des Diskurses über sich selbst, an seinem Ende die Frage: »Aber ich, losgelöst von ihnen [den anderen Menschen] und von allem, was bin ich selbst? Das bleibt mir noch zu untersuchen.« (R,639=P,I,995) Und so bleibt wiederum dem Leser die Beantwortung der Frage überlassen: Wer spricht? Das Ich des Erzählers verkündet die unhintergehbare Wahrheit der Geschichte des Autorsubjekts und des Objekts der Lebensgeschichte als »Naturwahrheit« (*vérité de la nature*) und unmittelbare Gefühlsevidenz (*sentiment propre de mon existence)*: »Ich fühle mein Herz – und ich kenne die Menschen.« Zugleich wird die Einzigartigkeit dieses Ich mit seiner Alterität begründet: »Wenn ich nicht besser bin, so bin ich wenigstens anders.« (C,37=P,I,5)

Autobiographik als *écriture authentique* ist Bildende Kunst, Anthropologie und Kulturgeschichte zugleich: »Kurz, ein Mensch mußte sich selbst malen, um uns so den ursprünglichen Menschen darzustellen.« (D,571=P,I,936) Modern ist die sentimentalische Suche nach einer verloren geglaubten Einheit bzw. Ursprünglichkeit (Authentizität), also einem Zustand, der unwiederbringlich vorbei und vielleicht auch nie gewesen ist, aber dennoch *tertium comparationis* des zivilisatorischen Zustands ist:

»Es ist kein kleines Unternehmen, in der wirklichen Natur des Menschen das *Ursprüngliche* von dem *Künstlichen* zu unterscheiden und einen Zustand zu ergründen, der nicht mehr zu finden, vielleicht niemals dagewesen ist, und künftig auch, allem Ansehen nach, nie vorkommen wird.« (O,182=P,III,123; Herv. v. B.N.)

Bei Rousseau verbindet sich die Frage nach dem inneren, dem wahren Ich (*vrai moi*) mit der Frage nach dem *ursprünglichen*, dem *natürlichen* Menschen (*homme naturel*) und nach der wahren, der politisch legitimen Gesellschaft. Im autobiographischen Diskurs spricht weder der *homme naturel* als unabhängiges, autarkes und in sich selbst ruhendes *être absolu*, noch der *homme citoyen* als *être relatif*, als Teil eines Ganzen. Subjekt wie Objekt der autobiographischen Vertextung ist der einsame, der denaturierte, der zivilisierte Mensch (*homme civilisé*), der durch eine ›schlechte‹, das heißt politisch nicht legitimierte, gesellschaftliche Ordnung vermittelte *homme de l'homme*.

Und dieses Ich schreit, den Leser in seiner Nacktheit gleichzeitig provozierend und beschämend:

19 Ebd. 279.

»Niemand anders kann das Leben eines Menschen schreiben als dieser selbst. Seine innere Wesensart, sein wahres Leben sind niemandem sonst bekannt. Doch indem er es beschreibt, verhüllt er es.« (P,I,1149)[20]

Das Ich, das verspricht, alles zu sagen und sich, sein Herz, zu entblößen, durchsichtig (*transparent*) zu machen, entwirft sich selbst in der Rekonstruktion seiner Geschichte zwischen (Gedächtnis-) Irrtum und Gefühls-Authentizität:

»Ich kann Tatsachen vielleicht auslassen und mich, was die Zeiten anbetrifft, vielleicht irren, aber in dem, was ich empfunden und was meine Erinnerungen mich haben begehen lassen, kann ich mich nicht täuschen [...]. Der eigenste Zweck meiner Bekenntnisse besteht in dem Wunsche, genau mein Inneres in allen Umständen meines Lebens zu *enthüllen*. Ich habe die Geschichte meiner Seele versprochen, und um sie getreulich zu schreiben, bedarf es keiner anderen Hilfsmittel, ich brauche nur, wie ich es auch bis hierher getan, tief in mich selbst zu blicken.« (C,394=P,I,I,278; Herv. v. B.N.)

Derjenige, der uns verspricht, seine Seele durchsichtig (*transparent*) zu machen und sie in verschiedenen Beleuchtungen darzustellen, arbeitet selbst in einer dunklen Kammer: »Ich fühle alles und sehe nichts.« (C,179=P,I,I,113) Doch der Ort der Finsternis ist zugleich auch jener der (paranoischen) Hellsichtigkeit (vgl. Starobinski 1989: 213): Derjenige, der uns verspricht, sein wahres Ich (*vrai moi*) zu zeigen, hält uns eben *nicht* sein nacktes Gesicht und sein »wie ein Kristall durchsichtiges Herz« (C,623=P,I,446) entgegen, sondern ein verhülltes, geschminktes Antlitz:

»Will ich ein Werk zustande bringen, das wie die anderen mit Sorgfalt geschrieben ist, so werde ich mich nicht malen, ich werde mich schminken. Hier ist es um mein Bildnis zu tun und nicht um ein Buch. Ich werde gewissermaßen im dunklen Raume arbeiten; es wird weiter keiner Kunst bedürfen als der, genau den Zügen zu folgen, die ich vorgezeichnet finde.« (P,I,1153)[21]

Die Zuhörer/Leser haben die Aufgabe, durch das geschminkte und verhüllte Antlitz der autobiographischen Vertextung hindurch, das Ich, das spricht und das Ich, über das es spricht, transparent zu

20 Rousseau: Ébauches des Confessions; zitiert nach der Übersetzung Raulffs (Starobinski 1988: 278).

21 Rousseau: Ébauches des Confessions; zitiert nach der Übersetzung Raullfs (Starobinski 1988: 289); vgl. hierzu die »Lettres à Malesherbes« (1762), in welchen sich der Autobiograph noch ungeschminkt zeigen möchte: »[...] ich werde mich ohne Schminke und ohne Bescheidenheit schildern, ich werde mich ihnen darstellen, wie ich mich selbst sehe und wie ich bin« (L,480=P,I,1133).

machen und *ein* »wie ein Kristall durchsichtiges Herz« (C,623=P,I,I,446) zu erkennen:

»Ich möchte meine Seele für den Leser gewissermaßen durchsichtig machen, und deshalb bestrebe ich mich, sie ihm unter allen Gesichtspunkten zu zeigen und sie ihm mit jeder Art Licht zu durchleuchten« (C,260=P,I,175).

Der Blick in sich selbst, in das eigene Herz, beschwört Tiefe und Transparenz; die Stimme, die aus dem Finsteren spricht, beschwört Licht. Das emphatische *tout dire* erhebt Anspruch auf Vollständigkeit der endlosen Selbstaussage im Zeichen der (paranoiden) Wahrheit. Das Versprechen einer *Wahrhaftigkeit* im Sinne einer *Authentizität* der Darstellung geht jedoch einher mit einer *Stilisierung* des Dargestellten und einer *Fiktionalisierung* der Darstellung. Denn dieses Ich, das spricht, das uns verspricht, *alles* zu sagen (*tout dire*), zerfällt im Versuch über die Schrift, über die autobiographische Vertextung, sich seiner Einheit, seiner Identität zu versichern, auf der Ebene des Diskurses in eine Vielzahl von Stimmen.

Auch auf der Ebene der *histoire* stilisiert das autobiographische Ich die Maskerade und agiert unter fremden Namen: »Da ich ferner ein Pariser aus Genf und ein Katholik in protestantischen Landen war, glaubte ich, auch meinen Namen ebenso wie meine Religion und mein Vaterland ändern zu müssen.« Mittels Buchstabenversetzung bildet der Protagonist Rousseau aus seinem Namen ›Vaussore‹ und versucht unter dem Namen Vaussore de Villeneuve als Komponist zu reüssieren, obgleich er – nach Einschätzung des autobiographischen Ich-Erzählers – »nicht imstande war, den dümmsten Gassenhauer in Noten zu setzen« (C,225=P,I,I,148). Ohne auch nur ein einziges Wort der englischen Sprache zu verstehen, geschweige denn zu sprechen, wechselt dieser mit seinem Namen auch seine Nationalität:

»Ich weiß nicht, durch welche Wunderlichkeit ich es mir in den Kopf setzte, für einen Engländer gelten zu wollen; ich gab mich für einen Jakobiten aus, man nahm mich als solchen; ich nannte mich Dudding, und man nannte mich Mr. Dudding.« (B,248=P,I,249f.)[22]

Die Aneignung fremder Namen und Identitäten, die *Stilisierung*, die Konstruktion einer Identität als Maskerade vollzieht sich im Bemühen um Herstellung von *Authentizität*. Der textinterne Autor auf der Ebene der *histoire* versucht, um die Glaubwürdigkeit seiner theoretischen Schriften zu erhöhen und die Einheit von Autor und Werk zu demonstrieren, »[s]eine Lebensführung mit [s]einen Grundsätzen

22 Die Übersetzung von Ernst Hardt in der Insel-Ausgabe (vgl. C,359) ist an dieser Stelle sachlich falsch.

in Übereinstimmung [zu] bringen« (C,582f.=P,I,416f.). Indem er Authentizität generiert, täuscht er jedoch – so die rückblickende Einsicht des sich erinnernden Ich auf der Ebene des *discours* – sich selbst und die Anderen: »Ich machte nichts vor, sondern ward in *Wahrhaftigkeit* [*véracité*] zu dem, als der ich erschien [...]. Ich ward wirklich umgewandelt.« (ebd.; Herv. v. B.N.) Herstellung von Authentizität als Übereinstimmung von Innen und Außen, Denken und Leben, vollzieht sich im Modus des ›Nicht-mit-sich-selbst-identisch-Seins‹, im Selbstverlust:

»Wollte man diejenige Wesensverfassung von der Welt erdenken, die meiner Natur am wenigsten entsprach, so müßte man die geschilderte aufstellen. Gedenkt man der kurzen Augenblicke meines Lebens, in denen ich ein anderer wurde und gewissermaßen aufhörte, ich zu sein, so wird man ihren gewichtigsten wiederum in die Zeit setzen müssen, von der ich spreche« (C,583=P,I,416f.).

Und so wird auf der Ebene des *discours* wie der *histoire* die Grenze zwischen der *Wahrheit des Dargestellten* und der *Authentizität der Darstellung*, zwischen Selbsttäuschung und Täuschung des Lesers fließend: Das Ich wird sich selbst zu einem Anderen: »Nichts ist mir so unähnlich wie ich selbst [...]. Mit einem Wort, ein Proteus, ein Chamäleon, eine Frau sind weniger wechselwendige Wesen als ich.« (P,I,1108)[23]

Das autobiographische »Unternehmen« (*entreprise)* der »Confessions« findet noch zwei Fortsetzungen, zwei neue Formen der Vertextung: die »Dialogues« zwischen den beiden fiktiven Gesprächspartnern ›Rousseau‹ und ›Le François‹ über den Autor ›Jean-Jacques‹, an welchen Rousseau in den Jahren 1772 bis 1776 arbeitet, und die diarischen »Träumereien« (*Rêveries*).[24] Ein anderthalb Jahre verfrühter öffentlicher Nachruf auf den Autor Jean-Jacques Rousseau, der am 20. Dezember 1776 im »Courrier d'Avignon« erscheint, markiert den Beginn der Niederschrift der »Träumereien«.

»J. J. Rousseau's Selbstgespräche auf einsamen Spaziergängen. Ein Anhang zu den Bekenntnissen«, wie der Titel in der ersten deutschen Übersetzung von 1782 lautet, folgen im Rückzug auf das ›Innere‹ den Prinzipien der ›Assoziation‹, der Träumereien und Meditationen. Auch hier gründet sich die *Authentizität* des Textes nicht auf die ›Wahrheit‹ des Erlebten, sondern auf die ›Natürlichkeit‹ des

23 Rousseau: Le Persiffleur (um 1759); zitiert nach der Übersetzung Raulffs (Starobinski 1988: 80f.)

24 Der erste Teil der »Confessions« erscheint postum erst 1782, zusammen mit den »Dialogues« und den »Rêveries«. 1787 wird der zweite und letzte Teil der »Confessions« herausgegeben. Der ursprünglich geplante dritte Teil bleibt ungeschrieben.

Stils: »Ich werde, was ich gedacht habe, so wie es mir eingefallen ist, sagen und mit ebensowenig Verbindung, wie die Gedanken des vorigen Tages mit denen des folgenden zu haben pflegen.« (R,644f.=P,I,1000)

Nicht mehr eine kohärente Geschichte der eigenen Seele (*histoire*) wird erzählt, sondern eine Bewegung der Erinnerung, welche einzelne Momente dieser Lebensgeschichte aufnimmt und frei variiert. Das Subjekt der diarischen Vertextung der »Rêveries« hat sowohl die Hoffnung auf die zeitgenössischen Leser (wie noch in den »Confessions«) als auch die Hoffnung auf eine zukünftige Leserschaft (wie noch in den »Dialogues«) aufgegeben. Es ist als Opfer der allgemeinen, ausnahmslosen, unwiderruflichen und undurchdringlichen »Verschwörung« (R,734=P,I,1077) von der alltäglichen und öffentlichen Kommunikation ausgeschlossen.

Der Einsame (in der Selbstperspektive) bzw. der Ungesellige (aus der Perspektive der Anderen) zieht sich nun gänzlich in sein ›Innerstes‹ zurück, um den Blicken und Worten der Anderen zu entgehen. Dieser Rückzug bringt in der letzten, diarischen Selbstvertextung sowohl einen (expliziten) Verzicht auf die *Maskerade* als auch auf die *Enthüllung* des Ich mit sich. Sagte das Subjekt des autobiographischen Diskurses im Modus der Aufrichtigkeit *alles*, so zieht sich das authentische Ich in sein Schweigen zurück. Es begnügt sich, »ein Verzeichnis meiner Messungen zu führen, ohne sie in ein System bringen zu wollen«: »ich schreibe meine Träumereien nur für mich« (R,646=P,1001). Sein »wahres Wesen« bietet er keinem Publikum mehr durchsichtig und in allen Beleuchtungen an. Das eigene Selbstbild und das Fremdbild der Anderen wollen nicht konvergieren: »[n]ur wenn ich allein bin, gehöre ich ganz mir, sonst bin ich der Spielball all derer, die um mich sind.« (R,754=P,I,1094) Die Stimme, die sagt ›Ich bin‹, hat die Hoffnung auf die Anderen, die sagen: ›Ja, du bist‹, aufgegeben. Das autobiographische Ich nimmt nun selbst innerhalb des Welttheaters die Rolle des Zuschauers ein, der im Zustand der Indifferenz, des inneren Seelengleichgewichts und der Gleichgültigkeit, die Anderen nunmehr wie »Personen eines Dramas« (R,710=P,1057) oder mit dem Blick des Physikers »bloß noch als verschieden bewegte Massen« (R,735=P,1078) betrachtet. Im Zustand einer gottähnlichen Autarkie des *homo clausus* fühlt sich das diarische Ich gleichgültig, leidenschaftslos, »unerschütterlich wie Gott selbst (*impassible comme Dieu même*)« (R,643=P,999).

Im vierten Spaziergang der »Träumereien« erfährt das Verhältnis von Fiktion (Erdichtung) und Lüge (Fälschung) in einem meta-autobiographischen bzw. fiktionstheoretischen Diskurs eine ausführliche Erörterung. Im Zusammenhang mit der Halsband-Lüge[25] wird sich das diarische Ich der »Rêveries« der beschränkten Perspektive des autobiographischen Ich-Erzählers der »Confessions«, der noch glaubte, die Erkenntnis des Selbst im Modus des *tout dire* vollziehen zu können, bewusst.[26] Den philosophischen Lehrbuchweisheiten mitsamt den »abstrakten Begriffen von Wahr und Falsch« sowie einer bloßen ›Tatsachenwahrheit‹ (*vérité des faits*) wird nun ein moralischer Wahrheitsbegriff (*vérité morale*) entgegengesetzt.[27] Dieser gründet »sich mehr auf die Gesinnungen der Rechtschaffenheit« – als ›Aufrichtigkeit‹ des schreibenden Subjekts im Sinne der *Subjektauthentizität* – »als auf die Wirklichkeit der Dinge« – als ›Wahrheit‹ im Sinne von *Objekt-* bzw. *Referenzauthentizität* (R,690=P,I,1038). Und so kann die Fiktion, die Erdichtung (*inventio*), der Wahrheit (im Sinne der Subjektauthentizität) näher kommen als die bloße Wahrheit im Sinne der Objektreferenz (*imitatio*), welche sich darin erschöpft, »Ort, Zeit und Personen richtig anzuführen, sich keine Erdichtungen zu erlauben, keinen Umstand auszuschmücken, nichts zu übertreiben« (R,682=P,1031). Das diarische Ich der »Rêveries« räumt aus der Retrospektive hinsichtlich des Wahrheitsgehaltes der »Confessions« einige »unschuldige Täuschung[en]« ein (R,676=P,1026). Das Ich, das einstmals *alles sagen* (*tout dire*) wollte, habe zwar »nie zu wenig, aber oft zu viel gesagt« (R,687=P,1035).[28]

25 Rousseau, Sekretär (»Lakai«) im Haus der Gräfin von Vercellis, stiehlt der Jungfer Pontal »ein schmales, schon altes, rosen- und silberfarbenes Band« und gibt an, er habe es von der jungen Küchenhilfe Marion geschenkt bekommen (vgl. C, 140ff.).

26 »Da wurde ich bei der sorgfältigen Zergliederung meiner mit Erstaunen einer Menge Dinge gewahr, die meine Erfindung waren und die ich, wie ich mich erinnerte, zu derselben Zeit als Wahrheit ausgegeben hatte, als ich, stolz auf meine Wahrheitsliebe, ihr meine Sicherheit, meine Interessen, meine Person mit einer Unparteilichkeit, für die ich kein anderes Beispiel unter den Menschen kannte, aufopferte.« (R,675=P,1025)

27 »Ich wünschte sehr, an die Stelle der Tatsachen eine moralische Wahrheit setzen zu können« (R,684=P,I,1033).

28 Vgl. »Ich schrieb meine ›Bekenntnisse‹, als ich schon alt war [...]. Ich schrieb sie aus dem Gedächtnis, und mein Gedächtnis war mir oft untreu oder stellte mir die Erinnerungen nur unvollkommen dar, deren Lücken ich dann mit Einzelheiten, die ich als Ergänzung dieser Erinnerungen erfand, die der Sache aber niemals zuwiderliefen, ausfüllte. [...] Das, was ich vergessen hatte, erzählte ich so, wie es mir schien, daß es gewesen sein mußte, wie es vielleicht wirklich gewesen war, aber nie sagte ich das Gegenteil dessen, an das ich mich erinnerte. Zuweilen lieh ich der Wahrheit fremden Schmuck, nie aber habe ich, um meine Fehler zu verdecken oder mir Tugenden anzumaßen, eine Lüge an ihre Stelle gesetzt.« (R,687=P,I,1035)

Das auf *Objektauthentizität* gründende autobiographische Programm des *tout dire* im Sinne einer emphatischen Vollständigkeit (vgl. Pfeiffer 2001: 58) und Referenzialisierbarkeit ist der expliziten Einsicht in die (Auto-)Fiktionalisierung des autobiographischen Diskurses gewichen. Das Spiel mit den Autornamen, die Maskerade der Identitäten zum Zweck der Beglaubigung des ›wahren Ich‹ (*vrai moi*) findet textintern erst mit der Beschreibung des zehnten und letzten Spaziergangs am 12. April 1778 bzw. textextern drei Monate später, mit dem Tod Jean-Jacques Rousseaus am 2. Juli 1778 sein Ende. Es ist der Punkt, an dem die Authentifizierungsstrategie des autobiographischen *entreprise* und der Tod des Autors zusammenfallen.

Fazit: Authentizität als Funktion von Differenz

Die Lektüre des autobiographischen Vertextungszusammenhangs mit dem Autornamen Jean-Jacques Rousseaus unter den Aspekten Authentizität und Fiktionalisierung hat gezeigt:

- Authentizität als Kategorie des Sentimentalischen lässt sich nur als *Differenz* zwischen der Ebene der Darstellung (*discours*) und der Ebene des Dargestellten (*histoire*), dem erzählenden und erlebenden Ich zur Darstellung bringen.
- Die Konzeption des Authentizitätsbegriffs als *Eigenschaft* eines *autonomen* und von der Gesellschaft *völlig unabhängigen* Individuums (vgl. Mecke 2006: 84), welche dem Zivilisationstheoretiker und Kulturkritiker Rousseau zu Recht abgesprochen wird, ist eine Konstruktion der Authentizitätsforschung in der Kontinuität des *homo clausus*.
- Authentizität als sentimentalische Erfahrung der *Differenz* – und nicht bloß *sincérité* und *véritabilité* (im Sinne von ›Aufrichtigkeit‹ und ›Wahrhaftigkeit‹) – wird bei Rousseau zum Effekt autobiographischer Text- wie Selbstkonstitution nicht aus der Perspektive eines *homme naturel* (›natürlichen Menschen‹), sondern aus dem Zustand zivilisatorischer Depraviertheit und individueller Paranoia.
- Die Authentizität des autobiographischen Textes bei Rousseau leitet sich weder aus der Identität von Subjekt und Objekt der Aussage noch der Referenzialisierbarkeit des Dargestellten (*Objektauthentizität*) ab. Sie beruht vielmehr auf dem Anspruch der Wahrhaftigkeit bzw. Aufrichtigkeit des *schreibenden* Subjekts (*Subjektauthentizität*) sowie einem rhetorisch produzierten ›authentischen‹ Sprach- und Darstellungsstil, das heißt der *Authentizität der Darstellung*.

- Im Versuch, die Einheit von erzählendem und erlebendem Ich im autobiographischen Text herzustellen, zerfällt das Ich in eine Konfiguration verschiedener Stimmen, die dem Prinzip der *Polyphonie*, nicht aber dem der ›Einstimmigkeit‹ gehorchen.
- Für die autobiographischen Texte Rousseaus ist auf der Ebene der *histoire* wie des *discours* nicht der *pacte autobiographique* (Lejeune 1975) im Sinne einer Identität von Autor, Erzähler und Protagonist konstitutiv, sondern die Maskerade (de Man 1984) als *effet autobiographique* (Robbe-Grillet 2005: 161), als ein Spiel mit der Identität von erlebendem und erzählendem Ich und dem Autornamen.
- Gehen wir nicht von identitätsphilosophischen Annahmen, sondern von der Kategorie der *Differenz* aus, dann ist das Begehren nach Authentizität (im Sinne von Einheit, Ursprung, Echtheit etc.) im Kontext des gesellschaftlichen Rationalisierungsprozesses als Ausdruck modernitätsbedingter Ambivalenzen zu fassen.

Siglen

B Rousseau, Jean-Jacques: Die Bekenntnisse. Übers. Alfred Semerau, in: Die Bekenntnisse. Die Träumereien des einsamen Spaziergängers. Mit Kupferstichen von Chasselat, Le Barbier, Moreau le Jeune und Monsiau, einer Einführung von Jean Starobinski sowie einem Nachwort und Anmerkungen von Christoph Kunze. München: Artemis u. Winkler 1878, 5-646.

C Rousseau, Jean-Jacques (1985 [1772]): Bekenntnisse. Übers. Ernst Hardt. Mit einer Einführung v. Werner Krauss. Frankfurt a.M.: Insel (Sigle C).

J Rousseau, Jean-Jacques (1978 [1771]): Julie oder Die neue Héloïse. Briefe zweier Liebenden aus einer kleinen Stadt am Fuße der Alpen. Gesammelt und herausgegeben durch Jean-Jacques Rousseau. Anm. u. Nachw. Reinhold Wolff. München: Winkler u. Artemis (Sigle J).

L Rousseau, Jean-Jacques (1978 [1762]): Vier Briefe an den Präsidenten von Malesherbes, das wahre Gemälde meines Charakters und die wahren Beweggründe meiner ganzen Aufführung enthaltend, in: Ritter, Schriften, Bd. 1, 475-496 (Sigle L).

O Rousseau, Jean-Jacques (1978 [1753]): Abhandlung über den Ursprung und die Grundlagen der Ungleichheit, in: Ritter, Schriften, Bd. 1, 165-302 (Sigle O).

P Rousseau, Jean-Jacques (1959): Œuvres complètes. I: Les confessions. Autres textes autobiographiques. Hg. Bernhard Gagnebin/Marcel Raymond, Paris: Gallimard (Sigle P).

R Rousseau, Jean-Jacques (1978 [1778]): Träumereien eines einsamen Spaziergängers, in: Ritter, Schriften, Bd. 2, 637-760 (Sigle R).

Literatur

Adorno, Theodor W. (1961): »Wörter aus der Fremde«, in: Noten zur Literatur, Bd. 2, Frankfurt a.M.: Suhrkamp, S. 110-130.

Barck, Karlheinz et al. (Hg.): Ästhetische Grundbegriffe. Historisches Wörterbuch in 7 Bdn., Stuttgart/Weimar: Metzler.

Barthes, Roland (2000 [1968]): »Der Tod des Autors«, in: Fotis Jannidis et al. (Hg.), Texte zur Theorie der Autorschaft, Stuttgart: Reclam, S. 185-193.

Berg, Jan/Hügel, Hans-Otto/Kurzenberger, Hajo (Hg.) (1997): Authentizität als Darstellung, Hildesheim: Universität Hildesheim.

Bosse, Heinrich (1981): Autorschaft ist Werkherrschaft. Über die Entstehung des Urheberrechts aus dem Geist der Goethezeit, Paderborn: Schöningh.

De Man, Paul (1993 [1984]): »Autobiographie als Maskenspiel«, in: Ders. Die Ideologie des Ästhetischen. Hg. Christoph Menke. Übers. Jürgen Blasius, Frankfurt a.M.: Suhrkamp, S. 131-146.

Deupmann, Christoph (2007): »Authentizität«, in: Metzler Lexikon Literatur (3. Aufl.). Hg. Dieter Burdorf et al. Stuttgart: Metzler, S. 57.

Elias, Norbert (1979 [1939/69]): Über den Prozeß der Zivilisation. Soziogenetische und psychogenetische Untersuchungen. 2 Bde., Frankfurt a.M.: Suhrkamp.

Ferrara, Alessandro (1998): Reflective Authenticity. Rethinking the Projekt of Modernity, London/New York: Routledge.

Fetscher, Iring (1985): »Rousseau«, in: Pipers Handbuch der politischen Ideen, Bd. 3. Hg. Iring Fetscher/Herfried Münkler, 5 Bde., München/Zürich: Piper, S. 477-494.

Fischer-Lichte, Erika/Pflug, Isabel (Hg.) (2000): Inszenierung von Authentizität, Tübingen/Basel: Francke.

Foucault, Michel (1988 [1969]): »Was ist ein Autor?«, in: Ders. Schriften zur Literatur. Übers. Karin Hofer/Anneliese Botont, Frankfurt a.M.: Fischer, S. 7-31.

Goethe, Johann Wolfgang (1999 [1774]): Die Leiden des jungen Werthers. Studienausgabe. Paralleldruck der beiden Fassungen. Hg. Matthias Luserke, Stuttgart: Reclam.

Grubmüller, Klaus/Weimar, Klaus (1997): »Authentizität«, in: Reallexikon der deutschen Literaturwissenschaft, Bd. 1. Hg. Klaus Weimar et al., Berlin/New York: de Gruyter, S. 168f.

Herder, Johann Gottfried (1892 [1768/69]): Studien und Entwürfe zur Plastik, in: Sämtliche Werke, Bd. 8 (2. reprogr. Nachdruck der Aufl. 1892). Hg. Bernhard Suphan, Berlin: Weidmann o. J., S. 88-163.

— (1988a [1773]): »Shakespear«, in: Irmscher, Von deutscher Art, S. 63-92.

— (1988b [1773]): Auszug aus einem Briefwechsel über Ossian und die Lieder alter Völker, in: Irmscher, Von deutscher Art, S. 5-62.

Holdenried, Michaela (2000): Autobiographie, Stuttgart: Reclam.

Holmsten, Georg (1972): Jean-Jacques Rousseau mit Selbstzeugnissen und Bilddokumenten, Reinbek bei Hamburg: Rowohlt.

Irmscher, Hans Dietrich (Hg.) (1988): Von deutscher Art und Kunst. Einige fliegende Blätter, Stuttgart: Reclam.

Jauß, Hans-Robert (1982): Ästhetische Erfahrung und literarische Hermeneutik, Frankfurt a.M.: Suhrkamp.

Kittler, Friedrich A. (1980): »Autorschaft und Liebe«, in: Ders. Die Austreibung des Geistes aus den Geisteswissenschaften. Programme des Poststrukturalismus, Paderborn: Schöningh, S. 142-173.

Klinger, Cornelia (2002): »modern/Moderne/Modernismus«, in: Barck et al, Ästhetische Grundbegriffe, Bd. 4, S. 121-167.

Kluge (2002): »authentisch«, in: Etymologisches Wörterbuch der deutschen Sprache (24. Aufl.). Bearb. Elmar Seebold, Berlin/ New York: de Gruyter, S. 77.

Knaller, Susanne (2007): Ein Wort aus der Fremde. Geschichte und Theorie des Begriffs Authentizität, Heidelberg: Winter.

— (2006): »Genealogie des ästhetischen Authentizitätsbegriffs«, in: Knaller/Müller, Authentizität, 17-35.

—/Müller, Harro (2005): »Authentisch/Authentizität«, in: Barck et al, Ästhetische Grundbegriffe, Bd. 7, S. 40-65.

—/Müller, Harro (Hg.) (2006a): Authentizität. Diskussion eines ästhetischen Begriffs, München: Fink.

—/Müller, Harro (2006b): »Einleitung: Authentizität und kein Ende«, in: Knaller/Müller, Authentizität, S. 7-16.

Koselleck, Reinhart (1979): »Einleitung«, in: Geschichtliche Grundbegriffe, Bd. 1. Hg. Otto Brunner/Werner Conze/Reinhart Koselleck, Stuttgart: Klett Cotta, S. XIII-XXVII.

Krückeberg, Edzard (1971): »Authentizität«, in: Historisches Wörterbuch der Philosophie, Bd. 1. Hg. Joachim Ritter, Basel/ Stuttgart: Schwabe, Sp. 692f.

Lehmann, Jürgen (1997): »Autobiographie«, in: Reallexikon der deutschen Literaturwissenschaft, Bd. 1. Hg. Klaus Weimar et al., Berlin/New York: de Gruyter, S. 169-173.

Lejeune, Philippe (1989 [1975]): Der autobiographische Pakt, in: Niggl, Die Autobiographie, S. 214-257.

Marquard, Odo (1980): »Der angeklagte und der entlastete Mensch in der Philosophie des 18. Jahrhunderts«, in: Bernhard Fabian et al.: Studien zum achtzehnten Jahrhundert, Bd. 2/3: Deutschlands kulturelle Entfaltung. Die Neubestimmung des Menschen, München: Kraus, S. 193-209.

Martens, Gunter (2004): »Autor – Autorisation – Authentizität. Terminologische Überlegungen zu drei Grundbegriffen der Editionsphilologie«, in: Thomas Bein/Rüdiger Nutt-Koforth/ Bodo Plachta (Hg.), Autor – Autorisation – Authentizität, Tübingen: Niemeyer, S. 39-50.

Mecke, Jochen (2006): »Der Prozess der Authentizität. Strukturen, Paradoxien und Funktion einer zentralen Kategorie der Literatur«, in: Knaller/Müller, Authentizität, S. 82-114.

Niggl, Günter (1977): Geschichte der Autobiographie im 18. Jahrhundert. Theoretische Grundlegung und literarische Erfahrung, Stuttgart: Metzler.

— (Hg.) (1989): Die Autobiographie. Zu Form und Geschichte einer literarischen Gattung, Darmstadt: Wissenschaftliche Buchgesellschaft.

Nübel, Birgit (1994): Autobiographische Kommunikationsmedien um 1800. Studien zu Rousseau, Wieland, Herder und Moritz, Tübingen: Niemeyer.

Oellers, Nobert (1998): »Authentizität als Editionsprinzip«, in: Walther Dürr et al. (Hg), Der Text im musikalischen Werk. Editionsprobleme aus musikwissenschaftlicher und literaturwissenschaftlicher Sicht, Berlin: Schmidt, S. 43-59.

Pfeiffer, Helmut (2001): »Wahrheit, Lüge, Fiktion. Jean-Jacques Rousseau«, in: Franziska Sick/Helmut Pfeiffer (Hg.), Lüge und Selbstbetrug. Kulturgeschichtliche Studien zur Frühen Neuzeit in Frankreich, Würzburg: Könighausen & Neumann, S. 45-59.

Ritter, Henning (Hg.) (1978): Jean-Jacques Rousseau. Schriften in 2 Bdn., Frankfurt a.M.: Fischer.

Robbe-Grillet, Alain (2005): »Un nouveau pacte autobiographique«, in: Préface à une vie d'écrivain, Paris: Seuil, S. 155-162.

Röttgers, Kurt/Reinhard Fabian (1971): »Authentisch«, in: Historisches Wörterbuch der Philosophie, Bd. 1. Hg. Joachim Ritter, Basel/Stuttgart: Schwabe, Sp. 691.

Schlich, Jutta (2002): Literarische Authentizität. Prinzip und Geschichte, Tübingen: Niemeyer.

Schneider, Manfred (1986): Die erkaltete Herzensschrift. Der autobiographische Text im 20. Jahrhundert, München: Hanser.

Starobinski, Jean (1989 [1970]): »Der Stil der Autobiographie«. Übers. Hildegard Heydenreich, in: Niggl, Die Autobiographie, S. 200-213.

— (1988 [1971]): Rousseau. Eine Welt von Widerständen. Übers. Ulrich Raulff, München/Wien: Hanser.

Strub, Christian (2009): »Authentizität«, in: Information Philosophie 2, S. 39-45.

Trilling, Lionel (1980 [1972]): Das Ende der Aufrichtigkeit. Übers. Henning Ritter, München: Hanser.

Wieland, Christoph-Martin (1796 [1770]): Betrachtungen über J. J. Rousseaus ursprünglichen Zustand des Menschen, in: Sämmtliche Werke, Bd. 14: Beyträge zur geheimen Geschichte der Menschheit, Leipzig: Göschen.

Autorinnen und Autoren

Bickes, Hans, seit 1996 Professor für Linguistik/Deutsch als Fremdsprache an der Leibniz Universität Hannover. Studium der Philosophie, Germanistik und Sport sowie der Psychologie an der Universität Heidelberg; Promotion in Germanistischer Linguistik an der Universität Heidelberg, dort auch Mitarbeit in sprachpsychologischen Forschungsprojekten (DFG). Von 1985-88 DAAD-Lektorat für Germanistische Sprachwissenschaft an der Aristoteles-Universität Thessaloniki, Griechenland, danach von 1988-1993 Geschäftsführender Leiter der Gesellschaft für deutsche Sprache in Wiesbaden. 1993-1996 Professur für Sprach- und Kommunikationswissenschaften an der FH Darmstadt. Forschungsschwerpunkte: Handlungstheorie und Zeichenbedeutung, Mehrsprachigkeit, Erst- und Zweitspracherwerb.

Billmann-Mahecha, Elfriede, seit 1994 Professorin für Psychologie an der Leibniz Universität Hannover. 1982 Promotion im Fach Psychologie mit den Nebenfächern Philosophie und Iberoromanische Philologie an der Universität Erlangen-Nürnberg mit einer wissenschaftstheoretischen Arbeit; 1988 Habilitation mit einer empirischen Arbeit aus der Entwicklungspsychologie, Venia für Psychologie an der Universität Erlangen-Nürnberg. 1991-1994 Lektorin am Institut für Wissenschaftstheorie und Wissenschaftsforschung der Universität Wien. Forschungsinteressen: wissenschaftstheoretische und methodologische Fragestellungen, Moralentwicklung, Identitätsentwicklung, ästhetische Entwicklung, Entwicklung in institutionellen Kontexten; aktuelles Forschungsprojekt zur Entwicklung der Kinderzeichnung in verschiedenen subkulturellen Kontexten.

Blell, Gabriele, seit 2000 Professorin für die Didaktik des Englischen am Englischen Seminar der Leibniz Universität Hannover. 1984 Promotion an der PH Potsdam mit einer Arbeit über Ernest Hemingway. 1992 Habilitation an der Universität Potsdam zu Motivation und Fremdsprachenunterricht bei jüngeren Erwachsenen. Schwerpunkte ihrer Forschung: Literaturdidaktik, Cultural Studies, Visual/Film Literacy, Mediendidaktik, Mehrsprachigkeitsdidaktik und Rezeptionsforschung.

Diewald, Gabriele, seit 2001 Lehrstuhlinhaberin (germanistische Linguistik) an der Leibniz Universität Hannover und seit 2007 Vizepräsidentin für Lehre, Studium und Weiterbildung dieser Universität. Zuvor Professorin an der Universität Hamburg (2000-2001) und Gastprofessorin an der Universidade de São Paulo, Brasilien (1999). Habilitation 1998 in germanistischer Linguistik an der Friedrich-Alexander-Universität Erlangen-Nürnberg, wo sie als wissenschaftliche Assistentin und Projektmitarbeiterin tätig war. Von 1996 bis 1997 Forschungsaufenthalt an der Stanford University, CA, bei Elizabeth Traugott. 1990 Promotion in germanistischer Linguistik nach einem Studium der Germanistik und Anglistik an der Friedrich-Alexander-Universität Erlangen-Nürnberg und der University of Kent, Canterbury, UK. Arbeitsschwerpunkte: Sprache und Identität, Pragmatik, Sprachwandel, Grammatik, Grammatikalisierung.

Funk, Wolfgang, seit 2008 wissenschaftlicher Angestellter und Promovend am Englischen Seminar der Leibniz Universität Hannover. Arbeitstitel der Promotionsschrift: »Discourses of Authenticity in Contemporary Anglophone Literature«. Weitere Forschungsschwerpunkte umfassen verschiedenste Manifestationen britischer Kultur, das englischsprachige Gegenwartsdrama, sowie gesellschaftliche Utopien, Euthanasie und das Verhältnis von Wirklichkeit und Repräsentation in der Kunst.

Hruschka, Ole, seit 2009 Studienleiter im Fach Darstellendes Spiel am Deutschen Seminar der Leibniz Universität Hannover. Zuvor Schauspieldramaturg am Theater Kiel. Promotion im Hildesheimer DFG-Graduiertenkolleg Authentizität als Darstellung. Arbeitsschwerpunkte: Theater und Schule, Theorie und Praxis der Theaterpädagogik.

Koethen, Eva, seit 1996 Professorin an der Leibniz Universität Hannover, seit 1998 Institutsleitung und Konzeption einer künstlerisch-wissenschaftlichen Forschung und Lehre im Kontext von Vermittlungsfragen und ästhetischer Bildung. Studium an der Kunstakademie in München und der Hochschule für Bildende Künste in Berlin; nach Abschluss Studium der Kunstwissenschaft, Philosophie und Psychologie und Promotion zum Dr. phil. in Bochum bei Max Imdahl. 1987-1992 künstlerisch-wissenschaftliche Assistentin an der Hochschule der Künste in Berlin; im Anschluss freischaffend und Entwicklung der Malerei-Installationen mit ›aufgeklapptem Bildraum‹ und der begehbaren Fotoböden; Vortrags- und Lehrtätigkeit, u.a. an der Internationalen Sommerakademie Salzburg (Atelier del Sur); Ausstellungen im In- und Ausland.

Krämer, Lucia, seit 2008 wissenschaftliche Mitarbeiterin am Englischen Seminar der Leibniz Universität Hannover. Promotion im Jahre 2002 an der Universität Regensburg mit einer medienkomparatistischen Studie über fiktionale Biographien von »Oscar Wilde in Roman, Drama und Film« (2003). Weitere Forschungsschwerpunkte neben Wilde und der spätviktorianischen Literatur: die britische *heritage culture*, das indische Mainstream-Kino (dessen Rezeption in Großbritannien ihr Habilitationsprojekt gewidmet ist), sowie die Theorie und Praxis von Adaptionen.

Kreuzer, Stefanie, seit 2006 wissenschaftliche Mitarbeiterin und seit 2010 Akademische Rätin auf Zeit im Bereich Deutsche Literatur des 18. bis 21. Jahrhunderts am Deutschen Seminar der Leibniz Universität Hannover. 2005 Promotion zum Thema »Literarische Phantastik in der Postmoderne. Klaus Hoffers Methoden der Verwirrung« (2007) im DFG-Graduiertenkolleg »Zeiterfahrung und ästhetische Wahrnehmung« an der Johann Wolfgang Goethe-Universität in Frankfurt am Main. Forschungsschwerpunkte: Phantastik, Realismus, Postmoderne, Intertextualität und Intermedialität (Literatur, Film, Fotografie, bildende Kunst); transmediales Erzählen und Narratologie; traumhaftes Erzählen in Literatur, Film und bildender Kunst.

Kupetz, Rita, seit 1994 Professorin für die Didaktik des Englischen und Angewandte Linguistik am Englischen Seminar der Leibniz Universität Hannover. 1979 Promotion auf dem Gebiet der Textlinguistik an der Karl-Marx-Universität Leipzig. Dort auch 1988 Habilitation zur Anwendung textlinguistischer Erkenntnisse für die Entwicklung des Leseverstehens im Englischunterricht. Gegenwärtige Forschungsschwerpunkte: Interaktionsforschung im Klassenzimmer, kombiniert mit Videographie, Multiple Literacies, Content and Language Integrated Learning und eLearning in Szenarien, die Kontakt- und Fernlernen integrieren.

Nübel, Birgit, seit 2006 Professorin für Deutsche Literatur des 18. bis 21. Jahrhunderts mit dem Schwerpunkt ›Literatur der Moderne in kulturwissenschaftlicher Perspektive‹ am Deutschen Seminar der Leibniz Universität Hannover. 2003 Habilitation an der Universität Kassel mit »Robert Musil. Essayismus als Selbstreflexion der Moderne« (2006); 1992 Promotion an der Ruhr-Universität Bochum über Rousseau, Wieland, Herder und Moritz. Forschungsschwerpunkte: Ästhetik und Autobiographik im 18. Jahrhundert, Metatextualität und Essayismus im 20. Jahrhundert; Wissen(schaft)sgeschichte; Mode, Pornographie und Sport; österreichische Literatur.

Schulze, Rainer, seit 1994 Professor für Englische Sprachwissenschaft am Englischen Seminar der Leibniz Universität Hannover. Promotion 1985 (Universität Essen) zur Höflichkeit im Englischen; 1992 Habilitation (ebenda) zur Versprachlichung und Konzeptualisierung von Raum im Englischen. Zunächst Professor an der Universität Hamburg (1994), bevor er dem Ruf an die jetzige Hochschule folgte. Forschungs-, Arbeits- sowie Lehrschwerpunkte: linguistische Pragmatik, Konversations- und Diskursanalyse, Rhetorik, lexikalische Semantik, Kognitive Linguistik und Korpuslinguistik mit starkem Fokus auf Sprache in der Verwendung. Derzeitiges Hauptaugenmerk: quantitative und qualitative Beschreibung und Analyse von Sprachgebrauchsmustern vor dem Hintergrund unterschiedlicher forschungsmethodischer Ansätze; Verklammerung sprach- und kulturwissenschaftlicher Fragestellungen mit dem Ziel einer Disziplinen übergreifenden, empirisch begründeten und auf authentischen Daten basierten Sprachwissenschaft. Seit 1989 Herausgeber der international ausgerichteten Buchreihe »Language-in-Performance«.

Stimpfle, Alois, seit 1998 Professor für Biblische Theologie mit dem Schwerpunkt ›Neues Testament‹ an der Leibniz Universität Hannover. 1988 Promotion an der Universität Augsburg über die Eschatologie im traditionsgeschichtlichen Prozess des Johannesevangeliums. 1994 (ebenda) Habilitation über Pontius Pilatus. 1997-2001 Ausbildung in Gestalttherapie. Forschungsschwerpunkte: Biblische Hermeneutik, Johannesevangelium, Auslegung und Wirkungsgeschichte des Neuen Testaments, Konstruktivistische Bibeldidaktik, biblische Spiritualität, Bibliotherapie.

Thielking, Sigrid, seit 2005 Professorin für Didaktik der deutschen Literatur am Deutschen Seminar der Philosophischen Fakultät der Leibniz Universität Hannover. Promotion 1989 an der Universität Osnabrück; Habilitation 1999 an der Universität Essen. Forschungs- und Lehrschwerpunkte in der Literaturdidaktik und in der Literaturgeschichte des 18. bis 20. Jahrhunderts auf den Gebieten: Literatur- und Kulturgeschichte, Didaktik der Literaturgeschichte, Geschichte der Literaturdidaktik, Populäre Kinderkultur, Kulturdidaktik, Narratives Lernen, Seneszenzforschung, Hortikultur und Literatur, Kulturvermittlung und ›Öffentliche Didaktik‹.

Kultur- und Medientheorie

Barbara Eder, Elisabeth Klar, Ramón Reichert (Hg.)
Theorien des Comics
Ein Reader

Juli 2011, ca. 450 Seiten, kart., zahlr. Abb., ca. 29,80 €,
ISBN 978-3-8376-1147-2

Sven Grampp, Jens Ruchatz
Die Fernsehserie
Eine medienwissenschaftliche Einführung

Mai 2012, ca. 200 Seiten, kart., ca. 16,80 €,
ISBN 978-3-8376-1755-9

Sebastian Hackenschmidt, Klaus Engelhorn (Hg.)
Möbel als Medien
Beiträge zu einer Kulturgeschichte der Dinge

Juni 2011, ca. 300 Seiten, kart., zahlr. z.T. farb. Abb., ca. 32,80 €,
ISBN 978-3-8376-1477-0

Leseprobe, weitere Informationen und Bestellmöglichkeiten finden Sie unter www.transcript-verlag.de